U0681293

三

【清】李慈銘 著
張桂麗 輯校

上海古籍出版社

同治九年

正月

竹書紀年集證 清 陳逢衡

初九日 閲陳穆堂竹書紀年集證共五十卷，其書援證頗博，用力甚勤，而好爲議論，不脱學究習氣。蓋紀年一書，顯由晉人僞撰，而今所傳者，又爲南宋以後人補綴增竄，乃僞中之僞。惟其間出晉人，爾時古書多在，故存疑存信，十疵一醇，往往足以取證經史，亦爲考古者所不廢。陳氏臚列自來爲是學者胡應麟、楊慎、孫之騄、徐文靖、鄭環、張宗泰、陳詩、趙紹祖、韓怡、洪頤煊十家，又博采衆籍，而於金氏綱目前編、羅氏路史、馬氏繹史、梁氏史記志疑四書所取獨多。其拘牽書法，臆測古事，亦與梁氏之失同。又並時通州雷氏學淇最精此學，陳氏蓋猶未見其書，故無采者。要而論之，徐箋最簡絜，雷校頗綜覈，皆陳氏所未逮，而詳贍則勝於二家，足以鼎足立矣。陳氏名逢衡，字履長，江都人。所著尚有隋書經籍志考證。

臺館鴻章 明 沈一貫輯

二十三日 閲臺館鴻章，明萬曆間大學士沈文恭一貫所輯，而吴文恪道南、鄒四山德溥爲之評點。其前有張文莊位及文恭兩序，凡十九卷，皆明代人所作。爲文十七卷，爲詩二卷，分體爲類，而又多分子目，瑣屑糅雜，殊無倫次。蛟門閣老之文，染於當日塗飾險詭之習，而才氣終不可掩。故此選雖意主應制，多取其閎肆開暘者，間或傷俗傷蕪，流入江湖小説家言，而情文瑋麗，名篇甚夥，且多不經人見之作，較之明文衡、明文授讀等書，乃轉過之。蓋有明三百年古文可傳世者，實爲寥寥，而臺閣榮世之文，則一代自有一代之風氣，其間鋪華摛藻，尚存古風，似不如今時之專意頌揚，千篇一律。至名臣奏議，尤多犯顔强諫，無所諱忌。即下而山林小品，清言佳致，亦有可觀。故裁以古作者之體格，經訓之粹言，則多見絀；而就其一時人才，以甄綜雅俗，抽英擢華，固亦有不容概没者也。是書板甚惡劣，魯魚豕亥，十而七八，蓋當日坊市射利翻刻，故標題曰三太史評選皇明垂世臺館鴻章云。

二月

初二日 卧讀論衡，此蔡中郎帳中物，然理淺詞複，漢人之文，尠有拙冗至此者。中郎之事，顯出坿會。惟言多警俗，不嫌俚直，以曉愚蒙，間亦有名理解頤者，故世争傳之。西湖本訛奪尤多，當取漢魏叢書本校正一二耳。

論衡 漢 王充

初三日　閲論衡，其問孔篇雖語多荒謬，昔人比之小人之無忌憚，然其「問令尹子文」章「未知焉得仁」，謂知與仁本是兩事，可以證舊讀知爲智。「問女與回也孰愈」章「吾與女俱不如也」，可以證舊本「不」字上有「俱」字，作一句讀。「問子見南子」章「予所鄙者天厭之」，解爲「我所爲鄙陋者天厭殺我」，可證「否」本作「鄙」，舊解爲「鄙陋」，「厭」本讀如今之「壓」，舊解爲「填壓」。説文「猒，飽也」，「厭，笮也」，「壓，壞也」，三字孳生而義别，今用厭爲猒，用壓爲厭，而猒之本字、壓之本義，皆莫之知。翟氏灝四書考異引此，據下文有「卧厭不悟」語，謂論衡讀厭爲魘，非也。「魘」是最俗之字，左傳叔孫穆子夢天厭己。「卧厭」之「厭」，本亦讀如壓。天厭之者，即天厭己之謂，蓋古有此語也。仲任著書在張侯論未出之前，又嘗受業於班叔皮，考班氏父子多用魯論中語，則仲任云云，固魯論舊説也。

國朝二十四家文鈔　清　徐斐然輯

十一日　閲歸安徐斐然所選國朝二十四家文鈔，共三百五十一首，前有嘉慶元年歸安吴蘭庭、泰順曾鏞兩序。其中如毛際可、徐廷駒、茅星來等，皆濫以充數，且采及陸隴其、袁枚，而如黄梨洲、徐巨源、顧黄公、王山史、李寒支、彭躬庵、傅湘帆、毛西河、張京江、陶子師、儲畫山、杭堇浦、陳和叔、劉海峰、邵思復、方樸山、全謝山、姚惜抱、錢竹汀、彭二林諸家，皆乾隆以前以文集早行世所共知者，俱不録一字。其稍僻及後出者，更不必論。即其所選，如陳説巖之午亭文編，馮山公之解春集，雖文未成家，其議論考辨，儘有佳篇，而皆僅登五首，又頗拙劣。魏勺庭、邵青門、方望谿三家名作林立，而多遺大篇，取其小品。以王于一之李一足、湯琵琶傳，侯朝宗之馬伶李姬傳，爲近俳不録，而采王之孝賊傳、義虎記，侯之郭老僕墓志，乃彌近小説。勺庭劉文炳、江天一諸傳，最爲出色，乃屏不收，而取其大鐵椎傳，則俚率遊戲，直是水滸傳中文字。青門盧忠烈公傳，爲集中第一首，乃舍之而登老儲之作。蓋斐然本三家村學究，耳目陋陝，即予所約舉之二十家，尚未能知。又專以時文挑撥之法妄論古文，務取其淺近滑易者，係以庸劣之批尾，乃井蛙自足，遽定爲「國朝二十四家」，一何可笑耶。所録惟竹垞、湛園二家，甄别較當；其不取沈歸愚、藍鹿洲等，亦差爲有識。予閲此最早，嘗爲補訂軫石、壯悔、叔子、望谿四家，今亂後失其本矣。

人物志　魏　劉邵

十六日　閲魏劉邵此字從卩不從阝。從力從卩者邑名。從力者勉也，從卩者高也。劉字孔才，故知當作卲。應仲遠之名亦當作卲，今傳寫皆誤作「劭」。人物志，是書共十二篇，雖各爲標目，而實一意相承。其指主於别材器使，爲名家之學，而推重術家之流，如范蠡、張良者，奇謀通變，能用能臧。又以道之平淡元遠爲極致，蓋申韓而參以黄老。其中名言雋理，可味者多，文筆亦峻厲廉悍，在並時申鑒、中論之間，較爲簡古。武進臧玉林氏嘗以此與文心雕龍及史通並稱，謂三劉之書，最堪玩味，是也。惟向無善本，所見叢書諸刻，類多訛奪，其中頗有僻澀之字，而又輾轉烏焉，幾不可解。是刻有明人文寬夫跋，謂其叙五行曰「簡暘而明砭，火之德也」，「明砭」字無義，當作「簡暘而明啓」。其不知妄改，宋明人之陋而可笑，往往如是。

論衡 漢 王充

十九日 夜閱論衡，其靁虚、論死、紀妖當作「祅」。三篇最有名理，乃丁書之警策。紀妖篇論鬼神陰陽之情狀，可作中庸義疏。

三月

戰國策釋地 清 張琦

初一日 閱戰國策釋地，上下兩卷。陽湖張琦翰風所著，簡覈可傳，其訂正舊注之誤，尤足爲吴、鮑功臣。

越絶書 漢 袁康

十一日 夜月甚好，讀越絶書，此書各叢書本皆殽亂訛脱，紛不可理。予嘗欲合諸本及各古籍所引，校正此書與吴越春秋，又輯録謝承後漢書、虞預會稽典録，合而刻之，以見越中史學淵原之古，困於資力，不能成就。而鄉人又無好事者，越俗不好古，可一歎也。「越絶」字，近儒以爲是「越紐」之誤。案，首篇外傳本事，首發「絶」字之義，兩云「絶者，絶也」，謂句踐内能自約，外能絶人，故不稱越經書記，而稱越絶。末篇叙外傳記，又自比於孔子之作春秋，謂聖人殁而微言絶，聖文絶於彼，辯士絶於此，故題其文謂之越絶。其恉甚明，何得謂誤？又自記其姓名爲袁康，定其文辭者爲邑人吴平，而「袁」字隱語乃曰「以去爲姓，得衣乃成」；「吴」字隱語乃曰「以口爲姓，承之以天」。康爲建武時人，而以袁爲表，以吴爲吴，已大繆六書之恉。足見程邈隸行以後，俗字紛紜，漢時已不可究詰。如以劉爲卯金刀，以貨泉爲白水真人，至見之圖讖，此許君説文所以不得不作也。

四月

揅經室集　清　阮元

初二日　閱揅經室集。文達之學，與王石渠父子最近，故訓詁名通而專以聲音辨文義，時亦失之偏譎。其甚者至以一事之偶合，盡改古書，以就己説。筆舌亦頗冗漫，似並時之程易疇，其考證名物，亦雅與程氏近。若堯典東作南僞西成朔易解、釋頌明堂論、禹貢東陵考、南江圖考、文言説、詩十月之交四篇屬幽王説、論語論仁論、孟子論仁論、性命古訓、論語一貫説諸篇，卓識精裁，獨出千古，固足俟聖人而不惑者也。

儀禮釋宮 宋 李如圭

初七日 閱儀禮釋宮，此李氏如圭所著，朱子録之，蓋欲取以入儀禮經傳通解，而後人遂誤以爲朱子作，編入文集。乾隆中開四庫館，始據永樂大典所載李氏儀禮集釋諸書及中興書目，知爲李作，奉敕更正，又命武英殿以活字版行之。而欽定三禮義疏成於乾隆初年，故儀禮卷首列是書，尚稱爲朱子所作。今浙局翻刻義疏，悉仍原本之舊，未及改也。

詁經精舍課卷 清 黄元同 潘鴻

二十四日 閱元同、鳳洲兩君詁經課卷中周禮鄉考、鄉大夫解、月令太尉解、釋姑諸篇。元同解周禮從鄭注，而解月令與鄭違。鳳洲解周禮與鄭違，而解月令從鄭注。皆各有依據。然元同之説較爲謹嚴，釋姑亦多不同，皆詳覈可備一説者也。

五月

儀禮古今文疏義 清 胡承珙

初四日 閱胡氏承珙儀禮古今文疏義。其書臚舉鄭注所載古今異文，援據説文及古籍故訓，詮其通假，辨其正俗，務明鄭君取捨之意，致爲謹嚴。自序謂墨守鄭學，罔厥指歸，良不誣也。又謂鄭注略例蓋有數端：有必用其正字者，取其當文易曉，從甒不從廡，從盥不從浣之類是也；有即用其借字者，取其經典相承，從辯不從偏，從膉不從嗌之類是也；有務以存古者，視爲正字，示乃俗誤，行之而必從視是也；有兼以通今者，升當爲登，升則俗誤已久而仍從升，是也；有因彼以決此者，則別白而定所從，鄉飲、鄉射、特牲、少牢諸篇是也；有互見而並存者，可參觀而得其義，士昏從古文作「枋」，少牢從今文作「柄」，是也。可謂深明指要者矣。

古文尚書馬鄭注　清　孫星衍輯

初九日　閱古文尚書馬鄭注。孫氏此書雖據王伯厚本增輯，而全載經文，別標體例，實自爲一書，其中頗指江艮庭、王禮堂兩家之失，然孫氏憙據它本以改經文，亦往往有未當者。如皋陶謨篇「在治忽」此及下條，今僞古文皆在益稷篇。改作「采政忽」。案鄭注本「忽」作「曶」，見史記集解，固可信；而「在治」作「采政」，則史記索隱明言是今文，非出古文也。「無若丹朱傲」句上加「帝曰」二字，「予娶涂山」上加「禹曰」二字，此固據史記，然司馬氏雖云從孔安國問故，其書則多采伏生今文，此「帝曰」「禹曰」，未必全出古文也。盤庚中「自怒曷瘳」，改作「自怨曷瘳」，此據隸釋所載漢石經，然蔡中郎所書乃今文，非古文也。盤庚下「今予其敷心腹腎腸」，改作「今予其敷優賢揚歷」，此據三國志注，然裴氏稱爲今文，固未確，而必指定古文，則尚書正義引鄭注本作「憂腎陽」，謂即「優賢揚歷」之誤，亦未有明證也。

詩聲類　詩聲分例　清　孔廣森

初十日　閱孔衆仲詩聲類、詩(均)〔聲〕分例。孔氏此書以補顧亭林、段懋堂兩家之未盡，近時上虞朱亦棟、當塗夏燮頗譏之。然孔氏於聲類，分陽聲原即元、丁即耕、辰即真、陽、東、冬、綅即侵、蒸、談九類，陰聲歌、支、脂、魚、侯、幽、宵、之、合九類，概以偏旁爲主，部分秩然。又畫分東、冬爲二，實發前人所未發。其謂入聲自緝合等閉口音外，皆非古人所有。又論聲惟主陰陽，而不言脣舌喉齒牙，惟主偏旁而不言字母等韻，雖推之於後，往往見其未密，而論三代秦漢古音，實爲獨得要領。夏燮拘守等均，故徒見其扞格耳。詩聲分例亦較江氏之詩均舉例爲密。

周易二閭記　清　茹敦和

十二日　閱茹三樵周易二閭記。茹氏之易，以此種爲最佳。其詮象解義，多本漢詁，援據經史，疏證名通。惟假設荼閭、蘆閭二人問答之辭，自相駁辯，蓋仿西河毛氏白鷺洲主客説詩之例。然時涉諧謔，近於小説。又往往泛引不根，或存兩可之詞。是其病也。

隋書　唐　魏徵

二十五日　閱隋書儒林、循吏、隱逸傳。儒林、循吏兩序議論皆佳，可與范蔚宗頡頏。

六月

嘉泰會稽志 宋 施宿等纂

初一日 閲嘉泰會稽志，此志共二十卷，夙稱佳志，然有數病。門類雜碎，不立總目，至以守禦、討賊、平亂分爲三目，求遺書亦别爲一目，偏冗無法，一也。其紀地里山水，古今錯雜，漫無裁制，未嘗實覈道里，析指其沿革，等於鈔胥，莫從考覈，二也。其志人物，於宋時但及宰輔侍從，而即繼以神仙、高僧、伎術，陋而無識，三也。其叙太守，直書陳武帝曰陳霸先，陳文帝曰陳蒨，此雖以俱在梁時，然自來無此書法。其叙人物，直列謝安、謝玄、謝靈運、謝惠連、王羲之、王徽之、王獻之、王弘之、孫綽、杜京産、褚伯玉、何胤諸人，而不别之爲流寓，皆謬於史法，四也。

其姓氏叙云，舊經載會稽之姓十四，而不著其望之所出，氏姓書及書傳所載，其望實出會稽者虞、望出會稽陳留。夏、夏後或云陳宣公後，有夏氏，望出吴郡會稽，晉有會稽夏統。兹、左傳魯大夫兹無還，今望出會稽。資、黄帝裔孫有食采於資者，後以爲氏。姓纂漢有資成，南陽人，望出會稽陳留。駱望出河南會稽。五氏而已。孔、晉有會稽孔愉，自以爲出於夫子之後，先世避亂徙會稽，遂爲會稽人。謝、望出陳留，後漢有謝夷吾、謝奉，皆會稽人。朱、出沛郡、義陽、吴郡、河南四望。漢有會稽朱雋，宋有會稽朱百年。賀、望出河南廣平，漢侍中慶純避安帝父諱，改爲賀氏。吴賀齊、唐賀知章，皆會稽人。知章之後有鑄，以詩文名元祐中，自稱鑑湖遺老。又有道士賀仲清者，會稽人，亦自言知章之後。

鍾離，漢有鍾離昧，會稽鍾離意，及吳志有鍾離特、鍾離徇，舊經有鍾離表，皆郡人。紹興中有鍾離松，仕至朝請大夫致仕，高宗以耆老聽再仕，力辭。雖不云望出會稽，而世居此者，皆有顯人。鍾氏粗有所見，望出潁川，江南有禮部侍郎會稽鍾謨，而榮、望出樂安。俞、望出河間。戚戚望出齊郡。三氏，於此未有聞焉。康、衛康叔之後，又梁有康絢，其先出自西域康居，漢時遣子入侍，因留河西，遂氏焉。唐儒學傳有會稽康子元，望出會稽、東平、京兆。唐康日知，靈州人，有功深趙，封會稽郡王；子志睦，會稽郡公；孫承訓，會稽縣男。莊、望出會稽、東海、天水，至後漢避顯宗諱，改氏嚴。闞、望出會稽、天水，吳有會稽闞澤。留、出自會稽，本衛大夫留封人之後，漢功臣表疆圉侯留肹，其後避地山陰，遷居東陽。搖、姓苑云：「句踐之後，有東海王搖，子孫因以爲氏。」漢功臣表有海陽侯搖毋餘，望出會稽。黄、姓苑云：「句踐之後封於黄，因以爲氏。或云亦嬴姓十四氏之一也。漢有夏黄公大司農黄昌，皆會稽人。」望出會稽、江夏。裘、望出渤海，姓纂云：「會稽有裘氏。」今會稽有旌表義門裘氏。皆望出會稽，而舊經不載。總之凡二十有一，其考覈可謂詳備。然案會稽在西漢有安遠侯鄭吉，東漢有太尉鄭弘。考鄭氏之見於史傳者，鄭國爲鄭人無論已，其見於漢在吉前者，惟鄭當時爲陳人；在吉後者，鄭昌、鄭弘兄弟，泰山剛人，鄭崇，高密人。今鄭氏皆望滎陽，滎陽在漢，特河南郡之一縣；陳屬淮陽郡，泰山、高密各别爲郡，皆於滎陽無涉，滎陽鄭氏，特顯自晉以後耳。而會稽之鄭，在漢已有一侯一公，是鄭氏當有會稽一望無疑也。以論姓氏，當居孔、謝之前，此獨漏而未舉，亦爲疏略。又黄氏下注云：「黄氏所在有之，然仕至丞相者，惟西漢黄霸及高宗初黄潛善二人，相距千五百年。」案，東漢黄瓊、黄琬祖孫，皆爲司徒，時之司徒即丞相也，此而不數，可謂失之眉睫。張氏續志七卷，較有體裁。是書爲嘉慶間郡城善卷堂張氏據宋本緟刊，而校勘粗疏，致多誤字。

又刻非仿宋，而遇當日朝廷君國等字皆提行書之，尤爲不知刻書之法。

一切經音義　唐　釋玄應

初八日　校一切經音義。玄應此書引證賅洽，雖字體未能盡據説文，或不免正俗顛倒，然大致精密。唐初如陸元朗之經典釋文，最稱詳慎，而於字之正俗，亦往往迷誤，所引字書，時多出入。玄應所病，政與之同，其確覈處則反過之。且其書自宋以來，入之佛藏，無人過問，梵流傳刻，輾轉訛誤，亦較甚於陸書。此本爲去年冬仁和曹籀據莊氏炘校證本，授杭州尼明淨翻刻。籀本妄人不學，又年耄不知校勘，故重悂貤繆，滿紙烏焉，幾不可讀。予舊有莊本，已失去。粤東海山仙館本未嘗得見。今姑以説文、玉篇、釋名、小爾雅、廣雅諸書及近儒任氏小學鉤沈、孫氏倉頡篇等略爲是正。至其翻譯梵言，訛奪尤多，家無梵書，末由校對。計四日來僅得三卷，以後入伏，酷暑復熾，又當輟業矣。

晉書　唐　房玄齡

二十九日　閲晉書載記。錢氏廿二史考異謂乞伏父子生長西徼，未習儒書。而國仁傳載其言曰：「先人有奪人之心。」乾歸傳載其言曰：「兵猶火也，不戢將自焚。」又曰：「孤違蹇叔，以至於此。」皆文人緣飾，失其本真。予案自唐以前，人尚華藻，紀載修飾，大率如此。載記中若此等者，不勝僂指。如秃髪兄弟、鮮卑醜族；沮渠蒙遜，盧水胡雛，豈嘗知有書史？而烏孤有曰：「兼弱攻昧，三者何先？」利鹿孤之餞楊桓，有曰：「鯤非溟海，無以運其軀；鳳非修梧，無以晞其翼。」傉檀之謂楊桓曰：「安寢危邦，不思擇木。」謂宗敞曰：「卿魯子敬之儔。」又引詩曰「中心藏之，何日忘之」。蒙遜之謂景保曰：「昔漢祖困於平城，以婁敬爲功；袁紹敗於官渡，而田豐爲戮。卿策同二子。」又乾歸謂諸將曰：「昔曹孟德敗袁本初於官渡，陸伯言摧劉玄德於白帝，皆以權略取之。」其子熾磐有曰：「此虜矯矯，所謂有豕白蹢。」其臣翟瑥之言曰：「昔項羽斬慶子即卿子冠軍。以寧楚，胡建戮監軍以成功。」乞伏曇達之言曰：「昔伯珪憑險，卒有滅宗之禍；韓約肆暴，終受覆族之誅。」後涼呂超亦出氐種，而其對姚興之問宗敞，有曰：「敞在西土，方魏之陳徐，晉之潘陸，琳琅出於崑領，明珠生於海瀕。若必以地求人，則文命大夏之棄夫，姬昌東夷之擯士。」其對呂隆有曰：「應龍以屈伸爲靈，大人以知機爲美。」又曰：「孫權屈身於魏，譙周勸主出降。」皆動稱古今，屬辭典雅，出於增造，不問可知。

然當日雖僭亂相仍，而戎夏既混，才辯互出。十六國中，張氏、李氏皆中華士夫，儒雅相尚。段業爲京兆人，博涉史傳，儒素長者，固不必論。而劉淵幼好學，師事上黨崔游，習毛詩、京氏易、馬氏尚書，尤好春秋左氏傳、孫吳兵法、史、漢、諸子，無不綜覽。劉和好學夙成，習毛詩、左氏春秋、鄭氏易。劉聰幼而聰悟好學，博士朱紀大奇之，年十四，究通經史，兼綜百家之言、孫吳兵法，工草隸，善屬文，著述懷詩百餘篇、賦頌五十餘篇。劉宣好學修絜，師事樂安孫炎，沈精積思，不舍晝夜，好毛詩、左氏傳。劉曜讀書，志於廣覽，善屬文，工草隸。石弘受經於杜嘏，誦律於續咸，好爲文詠。慕容皝尚經學，善天文，爲世子時，率國胄受業於平原劉讚；既即位，勤於講授，學徒甚盛，至千餘人，造太上章以代急就，又著典誡十五篇，以教胄子。慕容儁博觀圖書，有文武幹略，雅好文籍，自初即位至末年，講論不倦，覽政之暇，惟與侍臣錯綜義理，凡所著述四十餘篇。李流少好學。李雄聽覽之暇，手不釋卷。李班敬愛儒賢，師何點、李釗，又引名士王嘏等以爲賓友，每謂融等曰：「觀周景王太子晉、魏太子丕、吴太子孫登，文章鑒識，超然卓絶，未嘗不有慚色。」李期聰慧好學，弱冠能屬文。李壽敏而好學，少尚禮容，每覽良將賢相建功立事者，未嘗不反覆誦之。苻堅八歲請師就家學，及長，博學多才藝。苻丕聰慧好學，博綜經史。苻登頗覽書傳。苻融聰辯明慧，下筆成章，談玄論道，雖道安無以出之，耳聞則誦，過目不忘，時人擬之王粲。嘗著浮圖賦，壯麗清贍，世咸珍之，未有升高不賦、臨喪不誄。苻朗幼懷遠操，及爲方伯，有若素士，耽翫經籍，手不釋卷，每談虚語玄，不覺日之將夕。姚襄好學博通，雅善譚論。姚興講論經籍，不以兵難廢業，時人咸化之。姚泓博學善談論，尤好詩詠。慕容寶敦崇儒學，工談論，善屬文。慕容德博觀群書，多才藝。沮渠蒙遜，史亦言其博涉群史，頗曉天文。秃髮傉檀，與姚興所使韋宗論六國縱横之規、三家戰爭之略，機變無窮，辭致清辯，宗出而歎曰：「五經之外，冠冕之表，復自有人。」以上俱見各載記中。趙氏翼廿二史劄記中僭僞諸君有文學一條，所采尚未全備。此皆胡羯氐羌，而史所稱如此，雖或因仍各國私史，未必盡真，然間氣所鍾，以成胡亂，亦有不可概論者。其間立學養才，所在多有。李雄、劉曜、皝、儁、苻堅、姚興、拓跋，尤爲專意，或親臨講試，或建壇宮中，雖旦夕小朝，兵弋雲擾，而文教之盛，轉勝江東，豈非盜亦有道者歟？

慕容盛與群臣言詆周公伊尹，而稱管蔡爲忠於王室，太甲爲至賢之主。佳虜二字出盛本論。之言，不足深詰，惟云管蔡言公將不利於孺子，周公當明大順之節，陳誠義以曉群疑，而乃阻兵都邑，擅行誅戮，不臣之罪，彰於海内，方詒王鴟鴞之詩，歸非於主。案以周公居東爲征商，以「我之弗辟」，辟爲致法，此始於東晉僞孔傳。若鄭康成尚書注，固訓「辟」爲「避」，以居東爲屏居東都，鴟鴞之詩，爲救己之官屬。即王肅尚書注故與鄭違，亦祇以居東爲案論其事。詩毛氏傳亦僅言「寧亡二子，不可毁我周室」，未嘗顯言誅戮。而鴟鴞序云：「周公救亂也，成王未知周公之志，公乃爲詩以遺王。」其稱救亂者，即救成王多行誅殺之亂，故鄭箋即本序誼而申言之。許君説文引作「我之不㷶」，訓㷶爲治，治亦非致法誅戮之謂。然則以辟爲法，以居東爲征東，自枚賾以前並無此説。隋志言北土尚書惟用鄭注，江南兼行枚氏，乃慕容盛在晉安帝隆安初而所言如此，則知當日幽薊間已有行僞孔傳者矣。

七月

廿二史劄記　清　趙翼

初五日　閲趙翼廿二史劄記。常州老生皆言此書及陔餘叢考，趙以千金買之一宿儒之子，非趙自作。以甌北詩集、詩話及簷曝雜記諸書觀之，趙識見淺陋，全不知著書之體，此兩書較爲貫串，自非趙所能爲。叢考猶多入小説，又不如劄記之有體要，然於史事多是纂衺之功，無所發明，筆舌冗沓，尤時露村學究口吻，以視錢氏廿二史考異，固相去天壤，即擬王氏之十七史商榷，亦遠不逮也。

學福齋集　清　沈大成

十七日　閲沈沃田學福齋集。其文清龢婉約，持論有本，不媿儒者之言。

十月

七緯　清　趙在翰輯

二十三日　閲趙氏所輯七緯，計易八種，書五種，詩三種，禮三種，樂三種，春秋十三種，孝經二種，皆採集各書，標以所出，而終之以叙録，共爲三十八卷。其中多坿考辨，專主鄭學，别擇頗精，較之孫㲉古微書，自爲遠勝。前有阮儀徵及歸安葉鴻臚紹本、張侍郎師誠三序，文皆極佳。儀徵言緯與讖殊，自隋始禁圖讖，而賈公彦誤有漢時禁緯之言，後世承其謬説，並爲一談。因據隋經籍志立四證辨之，亦一時之雄論也。趙氏名在翰，號鹿園，侯官諸生。其兄在田，嘉慶己未翰林，爲儀徵所取士。

閏十月

礿、桂華、柉

二十七日　日來冗甚，看書淩雜，略無序次，姑以今日所埘識各書稍有訂正者三條，録存於此。

公羊桓八年傳「夏曰礿」，注云：「麥始熟可礿，故曰礿。」案，釋文「礿」亦作「禴」。漢書郊祀志引易「不如西鄰之禴祭」，作「瀹祭」，顔注瀹祭謂「瀹煮新菜以祭」。爾雅釋天「夏祭曰礿」，郭注：「新菜可汋。」詩正義引孫炎注同。汋、瀹字通，何注「麥始熟可礿」之「礿」，亦當作「汋」。

漢書禮樂志載唐山夫人房中歌，其「馮馮翼翼」之上有「桂華」二字。劉氏刊誤以爲上章「都荔遂芳，窅窊桂華」十句之篇題，是也。然「華」字與下「光行芒章」字俱不叶，蓋「華」爲「英」字之誤。臣瓚注引茂陵中書歌「都孋桂英，美芳鼓行」，「都孋」即「都荔」，「美芳」亦下章篇題之名。此可證「桂華」當作「桂英」，其韻方協。

韓敕禮器碑云：「爵鹿柤梪，籩柉禁壴。」此是祭器八者之名。洪文惠釋「壴」爲即「壺」字，近儒桂氏馥釋鹿爲即斝角之角，通借字，其説皆確。陳氏奕禧金石遺文録，釋柉爲即温字，引廣雅「温，盃也」，集韻温或作溫、𥁕爲證，亦爲有據。方言「温，杯也」，是杯棬之屬，亦祭器之一。而桂氏以爲字當作「柀」，「柀」即「棜」字。禮記所謂「士用棜禁」，儀禮所謂「壺棜禁饌於東方」也。不特碑字隸體顯然作

「杍」，趙洪以來，皆無異說，且㭣、禁是一物，此云籩㭣禁壺，則句法乖互，與上鐘磬瑟鼓、雷洗觴觚等三語，皆爲不類，㭨之通「㭣」，亦所未聞。

十一月

拜經日記　清　臧庸

初八日　閱臧氏拜經日記，其言詩之「不吴不敖」及「不吴不揚」，鄭箋本皆作「不娱」；禮之「寡人固不固」，鄭注本作「寡人固固焉」，以「焉」字屬上句讀。詩有釋文可據，禮有正義可據，今本皆爲王肅説所亂。其論甚確，而盧氏經典釋文校證、阮氏十三經注疏校勘記皆不從之。以兩公之素重拜經，又皆身與其事，尚各執所見如是。此蘭臺定本，固非詔旨不能耳。

四書直旨　清　何綸錦

十三日　閱山陰何教諭綸錦四書直旨，共四卷，其書多駁朱注，頗從古義，而泛言大旨，不能究心於名物訓詁，往往師心武斷，涉於措大習氣。然知折衷鄭説，亦時攻西河毛氏之短，故間有可取，亦鄉先生之知學者也。何字子襄，嘉慶初舉人，官金華學官。

徐霞客游記　明　徐弘祖

二十三日　閲徐霞客游記。霞客名弘祖，字振之，江陰人，明季布衣。記凡十册：第一册，遊天台、雁蕩、白岳、黄山、武彝、廬山、九鯉湖、嵩山、太華、太和、五臺、恒山諸記。第二册浙遊日記、江右日記、楚遊日記。第三册、第四册粤西日記。第四册下黔遊日記。第五册至第十册皆滇遊日記。前有楊文定公名時序，後坿天台陳忠節函輝所撰墓志。霞客振奇之士，好遊而負異稟，所至必窮其顛。同時若文文肅、黄忠烈諸公，盛相推許。其記皆按日實書道里南北，同於甲乙帳簿，無所文飾。當日錢蒙叟已甚重其書，曾屬徐仲昭、毛子晉等爲之校刻。此本乃其後人集鈔而成，稍有闕佚。然山水之文，必資雕刻；登臨之興，所貴適情。霞客梯險絙虚，身試不測，徒標詭異之目，非寄賞會之深，古人癖嗜煙霞，當不如是。而又筆舌冗漫，叙次疏拙，致令異境失奇，麗區掩采，記路程者無從知徑，討名勝者爲之不怡。且其注意頗在脈絡向背，同於青烏之術，尤爲無謂。至古今地理，絶未稽求，名跡留遺，多從忽略，固由明季士不讀書，不知考據爲何事也。

同治十年

正月

尚書集注音疏　清　江聲

二十三日　閲江氏尚書集注音疏。自注自疏，古所罕見，江氏蓋用其師惠定宇氏周易述家法。惠氏以荀、鄭、虞等易注既亡，掇拾奇零，非有一家之學可據，故不得不爲變例。江氏亦以馬、鄭之注由於輯聱，故用其師法。鉅儒著述，皆有本原，不得以井管拘墟輕相訾議也。

二月

聖武記　清　魏源

二十日　閲魏默深聖武記。其言道光中禦夷守海之失策，築炮臺於吴松口之外，以死炮擊活船，百不中一，而夷以活炮擊死堞，所發無虚，不知誘之入口，使船不能縱，效日本守岸之法。可謂切要之論。咸豐末之守大沽，其敗亦正坐此。

乾隆府廳州縣圖志　清　洪亮吉

二十一日　閱洪氏乾隆府廳州縣圖志。此書力矯前人地志鋪張華藻之失，自沿革、里貢、四距、八到、山川、城鎮、驛保以外，概從闊略，可稱簡要。然輿地之書，人物可略，形勝不可略；至風俗之純駁、山水之奇正，皆當最其都凡，潤以雅語，斯稱學人之著述，異乎檔册之鈔胥，何得壹意埽除，悉從刊落？且所志沿革，亦多彼此失顧，時見柢梧。歷代州縣之名，脱載尤多。山川城鎮，古今雜出，其所取捨體例，皆未畫一。每省之首各冠以圖，僅見大意，既多疏略，又不計里畫方，故無所折衷。蓋其書成於未第客遊之時，不無草草，通籍以後，又未暇審訂校刊耳。

惟云各省當稱各布政司，自爲致確。吾鄉章實齋争之，以爲當稱某部院，則既昧官制，又病不辭，所謂無理取鬧者已。卷葹閣集中有與章進士書，所辨甚明，而章氏作文史通義，尚自持其説甚堅，且言洪實未嘗致書，蓋護前失以欺人爾。

志載古帝王陵，亦是一善，而係殷湯陵於山西榮河縣下，蓋承元和郡縣志、太平寰宇記之説，自宋以來，久列祀典。同時孫淵如氏獨據史記集解所引皇覽之文，以爲湯葬濟陰，當在今山東曹縣，欲奏改榮河之祀。時謝藴山氏官山西布政，力與之争，各撰湯陵考一篇，文檄往反，終於不決。今謝考已不可得見，其咨覆埘刻孫氏岱南閣集中，孫氏所著則具在。雖濟陰即薄地，近湯都，似爲近理，然裴駰所引皇覽，既與水經注所引互異，單文孤證，於正史一無可考。孫氏又引晏子春秋齊景公伐宋，過泰山，夢見湯與伊尹之言，以爲湯陵在濟陰之證，尤近傅會，實不如謝説之簡覈。謝氏初咨力駁孫説，援據詳明，後咨主劉子政成湯無葬處一言，以爲兩地皆可，存而不論，曹縣既無顯據，不若仍祀滎河，皆較孫爲長。洪氏與孫氏交契甚摯，而志不取其説，惟引劉向殷湯無葬處之言，謂後來紀載有亳城、偃師、蒙縣，與寶鼎而四，疑皆後人所爲，則通人之論也。

三月

元次山文集　唐　元結

初二日　閱元次山文。次山首變六朝之習，昔人推爲韓柳若蚡，然其命題結體，時墮小説。後來晚唐五季以古文名者，往往俚率短陋，專務小趣，沿至宋明，遂爲山林惡派。追原濫觴，實由次山。蓋駢麗之弊，誠多蕪濫，而音節有定，終始必倫，雕飾鋪陳，不能率爾。既破耦爲單，化整以散，古法盡亡，惡札日出。次山惟容州謝上諸表、送譚山人歸雲陽序及記銘小品，間有可觀，然狀景述情，較之子厚之記永州，何止大小巫之殊哉。虎蛇頌、化虎論等不諱「虎」字，以肅、代時太祖已祧。至它文屢用「淵」、「民」，則宋以後傳寫者所臆測妄改也。

連雲簃叢書　清　楊尚文輯

二十六日　偕慎齋同車詣琉璃廠看寓室，遂至寶經堂閱市，見有靈石楊氏所刻連雲簃叢書，共四帙十二種，首爲宋吴棫韻補，次爲元朝秘史、唐兩京城坊考、丘長春西游記、漢石例、俞正燮癸巳存稿等書。其中最佳者魏文貞羣書治要五十卷耳，索價十四金，不能得。以京錢百五千購得姚椿國朝文録及海寧周松靄遺書八種、浦江周心如紛欣閣叢書十四種而歸。

連筠簃叢書，吴棫均補五卷坿顧炎武均補正一卷、元朝秘史十五卷、徐松唐兩京城坊考五卷、李志常長春真人西游記二卷、漢石例六卷、寶應劉寶楠著。勾股截積算術二卷、甘泉羅士琳著。橢圓術一卷、錢唐項名達著。鏡鏡詅癡五卷、歙鄭復光著。癸巳存稿十五卷、黟俞正燮著。群書治要五十卷、湖北金石詩一卷、江寧嚴觀著。落帆樓文稿六卷、烏程沈垚子敦著。右共十二種百十三卷，平定張穆誦風校，靈石楊尚文墨林刊。

周松靄遺書　清　周春

閲周松靄遺書。首爲十三經音略十二卷，以大學、中庸别合論、孟，標爲四書，爾雅之後又有大戴禮一卷，實爲十四經。前有秦小峴侍郎、阮儀徵太傅兩序。其書以陸氏釋文爲主，而專執字母以繩古經，隔標交互，辨晢豪髪。詩則極言吴才老叶音之確，故儀徵之序，頗致微詞。然尚知參考説文，亦不敢過違鄭注。又自言向有爾雅補注三十卷，采輯頗廣，今併入此書，故較它經爲繁。其中審音定義，亦頗有所發明，蓋拘守等均，不失爲一家之學者。末坿上座主錢文敏、答錢竹汀、與盧抱經、與邵二雲等五書，皆力詆並時漢學諸家，而於亭林、百詩，尤加深斥，則置之不論可耳。

次爲小學餘論二卷，皆墨守字母之旨，前亦有阮文達序，辭意與前序同。次爲中文孝經一卷，坿外傳一卷。孝經遂易章次，大半從朱子改定之説，妄爲删併。外傳略采大、小戴記中曾子語，遽自命爲「中文」，變亂古經，最爲謬誕。前有齊次風侍郎序。次爲代北姓譜二卷，條列元魏部族之姓，正史之外，僅采鄭樵通志略，尠所考正。次爲遼金元姓譜一卷，則簡落尤甚。次爲杜詩雙聲疊均譜八卷，前有王西莊、盧抱經、錢竹汀、秦小峴及武進劉尚書權之序。次爲選材録一卷，標舉文選中撰人一百三十人，僅系以字里，間有坿論，亦寥寥不倫。次爲遼詩話一卷，刺取正史數十條，稍坿益以它書，而不著其所出，亦體例之未善者。前有沈歸愚序。松靄名春，字芚兮，吾浙之海寧人，乾隆十九年進士。秦侍郎稱其所著尚有讀經題跋二卷、類説十五卷、悉曇奥論三卷、佛爾雅八卷。

紛欣閣叢書 清 周心如輯

二十七日 紛欣閣叢書共十四種，浦江周心如幼安所校刊。首爲朱子周易參同契考異三卷，有盧陵黄端節坿案語。次宋吴化龍左氏蒙求一卷，仁和許乃濟、華亭王慶麟同注。次朱子陰符經考異一卷，有盧陵黄端節坿案語。次桓寬鹽鐵論十卷坿陽城張敦仁考證一卷，次張華博物志十卷、補編一卷，周氏所自輯。次東坡尺牘八卷，次山谷刀筆二十卷，次山谷題跋四卷，次楊慎異魚圖贊四卷，次明黄衷海語一卷，次江鄰幾雜志一卷，次馮班馮氏小集三卷，次鈍吟集三卷，坿餘集一卷，別集一卷。次游仙詩一卷。亦馮所著。

幼安又字幼海，不詳其仕履。據此書博物志序，言道光二年任河南裕州知州，其書刻於道光七、八年間，校勘頗疏，字亦率劣。惟鹽鐵論依張古餘太守影宋本翻刻，故誤字尚少。博物志後坿校訂，又採集諸書爲補逸文二卷，各標出處，自可知爲績學好古者。予嘗購得其所刻世説新語，雖亦槧刻不精，而劉注尚全，亦可貴也。

四月

洛陽伽藍記　北魏　楊衒之

初六日　閲洛陽伽藍記。都中自明季以來梵刹日盛，中官戚姓，争事崇侈，國朝旗俗奉佛尤嚴，王公施捨，動以萬計。近海内多警，宗禄減少，世卿貴姻，奉入尤薄。净土之緣既絶，三寶之慕不聞，造象飯緇，舉爲創見，結林舍宅，永斷風流。以故法徒稀寂，院塔傾壞，如崇效、花之、極樂、憫忠夙號名藍，漸皆衰落。盛極運移，亦不能無概於中也。

國朝先正事略　清　李元度輯

初十日　閲平江李次青按察元度撰國朝先正事略，共六十卷。卷一至卷二十六爲名臣，始於范文肅公文程、昭勳公圖賴，訖於何文貞桂珍、趙忠節景賢。卷二十七至卷三十一爲名儒，始於孫夏峰、黄梨洲，訖於鄧元昌、姚學塽。卷三十二至卷三十六爲經學，始於閻潛邱，終於新化之鄒漢勛。卷三十七至卷四十四爲文苑，始於侯方域，終於新化之鄧顯鶴，而以畫家陳章侯、崔青蚓、王石谷、黄尊古、羅兩峰及善書之鄧完白坿焉。卷四十五至四十八爲遺逸，始於徐昭法，訖於八大山人、一壺先生。卷四十九至五十四爲循良，始於駱鍾麟，訖於張翰風琦，而以副將白雲上坿焉。卷五十五至卷六十爲孝義。

次青自爲凡例，言昔人謂非史官不應爲人作傳，惲子居亦謂大傳非文集體，故每篇皆標題曰「事略」，以避作傳之名。然此編本非文集，如竟稱曰「列傳」，直有私史之嫌，次青蓋故迂其辭耳。又言所書不挾恩怨，不剿燕郢，事必覈實，言必有據，然所采亦有近小説或失實者，蓋撮舉群書，失於考訂。又言地名官名均書時制，不從古稱，然其每篇標題，有稱相國者，有稱中丞者，有稱方伯、廉訪者，有稱副使、觀察者，有稱太守、刺史者，有稱郡丞、通守、明府者，是何説也？至稱總督爲制軍，知縣爲大令，副都御史爲副憲，提督爲軍門，則並爲稟牘之俗稱矣。其文中則冢宰、大司農、宗伯、大司馬之稱，尤不勝枚舉。自言是書經始於甲子正月，脱稿於丙寅正月，蓋成書太速，不及檢勘也。

又如名臣中列及潘文恭世恩、湯文端金釗、杜文正受田、翁文端心存，而蒲城王文恪何以獨遺？康熙朝獨不録王太倉，亦不可解。軍興以來，忠義諸公所載甚略，然既載江忠烈、塔忠武、羅忠節、李忠武、鄧忠武、何文貞、畢剛毅、趙忠節等八人，且先列吳文節、呂文節矣，而如向忠武、張忠武、王壯武之尤卓著者，何以不登？

又言江子屏作漢學師承記，稍近宋學者皆擯之；阮文達刻皇清經解千四百餘卷，安溪、望溪之著述一概不收，幾於分茅設蕝。是編漢學宋學，皆詳録其論著，屏除門户之見，然必分名儒、經學爲二門，已病拘墟；而經學所列四十四人，坿見者七十六人，事蹟亦多寥略。如段懋堂、程易疇、郝蘭皋、桂未谷，皆經學大師，而坿見它傳，蘭皋至不知其所著有爾雅義疏。王文簡引之詁訓專家，而坿見其祖文肅名臣傳末，猶以官躋九列，從國史大臣傳例也。石渠經儒眉目，文簡之學皆出庭誥，而官止四品，自宜別見，何以亦坿文肅傳中？是書如張文端、張文和、鄂文端、鄂剛烈、傅文忠、福文襄、阿文成、那文毅，父子祖孫，皆分傳各卷，朱文正見名臣傳，而其兄竹君見經學傳，經學中如惠半農、松厓父子亦分傳各卷，此法甚合。舒城吕文節，父名飛鵬，爲凌次仲弟子，著有周禮補注等書，早已刊行，而是編名臣吕文節傳，首但云「贈公某邃於經學」，至不能舉其名。它如武進莊侍郎存與及其從子述祖、仁和翟氏灝、寶應劉氏台拱、閩陳氏壽祺、涇胡氏承珙、臨海洪氏頤煊、績溪胡氏培翬、海寧陳氏鱣，江都凌氏曙，及近時吴陳氏奂、安丘王氏筠、遵義鄭氏珍，皆漢學魁桀，著述風行，立品粹然，行事可考，而概未之及。

名儒中至列及吾鄉之潘諮，文苑中至列及熊伯龍、劉子壯、尤侗、章藻功、王步青、俞長城、藍鼎元、陳道、鄭燮、王曇、樂鈞、陳用光、湯貽汾、湯鵬，而吾鄉之章氏學誠、仁和之龔氏自珍，乃反漏逸。文苑一門至爲繁猥，然如長洲彭秋士、汪大紳、瑞金羅臺山、桐鄉馮孟亭父子、嘉興錢衎石兄弟、涇縣包慎伯，皆足自名其家者，而不見甄録，何耶？

又江子屏於漢學師承記外，自有宋學淵源録一書，兩不相羼越，何嘗盡擯宋學？仁和趙鹿泉湛深經學，著書十餘種，而坿之文苑竇公光鼐傳末，但云「以制舉業名天下，著有清獻堂集」，可知於此事未嘗深究矣。要之，次青以諸生從戎，數十年屢遘險屯，而能潛心撰述，有裨文獻，大體可觀，叙次亦有筆力，楚南推次青與前陝西巡撫劉霞仙爲奇才，良不虚也。

愛日精廬藏書志　清　張金吾

下午，偕子虞同至流黎廠寶森堂閲書。有昭文張金吾月霄所著愛日精廬藏書志兩帙，共三十六卷，前有顧千里序及月霄自序兩首。專取世間不經見之本，載其序跋，間附考識。月霄著有廣釋名，已刻入知不足齋叢書，又撰隋書經籍志考證，固爲博洽之士。而此書於宋元人序跋説經繆妄之語，多所登載，豈務博綜者不能别擇歟？

隨軒金石文字　清　徐渭仁

又閲上海徐渭仁所刻漢魏至隋金石橅本四册，雙鈎工整，自言較黄氏小蓬萊閣本爲精，而過求完密，轉失神氣，不如黄氏之得其真。其漢太尉楊震碑據拓本以駁王氏萃編之誤，自爲可貴。

續後漢書　宋　蕭常

十五日　閲蕭常續後漢書。蕭氏學識未精，不能知陳氏作書之意，其所采亦不出原書及注，而於吴魏人事，務從刊落，曹氏尤爲簡略。其以陳登、袁渙、邴原、陸績四人爲未嘗忘漢，拔冠列傳，在諸葛忠武之前。然陳、袁猶爲有説。邴、陸既未與昭烈交，而邴仕曹氏，累居右職，陸仕孫吴，官至將軍，强爲漢臣，殊非史體。其末坿音義四卷，頗兼訂陳氏之誤，亦有可采，而音詁多疏，間坿議論，且自明其書法，尤近迂腐。惟其大恉自正，文筆亦潔，其法班氏，以論爲贊，亦頗能自抒所見。如昭烈吴后贊，譏昭烈事勢與晉文公在秦時異，不得援懷嬴爲口實，以法正爲逢君之惡，而以趙雲不肯娶趙範之嫂相形。諸葛贊全載廣漢張栻之論，以不能諫立吴后，且爲之持節册詔，又不能輔後主行三年之喪，且未踰年而改元，爲誠有餘而學不足。崔林贊譏其議駁魯相秩祀孔子之請，以爲蔑師侮聖，與唐歸崇敬之請東面祀孔子，其妄正同。而舉宋藝祖不拜相國寺浮屠像，獨至國學北面再拜，爲足垂法百王。王肅贊譏其請號漢獻爲皇而不帝，以爲妄貶舊君，曲學阿世，爲無忌憚之小人。皆義正詞嚴，有裨名教。它若以趙雲通達治體，於關、張諸將中爲最優。以魏延之請由褒中出子午谷攻關中爲奇策，必可得志，而武鄉不用，爲失事會。以華歆之牽后壞壁，郗慮之奏收孔融，爲死黨於操，皆名德自居，而梟鏡其行。以鍾繇、陳群之議復肉刑，爲助操殺人。以辛毗之爲袁譚使曹操，而陳説二袁之必亡，爲賣主以圖己進身之基。以東京爲亡於賈詡。以司馬温公稱荀彧爲仁，其謬同於范史。皆識斷獨優，多前人所未及。四庫提要舉其昭烈紀所云封陸城侯，與陳志云封陸城亭侯異，不知其所本，則蕭氏於音義首一條，已據漢書王子侯表言之甚明。案，班表中山靖王子貞封陸城侯，固無「亭」字；而地理志中山國下有陸成縣，則貞之爲亭侯、縣侯，固未可定，蕭氏去之，是也。顧亭林、錢竹汀皆據西京無亭侯之説。

封陸城侯者爲昭烈之先世，提要不分晳言之，幾似爲昭烈之封矣。

五月

太誓答問 清 龔自珍

十一日 夜閲太誓答問，極辨晚出太誓之不可信。謂伏書廿九篇，以康王之誥本不合於顧命也。晚出太誓，乃周秦間人之書，力駁惠、江、王、孫諸家之説。然謂孔安國不傳古文，謂顧命及康王之誥自古分爲兩篇，孔子所見如此，則定盦何從而知之耶？

又閲公羊注逸禮考證，其弟子元和陳君倬所綴緝，間附識己意，陳君己未進士，今官户部主事。

求古録禮説補遺 清 金鶚

十二日 閲求古録禮説補遺，共七篇，郊乘大路解、祊繹辨、八音次序説、柷敔考、敦考、射耦考、日祭月祀辨。友人王子莊所録者。誠齋持論好與鄭君爲難，而頗有心得，日祭月祀之辨尤佳。

繹史 清 馬驌

十五日 閲繹史。卷九十六越滅吴上下兩卷。勾踐入宦於吴事，萌芽於國語，然僅言爲吴王前馬，蓋因入朝而爲先馬，猶楚共王陽橋之役，蔡景公爲左、許靈公爲右也。而曰入宦三年，則或吳因入朝而留之，久始得歸國。左傳、史記俱不言有宦吳事。韓非子亦但云爲吳王洗馬。孟子以勾踐事吳，與太王事獯鬻並言，是不過以小事大之常。趙長君東漢陋儒，其撰吳越春秋，皆以鄉曲猥俗之言，景撰故事，增成穢説，蓋誤會宦士於吳之言，而以爲身自入宦；誤會男女眩姓之言，而以爲夫婦入事；誤會范蠡爲質之言，而以爲蠡與勾踐夫婦同囚石室。獨不思當日越提封千里，謀臣良將，任備内外，雖敗棲會稽，而觀諸稽郢行成之辭，大夫種五千人觸戰之説，其氣猶壯。故伍胥謂越非懾畏吾甲兵之强，夫差亦欲藉以春秋曜軍，則其負固不服，尚可想見。且王號未改，依然敵國，惟卑禮厚幣，以侈吳心而司其間耳。長君乃又造爲吳更封越百里之説，且言越入胥門，子胥頭如車輪，目若二電，發射十里，其鄙淺怪妄，齊東所不道，而古今信之，何哉？

七體

十八日　撰七券文成，共得二千二百言，字爲一言。别存稿。自枚叔七發後後人踵而放之，語者口臭，近儒凌氏廷堪襲其體而變其趣，以言學問之事，名曰七戒，洪氏亮吉又變而道身世之事，名曰七招，皆爲善擬古人。然凌氏文質而太直，洪氏文峭而太剽，俱情味有餘，色澤不足。予此文言卜居之事，意存錬汰，詞必鮮新，恐鮑昭以下未肯多讓，後世必有論定之者。

漢書　漢　班固

二十一日　校正漢書兩事。一儒林傳「滿昌君都」下重「君都」二字，當是「昌」字因文相次而誤。君都乃滿昌之字，與上文「伏理斿君」文法正同，故下文即連敘昌、理二人官位也。一游俠傳「東道它羽公子」，「它」字上脫一「趙」字，當從史記趙他、羽公子，是兩人。羽姓出鄭公子羽，漢書曹參傳有羽嬰。公子乃其人名。漢書何武傳有杜公子，儒林傳有大中大夫劉公子，蓋皆以字爲名，如薛漢字公子比也。

六月

原勢　清　儲大文

朔　久雨悶甚，鈔近人雜文字。儲中子原勢一篇，絶代大文也，當與計甫草籌南論三首並傳。惜其中所舉山川、關鎮等名雜比書之，令人目眩，未將其所屬郡縣分晢標次，轉有貪多務博之嫌。須知此等文，固不猒過詳耳。

尚書今古文注疏　清　孫星衍輯

初二日　閱孫氏尚書今古文注疏。孫氏此書甚謹嚴，而中列太誓一篇，采大傳及史記爲之，以合二十九篇之數，此龔定盦太誓答問之所繇作也。

說文繫傳 南唐 徐鍇

初七日 閲說文繫傳通釋，二徐之學雖未能宏奥精深，然謹嚴，通而不肆，有功許氏，不爲虚也。

初九日 閲說文繫傳所坿部叙、通論、袪妄、類聚、疑義諸篇。李申耆跋此書，謂「通釋視大徐時出新意，不及大徐之醇確，其引書似都不檢本文，略以意屬，亦不若大徐之通敏。徒以通論諸篇原本說文，旁推交通，致爲妍美，故宋人重繫傳」云。予觀通論三卷，雖其辭博辨，時能有所發明，然穿鑿者多，瑕瑜互見，其得失亦正與通釋相似。部叙以意坿會，强通所不通，不如近儒段氏之謹約、蔣氏和之條貫。惟袪妄一篇，皆駁李陽冰之謬說，最爲可取。類聚、疑義，亦皆有功許氏者也。

公羊通義 清 孔廣森

十七日 閲公羊通義。孔氏注義簡覈，既多正何解，亦不曲護傳文，治公羊家最爲謹確。然如齊仲孫來之爲公子慶父，季姬及鄫子遇於防之爲淫奔，滅項之爲齊桓，皆公羊之曲説，最不可通。注家例不駁傳，從而申之可也，乃必横詆左氏，反以爲誣。今即以齊仲孫一事明之，無論子女子所謂齊無仲孫，果何所見；齊既無仲孫，左氏何以能强造一仲孫湫之名？以魯公子外之而强屬之齊，名何以正？言何以順？此皆三尺童子能辨之矣。此經上文季子來歸，公羊傳曰：「其稱季子何？賢也。」此據其它皆稱公子友也。然前書公子慶父如齊矣，此又何賢乎簒弒烝婬之賊而稱仲孫也？豈爲季子賢者諱而並諱慶父之名乎？外之以齊，而美之以字，此何説也？以矛刺盾，恐百喙不能解也。

戴東原集　清　戴震

二十一日　閱戴氏東原集。此金壇段氏所刻，共十二卷，後附戴氏年譜及校刊札記。戴氏音韻考據之學，固爲卓絶，而不肯以此自居，謂窮極性命之理，其最切要在孟子字義疏證一書。又謂文最忌整，故所作務爲拙古，以自比於周漢之儒。然義理固由考證而出，戴氏之學，訓詁、名物、地理三者爲最。其言陰陽性命，則去董江都等尚隔數層。所作原善三篇，綴集經子之言，而又欲自明所得，支離漫衍，按之皆糟粕耳，其中略無真際，而徒貌爲高古，以自坿於垂世立教。其法象篇、書孟子言性後等作皆是類也。

嘗謂陸稼書之學辨三篇，戴氏之原善三篇，一以闢陸王，一以正程朱，皆自謂功不在禹下，而實所以自發其覆。稼書於學本無所見，其逞臆駡人，自張其門户可矣。此辨出而枵然盡露，不特學術之誠僞無所發明，並陽明之是非亦茫然莫辨，而但坐以亡國之罪。然則礦税之使，閹孽之黨，以及崇禎時誤國之温體仁、陳演、熊文燦、丁啓睿，皆陽明之徒耶？將魯之亡，由洙泗之齗齗，是何異癡人之説夢也？戴氏於學，實有所得，而必高自位置，以自欺而欺人，亦所謂好爲其拙也。

至文章之學，非有夙分而專精其業，亦不能工。戴氏譏司馬子長、班孟堅皆藝而非道，而其所自爲，僅僅通文句耳。藝固不工，道亦未至。若謂文必去整，尤是瞽言。經生之文，自有注疏家法，不計工拙可也，乃必自居於本末兼晐，而既欲明自漢以來未聞之道，又欲掃盡自漢以來一切之文，則志大而近於妄矣。其代冀寧道山陰徐飛山浩所撰夏履橋義莊記，可以采入山陰縣志。

段氏年輩與戴相若，而先戴舉於鄉，入都後始相見，時戴尚爲諸生，段之學亦已卓然成就，而委摯師事，終身北面。戴殁後，寶其遺書，事必盡力，服習師説，没齒不衰，猶有漢儒之風，可謂真師弟也。並時若姚姬傳、程魚門，亦嘗稱弟子於戴，而身後輒有違言，魚門至肆詈其無子以爲攻宋儒之報。蓋二人實瞢於學，當日亦未深知戴之得失，徒以名盛而推尊之，故致其師稱而卒亦不果，戴氏有辭姬傳稱師書，見文集。以視段氏，人之分量，相去固甚遠矣。

戴氏以二十二歲成策算，二十三歲成六書論，二十四歲成考工記圖注，二十五歲成轉語二十章，言人口始喉下底脣末，按位以譜之，謂與爾雅、方言、釋名相輔而行，俾疑於義者以聲求之，疑於聲者以聲求之，段氏謂此於聲音求訓詁之書也。其書未見。二十六七歲成爾雅文字考，此書段氏言在蘇州吴慈鶴家，未刊。而二十九歲始補休寧縣學生，四十歲舉於鄉，五十一歲始以紀文達、裘文達兩公言，于文襄薦之，特召入四庫館充纂修。五十三歲會試不第，特命一體殿試，列三甲，授庶吉士。五十五歲卒，時乾隆四十二年丁酉五月也。在館四年，校定書十五種，大戴禮、水經注、儀禮集釋、儀禮釋宫、方言、周髀算經、張丘建夏侯陽海島五曹算經、五經算術、孫子算經、儀禮識誤、蒙齋中庸講議、項氏家説。皆鈎纂精密，至於目昏足痿，積勞致疾而殁。高宗聖學天縱，深契其學，特畀館選。而同時若錢擇石、翁覃谿輩尚力詆之，覃谿至欲逐之出館，蓋以其進士翰林，非由八股，而世之以庸爛惡札取巍科高甲者，眯目入館，塗改金銀，不二十年坐致台輔，賢愚安之，以爲固然。明之文衡山年老召入供奉，得一待詔，而同時姚、楊兩狀元謂翰苑中豈容畫史，迫逐之去。國朝康熙間鴻博之舉，髦碩輩登，而當時有野翰林之目，致所謂三布衣者皆不安其官，竹垞且得譴而去。習俗移人，難曉如此。直至今日，桐城謬種尚以邵二雲、周書倉及戴氏三君之入館爲壞風氣，變學術。人無人心，亦可畏哉！戴、段兩君鄉舉房官皆爲金匱縣知縣韓錫胙，字介屏，吾浙之青田人，亦科名佳話也。

江氏、戴氏謂元與魂、痕當依三百篇析爲二，殷韻當從唐人與真同用，上聲拯韻、去聲證韻當分出獨用。無錫秦文恭蹟其說，奏請刊正韻書，薦錢氏大昕及戴氏任其事。純皇帝以相沿已久，未允其請。時爲乾隆二十八年癸未。見段氏所撰戴氏年譜。

衎石齋記事稿　清　錢儀吉

二十三日　閱錢衎石記事稿。衎石精於史學，而文亦醇至，如記湯烈婦、記强忠烈事、記嘉定李公守漳事、書某氏婦諸篇，皆必傳之作也。其國朝碑傳集、三國會要兩書，惜未見。

續資治通鑑　清　畢沅

二十九日　閱續通鑑十二卷，已至真宗之大中祥符三年矣。畢氏此書，兼集衆力，自謂盡善，然體例書法，多有未當，前後違牾，亦間有之。所坿考異，去取之間，尤多可議。蓋諸儒固博於學，而才識未逮，益歎古人之不可及也。馮氏集梧序，言「資治」之名，出神宗御賜，故李燾僅稱「續資治通鑑長編」，以此書竟稱「續資治通鑑」爲非，其説甚是。温公之書，體大思精，治亂得失，粲若龜鑑。此書挈之，輕重相縣，奚翅十百。其校刊亦頗有誤字。病中不能乙記，悵然於懷。

七月

續資治通鑑　清　畢沅

朔　閲續通鑑五卷，真宗朝賢者孫宣公一人而已，經儒之效，千載生色，李沆、王曾、楊億亦其次也。寇準霸才，蒙正諒士，無多足取。

聽秋聲館詞話　清　丁紹儀

初三日　得傅節子四月中福州書，並無錫丁紹儀杏舲寄閲所撰聽秋聲館詞話四册二十卷。丁君於詞學用力頗深，此書所校正萬紅友詞律之誤、朱氏詞綜、王氏明詞綜、國朝詞綜、陶鳧薌詞綜補遺諸書之闕漏，及所載宋元别體，皆有裨倚聲。其雜舉古今，因人論世，亦近出之佳書也。丁君自言久官福建，所輯尚有國朝詞綜補六十卷，共一千二百餘家；又其人存者，亦仿王氏例，匯爲二集十二卷。

新録集義　清　熊鏡心

初十日　有江西丁酉舉人熊鏡心來，並投所著新録集義一册，中皆似八比文字，而題目曰「中庸全部」，曰「孟子外書」，曰「八卦參同」，皆不知其作何語。此人聞素好學，有才名，蓋窮老失志，遂成心疾。近聞在都察院遞條奏六事，皆是譫語，人以「風狂」目之。

古經服緯　清　雷鐏

十三日　閲古經服緯，通州雷氏鐏所撰，其子學淇注釋。書分上、中、下篇，共爲二十四則，取冠服内外上下吉凶之制，采掇經傳，條分件系，辨其名色，明其等威，頗切於日用。注亦詳盡博贍，惟好異先儒，輕改舊説，時涉臆决而不可信。同時凌次仲撰禮經釋例，任幼植撰弁服釋例，皆確守古訓。雷氏父子素不與東南諸儒接，蓋皆未見其書。然貫串淹洽，政亦考古者所不能廢也。

國朝文録　清　姚椿輯

十五日　姚春木國朝文録共八十二卷，計文千三百八十首，分十七類，首論辨，終祭文哀誄，大略依姚姬傳古文辭類纂例而小變之。其甄録之指，亦以桐城爲圭臬，故於陸稼書、汪苕文、朱可亭、方望谿、劉海峰、朱止泉澤澐、姚姬傳、張鱸江、朱梅崖、王述庵、管異之諸家文，録之最多，餘亦大半心性蕪言，俗體釀辭，漫無義法，沈溺桐城末派，全無别裁。然卷帙既繁，良楛雜出，亦時有不經見之作。如所載孟遠上龔合肥、張侍讀、魏蔚州、宋司寇、于北溟等書六首，皆痛陳時敝，洋洋數千言。其自稱曰：「遠會稽一賤士也，廁名成均。」又曰：「遠會稽賤士也，九試棘闈不見納，一赴殿陛不見用。」則固爲越人，而鄉里不知其名，亦不知其著有何集。蓋潛曜之士，姓名湮没者不知凡幾，深愧見聞之陋，而益歎選輯文字，有功幽微，自非淺尠。張温和爲此書序，言至道光三十年，録稿始成，足見用力畢生，搜羅非易。

其選全謝山、王崑繩之史論，張皋文、彭甘亭之賦，似尚能持擇。其於别派之胡稚威，選至數十首，而於毛西河、錢竹汀、凌次仲、孔顨軒，不録一字，王山史、王于一、顧黄公、孫淵如，皆僅録一首，黄梨洲僅録二賦，汪容甫僅録釋三九三篇，侯朝宗僅録三首，洪稚存僅録文二首征邪教疏、樂毅頌。及天山等四贊，朱竹君石君兄弟、錢新梧、阮芸臺等皆不掛姓名，姜西溟、李穆堂等所録亦甚尠。惲子居碑志高作、張皋文諸體文，概從屏置。許甫草之籌南三策、魏叔子之新樂侯傳、邵子湘之盧忠烈公傳，皆古今有數名篇，而俱不入録。李寒枝、龔定盦爲偏師巨伯，則或因未見而致遺。其姓名稍僻，即予之淺學所及見者，尚不下百家。此其綜録之疏，亦可概見。至殁於道光三十年以後者無論矣。程魚門之正學論、閻懷庭之文士詆先儒論，皆病狂囈語；侯朝宗之郭老僕墓志、袁子才之書魯亮儕，端木太鶴之論易葬，皆小説讕言，亦污簡牘，是又何耶？

文録載張貞所作楊石民先生傳，稱楊名青藜，字禄客，萊州之濰人，國初副榜。順治丁酉上書於安邱劉少傅正宗，歷數其怙寵擅權，有曰龔芝麓之鐫十三級，則以蜀洛分途也；趙清止之坎壈終身，則以避馬未遠也；周櫟園之擬以立斬，則報復睚眥也；陳百史之無辜伏法，則争權競進也。又指其家人居鄉之不法，有曰時禁私鹾，則大車方軌而進，皆謂劉衙湯鹽。時禁通洋，則大木連艫而下，盡稱相府房料。又曰直指陳君，按部安邱，乃與盛伻並轡入城，未至府半里許，即下車行泥淖中。又過半里許，然後升車云云。可見國初相權尚盛。而楊以鄉里布衣，素未相識，盡言力詆，勸其速歸，劉亦不以爲忤，蓋猶有古人之風。其全書文甚鄙拙。張貞字貞一，安邱人。叙事亦無法。

孟鄰堂文鈔　清　楊椿

二十日　閲武進楊農先學士椿孟鄰堂文鈔。學士爲明崇禎癸未狀元冰如修撰廷鑑之孫、芝田諭德大鶴之子，四世清華，一家先後入翰林者七人。集爲其曾孫魯生所刻。前有朱石君太傅、趙味辛郡丞兩序，凡十六卷。學士頗以古文史學名，其文平正而乏剪裁，論明史事，殊有深識。卷五至卷十序説，考辨書論，皆言經義，如説卦考、伏書孔書篇數考、盤庚考、武成考、伏書非口授辨、漢儒不見古文尚書辨、鄭聲淫説等作，皆有卓見。其時漢學諸儒未出，即百詩閻氏之書，亦似未見，而所説多與閻、惠、江、王諸家闇合。其論九族，雖異先儒，亦爲近理。其論服制、喪主諸書，皆有可取。惟以孝經爲漢晉諸儒所綴輯，條駁其謬；以周禮爲文種、吴起、李悝、申不害之徒所增竄，有與齊次風書十二首，皆各舉一事推論其非；以儀禮爲魯臣臧文仲、季文子等所爲；以詩爲無風雅、正變之分；以關雎、鵲巢、采蘋爲皆求賢人之詩，則皆不根之言矣。

儀禮正義　清　胡培翬

二十一日　得胡甘伯片，爲代購胡竹村先生儀禮正義一部，賈銀四兩。此本是沔陽陸立夫督部所刻，近年其孫光祖攜其板至京，坊賈印售，直不過二兩餘。去年，竹村先生從子季臨侍郎從陸購得其板，遂刷印以遍詒貴要，而寒士踵求者則高賈居奇，索銀四兩。甘伯爲其族人，數月前予屬其往購，而侍郎曰余已罷官，非四金不能買紙也。甘伯如其言諾之，未致予，而侍郎死矣。今其子扶柩歸績溪，並此板攜去，甘伯爲索得寄予，特記之，以見近日公卿風尚如此。

榴實山莊遺稿　清　吴存義

吴郎中寶清來，和甫少宰之子也，以新刻少宰榴實山莊遺稿爲贈，且索序。共文一卷、古今體詩六卷、詞一卷、試律二卷，駢體雅鍊，詩亦秀潔。

孟鄰堂文鈔　清　楊椿

閱孟鄰堂文鈔。其與明史館提調吴子瑞書，辨王民望、唐荆川事，謂民望之死，非由於荆川。民望逮下獄時，荆川在南討倭，已逾七月，至次年冬，民望死西市，而荆川已先半載卒於泰州舟中，可證野史言弇州兄弟遣客刺荆川死之妄。其説甚確。然引萬季野説，云民望與鄢懋卿同年相契，力懇其劾己以求罷。懋卿謂上於邊事嚴，喜怒不可測，止勿劾。民望乃自屬草，付其門人方輅上疏劾之，帝果大怒，遂下獄論死。是民望之死，實自爲之，與嚴氏亦無涉。然果爾，則弇州兄弟何以切齒分宜？世蕃之刑，至買其一胛，持歸祭墓，熟而噉之。據沈德符野獲編言介谿以弇州兄弟皆得第貴，怒世蕃謂其不肖，世蕃遂謀中傷之。而民望聞楊忠愍之死，爲之悲歎，屬其子振恤其家，禍以此起。它書亦言分宜因弇州與忠愍游，又經紀其喪，適以求古畫於民望不得，怒遂不解。蓋論者謂以張擇端清明上河圖，荆川指其中一人閉口喝六，證爲贋物，固屬坿會東坡指李公麟畫故事，而王氏父子結釁嚴氏，則固有之事也。如楊氏言，則以荆川閲兵劾疏，實陰爲民望解，鄢懋卿又力沮民望之求劾，似其死全出世宗意矣。

吴門補乘　清　錢思元

二十六日　閲錢思元吴門補乘。思元字宗上，一字止庵，乾隆時吴縣諸生，學詩於沈歸愚。其邑人韓豐爲之作傳，言所著尚有易、詩、書、禮、春秋、論語、孝經、緯緝及吴門軼記、吴門軼事、止庵隨録、止庵聞見録、止庵日記、怡庵隨録、嶺表録異補葺、夷堅志補遺等書。此書共十卷，輯録吴縣、長洲、元和三縣故實爲府縣志所遺者，而首冠以巡典補，别爲一卷。所載蕪雜，多采市稗，不知著書之體。又聞見陋狹，拙於考訂。其中馬冢一條，注云出漢趙曄吳越（備史）（春秋），則其大略可知。然其刊誤一卷，頗能詳覈，吳下方言一條，尤有可采，最録於此云。

呼婦人曰女客。高唐賦：「妾巫山之女也，爲高唐之客。」打亦謂之敲，左傳：「執其戈以敲之。」刺亦謂之擉。莊子：「冬則擉鱉於江。」相連曰連牽，亦曰牽連。晉書五行志苻堅初童謡曰：「阿堅連牽三十年。」淮南子：「以摸蘇牽連物之微妙。」折花曰拗花。元微之詩：「今朝誰是拗花人。」言人逞獨見而多忤者曰㦃㦃，音如列的。漢書：「㦃㦃而無志節。」言人無所可否而多笑貌者曰墨杘，音如迷癡。出列子力命篇。言人胸次耿耿曰佁儗，音如熾膩。司馬相如賦：「仡以佁儗。」言人無所用曰不中用，史記秦始皇本紀：「始皇怒曰：吾前收天下書，不中用者盡去之。」言人聆言不省曰耳邊風。杜荀鶴詩：「百歲有涯頭上雪，萬般無染耳邊風。」人有病曰不耐煩。宋書庾炳之傳：「爲人强急而不耐煩。」謂人之愚者曰不知薡董。爾雅「蘱，薡董」，注：「似蒲而細。」不知薡董者，即不辨菽麥意。習氣曰毛病。黄山谷刀筆：「此荆南人毛病。」物不潔曰鏖糟。漢書霍去病傳注：「盡殺人爲鏖糟。」蓋血肉狼藉意。言戲擾不已曰嬲。音如嫋。去聲。嵇叔夜書：「嬲之不置。」小食曰點心。能改齋漫録唐鄭傪夫人云：「我未及餐，爾且可點心。」憎人而不與接曰不保。北齊書：「后不保輕霄。」以網兜物曰㨟兜。㨟，呼孩切，音海，平聲，見類聚、音韻。誘人爲惡曰攛平聲。掇。見韻會小補。疾速曰飛風。唐制，凡雜馬送上乘局者，以風字印印右膊，以飛字印印左膊。問何人曰陸顧。吳中陸、顧兩姓最著，故以爲問。言人舉止仓皇曰麞麠馬鹿。蓋四物善駭，見人則驚竄，故以爲喻。移謂之捅。集韻「捅，它總切，進前也，引也。」言某人及某人、某物及某物皆曰打。丁晉公詩：「赤洪崖打白洪崖。」俗作入聲，讀如笪。事在兩難曰尷尬。

以上所記及注，雖未知原本蒼雅、説文，推究其義，且引書亦多出稗販，與原書不符。如漢書賈誼傳云「奊詬亡節」，師古注：「奊詬，謂無志分也。」此假「奊」爲「謑」。説文：「謑，詬恥也。」「謑」或作「譲」，楚辭九思作「謑詢」。奊𡗾自在説文矢部，「𡗾，頭衺骫奊態也。」音胡結切，漢書顔注音同。𡗾頭傾也，讀若子，其義既異，亦無列的之音。吾越方言，凡物之摇兀不安者曰口，渠立切，讀若極，口胡骨切，讀近窟。當即此𡗾奊二字。越俗呼小摇船曰奊𡗾頭船，尤其明證。止庵所引「奊𡗾而無志節」，漢書並無其文。

列子力命篇「墨𡰪」，張湛音眉夷，注曰：「默詐。」殷敬順音眉癡，廣雅作「墨欺」，方言作「嚜𡰪」，云「嬒也，江湘之間謂之無賴。」又云「凡小兒多詐而嬒謂之央亡，或謂之嚜𡰪。」郭璞注：「嚜音目，𡰪丑夷反，狡也。」吴俗讀眉如迷。吾越亦然。止庵迷癡之音，與殷氏釋文合，然詳諸書之義，皆主狡詐，非無所可否而多笑貌之詞。尷尬當作尲尬，説文「尲尬，行不正也」。段氏注曰：「今蘇州俗語，謂事乖剌者曰尲尬。」吾越語亦然。止庵此等皆似茫昧，而徵引雜博，良可取資。

吴門補乘續編　清　錢士錡

夜閲吴門補乘續編，止庵子諸生士錡所續輯，共一卷，計一百八葉。即全書之第十卷。科目一類，補至嘉慶庚辰，則書成於道光初年也。其雜記中載順治辛丑蘇州諸生倪用賓等哭廟一案，顧考功予咸作遭難自述文，叙次甚詳，可補辛丑紀聞之缺。又載嘉慶四年吾邑平寬夫侍郎治生員吴三新一案，王述庵有與侍郎書，直言規切，此春融堂集所未收者，惟嚴瑞唐榮所編述庵先生年譜略著之。

唐兩京城坊考　清　徐松

二十七日　閲徐星伯松唐兩京城坊考，共五卷。西京冠以外郭城、三苑、宮城、皇城、大明宮、興慶宮六圖；東都冠以外郭城、苑宮城、皇城、上陽宮四圖。自序謂以己巳之歲，奉詔纂輯唐文，於永樂大典中得宋次道河南圖，乃據宋氏長安志爲本，採集金石傳記，合以程大昌、李好問之長安圖，以爲吟詠唐賢篇什之助。其書成於嘉慶庚午，分門別里，條舉宮殿苑亭、公私廨宅，援據史事，自爲之注，考證精密，古色盎然。平定張誦風穆更爲校補，亦稱詳審。惜誤字甚多。

元朝秘史　佚名　長春真人西游記　元　李志常

二十八日　閲元朝秘史及李志常長春真人西游記，皆張石舟所校。二書自錢竹汀氏始稱之，謂足以訂正元史。秘史譯於元初，皆用俚俗語，欲人易知其事，質實可信。西游記更足證西北疆索道里風土。長春真人即丘處機，字通密，登州棲霞人。元太祖稱之曰神仙。志常爲其弟子，自稱曰真常子。其書末記侍行人名，又稱通元大師，元史作李真常。以元太祖辛巳宋嘉定十四年，金興定五年。從處機由萊州至燕京，出野狐嶺，今張家口。取道金山、今科布多之阿里太山。陰山，今甘肅迪化州之博克達山。至阿里馬城，即伊犁。過荅刺速没輦、今伊犁河。霍闡没輦，今那林河。至邪米思干城，今西域之賽瑪爾罕。出鐵門，抵大雪山，今和羅三託山。見太祖於行在。甲申歸至燕京，住大天長觀，四年而處機殁。真常皆記所目睹，文筆簡雅，絶無浮飾。前有西谿居士孫錫序，爲志常所索撰者，題年曰戊子，則宋理宗紹定元年，元拖雷監國之年也。是本爲錢竹汀從蘇州玄妙觀道藏借鈔，後歸段懋堂氏，有錢氏二跋、段氏題識。又歸桐鄉程氏同文，龔定盦、徐星伯皆從程氏借鈔。徐氏、程氏皆有長跋，徐考覈新疆，程考覈金山以東、那林河以西，皆疏證精詳。又有陽湖董祐誠考記中日食一跋，烏程沈子敦釋金山以東一篇。子敦名垚，道光甲午優貢。

八月

揅經室集 清 阮元

朔 阮文達揅經室集，一集文十四卷爲經，二集文八卷爲史，碑志傳狀等皆入之。三集文五卷爲子，四集文二卷、琅嬛館詩略十一卷爲集。續集亦分經史子集，首一卷爲經，次一卷爲史，次一卷爲子，次一卷又文選樓詩存五卷爲集。外集五卷，爲四庫未收書提要，共五十四卷，皆官雲貴總督時其子福所編。此例古今所罕見，故史、子兩類，頗多出入，未能犁然悉當。校勘亦疏，多有誤字。文達經術名通，文章爾雅，固不必言。詩亦清華婉麗，取則中唐，與李文饒爲近。琅嬛館詩起於乾隆己酉通籍以後，文選樓詩，福爲之注，皆督兩廣滇黔時作。續集有南昌府同知徐璧堂墓志極詳，可采入吾郡邑志。

漢石例 清 劉楚楨

初二日 閲劉楚楨漢石例，共六卷。一以梁氏玉繩誌銘廣例、郭氏麐金石例補、馮氏登府金石綜例，皆錯舉疏略，是編壹以東漢爲主，列墓碑例百五十，廟碑例二十九，德政碑例十三，墓闕例十一，雜例三十二，總例四十八，皆分别異同，加以考證，詳確典覈，條例秩然。前爲叙目一篇，言漢碑之不可從者，如祖考稱考、郡掾史張元祠堂碑。祖母稱母金廣延紀母碑。等二十五事，皆原其據依，詳爲之注，而以今古異宜，不可循用。其言尤爲名通。楚楨爲端臨訓導從子，道光庚子舉人。是書成於道光十年，至二十九年楊氏始刻入叢書，時楚楨官直隸元氏知縣。張石舟爲之序，言楚楨少與儀徵劉孟瞻文淇齊名，號揚州二劉。孟瞻著揚州水道記，而楚楨著寶應圖經，精博相埒。官元氏時，訪獲縣境古碑甚多，其延熹封龍山碑，自來金石家皆未見也。

落颿樓文稿 清 沈垚

初三日 閲沈垚子敦落颿樓文稿，共四卷。其學深於地理，尤熟悉西北形勢，所著如後魏六鎮釋、新疆私議、葱領南北河考、宋神宗用兵西夏論、宥州答問、與徐星伯論西夏地理書、星伯撰西夏地理考，子敦言其同里張秋水嘗撰西夏紀事本末，從舊本范文正集景鈔一圖。漳北滱南諸水考、釜水、寖水、溤水、滮水、渚水、泜水、濟水、槐水、洨水、綿曼水、木馬水、忻水、虖沱水、滋水、鹿水、泒水，共十六篇。西游記金山以東釋，皆洋洋大篇，雖或引證冗蕪，文繁寡要，而鈎貫精密，令人不能測其涯涘。

爲人後者爲所生服議，謂古惟大宗立後，持重於大宗，故降其本生，示不貳斬之義。後世既無宗法，今之立後，皆與古異，無所謂持重，則不得降其本生之服。其言精確，爲向來議禮家所未及。殤不當立後議、晉書賀循傳書後、辨兄弟不爲世數之説。喪服足徵記書後、與張淵甫三書，皆論禮服之學，斷制精嚴，有裨世教。

張碩洲爲之序，言子敦爲諸生時，以試庸蜀羌髳微盧彭濮考，爲學使何文安公所首拔，又以試尚書古文考、毛詩古音考，爲學使陳碩士侍郎所賞，又言其作字模範鍾王，而偏旁點畫必蘄合於六書。日照許印林名瀚。在何、陳兩公幕中，言鎖院得子敦卷，如辨古金款識，淺學者或不能盡識。遂以優行貢成均。初館徐星伯先生家，後爲姚伯昂總憲校國史地理志，寓内城。道光庚子十月，以瘵卒於於會邸，年僅四十有四，星伯爲經紀其喪。子敦之師爲施北研，名國祁，烏程老儒，熟於金元掌故，著有遺山詩箋。石舟言嘗戲謂子敦生魚米之鄉，而慕彝耆麥；南人足不越關塞，而好指畫絕域山川；篤精漢學，而喜説宋遼金元史事，可謂三反。

群書治要　唐　魏徵　後漢書　南朝宋　范曄

初五日　以群書治要校後漢書。楊震傳「殷周哲王，小人怨詈，則還自敬德」，治要作「則洗目改聽」。案，無逸「皇自敬德」，今文尚書作「況自敬德」。隸釋載漢熹平石經，尚書殘碑「況」作

「兄」。「兄」即古「況」字，王肅尚書注訓爲「滋益」。石經用今文，楊震受歐陽尚書，故此疏用今文作「況自敬德」，因誤作「洸目改聽」，皆因形近致訛。章懷注僅引古文尚書「皇自敬德」，後人不解「況」字，遂改作「還」字。幸治要四字皆誤，轉可以推求而得。邢劭謂「思誤書亦是一適」，此類是也。

皇朝輿地略補　清　馮焌光

十二日　梅卿以南海馮焌光校補江陰六德只皇朝輿地略爲贈。輿地略者，李申耆弟子江陰六承如所創始，僅載各省府廳州縣四境四至，而首爲總圖，其從子德只補載各省分圖，馮焌光又屬番禺趙子韶補繪東三省、青海、西藏、伊犁、科布多、内外蒙古諸圖。又於説略後增載督撫、將軍、都統、鎮道駐地，頗簡明，便觀覽。馮君廣東舉人，乙丑歲在都，予晤之於芍師所，曾索其書而未得，今梅卿爲福建臬使葆芝岑所轉贈者。

校禮堂詩　清　凌廷堪

二十日　點閲凌次仲校禮堂詩。其格調清俊，時有佳句。乾隆中經儒之稱詩者，沃田最勝，蘭泉次之。先生詩可以上肩西莊，下揖芸臺，其中往往自出名論，又時證發經義，則諸家所未及。如齊河懷古云：「鏡龍八載帝中原，曾築孤城濟水邊。鱗角未全成底事，殘碑猶紀阜昌年。」余忠宣公祠云：

「碧血當年葬綠蕪，至今祠廟枕江孤。忠臣一樣封疆死，誰吊南臺福大夫？」過公家城子云：「公家城子枕谿流，野老迎人語不休。猶指柳邊遺址在，侍郎當日讀書樓。」過湯霍林司成故宅云：「幾曲頹垣半畝苔，蒼涼石獸没蒿萊。更無甲第連雲起，賸有辛夷作雪開。濁世未容淆正論，清流豈必拒奇才？請看桃李茄花側，都是司成手自栽。」讀張太岳集云：「嘉祐萬言王介甫，會昌一品李文饒。」七古如采石望虞雍公戰處、周忠毅公宗健玉印歌、姚江篇，皆議論獨絶，不愧名作。高堂生墓五古一首、河間城北三十五里毛精壘相傳爲漢毛公冢七古一首、題吴上舍讀易圖五古一首、前學古詩五古二十首、後學古詩五古十首、次吴石臣進士見贈五古二首、小遊仙詩七絶二十首、題陳仲魚説文解字正義一首，皆名理湛然，深裨經學，而詩律簡雅，不失之腐。熱河八觀詩一秀峰書院，二武列水，三磬錘峰，四布達拉廟，五扎什倫布廟，六夜光木，七金蓮花，八杏春園酒樓，仿東坡鳳翔八觀作也。及望齊雲巖真武殿歌七古一首、己未四月閲會試題名録七古一首，亦足備掌故。

其題謝益之崇之昆季常棣圖云：「披圖真羡二難並，常棣花開照眼明。敬以事兄榮覆弟，説詩應憶鄭康成。」題瞿茛生杶庭讀禮圖云：「道學儒林轍本乖，淹中一卷久塵埋。禮堂別有千秋業，授受還應異勉齋。」茛生爲辛楣先生婿。答姚姬傳先生云：「臯比廿載擁名都，言行真爲士楷模。談藝不譏明七子，説經兼取宋諸儒。是非原有遺編在，同異何嫌立論殊。傳得桐城耆舊學，直偕熙甫繼歐蘇。」孔撝約檢討過訪云：「周髀遺經傳趙爽，公羊絶學繼何休。」其宗恉概可知矣。論曲絶句三十二首，亦言此事者所當究也。

續漢志　晉　司馬彪

二十六日　校續漢志，官本率依監本，故亦有誤。其每卷之首皆題「梁剡令劉昭補并注」一行，亦仍監本之舊，而不標司馬彪續志之名，幾似志爲昭所作矣。今江寧新刻本雖悉依汲本，而以此志次范書列傳之後，題曰續漢志，又載昭補注之序，其體最善。

讀書偶識　清　鄒漢勛

二十八日　閱鄒叔績讀書偶識。其論廟室服制等頗詳覈，能斷制，餘多失之繁瑣，且武斷不根。予於乙丑之冬，曾正其論尚書謬誤者數條。然如言棄稷此當作「皋陶謨」。之丹朱，爲「驩朱」之借字，敖爲驩朱之子。據莊子堯伐叢〔枝〕、胥敖，謂虞賓在位，既非殄世，亦何至於朋淫，列有七證。言梓材即伯禽之命，據尚書大傳作「杍材」，而載伯禽周公橋梓之説。謂「王曰封」當是「王曰材」，材蓋伯禽之名，杍者子也。尚書百篇，無摘篇中二字爲篇名者。二事雖似立異無堅據，而具有至理。梓材以左傳祝佗所言及康誥首冠以「維三月」至「大誥治」四十八字文義推之，蓋書序「以殷餘民封康叔」下脱落「伯禽」二字，故後人遂不得其解，而杍材者，實周公誥伯禽兼誡成王之書也。至伯禽之爲字，則證以左傳楚靈王之稱曰禽父，而不與王孫牟連類稱王孫禽，尤爲明顯。父者且字也，伯者五十伯仲之稱也，皆配字不配名者也。

九月

朔 讀莊子。十子全書本即六子全書本，雖不删郭注，兼載釋文，而訛字甚多，且竄宋明人評語，殊爲可厭。予向有方密之炮莊本，題曰藥地炮莊，藥地者密之僧號也。某人莊子因本及明刻無注本，今皆失去。當取林鬳齋莊子口義本、焦弱侯莊子翼本、朱東光中都四子本校之。

拜經堂文集 清 臧庸

十六日 閲臧拜經文集，其爲妾服緦議，蓋在阮文達兩廣督幕時，因文達有愛妾死而爲此以獻媚者，其論偏譎，不軌於正。後世既無姪娣，安得有貴妾？乃以齒長有子者爲貴妾，而又云今之尚書總督，猶周之六卿，當準儀禮「緦麻三月」章公卿大夫服貴妾例，不論有子無子，但年長者皆爲貴妾，皆當服緦。斯言也，舞文造例，嬻經害教，是率天下以亂嫡庶之序、潰夫婦之防也。今制既令妾子無論父在適母在，俱爲所生服斬縗，已駸駸無貴賤之等矣。嬖寵之惑溺，抑之猶懼其犯義，而又揚之。致近世如江夏陳巡撫、錢唐許侍郎，皆以妓之爲妾者爲妻，冒封製服。而官太保在武昌，其妾之死，至官吏皆白服送喪，一品夫人之稱且形之章奏矣。儒者立言，可不慎哉！

雪泥屋遺書目録　清　牟庭

十七日　閲牟默人雪泥屋遺書目録。默人名庭，初名廷相，字陌人，山東棲霞人，乾隆乙卯優貢生，官觀城縣訓導。其子房，字農星，嘉慶戊寅舉人，嘗署會稽令事。此書即農星所刻，中列書共五十一種，曰學易録、曰校正崔氏易林、曰同文尚書、曰尚書百篇序證案、曰周公年表、曰詩切、曰校正韓詩外傳、曰左傳評注、曰春秋算草、曰國語評注、曰禮記投壺算草、曰古今年表、曰更定漢書王莽傳、曰明史論、曰名士年譜、曰繹老、曰道德經釋文、曰校正晏子春秋墨子吕氏春秋韓非子淮南子、曰揚子太玄注、曰繹參同契、曰楚辭述芳、曰十二賦箋、曰校正龍文四十篇。曰校正説文、曰方雅福書、曰句股重差圖、曰兩句和與兩股弦較算草、曰帶縱和數立方算法、曰算學定本、曰風星正源、曰校郭璞葬書、曰雪泥屋秘書、曰凡翁丹訣、曰雪泥屋志。曰神仙集、曰删定唐人試律説（又有擬我法集）、曰雪泥屋文集及詩賦、策經文、時文試帖等十種，惟周公年表、投壺算草已刻。有序者存其序及大指。

默人之學，盡屏古説，專任臆斷，持論不根。其詩切一種云稿凡六易，言餘百萬，而痛攻毛詩，悉反小序，甚至改定篇名，蓋近病狂之言。其尤詭異可笑者，改鄘風柏舟篇名爲小柏舟，謂句少於邶之柏舟也。讀太叔于田爲大叔于田，謂句多於前篇之叔于田也。改君子于役爲雞栖，改君子陽陽爲執簧，改東方未明爲折柳。此改篇名也。以黍離入衛詩，以下泉入豳詩，以葛覃爲去婦詞，以卷耳爲思婦吟，以鵲巢爲刺召南君以妾爲妻，以擊鼓爲迎喪詞，以谷風爲妒婦詞，以簡兮爲刺大夫獮猴舞，以君子陽陽爲思婦夢，以葛藟爲贅子詞，以采葛爲刺人娶妻而不出，以叔于田爲少年詞，以風雨爲問疾詞，以子衿爲寄衣詞，以出其東門爲巫臣喜得夏姬，以蔓草爲夏姬答子靈，以園有桃爲刺没入人田宅，以十畝之間爲刺人悦桑女，以東門之枌爲詠神叢歌舞，以東門之池爲觀美女戲舟，以東門之楊爲詠夜遊張鐙，以月出爲望月詞，以澤陂爲嘲人怕婦，以羔裘爲刺婦人好遊，以蜉蝣爲刺裸裎而遊，以東山爲周公悼亡，以南有嘉魚爲刺狎客，以南山有臺傷大貴之損生，不如杜下史老聃，以蓼蕭、庭燎皆爲宫怨，以車舝爲刺人送女爲貴家媵妾，以角弓爲傅母箴娣姒不相親，以黍苗爲送召伯爲徐偃王築城，以隰桑爲寵妃刺王私悦宫婢，以白華爲大夫之賢妾見疏而贈其新寵姬，以緜蠻爲窮士謁貴而借資，以大明爲諫成王欲封后族，以思齊爲邑姜以成王觀先后畫像，以文王有聲爲止康王欲遷都，以既醉爲刺康王留賓夜飲而弛宫禁，以抑爲共和夫人教嗣君小學。如此之類，真是風狂寱語，名教罪人，録之以資笑柄可也。

同文尚書則惟信伏生二十八篇，頗與閻、惠諸儒相合，而亦更定篇目，以序爲僞。至於周禮、左傳，無不力詆，以儀禮爲漢文帝時徐生所造，皆愚妄悖謬，爲亂經之巨蠹。其校正崔氏易林者，即焦氏易林，以舊序有王莽時建信天水焦延壽所撰之言，謂據後漢書崔駰傳及孔僖傳，當是王莽時建新大尹崔篆所撰。延壽是篆之字，因「大尹」誤爲「天水」，「崔」誤爲「焦」，後人遂以爲焦延壽，隋志據以著録。此説稍爲近理，近儒亦有言之者，然亦不得竟改爲崔氏易林。

其所最尊信者，老子、楚辭、太玄，而以老子爲經尹喜所倒亂，文義不屬，爲之移易補綴，凡七易稿，名曰繹老。以楚辭爲被王逸誤注，因考其時地，定九辨二招爲屈原作，稿亦四易，名曰楚辭述芳。是亦可謂心勞日拙者矣。其曰十二賦箋者，高唐賦、神女賦、好色賦、風賦、服鳥賦、子虚賦、上林賦、長門賦、洞簫賦、甘泉賦、羽獵賦、長楊賦，而坿以相如封禪文、子長報任少卿書。其曰校正龍文四十篇者，始以管子牧民篇，終以史記伯夷列傳。其曰神仙集者，選輯鍾離權以下群仙詩。其繹參同契及祕書丹訣等，皆自署曰凡翁務唐，其文筆峻悍簡潔，頗爲可憙。

國朝山左之學，自蒿庵、宛斯謹守古學，髴軒、蘭皋、未谷蔚爲大師。近之文泉、菉友，師法不墜。而默人鄉壁虛造，無所取資，恃其精心，敢於立異，岸然自以爲孔子後一人。其實所好者不出丹經道書，所長者不出時文批尾，枉耗日力，讕言滿家。聞其雪泥屋時文稿已刻行，頗有隆萬家法。蓋約其著書之恉，書經、楚辭兩種，當有可節取；算學道集，存亦無害。其風星正源所載風角序、星象序、農圃星占序三篇，語甚平正。投壺算草推演鄭注，詩文等集，必有佳者。明史論迄於宣德十年，爲未定本，其中當有獨闢之論。餘舉畀之烈火可也。以彼其才，凌轢百家，誠亦間出之士，而夜郎自大，恣意肆言，卒爲學究之傖荒，經儒之梟賊。獨學而無友，可不戒哉。

十八日　夜讀楚辭。牟默人有聽潮懷屈子詞四章，頗古雋可誦。今録其三云：「聽潮水乎大海之南，被明月乎屋之東山。子愛芳草，今誰與玩？石蘭一别，畹無秋蘂。」其一「像設有橘，差玉失之。生千載後，子貌不知。欲弔之文，湘遠九疑。欲酹之斝，子不餟釃。」其二「春朝而風，秋夕而雨。我涕則零，歌則激楚。子之聞之，懷我椒糈。子之不聞，吐我角黍。」其四又載其弟端甫讀楚詞述芳絶句五首，亦爲幽雋。今録其四云：「楚江月白楚山秋，風馬雲車葬楚囚。猶得君王遥指點，一堆新土老臣邱。」其一「招魂直到大江東，千里微波望已窮。自是不歸歸有路，空舲高峽幾株楓。」其二「江水冥冥郢路遥，亦無舟楫亦無橋。夢魂癡絶誰相憶，星月光中過晚潮。」其三「不握秋蘭握橘枝，回看宋玉拜江

湄。莫教木偶飄流去，雕就青黄作汝師。」其四

拜經堂文集　清　臧庸

二十日　閲臧拜經文集。拜經之學，長於校勘搜輯，蓋守其師盧抱經氏家法，而又加密。集中所載校爾雅語，致爲精詳。然釋詈「騋牝驪牝」一條，則陳恭甫言當作「騋牡驪牝玄」者爲確。其論儀禮冠字辭、昏醮辭之韻，則迂僻乖繆，幾於文理不通，此必不可從者也。其解經亦多煩碎偏執，漢學之遭妄人掊擊者，實常州之臧氏、莊氏詒之口實耳。

元和郡縣補志　清　嚴觀

二十一日　閲元和郡縣補志，凡補關内道一州，商州。河北道十州，景、幽、涿、瀛、莫、平、嬀、檀、薊、營。山南道一府江陵。十七州，峽、歸、夔、澧、朗、忠、萬、金、集、璧、巴、蓬、通、開、閬、果、渠。淮南道七州，揚、楚、滁、和、舒、壽、廬。劍南道二州，霸、乾。嶺南道三十七州。春、新、雷、羅、高、恩、潘、辯、瀧、勤、崖、瓊、振、儋、萬安、藤、巖、宜、瀼、籠、田、環、古、容、牢、白、順、繡、鬱林、黨、竇、禺、廉、義、湯、芝、武峨。前有盧抱經序及子進自作例七則。其書不稱「志補」，而稱「補志」，已爲不辭；所采書目不列於前，據其例言據兩唐書、唐會要、通鑑、通典、通考、通志、玉海、寰宇記、九域志及史記索隱正義、漢書、後漢書注、文選注、北堂書鈔、藝文類聚、初學記、白氏六帖、北户録諸書。今考此外所引者，太平御覽、胡氏通鑑注、王氏通鑑地理通釋三書尤

多，而引括地志、十道志、元和郡國志諸佚文及本書佚文者，往往不記其所出。其諸引書，自御覽外皆不記卷數，而每州縣下叙其沿革，俱首加一「按」字，不注其所引之書，自言援引既多，不能逐句備載，尤爲非體。其紕繆者，如幽州良鄉縣下云：「聖曆元年，因不從安史之叛，改名固節，神龍元年復名良鄉。」聖曆乃武后年號，神龍中宗年號，聖曆元年安得有安史之叛？此蓋征突厥之訛。通州下云：「梁置萬州，後魏乾明二年改爲通州。」西魏之得通州在廢帝後，安得有乾明之號？揚州江陽縣下云：「邑有康令祠，咸通中大旱，令以身禱赴水死，天即大雨。」咸通乃懿宗年號，豈元和所及見？廬州巢縣下張魏公曰云云，此乃通鑑地理通釋引張浚之語。子進因上稱郡縣志巢湖在巢縣云云，遂概以爲李氏原文。

劍南道下小注云：「唐書地理志，是道内有保州。保州廣德二年没於吐蕃，元和之際，不入版圖矣，是以未補。」不知舊有後失之州，地志未有不載者。此書較之陳蘭森所補寰宇記，自爲差勝，惜爾時如洪北江、錢十蘭諸公，稍後如徐星伯、張石舟諸君，皆湛精地理，又具文筆，未及將李、樂二書及九域志所闕之四京第一卷、輿地廣記所闕之首二卷，一一補完，以成全璧耳。

二十二日　盧氏元和郡縣補志序，見抱經文集，湖海文傳中亦載之。今補志所刊序下，有盧氏自記歲月云，乾隆四十年青龍在乙未極且月。極且月者謂六月，是月建癸未也。以月陽配月名，自史記「月在畢聚」之文始，好古者多用之。王伯厚通鑑地理通釋序亦題曰「上章執徐歲橘壯之月」，謂八月月建乙酉也。嚴刻「極且」誤作「極旦」，其書中誤字亦不可勝指。

揅經室文集 清 阮元

二十三日 夜讀阮儀徵文集，其塔性説、文韻説兩篇，名言至理，創所未聞，學者不可不知也。此在續集，故學海堂經解、揅經室集中所未收。

梅村集 清 吴偉業

二十六日 舊有吴枚庵箋注梅村集，此予十七歲購書第一部也。前攜入都，後以贈允臣，今復取閲之，忽忽卅年，闕幘之交，已無一有，惟與此書相晤對矣。梅村長歌，古今獨絶，製兼賦體，法合史裁，誠風雅之適傳，非聲均之變調。而世人不學，皮傅唐人，輒藉口杜韓，哆言正變。豈知鋪陳終始，正杜陵之擅場；蚍蜉毁傷，入昌黎之雅謔。嗟兹聾瞽，難語精微，世有知言，必契斯旨。至其諸體，未可概論，五古間有佳篇，七絶亦饒雋致，五律七律，沿襲雲間，要皆具體古賢，不足專門自立。枚庵之注，亦未爲精。

琉璃廠得書記

二十九日 下午，步詣琉璃廠閲市，以銀四兩買得平津館初印續古文苑、計二十卷六册。援鶉堂筆記一部、計二十五卷，八册，此是初刻本，多有訛誤，不及後刻之精，然幸未載方東樹附案語，轉爲可貴。元和蔡立青雲輯注蔡氏月令一部，分上下卷四册，首爲明堂月令論，次月令章句，次月令問答，坿以月令集證。以銀三兩買得武英殿聚珍本輿地廣記一部，計三十八卷，四册，宋廬陵歐陽忞著。孫淵如氏元刻道藏本孫子十家注一部，計十三卷，又坿叙録一卷、遺説一卷，共八册。河間苗仙鹿夔説文聲訂一部。分上下卷，四册。又向寶森堂賒得陳仲魚續唐書一部，計七十卷，共十册，首紀十，次表四，次志十，次世家十三，次后妃傳二，次宗室傳二，次諸臣傳二十一，次諸國臣傳九，次外國傳二，以後唐南唐續天復。採取精博，體例謹嚴，遠出蕭、郝續漢書之上。其自序謂「稿經累易，力殫窮年」，非虚語也。惜書爲其外孫祝修據副本刻於廣東，校戡不慎，脱誤甚衆，然予平生僅兩見之，爲可貴也。湖南翻刻澤存堂本玉海、廣均各一部，新化鄧氏道光三十年所翻。又借得戴氏祖啓經説一部，吴氏樹聲詩小學一部。

經説　清　戴祖啓

閲戴氏經説，上元戴祖啓敬咸著，共三種：曰尚書協異二卷，曰尚書涉傳四卷，曰春秋五測三卷，前有朱石君相國序，言尚有老子新解一種。其曰「協異」者，專考二十八篇之異文。曰「涉傳」者，爲二十八篇之傳，取史記涉尚書以教之意。曰「五測」者，謂先儒之説春秋，紛而益遠，故以五者測之：一常文以定體，二變文以别嫌，三互文以通異，四便文以修辭，五闕文以慎疑。前有袁子才序。朱序稱其書爲其子衍善所録，曾屬沈嵩門進士景熊、王畹馨孝廉紹蘭校之，二君皆湛深於經籍者，頗有異同。然以老書生穿穴衆説，成一家言，不必競是非於前賢，而自有不可没者。

又謂尚書專注今文，亦食肉必食馬肝也。案，戴爲朱分校乾隆戊戌會試所得士，而其言如此，甚有不足之意，其不爲沈、王所許可，更不待言。王即南陔先生，蕭山人，後官至福建巡撫。戴夙爲畢秋帆尚書所知，朱序亦言其子將就正於尚書，然後開雕。今書無畢序，蓋弇山亦未取之，然其尚書頗能依據詁訓，專釋名物，不爲空言。雖不信書序，又簡略過甚，尠有獨得，而所采者皆爾雅、史、漢、馬、鄭、陸、孔之説，梅氏僞傳，一字不收。其解「皇極」，謂朱子作皇極辨，以漢儒訓大、訓中爲非，而曰「皇，君也。極者，至極之義，標準之名」。然釋詁固明訓「皇，君也；極，至也」，漢書五行志固明訓「皇，君也；極，中也」。中所以爲至，則中與至固一訓也。漢成帝詔「皇極者，王氣之極也」。兒寬傳「唯天子建中和之極」。意既與朱子同，而洪範五行傳明作「建用王極」，史記宋世家又明言「王極之傳言」，然則朱子之説固同於漢人而偶未之考也。凡後儒創説多如此，故此書於一字之訓，務溯其原云云。即此一條，可知其留心古義矣。春秋亦依經爲説，不强通所不知，雖譏左氏從赴公、穀設例之非，而尚知折衷三傳，意存簡覈，較之焦袁熹之春秋闕如編、方苞之春秋通論，固爲勝耳。

詩小學　清　吴樹聲

三十日　閱保山吴樹聲詩小學，共三十卷，又補一卷。書刻於同治七年壽光縣，前有印記曰「鼎堂七種之第三」，書中屢引其所著六書微，蓋亦七種之一，然如所言女爲女牆字，從户從乙，即古之覭字。穆從㣎，㣎象日光之下投，即古没字，人爲果中核仁之本字，帝爲華蔕之本字，物我皆爲旗幟字，皆穿鑿迂妄，殊不可訓。前有自序，言不精於訓詁聲音，不可以説經，尤不可以説詩；而段氏玉裁毛詩小學、毛詩故訓傳，皆用其注説文雙聲疊均之法解字以解經，然域於毛傳專門之學，因謂采蘋「于以奠之」，傳「奠，置也」，據禮注「奠，獻也」；「簡兮簡兮」傳「簡，大也」，據左傳等書注「簡，選練也」；「考槃在澗」，傳「考，成也」，據箋及説文、漢書注「考，老也」，皆當以疊均字爲訓。

北門「室人交徧摧我」，傳「摧，沮也」，據説文「摧，擠也」，太玄注「摧，趣也」；定之方中「靈雨既零」，傳「靈，善也」，據説文作「霝雨既零」，訓「霝也」，皆當以雙聲字爲訓。

又謂詩中有古字，如凱風「吹彼棘心」，「心」爲「尖」之古字，説文作櫼。「母氏聖善」，「聖」爲「聽」之古字。定之方中「匪直也人」，「也」爲「殹」之假借，即「緊」之古字。斯干「君子攸芋」，「芋」爲「宇」之古字。文王「有周不顯，帝命不時」，「不」爲「丕」之古字。「不顯亦世」，「亦」爲「奕」之古字。抑「無競維人」、桑柔「秉心無競」、烈文「無競維烈」、「執競武王」，各「競」字，皆爲「强」之古字。泮水「靡有不孝」，「孝」爲「學」之古字。有譌字，如關雎「君子好逑」，「逑」爲「仇」之譌。「左右芼之」，「芼」爲「若」之譌。汝墳「惄如調饑」，「調」爲「朝」之譌。殷武「罙入其阻」，「罙」爲「突」之譌。有假借字，有合音，如采苓「舍旃舍旃」，「旃」爲「之焉」之合音。七月「八月斷壺」，「壺」爲「胡盧」之合音。東山「有敦瓜苦」，「敦」爲「團圓」之合音。十月之交「山冢崒崩」，「崒」爲「崔巍」之合音。「楚楚者茨」，「茨」爲「蒺藜」之合音。有一字數義，如同一「介」字，或訓爲助，或訓爲大，或爲「匄」之假借，或爲「戒」之假借。同一「且」字，或訓爲往，或訓爲存，或爲「怚」之假借，或爲「輔」之假借。有一義數用。如曰與於，皆語詞也。「女曰雞鳴」，「士曰昧旦」，義近於云。「見晛曰消」，「曰嬪於京」，義通乎聿。「曰止曰時」，曰爲焉之假借。「黃鳥于飛」，「之子于歸」，于與曰同義。「于彼原隰，于邑于謝」，于訓爲往。「作於楚宮」，「作於楚室」，于讀爲爲。

其書純用段氏疊均雙聲之法，有不得通者，參用旁通引申之義，博采古籍，研極形聲，卓然小學名家。然不遵小序，好異舊説，往往近於武斷。雙聲疊均，固爲訓詁之本，而義貴引申，故訓所傳，必非無自，亦安得以聲均相限？即如穆姜曰元者善之長也，四語俱於聲均不相關合。天者顛也，天有顛誼，不得以顛誼盡之。日者實也，日有實義，不得以實誼盡之。

吴氏開卷釋「周南」二字，以「周」爲地名，「南」爲樂名，皆考之未審。以商頌「天命玄鳥」爲本作「天命玄王」，漢世爲讖緯之學者所改，則近於妄矣。説文「靁」字下本引東山詩「靁雨其濛」，古「零」作「靁」也，「靈雨既零」之「零」與「靁」同，非「靈」與「靁」同。若如吴解，則「靁雨既零」之「零」字，當從段注説文「零」字解，作「徐雨」也，此謂霝雨既徐耳。而吴仍依説文舊本，解「零」爲「餘雨」，謂靁雨已後尚有餘雨也，則不成語矣。

十月

説文解字　漢　許慎

朔　訂正説文若、迈、婁三義。草部「若」：「擇菜也，若從口又。」古文當作[illegible]，從又擇草，又即手也，古左右字祇作「又」。毛詩「左右芼之」，「芼」當作「若」。從吴氏樹聲説。許君「芼」下引詩，當本在「若」下。玉篇引作「覒」，乃三家異文，覒訓亦爲擇。釋文「若」之古文[illegible]，即叒之籀文，叒其下從又口，即「右」字。參用畢氏沅、席氏世昌、王氏筠之説。

丌部「辺」，當是左傳古文「遒人」作「辺人」，此下説解，當作「辺，記也」。春秋傳曰：「辺人以木鐸徇於路，記詩言也。」辺記以聲爲訓，辺從辵，象其行巡之義。故漢書食貨志作「行人」。辺，從丌，象其自下薦上之義。記詩言者，是許解左傳之語。「遒」乃「輶」之借字，劉歆所謂軒車使者，揚雄所謂輶軒之使，此因采風之使有乘輶軒者，故曰輶人。以音近亦借「逌」字爲之，僞書遂改爲「遒人」，後人反因僞書以改左傳，遂轉以改説文。其文又有脱落，而許書始不可讀矣。玉篇云：「辺，今作『記』。」已不知辺人之義，然以辺爲古「記」字，則古文古訓尚可推究得之。

女部「婁」，當是易離卦本字，從毌從中女。毌，古貫字，象其中虚也。中女，卦位也。籀文從□從中女，□即「申」字，古「神」字作□，亦「申」之變體。中者坤也，言其爲坤之中女也，古文從□從女。□者象其虚明也。今説解誤作從毋，蓋非許氏之舊。段氏知中女爲取諸離，而未悟其義。孔子曰：「離者，麗也。」當本作「婁者，麗也。」婁、麗雙聲爲訓。離婁、麗廔，皆取虚明之意。離乃鳥名，許君但訓爲「離，黄倉庚」，全與卦義無涉。顨卦字作「顨」，不作「巽」，幸許於丌部明言之。婁下未言，世遂莫識。惠氏棟知卦字不當作「離」，而改從「离」，离爲山神，亦與卦遠。段氏謂倉頡制八卦字，坤、顨皆特造，餘皆取音義相同之字。然乾、震、艮、坎、兑，固與卦義卦德皆合，離則借而無義矣。故知婁爲卦之本字無疑也。

經典文字辨證書　清　畢沅

初二日　畢氏經典文字辨證書五卷，最爲簡要明通，有功來學。其序備言古今正變，足以上繼説文之叙，尤不可不讀。然亦有小誤，如云冑胄莫析，陝陜今刻本及下注字皆作「挾」，蓋刻者之誤。不殊，句下自注云：「陝字從夾，夾從大，從兩人；陜字從夾，夾從大從八、刀。」案，陜即俗狹隘字，其字從夾，夾在大部，從大從兩人，左右相向，故作夾形，以兩人俠一大人爲夾俌義也。陝即今陝西字，其字從夾，夾在亦部，從亦，象褱物形，即後出之「閃」字也，亦即俗腋字，亦間褱物，故作夾形。𠆢者非人非入，所謂指事也。自隸體便俗，故變夾作夾，變夾作夾，以取易別。畢氏似尚未瞭其義。

又譏張有復古編以「莩」爲「𠬪」別，而不知二文並有，然「莩」實俗字，因「𠬪」變爲「芆」，遂訛爲「莩」，俗又造「殍」字。畢氏謂古有「莩」字，不知何據。其書亦間有誤者。如夭部云：「幸正㚔通，凡從幸字放此。又見㚔部。」㚔部云：「㚔正幸通，凡偏旁從幸放此。又見夭部。」案夭部之「幸」，「覬幸」之「幸」也，「幸」乃隸變。㚔部首「㚔」字訓曰「驚人，讀若籋，其字從大從羊」。今段注據五經文字改作「㚔」，從大屰，屰即隸干字，其說甚確。今從㚔偏旁之字，如執、睪等，隸皆作幸，遂與「儌幸」字亂，故俗又造「倖」字，而其聲義自別。畢氏似誤仞爲一字矣。此千慮之失，不爲小也。

説文聲訂　清　苗夔

初四日　閲苗夔説文聲訂，皆辨正二徐之誤，於近時諸家，如段氏、嚴氏、姚氏，俱多詆斥。其論聲亦間有微悟，如言昏當從民，非從氏省，漢碑可據。農當從囟，囟亦聲，謂農忙及時囟囟也，不當從囟。𦥯當從鹵省，鹵亦聲，亦不當從囟。口部既有「否」，不部之「否」當作「不」，從不、聲，詩「鄂不」字當作「木」。鄭箋之「柎」，釋文之「跗」，集韻十虞之「不」及「趺」，皆即「不」字，漢司農劉夫人碑有「不」字。此等一知半解，不無可取。而好爲異説，任臆勇改，矜己罵人，多武斷之談，錮學究之習。其可笑者，謂牡從垚省聲，不從土；敨從占聲，不從古；痛詆段氏古敨雙聲、支真合均之説；是於古音尚甚茫昧。至謂古無戈、麻之音，其來始於西域，則真妄人之言矣。夔所著尚有説文聲例等書。

説文句讀 清 王筠

初五日 終日閲王菉友説文句讀。王氏於此書剖抉極精，采證尤博，然好改原文，多所增減，至有無堅據而竟删篆者，則較金壇爲甚矣。所注大概本段、桂二家，兼用嚴氏、王氏煦，惜尚未能冣諸家之長。

洪北江年譜 清 吕培

十三日 閲洪北江年譜。自癸丑閲此後，未嘗再寓目。憶癸亥歲，平景蓀嘗言北江之舅蔣曙齋名衡。檢討科分無可考，予時亦不能記憶。今乃知由副貢以年老賜銜，年譜及更生齋詩注中俱載之。北江補縣學生時，本名蓮，字華峰，後改禮吉。試禮部時以避嫌名改亮吉，蓋合其姓呼之，與純皇帝廟諱二字俱音近，故云嫌名也。其辛丑會試，出吾鄉王芳洲先生房，薦而不售。甲辰會試，則以五策爲主司紀文達所奇賞，而以監試御史忿争，仍不録。其庚子之舉北闈，亦以曹來殷爲房官賞其五策，得由副榜改正榜。而庚戌之舉禮闈，則朱文正欲物色之作第一人，始得李鄦齋卷，以策有駁問數條，擬置第一，繼得朱蒼湄卷，以用古文奇字，遂定元，而北江名在第二十六。此固見科名有定，而彼時公卿嗜學，人材甚盛，能賞奇拔異者，已不過數人，何況悠悠今日耶？

北江以乾隆壬子充順天鄉試同考官，在闈中奉視學貴州之命。向例未散館翰林無爲學政者，自北江及石修撰韞玉始。石爲庚戌進士第一人，北江第二人也，一甲三人，未散館即任學政，今遂沿爲故事。而爾時命學政在八月十四日，故校試北闈者得與其選。今以八月三日，而順天之命主考同考在初六日，轉後三日矣。

漢學諧聲　清　戚學標

二十四日　閱漢學諧聲，吾浙太平戚學標鶴泉著。取説文之字，自一至旦，條系其諧聲偏旁，以次相坿，爲二十二卷。其聲無所坿者，别爲雜字一卷。又總論一卷。坿以説文補考一卷，又考一卷，共二十六卷，成於嘉慶八年，鶴泉官河南涉縣知縣時。前有黄氏河清序及自序，後有洪氏頤煊跋、臨海宋氏世犖跋及自跋。其書務明許君古音，辨正二徐及孫愐唐均之誤，徵引經籍傳注，精確爲多，於古人通轉假借之法，言之尤悉。惟過疑今本説文，以爲後人竄亂，全非許君之舊。謂原本必以聲相坿，後人盡改坿於形，故今説文有衹存部首一字而下無所從者，則何以云凡某之屬皆從某，又何以謂之建首？又謂轉注者，考老字皆從耂，爲建類一首。考老互訓，爲同意相受，由老而考，如挹彼注兹，故謂之轉注。推此而「爾」

與「爽」轉注也，爻爲建首，爾、爽同意。「裘」與「衰」轉注也，衣爲建首，裘、衰同意。「苟」與「美」、「善」轉注也。羊爲建首，苟、美、善同意。許所言「勹」與「包」同意，「皿」與「豆」同意，「巫」與「工」同意，「置」與「罷」同意，「㸑」與「罨」同意，皆轉注之字，而譏戴氏以爾雅釋詁證轉注之非，論皆偏駁。許書固形聲並重，然既爲文字，取義則自當以形統部，而不以聲。轉注與假借，皆六書之用，而非六書之本體，戴氏之説，確不可易者也。鶴泉又謂古人不知有均，猶漢人不知有反切，今取韻以言詩已不可，取韻以言易則更傎矣。顧氏之音學五書、江氏之古均標凖，皆論均之書，不可以言音，尤不可以言經，亦可謂獨鬬之論。

西鳧殘草　清　王星誠

二十六日　姚致堂太守來，名詩雅，粵東人，以懷慶孟縣知縣保升知府，入都引見。王孟調客河南時，嘗館其署中，且課其子禮泰。今日以重刻孟調西鳧殘草四帙見贈，較伯寅所刻多詩九十餘首，皆丙辰以前家居作也。其中有次予勸其歸故山詩均五律四首、次予郡居雜感詩七律十首、別予及魯容生汪韻山市樓餞飲七律一首、同予宿青藤書屋五律一首、懷予養病柯山五律一首，又有芝社泛舟同予聯句五古一首，則予早亡其稿矣。隙駒早逝，篇翰猶新，感念平生，能無腹痛？

舊唐書　後晉　劉昫　新唐書　宋　歐陽修　宋祁

夜讀舊、新兩唐書帝紀論贊。舊書間有蕪辭，然大致詳盡，是非頗協。新書則多事外之文，不免支離，其文亦散弱，固不及子京列傳諸論峻潔可觀。即較之新五代史之往復抑揚，亦爲遠遜。蓋歐公於五代史全力爲之，唐書事出分撰，精神有所不暇耳。

十一月

九經古義　清　惠棟

十六日　閱九經古義。此書鑽研畢生，今日彌嘆難盡，恨無人爲作疏證耳。錢警石言嘉興馬應潮嘗注九經古義，頗晐洽，書蓋未刻。

湖海詩傳　蒲褐山房詩話　清　王昶

二十六日　閱湖海詩傳、蒲褐山房詩話。此書於癸丑、壬戌歲評點兩過，一歸劫火，一爲周叔雲攜去。述庵生極盛之世，又享大年，交遍寰中，國朝人物，是集已得大半。而拘守歸愚師法，短於鑒裁，故所選者往往膚庸平弱，腔拍徒存，求如明之青丘、二李、大復、大樽，國初之牧齋、梅村，以及稍後之漁洋、愚山、伽陵、翁山，竟無一首。蓋自海珊、樊榭、竇意外，無能成家，而自沃田、西莊、白華、蘭雪、雲伯外，並無堪節取。此固去取未精，而我朝詩學之衰，亦可概見矣。

十二月

史通通釋　清　浦起龍

朔　夜閱浦起龍二田史通通釋。此書四庫提要稱爲善本，而病其臆改。王西莊則極稱之。二田自言爲七十歲時所作，稿凡數易，多所訂正，頗具苦心，先於篇中節釋其文義，而後通爲按以釋之，其後則標句以注其出處。然識趣既卑，文又拙澀，全是三家村學究習氣，不特不及黄崑圃之補注，且不及郭延年之評釋也。今所購本，又有不知何人以墨筆評點，頗亦摘二田之謬，而迂拙彌甚，且於惑經、疑古諸篇，重加朱擲，是亦妄矣。

世本輯補　清　秦嘉謨

初二日　閱世本輯補，江都秦嘉謨撰，共十卷。自序謂從孫淵如購得洪飴孫所編底稿，增輯成之，又延顧千里詳加校閱，體例悉依洪舊。其書搜采甚廣，較雷氏、孫氏兩本倍爲晐備，考訂亦詳。

史通　唐　劉知幾

初三日　史通申左篇云：「近世漢之太史，晉之著作，撰成國典，時號正書。既而先賢耆舊，語林世說，競造異端，强書它事。夫以傳自委巷，而將班馬抗衡，訪諸古老，而與子孫並列，斯則難矣。」浦氏妄改「班馬」爲「册府」，「子孫」爲「同時」，以爲班馬語無涉，子孫更謬。不知班馬字承上漢之太史句，「子孫」當作「干孫」，謂晉之干寶撰晉紀、孫盛撰晉陽秋也，承上「晉之著作」句。馬、班、干、孫皆以當代人居史職而撰當代史，故爲可信，「干」與「子」字形近而誤。浦氏不學，而專臆恣改，比比皆是，此蹈明人之惡習也。各本皆誤作「子孫」，明李維楨、郭延年評本則不尋文義，而輒動筆加圈，亦爲可笑。

元詩選　清　顧嗣立輯

夜閱元詩選中薩雁門、楊鐵崖、張玉笥、王梧谿、丁海巢諸家。壬子、癸丑間，於是選用力最深。迄今二十年，重復繙閱，若夢若覺，大半不能省記。歲月俄空，學業不長，感念身世，良增悲悵。梧谿集知不足齋刻本最精。雁門集亦曾見刻本，尚工整。鐵崖、玉笥爲吾鄉古宿，而楊集已無全刻。舊見一二零集，亦甚草草。張集則未嘗寓目。越俗不好古，可一歎也。

初五日　閱薩雁門詩。雁門五七言律，非宋人所能及也。七古亦俊爽，不獨禯豔可取。七絶亦有高作。昔人有言元詩優於宋者，固非無見。予謂元詩優於南宋，元文則遠過於南宋；而明詩又勝於元，明文則遠不及元。

列卿紀 明 雷禮

十二日 閲雷禮列卿紀，共一百六十六卷，首題「柱國少傅兼太子太傅工部尚書豐城雷禮輯」。先有引，即序也；又有略，即凡例也。其書首中書省、左右丞相平章政事、左右丞參知政事，次國初弘文館學士，次國初侍臣四輔官，次國初殿閣大學士，次内閣元輔並同直，次詹事府，次翰林院，次六部，次都察院、通政司、大理寺，次總督南京糧儲，次各總督巡撫，次太常寺，次四夷館，次順天應天府尹，次光禄、太僕、鴻臚寺，次國子監，次尚寶司，詹、翰及各部寺監，俱先以國初諸任官，自爲一卷。詹事兼及少詹，翰林兼及諸學士，又以兼翰林院諸學士别爲一卷。六部兼及侍郎，而以總督倉儲坿户部，提督團營戎政坿兵部，總督易州山廠坿工部，又以行部别爲一卷。都察院兼及副都僉都，而以明太祖先設御史臺、御史大夫秩從一品，又有中丞，故先以大夫中丞，别爲二卷，猶内閣之先有中書省也。通政兼及左右通政及參議，又有謄黄通政，自爲一卷。大理兼及少卿及丞，太常寺、四夷館、光禄寺、太僕寺、鴻臚寺、尚寶司俱兼及少卿，順天府、應天府俱兼及丞，國子監兼及司業。自詹翰以下，皆並載南京，惟四夷館爲南京所不設，鴻臚寺、尚寶司南京皆無少卿，故不著。每衙門皆先爲年表，次爲行實。年表止於萬曆十七年，行實止於嘉靖四十五年。其年表中皆書籍貫出身，謂防同名也。行實略如傳體，惟終於本職者，詳載始末，其所歷之官，則但分載其本任之事。自謂凡有美刺，一一書之，皆注明出於某書某録，明非由愛憎之私。今所見是鈔本，盡去其注矣。惟尚寶司但有年表，無行實。

書首有「明善堂珍藏書畫」印記，又有「安樂堂藏書」記，蓋怡賢親王故物也。坊賈索價十六金，仍却還之。

讀書雜志　清　王念孫

十五日　淮南子繆稱訓云：「福之萌也緜緜，禍之生也分分，禍福之始萌微，故民嫚之。」王氏雜志曰「『分分』當爲『介介』」，引易「介于石，憂悔吝者存乎介」，虞注並訓「介」爲「纖」。又齊策曰「無纖介之禍」，以「介」本作「个」，「分」俗作「兮」，形近而誤。案王説非也。「分分」即「紛紛」之省，此文以緜、分、微、之與下圍、危爲韻，緜、分、微一聲之轉。史記司馬相如傳索隱引胡廣曰：「紛，亂也。」文選封禪文注引張揖曰：「紛綸，亂貌。」漢書作「紛輪」，注引張説同。「紛」之本誼，説文爲「馬尾韜」，蓋因馬尾散亂，故駕車則韜之，引申遂爲紛亂之誼。釋名「紛，放也，防其放弛以拘之也」。紛、放雙聲爲訓，防其放弛云云，即本誼之引申。左傳「治絲而棼」，即「紛」之借字。書「泯泯棼棼」，枚氏傳訓爲亂。逸周書祭公解「泯泯芬芬」，注云：「泯，芬亂也。」漢書叙傳「湎湎紛紛」，注云：「紛紛，雜亂也。」三國志夏侯太初傳「緬緬紛紛」，與此「緜緜」、「分分」，皆同音通借。詩「緜緜瓜瓞」，毛傳：「緜緜，不絶貌。」東方朔非有先生論「緜緜連連，殆哉世之不絶也」。説文「緜，聯微也」。説苑「緜緜不絶」。詩緜鄭箋：「緜緜然若將無長大時。」正義：「緜緜，微細之辭。」蓋此皆以絲爲譬，緜緜者，謂如絲之微連而不絶也。緜與緬誼相近，説文「緬，微絲也」，故魏志作「緬緬」也。紛紛者，謂如絲之細雜而不理也。物之微甚者必易亂，故「紛」從分，言當於不可分者分之，此形聲兼會意也。蓋四字連用，則皆言雜亂之貌；分言則緜緜爲微而連，紛紛爲微而亂。今俗語猶然，故云禍福之始萌微。文子微明篇作「禍之生也紛紛」，是正字；此作「分分」，是借字。王氏改作「介介」，既失文韻，且古書亦未見有用「介介」者，殊臆造不辭。

歸潛志　金　劉祁

二十日　閲歸潛志。一卷至六卷雜記人物，雖意主詩詞而旁及時事，略如傳體。七卷雜記宣宗南渡後政教風俗之弊。八卷、九卷雜記文章詞賦。十卷雜記時事。十一卷録大梁被圍事。十二卷録崔立碑事及辨亡雜議論。十三卷皆泛論事理而坿以雜文及詩。十四卷爲歸潛堂記及同時人所作銘詩。京叔多交金源名士，熟於掌故，其所聞見，足以傳信。予嘗謂説部之佳者，如世説、語林、唐語林、國史補，宋之春明退朝録、揮麈録，金之此書，元之輟耕録，皆足稱小史，與它書之偶存故事者不同。惟京叔文筆頗拙，又世仕完顔，而以身久不第，於宣、哀二宗，頗無恕辭。幽蘭之炬，青城之刑，千古慘變，而苛貶末帝，京叔稱哀宗爲末帝，與金史及諸書皆異。絶無哀痛之言，文人浮薄，可太息也。至其辨金之亡，不咎宣宗輕棄燕都，而摭拾浮談，亦爲非要。予已於丙辰年日記中論之詳矣。

歸潛志載金章宗宫中絶句云：「五雲金碧拱朝霞，樓閣峥嶸帝子家。三十六宫簾盡捲，東風無處不楊花。」魏道輔臨漢隱居詩話載宋神宗秦國大長公主輓詩，其第三首云：「慶自天源發，恩從國愛申。歌鐘雖在館，桃李不成春。水折空環沁，樓高已隔秦。區區會珠市，無復獻珠人。」皆高華清妙，具體風騷，相其品格，當在初唐以上也。

臨漢隱居詩話 宋 魏道輔 滹南詩話 金 王若虚

二十一日 閱臨漢隱居詩話、滹南詩話。魏道輔時有會心，王若虚亦有得處，而拘滯未化。其極推東坡，而力詆山谷，亦頗過當。惟於大謝「池塘生春草」句，獨取李元膺反覆求之終不見佳之論，以爲謝氏誇誕，猶存兩晉遺風，後世惑於其言，而不敢非，則通人之言也。

逍遥集 宋 潘閬 百正集 宋 連文鳳 斜川集 宋 蘇過

二十三日 閱潘閬消摇集、連文鳳百正集、蘇過斜川集。斜川集鈔最於永樂大典，尚得六卷，世間贋本，一旦而敗，自爲佳事。叔黨詩文，俱有父風，其田布論、志隱論、海南黎事書、祭叔父黄門文、裊灢亭上梁文諸作尤可觀。潘消遥詩極淺俗，全是五季惡習，四庫本掇拾殘零，尤不足傳。其稍可誦者，望湖樓上作一律、歲暮自桐廬歸錢唐晚泊漁浦一律、孤山寺易從房留題一律、夏日宿西禪院一律、秋日題琅邪山寺一律、自諸暨抵剡四律、留别金山寺一絶、書璿公房牡丹一絶耳。餘皆粗獷浮率。其所云琅邪山寺，即吾郡之怪山清涼寺也。連應山爲元初月泉吟社中人，其詩境逼仄，不出江湖小家。春日田園雜興七律，當日社中賦詩者二千七百三十五人，以連作爲第一；然卑陋淺弱，不過如童子學語而已。

全唐詩逸　日本　河世寧

二十四日　點閱日本人河世寧所輯全唐詩逸，其中佳句甚夥。第三卷所載亡名氏海陽泉等五古十三首，云得之藤原佐理真跡中者，其風格高逸，極似次山、文房諸家，决非宋以後人所能爲也。

五代史補　宋　陶岳　五代史闕文　宋　王禹偁

二十六日　閱陶岳五代史補、王禹偁五代史闕文，汲古閣合刻本也。介立識趣卑陋，所記皆小事，雖有一二可采，無當大體，又文筆拙俗，以其爲楚人，而馬殷又諂事朱温，故大恉惟尊僞梁、頌武穆耳。元之闕文僅十七事，而叙述嚴整，深明褒貶，以眎介立，何啻霄埃。

同治十一年

正月

庶齋老學叢談 元 盛如梓

初三日 閱負暄野録、澠水燕談録、庶齋老學叢談。歸潛志載正大初，朝廷以夏國爲北兵所廢，將立新主，命趙公秉文入使册之。既行，館閣諸公以爲必厚獲。至界上，朝議罷其事，飛驛追回。楊之美爲禮部尚書，寄以詩云：「中朝人物翰林才，老學叢談作「謫仙才」。金節煌煌使夏臺。馬上老學叢談作「得句」。逢人唾珠玉，筆頭到處灑瓊瑰。老學叢談作「揮毫落紙散瓊瑰」。三封書貸揚州命，老學叢談作「一封書貸揚州牧」。半夜碑轟薦福雷。自古書生多薄命，老學叢談作「窮達書生略相似」。滿頭風雪卻回來。」案，金宣宗元光二年十二月崩，哀宗即位。是月，夏神宗遵頊傳位於子德旺，非蒙古所廢。次年金改元正大，至四年蒙古滅夏。是時金已自顧不暇，安能尚爲夏計？夏國既覆，册立新主，將置之何地？且使者安得尚有厚獲？遍考金史各書，俱無其事。庶齋老學叢談亦載此詩，而云趙秉文奉使西夏，中途聞夏主殂而回，楊以詩戲之。疑盛氏所記爲得實。京叔雖身歷其時，恐亦有傳聞之誤也。

盛如梓學識凡陋，其論詩文，亦多溺南宋迂腐之習。然其論韓致光當作「致堯」。過湖湘食櫻桃詩，謂意與少陵同而尤悽惋，則古人所未發。詩云：「時節雖同氣候殊，未知曾薦寢園無？合充鳳食留三島，誰許鶯偷過五湖。苦筍恐難同象匕，酪漿無復瑩蠙珠。金鑾歲歲長宣賜，忍淚看天憶帝都。」今人選致堯詩，尠及之者，特載於此，以見本原忠愛，方堪爭豔香奩耳。

盛氏又言漢唐盛時，文章之秀，萃於中原，其次淮漢。唐詩人江南爲多，陶翰、許渾、儲光羲、皇甫冉、皇甫曾、沈頌、沈如筠、殷遥，潤州人；三包：融、何、佶，戴叔倫，金壇人；陸龜蒙、于公異、丘爲、丘丹、顧況、非熊父子、沈傳師、誠之父子，蘇州人；三羅：虬、鄴、隱，章孝標、章碣，杭州人；孟郊、錢起、沈亞之，湖州人；施肩吾、章八元、徐凝、李頻、方干，睦州人；賀德仁、吴融、秦系、嚴維，越人；張志和，婺人；吴武陵、王貞白，信州人；王昌齡、劉昚虚、陳羽、項斯，江東人；鄭谷、王轂，宜春人；張喬、杜荀鶴，池州人；吉中孚，饒州人；劉太真、顧濛、汪遵，宣州人；任濤、來鵬，豫章人；李群玉，澧州人；李濤、胡曾，長沙人。山川之氣，隨時而爲盛衰，談風水者烏能知此？

案，盛氏所舉，雖多漏略，如褚亮、許敬宗皆杭州人，沈千運、周朴皆吴興人，駱賓王婺州人，舒元輿睦州人，崔國輔、殷堯藩皆蘇州人，許棠宣州人，張藉和州人，蕭穎士常州人，劉駕江東人，綦毋潛、戎昱皆荆南人，李中九江人；歐陽詹晉江人，張九齡韶州人，孟賓于連州人，曹鄴、曹唐皆桂州人，此俱昭昭在人耳目。即以吾越言之，如虞世南、徐浩、齊唐、朱慶餘，亦皆人所共知，而都未及列。然其言可謂深知古今之變。自宋以後，東南人才益盛，文事敦槃，幾不齒及西北。而金有遺山，明有空同、大復，國朝有漁洋，崛起中原，足以相持不敝，此又天地之元氣相爲旋斡者也。

吾學録　清　吴榮光

初四日　夜閲南海吴荷屋中丞吾學録。其書詳於器服刑律，俾流俗易曉，頗爲有意。惜其餘經法大制，多所扁扅，既病太簡，而又有不必載者，近於官書鈔胥之類。以國朝紀述掌故，自會典、三通數大書外，私籍甚尠，故遂風行一時耳。

日下舊聞　清　朱彝尊

初七日　閲日下舊聞。是書不觀者十餘年矣。朱氏采取稍嫌泛濫，其每門之下隨事標舉，不用分注坿見之法，亦病錯雜。又坊市寺院，不按里條系，頗難徵考，疑是竹垞未經刊定之書。其子西畯每卷各補數十則，亦多蕪漫。然軼史遺文，藉以耆拾，京華故實，鉅細咸資，自非夢華、夢粱所堪仿佛。故乾隆間御定之本出，去取既精，摭實而談，固眎原書遠勝，而此編終不能廢也。其書搜采至一千六百六十九種，然所切據者，張爵之五城坊巷衚衕集、孫國敉之燕都遊覽志、蔣一葵之長安客話、宋啓明之長安可遊記、劉侗之帝京景物略、孫承澤之春明夢餘録、周篔之析津日記及元混一方輿勝覽、明一統志、曹學佺之名勝志、顧祖禹之方輿紀要、顧炎武之北平古今記等十餘書而已。

攬轡録　宋　范成大　北行日録　宋　樓鑰

初九日　閲攬轡録、北行日録，攻媿不菲薄金原，所記制度朝儀，較石湖爲詳。

國朝殿閣部院大臣年表　明　許重熙

十一日　購得廣東版吾學録、明刻楚辭章句、許重熙明殿閣部院大臣年表，訖於萬曆丁巳，兼載南京六曹尚書、河道、倉儲、戎政、總督，諸尚書加銜及侍郎之加太子三少、賓客銜者，名下皆詳其出身、籍貫，其致仕者仍書其卒。

經學叢書　清　吴志忠

十二日　是日購得洪興祖楚辭補注一部，餘姚人李清華西子浣紗圖一幅。購江都陳氏叢書、陳穆堂逢衡所注逸周書、竹書紀年、穆天子傳、楚辭天問、博物志、協律鉤玄、漢人古詩諸種。經學叢書、吴縣吴志忠所刻，惠硯谿詩説、惠半農禮説、大學説、春秋説、顧亭林左傳杜解補正、吴英經句説及岳氏九經三傳沿革例、宋人彭耜道德經集注釋文、吴鼒三正考、漳水經流考、華學泉春秋疑義諸種。璜川吴氏經學叢書，吴志忠字有堂刻，前有陳奂碩甫序。尚有惠半農易説、江慎修羣經補義、明周洪謨疑辨録，共十四種。十國春秋、翁注困學紀聞、法苑珠林，俱不成。諸書皆索直六金。

二十日　隆福寺書賈取璜川吴氏經學叢書來。其章水經流考一卷，據吴志忠跋，謂不著撰人姓氏。書中稱「禮從大學士富陽董公校閱庫書」，知是乾隆間人，名禮，而未知其姓。所考章水經流，實爲三江而發，大略言江右豫章之水，蘇氏軾定以爲禹貢之南江，蓋祖鄭康成岷江至彭蠡並與南合始得稱中之說。因證以今豫章江出南安之聶都山，奔流直下，凡一千九百八十里，亦與彭蠡爲匯，至尋陽而始合大江，故鄭氏逆得經，而以班固、韋昭、郭璞、顧夷諸家之説爲非，其辭甚辯。今案其中有云「吾江右」及「司鐸南安」語，則仕籍皆可詳，當訪之江西人也。

道德真經集注釋文一卷，宋鶴林彭耜撰，爲道藏本，前有自序，謂集李林二家音釋，以補陸德明之未備。其經文則專據政和御本而互見諸家同異。今觀其引有河上本、王弼本、李畋音解本、纂微本、五注本、達真本、清源本，李畋以下多世所不傳，可貴也。

春秋疑義二卷，無錫華學泉著，華氏字霞峰，顧復初春秋大事表嘗稱之。所著尚有讀易偶存六卷、春秋類考十二卷，俱未刻。

吴英經句説二十四卷，英字簡舟，即志忠之父。其學不主漢宋，兼采諸家，頗有所折衷，然不脱學究講章氣。簡舟爲陳碩甫姑之夫，碩甫序稱所著尚有六書解，而頗存微辭。又言簡舟之父嬾堂著有經史論存，並坿刻叢書後，志忠序亦云，然今總目中無有，蓋已去之矣。簡舟言其祖容齋生於新安之璜原，後居上海，老遷蘇州之瀆川，與惠松厓交好，曾由部曹守吉安，殁後，松厓爲作墓志。半農禮説、大學説是上海彭絋甫所刻版；春秋説則吴企晉所刻版；簡舟與企晉爲從兄弟也。

岳氏刊正九經三傳沿革例稱，依也是園影宋本開琱，當取知不足齋本一校之。

三正考 清 吴鼐

二十一日 閲吴大年三正考，分上下兩卷，大約據元儒張氏以寧、明儒李氏濂之説，參取諸家，以駁胡武夷、蔡九峰之謬論。而於元儒則引趙氏汸，國朝則引顧氏炎武、陳氏廷敬、蔡氏德晉説爲多。上卷條列三代以前建朔及改時改月之證，冬可爲春之辨，商周分至不繫時之辨，三正通於民俗之説。下卷條駁何邵公、程伊川、胡康侯、蔡季默、陳止齋、程敬叔端學、吕涇野諸説之誤，皆疏通證明，言簡而覈，誠如四庫提要所言，篇帙無多，而引證詳明，判百年紛紜轇轕之論，於經學深有功焉。惟信僞古文尚書伊訓、大甲篇，申明其兩十二月之説，而反以李川父疑之爲非。又以唐虞爲皆建寅，而以鄭康成謂堯正建子、舜正建丑爲無據。案，尚書正義引鄭注堯正建丑、舜正建子，蓋三正爲寅丑子迭嬗，故孔冲遠推鄭意，以爲女媧建丑，神農建子，黄帝建寅，少皥建丑，顓頊建子，帝嚳建寅，而馬融注甘誓「怠棄三正」，云建子建丑建寅，則以堯爲建子，舜爲建丑，似違其次，不若鄭説爲愜。吴氏既誤以馬説爲鄭説，又以唐、虞、夏爲皆不改朔，殊爲失考耳。吴名鼐，無錫人，乾隆丙辰進士，官工部主事，前有顧棟高序。

疑辨録 明 周洪謨

閲明周文安洪謨疑辨録，分上、中、下三卷，前有成化十六年自序，結銜稱禮部右侍郎，蓋其進呈之本。其序言官祭酒時爲六堂諸生會講而作。上卷爲先儒訓釋有害經旨者二十四條；中卷爲先儒訓釋有誤經旨者五十五條，又與經旨不協者二十五條；下卷爲發明先儒言外之意百又七條。於漢唐宋諸儒，皆肆意駁詰，於朱子亦無所回護，而攻漢儒尤力。其中、下卷多零星經義，一知半解，亦或有可取。其上卷辨春秋周正至十六葉，約六千言，深取蔡九峰周不改時月之説，而謂魯史每年本先書冬十一月。孔子作春秋，每年截取前兩月，而以春正月爲首。其妄正與同時之吕涇野不謀而合。吴氏所謂行夏時之説，至涇野而怪斯極者，蓋尚未見此書也。

風俗通義　漢　應劭

二十四日　閲風俗通義，武林何允中廣漢魏叢書七十六種本。雖尚盈十卷，而錯謬訛奪，至不可讀，當求程榮刻三十八種本，以盧氏群書拾補校之。

九經三傳沿革例　宋　岳珂

二十五日　夜以吴刻岳氏九經三傳沿革例景宋本校知不足齋本，吴刻間有誤字，不及鮑刻之精。倦翁於小學尚疏，而别白謹慎，不敢妄改，南宋人中所僅見。其書雖僅三十餘葉，而詳載版本源流，經注體例，於音釋一門，尤爲晐備。此讀經者之津筏，尤刻書者之準繩，所當家置一編者也。

道德真經集注釋文 宋 彭耜

二十六日 過録彭耜道德真經集注釋文於畢氏道德經考異本。彭氏雖未通小學，而羅列宋時諸本異同，致爲詳備，於音義亦甚別白。較之畢氏考異，雖折衷説文，辨明正俗，有所未逮，而校勘字句，細密不遺，則非畢氏所及。其中載陸氏釋文最備，間亦可以訂今本之訛。耜乃白玉蟾弟子也。

二十九日 録彭氏道德經釋文竟。彭氏有道德經集注十八卷，此其集注之釋文也。所引音義，自陸氏外，爲李、林二家。李者李畋音解，林者林東音釋。所引諸本異同，自河上公、王弼外凡十二家，又引朱文公説一條，採取頗博，且考覈詳慎，有經生家法。乾隆間畢氏沅撰考異，僅載彭説四條及所采司馬温公、葉石林、程文簡、陳象古四家異同數條，漏略殊甚。至彭所據政和御本，畢考亦多取之，稱爲宋徽宗本。

二月

國朝列卿年表 明 雷禮

朔 比日又於隆福寺購得雷尚書國朝列卿年表一部，前有秀水項篤壽序，僅有表而無行實，凡一百三十九卷，止於國子監司業，而無尚寶司，有謝在杭藏書印。予前所購有顧起元、徐鑒兩序，徐亦豐城人，官南直隸提學御史，書即徐所刻，而有所增刪，其增者别注一「增」字以别之。明道堂所藏鈔本前有尚書自撰略例，徐刻亦無。

尚書史既無傳，其在世宗時督大工，甚有幹濟，最被恩眷，故階至柱國、少傅兼太子太傅，而風節清峻，非同阿説，范正己續大政記稱爲昭代名臣。然自隆慶二年告歸，以至於殁，不聞有加官贈謚之事，蓋嘉靖朝之能臣，隆、萬改政以後，皆在所薄，此華亭、新鄭諸公所不能無遺議者也。其字古和，亦僅於項序見之。又明史七卿表書其加官至太傅，考明代尚書無加三太者，宰輔及身，亦至少師而止。惟洪武初之李善長、萬曆初之張居正皆至太師耳。此表及許重照表皆作少傅，而各卷題銜亦俱云少傅，可知明史之誤。

初七日 閲魏書釋老志。

魏書　北齊　魏收

二教皆盛於元氏之世，伯起創爲此志，自有深意，所謂變而善者也。一目之士，輒加詆斥，非知史者。

初十日 閲劉楚楨漢石例。

漢石例　清　劉楚楨

其書大體精覈，而以竹邑侯相爲二千石，漢制王國相同郡太守，秩二千石，侯國相同令長，竹邑又小國侯。以韓敕前碑「皇戲統華胥」，「皇」字高出一格爲尊敬古皇，而駁錢竹汀、王石渠後人妄加之説，皆非。

法苑珠林　唐　釋道世

廠肆取法苑珠林來，道光初常熟蔣氏據釋藏本鳩資所刻也。每卷後各題出資婦女姓名，而系以其夫若子。首有駢文序一篇，極密麗，末題萬善花室女弟子呂琴姜撰，蓋皆文人潤飾爲之。序言明萬曆時刊本妄析爲百二十卷，與新唐書藝文志百卷之目不符，以致簡錯章離，字句脱誤。虞山蔣伯生大令之篋室董中林用藏本校勘，因集百人，凡費千鎰，人刻一卷，以還其舊。據其第一卷末題前山東齊河縣知縣常熟蔣因培妾董姝出資重刻，百卷之後有姝琴川中林女子董姝。跋，稱道光辛巳九月，燕園主人以事遣戍，姝實從行，發願刻經一部，及早賜環，女君聞之，欣然質錢鳩工，並普告閨閣諸大家，共襄是舉云云，是非好事刻經者比矣。第九十九卷末題翰林院編修江都秦恩復妾端木守柔刻，第一百卷末題奎文閣典籍元和顧千里妻韓道映刻，則其書當經秦、顧二君勘過，而訛脱仍疊，未爲善本，豈釋藏本誤，末由是正邪？書爲唐西明寺沙門釋道世字玄惲所撰，成於高宗時，前有朝散大夫蘭臺侍郎隴西李儼字仲思序，末題總章元年。然道世之名，何以不避太宗之諱？殊不可解。序亦駢文，似有殘缺。

書分劫量至傳記共百篇，皆以兩字標題，於佛典故事，以類敍述。其每篇又各分子部，部猶篇也；每篇首皆有述意一部，猶之小序也。大恉不過張大經像，申言報應，而辭理清雅，猶有東晉支惠遺風。

十一日　閲法苑珠林。方畢數卷，覺詞義繚複，令人欲睡。蓋彼教書止可佐清譚消閒晷耳。尋味其理，轉生厭棄，平生不嫥禪悦，良由鈍根未除也。

後漢書　南朝宋　范曄

十一日　夜校注後漢書鄭康成傳。惠氏引高士傳，言墓在高密城西北五十里礪阜，「五十」當是「十五」之訛。唐史承節所撰鄭公碑，言在高密縣城西北一十五里礪阜山之原，是也。

思適齋集　清　顧廣圻

十二日　閲思適齋集。顧氏校讐之學，實爲古今第一。其時年輩在前者如盧抱經、孫淵如，皆此事嫥門，深相引重。至高郵王氏父子，尤善讀古書，而於澗蘋極口推服。蓋其交好有張古餘、胡果泉、秦敦夫、顧抱冲、黄蕘圃、張月霄、彭甘亭、陳仲魚、袁綬階、吴山尊、汪閬原、葉紉之，皆經苑老宿，收儲極富，賞奇析疑，不遺餘力。而又多見錢遵王、毛斧季、季滄葦三家藏書，故獨步一時，無慚絶學。乃近世如張石舟、苗仙鹿、王菉友輩俱力詆之。諸君之學，雖各有所得，而聞見既遠不逮，校録又非專家，執一相攻，亦多見其不知量矣。

太平寰宇記　宋　樂史

十四日　閱太平寰宇記，乾隆癸丑其崇仁後人所刻，後有三十世孫斯盛跋，言其族叔之篪及斯盛子蕤賓所校刊。每卷之末間坿校勘數條，頗能依據群書，有所駁正，不知出何人之手，似較萬廷蘭爲勝。而文句訛脱，魚豕相仍，亦未遠過萬本。其首葉題籤有曰「詩集嗣出」，則世所稀見者也。

石經考文提要　清　彭元瑞

十六日　閱彭文勤石經考文提要，此高宗御定奉敕頒行，宜萬世遵守之書，而場屋命題，學校教士，乃悉沿監本、坊本之誤，不知更正，習俗難迻，可慨歎也。

橋西雜記　清　葉名澧

二十二日　得伯寅書，屬校蓮士集樣本，並贈竹汀日記、葉潤臣橋西雜記各一册，即復。橋西雜記一卷，内閣侍讀浙江候補道漢陽葉名澧撰，吾鄉天水妟生於廠肆敝簏中得之，伯寅爲之付梓。曰「橋西」者，其居在虎坊橋西紀文達之故宅也。所記皆見聞雜事，惟内閣官制職掌及師傅保銜兩條爲有裨掌故。

癸巳存稿 清 俞正燮

二十三日 夜閲俞理初癸巳存稿，即類稿所刻之餘也。本名米鹽録。道光癸巳，理初下第後，其房師王菽原禮部爲之先刻十五卷，故以癸巳爲稱。其未刻者即名「存稿」，亦於癸巳寫定。其稿後歸葉潤臣，今葉書盡散，聞是稿亦爲天水妄生購得矣。此刻張石舟序言己亥理初館於祁文端江蘇學政署中所寫副本，石舟從文端假以付刻者。葉氏言石舟曾假其所藏本校訂；又言先亦録有副本，理初取去，故以原本贈之。俱見橋西雜記。然則是刻乃葉本之副本，而天水生所得者，俞之原本也。其分爲十五卷，則石舟所定耳。

二十四日 閲癸巳存稿。其書雜記古今，不分門類，亦無目録，較之類稿，爲無倫次。所采浩博，兼綜説緯，固多可觀，而筆舌冗漫，有學究氣，且時雜以戲謔不經之辭。如駁吕氏春秋高誘注數條，而謂誘思載其金，利令智昏所致，蓋以吕氏有縣千金易一字之言也。此復成何等語？殊失著書之體。惟其言王勃滕王閣序「南昌故郡」，唐以前祇有南昌縣，無南昌郡，據文苑英華乃作「豫章故郡」，此「南昌」二字，村塾師所妄改。宋史梁顥傳「卒年九十二」，與其上文「顥美風姿，强力少疾，閨門雝穆，六月暴疾卒」，語不相貫，知宋史本同東都事略，作年四十二，後人妄據談苑及遯齋閑覽所載僞啓改「四」作「九」。此二條足訂千載之疑。東都事略顥傳，亦有「風姿粹美、强力少疾、閨門雍穆」等語，宋史多本之，則「九」字之爲妄改無疑。

三月

三國志注 南朝宋 裴松之

初二日 三國志注引獻帝傳載禪代衆事書表詔令，往復至萬餘言，鄙陋諂僞，辭費而言吶，文卑而氣茶。承祚盡削之，是也。然裴氏載之，亦足著當日之醜。其引孔子玉版及易運期、春秋漢含孳、佐助期、詩推度災諸緯書，可備搜采。至引孝經中黃讖「不横一」等辭，引易運期讖言「居東西有午」等辭，則諸緯之讖也，與緯書不相涉，六朝以前人皆能分别言之。自隋文禁緯，其書多佚，於是唐宋以後人不能辨之，往往以讖亂緯，而緯愈亡矣。孔子玉版即所謂春秋玉版讖，亦讖而非緯。許芝所引漢含孳曰「漢以魏，魏以徵」，考文選陸機答賈長淵詩注引春秋保乾圖，亦有「漢以魏徵」、「黄精接期」、「天下歸高」之語。芝又引佐助期曰「漢以蒙孫亡」，考「蒙孫」二字，屢見易緯是類謀，有曰「蒙孫之名生衆妖」，鄭康成注：「蒙孫，童蒙之孫也。」又曰：「綱害之效慎蒙孫。」又曰：「赤世順蒙孫之詳。」鄭注：「蒙孫，君赤之孽名號。」案，「順」當作「慎」，詳同祥，猶徵也，「君赤之孽名號」當作「倉赤孽君之名」。又曰：「赤世遭斯，蒙孫當衝，卒貴大嬉，道主之遊。」其語多不可解。鄭注：「嬉咸言赤世之末有有卒貴之人道爲遊之人黄門常侍者。」云云，尤訛誤不可讀。蓋諸緯亡逸之餘，斷爛錯繆，莫能是正。而近人侯官趙氏在翰乃因黄門常侍語，謂東京以宦官亡，而蜀後主繼之。魏爲常侍曹騰之子，鄭君注緯已先知之，則其坿會甚於許芝矣。緯惟乾鑿度最純粹，其文及鄭注亦尚完善可讀。

西域考古録　清　俞浩

初五日　閲海鹽俞湛持浩西域考古録，共十八卷。首以甘肅蘭州、西寧、涼州、甘州四府，肅州、安西、鎮西三州，次及新疆、西藏、蒙古源流，而終以俄羅斯考略。其書成於道光之末，所采自西域圖志外，如彭氏之西域地形訓、顧氏之方輿紀要、常氏之行國風土紀、謝氏之戎幕隨筆、西北域記、七氏之西域聞見録、戴氏之水地記、萬氏之河源彙考、孔氏之胡注拾遺、和氏之烏斯藏賦、圖氏之使俄羅斯記、董氏之外藩圖説、杜氏之藏行日記、松氏之西陲圖記、三州輯覽、札氏之喀爾喀使記、紀氏之烏魯木齊賦、徐氏之西域水道記、錢氏之秦邊紀略、洪氏之乾隆府廳州縣志、祁氏之西陲紀略、西域釋地、魏氏之海國圖志、聖武記，凡若干種，頗能參證古今，多所駁正。而提行別類，體例錯雜，忽按忽叙，全無條貫。方隅道里，尤多溷淆。且校刻粗疏，字句脱誤，往往有鈔撮它人書而無首尾者。以其摭拾説部頗多，亦爲考邊防者不可少之書，不知視後出之朔方備乘（何秋濤著，本名北徼會編。）爲何如也。（今坊間所刻朔方備乘僅數卷，其經進之書稱八十卷，庚申澄懷園焚時已毀，外無傳本也。）

穀梁傳時月日釋例　清　許桂林

十一日　閲海州許桂林穀梁傳時月日釋例，亦一家之學，而首爲總論，極詆左氏，其言甚悖，且云所著尚有疑左二卷，蓋妄書也。是書成於道光丁未，前有阮儀徵、唐陶山兩序，唐序尤佳。

詠樓盍旡集　清 桂林等

二十八日　得研樵書，以新刻詠樓盍旡集四册爲贈。今蘇松兵備沈君秉成所刻也。自桂德山學士桂林至研樵，凡九人詩，共十一卷，惟許海秋起居宗衡、王霞舉兵部軒各得二卷，餘皆一卷。

鄭學録　清 鄭珍

二十九日　詣孝達，小坐，借鄭子尹所撰鄭學録二册而歸。閲鄭學録四卷，遵義鄭珍子尹著，所以明康成之學及平生行事也。卷一爲傳注，取後漢書本傳，而採取它書以爲之注，務詳本事，不及訓詁。卷二爲年譜，分紀年、時事、出處、著述爲四格。卷三爲書目，條舉康成所著書，而系以考證。卷四爲弟子目。其書謹嚴詳覈，於司農家法，可謂服膺弗失者矣。中於「不爲父母群弟所容」一條，知引史承節碑無「不」字，而尚泥「父數怒之」之語，以有「不」字者爲實録，則子尹僻居播州，未見近時阮文達、陳簡莊、錢警石諸家之説，不知元刻後漢書本無「不」字也。子尹此書本未有名，殁後貴筑黄編修彭年爲名之，前有編修序及答唐鄂生書，别録所補正者二十四事。子尹意在墨守鄭學，而編修務欲糾鄭違失，蓋未明著書之體耳。

四月

詞林正韻 清 戈載

初三日 臥閲戈順卿詞林正韻，前有發凡一卷。順卿自以專力於詞，能辨别宫商，較量分寸，其實不過奉白石、玉田之詞爲金科玉律，妄言律吕，不識烏焉，一村學究之見解耳。

學詩之道

初六日 作書致硯樵，極言作詩甘苦。以硯樵題予詩，謂初學温、李，繼規沈、宋。予平生實未嘗讀此四家詩也。義山七律，有逼似少陵者，七絶尤爲晚唐以後第一人。五律亦工。古體則全無骨力。飛卿亦有佳處，七絶尤警秀。惟其大恉在揉弄金粉，取悦閨襜。蕩子豔詞，胡爲相儗？至於沈、宋，唐之罪人耳。傾邪側媚，坿體僉壬，心術既殊，語言何擇？故其爲詩，大率沿靡六朝，依託「四傑」，浮華襞積，略無真詣，間有一二琱琢巧語而已。雲卿尚有盧家少婦一律，粗成章法，「近鄉心更怯」十字，微見性情。延清奸險尤甚，詩直一無可取。蓋不肖之徒，雖或有才華，皆是小慧，必不能抒揚理奥，託興風雅。其辭枝而不理，其氣促而不舉。縱有巧麗之句，必無完善之篇。硯樵溺志三唐，專務工語，故以此相品藻。予二十年前，已薄視淫靡麗製。惟謂此事，當以魄力氣體補其性情，幽遠清微傳其哀樂。又必本之以經籍，密之以律法，不名一家，不專一代。疵其浮縟，二陸、三潘亦所棄也；賞其情悟，梅村、樊榭亦所取也。至於感憤切摯之作，登臨閑適之篇，集中所存，自謂雖蘇、李復生，陶、謝可作，不能過也。硯樵之評，實深思之而不可解。以詩而論，世無仲尼，不當在弟子之列，而謂學温岐，規沈、宋乎？

前日香濤言，近日稱詩家，楚南王壬秋之幽奥，與予之明秀，一時殆無倫比。然「明秀」二字，足盡予詩乎？蓋予近與諸君倡和之作，皆僅取達意，不求高深。而香濤又未嘗見予集，故有是言也。若王君之詩，予見其數首，則粗有腔拍，古人糟魄，尚未盡得者。其人予兩晤之，憙妄言，蓋一江湖唇肳之士。而以與予並論，則予之詩，亦可知矣。香濤又嘗言，壬秋之學六朝，不及徐青藤。夫六朝既非幽奥，青藤亦不學六朝。則其視予詩，亦並不如青藤矣。以二君之相愛，京師之才亦無如二君者，香濤尤一時傑出，而尚爲此言。真賞不逢，斯文將墜。予之録録，不可以休乎？逸山嘗言：「以王壬秋擬李炁伯，予終不服。」都中知己，惟此君矣。此段議論，當持與曉湖語之。

學詩之道，必不能專一家，限一代。凡規規摹擬者，必其才力薄弱，中無真詣，循牆摸壁，不可尺寸離也。五古自枚叔、蘇、李、子建、仲宣、嗣宗、太沖、景純、淵明、康樂、延年、明遠、玄暉、仲言、休文、文通、子壽、襄陽、摩詰、嘉州、常尉、太祝、太白、子美、蘇州、退之、子厚，以及宋之子瞻，元之雁門、道園，明之青田、君采、空同、大復，國朝之樊榭，皆獨具精詣，卓絶千秋。作詩者當汰其繁蕪，取其深藴，隨物賦形，悉爲我有。七古子美一人，足爲正宗。退之、子瞻、山谷、務觀、遺山、青邱、空同、大復，可稱八俊。梅村别調，具足風流，此外無可學也。五律自唐迄國朝，佳手林立，更僕難數。清奇濃淡，不名一家，而要以密實沈著爲主。七律取骨於杜，所以導揚忠愛，結正風騷，而趣悟所昭，體會所及，上自東川、摩詰，下至公安、松圓，皆微妙可參，取材不廢。其唐之文房、義山，元之遺山，明之大復、滄溟、弇州、獨漉，國朝之漁洋、樊榭，詣各不同，尤爲絶出。七絶則江寧、右丞、太白、君虞、義山、飛卿、致堯、東坡、放翁、雁門、滄溟、子相、松圓、漁洋、樊榭十五家，皆絶調也。而晚唐、北宋，多堪取法，不能悉指。我朝之王、厲，尤風雅晉人，瓣香可奉。五絶則王、裴其最著已。平生師資學力，約略在兹。自以爲馳驟百家，變動萬態，而可域之以一二人、賞之以一二字哉？

蓋今之言詩者，必窮紙纍幅，千篇一律。綴比重墜之字，則曰此漢、魏也；依仿空曠之語，則曰此陶、韋也；風雲月露，堆砌虚實，則以爲六朝；天地乾坤，佯狂痛哭，則以爲老杜；雜填險字，生湊硬語，則以爲韓、孟。作者惟知剿襲剽竊，以爲家數；觀者惟知景響比坿，以爲評目。振奇之士，大言之徒，又務尊六朝而薄三唐，託漢魏以詆李、杜。狂譫寱語，陷於一無所知。故自道光以來五十餘年，惟潘四農之五古，差有真意。而七古儜弱，諸體皆不稱。魯通甫筆力才氣皆可取，而工夫太淺，格體不完。其餘不乏雅音，概無實際。欲救乾嘉諸家之俳諧卑弱，而才力轉復不逮。此風會所以日下，而國朝之詩遂遠不如前代也。道光以後名士，動擬杜韓，槎牙率硬，而詩日壞。咸豐以後名士，動擬漢魏，膚浮填砌，而詩益壞。道光名士，苦於不讀書而鶩虚名，咸豐名士，病在讀雜書而喜妄言。

天香樓藏帖　清　王望霖輯

初八日　作書致味秋，贈以上虞王氏所刻天香樓藏帖一部，帖凡十集，先編金、石、絲、竹、匏、土、革、木八集，續西文二集，多明季國朝人書。内文待詔八十歲後小楷出師表最佳。汪退谷楷書先梅谿府君鑑湖垂釣圖記及所題長歌在土字集第十五葉，以府君記及汪詩言三山風景極備，故持贈贊善，可按而圖之。

癸巳存稿　清　俞正燮

十一日　閲俞理初癸巳存稿。其學務雜博，而時有小説氣。酷儒莠書、愚儒莠書諸條所徵挂漏之甚，而多不確當。

閻潛邱先生年譜　清　張穆

十五日　閲張碩州所輯閻潛邱年譜。潛邱學有精到處，而學究氣太重，其行事實匙可述。其子詠所撰行述，叙次尤陋，碩州蓋以鄉誼故與亭林並譜之，然顧之與閻，相去當不可道里計耳。

詩雙聲疊韻譜　清　鄧廷楨

二十一日　閲鄧嶰筠詩雙聲疊韻譜，凡分四目：曰錯綜，曰對待，曰累句，曰單辭。謂錯綜爲古人巧思，對待爲作者常例，累句偶見，單辭最多，大率通所可通，而不强通所不通，猶有亭林、慎修諸君家法。以虞協侯，不從顧而從江，以妻韻室，不從段而從孔，亦爲謹嚴。前有自序及凡例八則，持論皆佳，惜於古音同異之故，俱不標注，過爲簡略，又其中可補者尚多耳。此書與説文雙聲疊均譜皆成於總督兩廣時，俱有番禺林伯桐序。以駢儷言音均之學，原流深邃，裁制精工，亦近世之名篇也。林字月亭，廣東舉人。

鄭玄家世

二十七日 鄭君後漢書本傳，言「八世祖崇，哀帝時爲尚書僕射」，唐史承節碑同。崇字子游，班書有傳，云「本高密大族」，祖父以訾徙平陵。鄭君傳稱「北海高密人」，不知以何世還歸故國，史無可考。而賈公彦周禮疏云：「鄭氏者漢大司農北海郡鄭冲之孫。」見卷首原目鄭氏注下。范書但言「父數怒之」而無名字，亦不及其祖。鄭君戒子書亦言「吾家舊貧」，不知賈氏何所據也。鄭君周禮序云：「二鄭者謂大中大夫鄭少贛及子大司農仲師。同宗之大儒。」賈氏周禮卷一辨方正位下疏云：「二鄭皆康成之先，故言官不言名字；杜子春非己宗，故指其名。」案，范書鄭興字少贛，河南開封人。唐書宰相世系表曰：「鄭君生當時，漢大司農，居滎陽開封，生韜，韜生江都守仲，仲生房，房生趙相季，季生議郎奇，奇生稺，稺生御史中丞賓，賓生興。」史記鄭當時傳云「陳人」。其傳末云「兄弟子孫至二千石六七人」，漢書作「昆弟至二千石者六七人」，俱不詳其名。而鄭崇傳云父賓，爲御史。唐表乃云御史中丞賓生興，豈與崇之父是一人耶？歐陽此表荒率，多不足據。近人鄭子尹謂古人於同高祖者稱同族，同始祖者稱同宗，不同宗族者稱同姓，康成於三鄭蓋同始祖者，其説是矣。至仲師之後甚盛，其曾孫公業與鄭君同時，范書别有傳。而賈氏乃以三鄭爲康成之先，其誤亦明，子尹又謂賈氏匪誣，何哉？

鄭學録之誤，又有三事。第五元見太平御覽引康成别傳，爲「故兖州刺史」。子尹誤讀「元先」爲句，以爲是其人之字，當爲博士，而别無可考，一也。張恭祖，史承節碑作張欽祖者，以碑爲金承安五年所重立，故避顯宗允恭諱易爲欽，猶宋人諱「敬」，凡「敬」皆易爲「恭」，子尹以爲未詳，二也。毛詩譜今行世有戴氏震本、吴氏騫本，皆校補精密，釐然復故，遠勝歐陽永叔之顛倒妄補，而子尹以爲今僅有歐陽本，三也。

五月

竹垞文集　清　朱彝尊

初三日　閲竹垞文集。吾浙竹垞、西河、謝山、堇浦四家之集，可謂理博辭富，搜討不窮者矣。竹垞尤醇雅，不媿儒者之文。

以銜署稱人

初五日　桂未谷説文坿記謂漢外黄令高彪碑云「師事□□尉許公」，其所闕處當是「故太」二字。

許叔重爲太尉祭酒，故稱太尉。彪卒於光和七年，正與許公同時。王蕓友謂太尉爲衙署之稱，猶今官某部者，無論爵之大小，概以某部稱之。案，此真郢書燕説也。漢人稱公，雖有數例，然大約主三公者爲多，碑銘之例尤嚴。此闕處者固是「故太」二字，考熹平四年汝南許訓由司空爲太尉，所稱許公，當是訓也。無論以衙署稱人，漢世所無，至六朝始有之。如王融官中書郎而稱王中書，何遜官水部郎而稱何水部，其先如潘岳官黄門郎而稱黄門者，尚是後人所追稱。至唐而李翰林、杜工部始漸多，然未有標其長官以爲稱者。如唐制郎中、員外郎皆屬尚書省，故結銜曰尚書某部郎中、尚書某部員外郎，然止可稱某部，不得稱尚書。太尉並非衙署之稱，自漢及宋，皆以爲官名。南北朝以上，太尉皆得置屬，未聞其下有得冒此稱者。且今亦惟郎中、員外、主事稱某部耳，尚書侍郎未有亦渾稱某部者。自唐以後，惟退之官吏部侍郎而尚稱韓吏部。至司務以下，則直稱司務，亦不得稱某部。王氏謂無爵之大小者，其言亦誤。許君事蹟既已闕如，幸傳説文一書，而得知其歷官有太尉、南閣祭酒，其師有賈侍中，其子有冲，爲召陵公乘，亦可稍裨史闕，而必於尹珍以外，再求高弟一人，强取一文苑傳中縣令以爲汶長門牆光寵，是措大之見，而不知其謬惑可笑也。

後漢書補表　清　錢大昭

初八日　終日校正錢晦之所補後漢公卿表，其謬誤蓋不勝指。以大將軍與度遼將軍並列一格，在司空之下，尤爲乖舛。大將軍位在三公上，度遼將軍任爲邊將，秩二千石，與刺史、太守相更代，不敢望九卿，高下雜糅，幾昧官制。又光武時軍中所置大將軍如吳漢、杜茂、景丹，皆草創權置，實不過一將之任，與西京霍光、王鳳之爲大將軍，及永元後竇憲等之爲大將軍，爵秩權任，尊卑懸絶，而一概列之。錢氏譏熊表不明體例，而所表實未大勝熊氏。又表中諸人所遷徙之官，或有不列於表者，自宜書明徙何職，而亦但書曰遷，令人莫可尋究。其餘官爵回互，拜罷舛漏，層見疊出，疑是未定之本。而其子同人等遽以付刻，嘉定秦氏又不知校勘，譌字甚多。予嘗謂史表如王侯封嗣，無甚關係，惟公卿爲治亂所出，深裨考證，而作者草草，爲可惜耳。

初九日　後漢公卿表中致誤之故，蓋由拘於班例，不敢出入。然西京武帝始命衛青以大司馬冠大將軍，位次丞相。其後霍光爲之，權侔人主，而班尚在丞相之下，觀霍光傳奏昌邑王事可見。非東京比。袁紹拜太尉時，曹操爲大將軍，紹耻班在操下，讓位趙岐。操懼，乃以大將軍讓紹，自爲司空。西京度遼將軍始於范明友以衛尉兼拜，其任頗重，故班氏俱入第四格將軍之列。班表衹標列將軍。東京度遼則有專秩比太守，此史表當隨時變易者也。

金石萃編　清　王昶

初十日　閲金石萃編中漢碑，武梁祠畫像中有哺父之孝子邢渠，求代兄考之外黄義士范贖，見前石室畫像，邢渠亦再見，「邢」作「刑」，古通。皆兩漢書所不載。邢渠未知時代，當亦漢人也。邢渠之後爲董永，永事見搜神記。董永之後爲朱明，朱明之後爲李氏遺孤，畫一小兒在筐内，一人手撫之者，洪景伯以爲李善，是也。善事見范書，阮氏元以王成、李燮事當之，誤矣。

孫子十家注　東漢　曹操等

十一日　校孫子十家注。十家注，曹公、李筌以外，杜牧最優，證引古事，亦多切要，乃知樊川真用世之才，其罪言、原十六衛等篇，不虚作也。惜孫刻據道藏本，尚多誤字。

漢書　漢　班固

十三日　閲漢書百官公卿表。班氏此表，例亦未能畫一。其自三公、將軍外，有太常、光禄勛、衛尉、太僕、廷尉、大鴻臚、宗正、大司農、少府、執金吾、水衡都尉，已十一卿，又加之以三輔，則班氏固不限以九卿也。水衡都尉及三輔秩皆二千石，則班氏固不限以中二千石也。然太子太傅、少傅、將作大匠、詹事、大長秋、典屬國皆二千石，將作等四官皆號列卿，何以不列？是熊氏後漢表兼及諸官，未爲違失，可廬一概去之，非也。

淮南許注叙　清　陶方琦

十四日　得陶子珍三月廿八日書并所撰淮南許注叙，考訂甚密，文亦爾雅，書翰古奥尤絶。子珍力追漢魏，孟晉迨群，海内少年未見其比。吾邑古學，其在兹矣。

顧亭林先生年譜　清　張穆

十五日　隆福寺書賈取顧亭林年譜來。亭林學識絶代，石州之譜專搜瑣屑，於其用世本意及滄桑時事俱屬茫如。昔人謂作譜之才須與其人相稱，誠知言也。

論語注　清　戴望

十六日　再得伯寅書，以戴望所刻論語注一册爲贈。言其人爲陳碩甫高第弟子，書甚可觀，即復。閲戴望論語注，本劉申甫論語述何之恉，以公羊義例詮發聖言。謂絀夏存周，以春秋當新王，而微言在論語，其立意已甚謬。注中傅會牽率、迂妄可笑之處，不勝僂指。又謂齊論有問王、知道二篇，蓋明託王之事，改周受命之制，與春秋相表裏，惜爲張禹所去。夫問王即問玉，聘義末所載子貢問君子貴玉賤瑉一節，及説文「璠」字下所載「孔子曰『美哉璵璠，遠而望之奂若也，近而視之瑟若也』」云云，蓋皆是其文。張侯以論語教授，欲便學者之讀，故合齊魯兩家，爲之章句。其去此二篇者，蓋以文少不足分簡策，而貴玉之文，已爲小戴坿入禮記，故遂去之，猶古論分堯曰「子張問」以下爲從政篇，後儒亦以奇零而併合之。望既不識字，妄以公羊家最謬之説强誣聖人，此東漢徐防所謂「妄生穿鑿、輕侮道術」者也。

其標題曰戴氏注論語二十卷，末有自序，亦僅題「戴氏」二字，不出其名，狂僭至此，真小人之無忌憚者。此人爲湖州之坿學生，遊匄江湖，夤緣入曾湘鄉偏裨之幕，嘗冒軍功詭稱爲增廣生，改其故名，求保訓導。又竊文符，徑下湖州學官爲其出弟子籍，學官以無其人申報，湘鄉大怒，將窮治之，頓頭哀乞，乃免。今之匿名，殆爲是耳。

浙西湖州有戴望，杭州有曹籀，籀亦坿學生，年六十餘，歲科試未嘗得列二等，自言爲龔定盦畏友，文亦不通一字。兇傲好駡，新刻其石屋藏書兩小册，一曰春秋鑽燧，題曰褐寬博撰，一曰籀書，皆雜文也。吾邑妄子趙之謙爲題記曰某年某月石屋藏書啓篇錄版嘗見。其説「中」字云：「此爲男子陽物象形。」則它可知矣。兩人者皆與趙妄子爲至交，妄子推之曰：「淮以南學問戴第一，江以南學問曹第一。」蓋自居於天下第一也。吾浙不幸，厲祲所鍾，生此三人，雖黎邱鬼幻，轉瞬煙滅，而後生好怪，頗有被其陷溺者，是亦風氣之害矣。伯寅延攬人才如恐不及，此皆爲妄子所惑耳。

汀鷺文鈔　清　楊傳第

十七日　閲楊汀鷺集。文三卷、詩二卷、詞一卷。汀鷺爲包慎伯之婿，學有師法。是集其友人張知府丙炎掇拾奇零，非其全矣。文未能佳，詩亦率硬，詞稍清婉，固當以人傳耳。其内閣學士河南學政俞子相長贊行狀一篇，可采入吾郡縣志。俞君爲大興諸生時，予族父青田先生入都見其文，以爲必貴，欲妻以女，而族母嫌其貧，遂不果。後族姊嫁一湖北縣令，旋被劾，蕉萃以歿，而俞君入翰林，十二年而至二品，然三十七歲即卒，無子。榮悴易觀，亦不知誰爲得失也。

東觀漢記　東漢　劉珍等

十八日　閲東觀漢記，四庫本其末載不知時代者二十八人，案馮模即馮魴，楊喬見范書孟嘗傳，桓帝時人。

三國志　晉　陳壽　後漢書　南朝宋　范曄

二十二日　校三國志及後漢書，以華陽國志、東觀漢記等書證之。蜀志末楊戲傳載所著季漢輔臣贊，冠以昭烈皇帝，曰季漢，曰皇帝，以先主傳中不敢正名而於此見之，此承祚最得春秋微而婉之指者也。輔臣自諸葛丞相以下，凡五十三人。其本志無傳而贊有其人，承祚自爲之注者，鄧方、費觀、吴壹、陳到、程畿、程祁、糜芳、士仁、郝普、潘濬等十人，各注於題下，輔匡、劉邕等十七人皆注於贊中本句之下。此已是後人所亂。其末又一行云益部耆舊雜記載王嗣、常播、衛繼三人，皆劉氏王蜀時人，故録於篇，其下又提行列王嗣三人傳。何義門云「益部」以下疑皆裴注而宋本誤同。錢竹汀云，承祚作益部耆舊傳，見於晉書本傳、隋經籍志，若雜記則隋志無之，或云陳術撰，亦必晉人，不應承祚遽引其書。蓋裴氏於李孫德、李偉南孫德名福，偉南名朝，皆有贊而承祚注之。二人注下，既各列雜記以補本注之闕，而王嗣等三人姓名不見於承祚書，故坿録以傳異聞，此亦裴注之恒例。今刊本皆升作大字，讀者亦認爲承祚正文，則大誤矣。而姚薑塢云蜀李譔傳末言陳術著益部耆舊傳及志，承祚或取其書，非裴注，亦未可定。

予謂古人著書無此體，承祚既有取於三人，何不爲之立傳，而忽羼它人著作於戲贊之末乎？李譔傳固言陳術著益部耆舊傳及志，未嘗有「雜記」之名。華陽國志陳壽傳云：「自建武後，蜀郡鄭伯邑、太尉趙彦信及漢中陳申伯、祝元靈、廣漢王文表皆以博學洽聞，作巴蜀耆舊傳。壽以爲不足經遠，乃並巴漢，撰爲益部耆舊傳十篇。」又漢中士女傳云：「陳術字申伯，作耆舊傳者也，失其行事，歷新城、魏興、上庸三郡太守。」是術本不稱「雜記」甚明，錢氏之説是也。惟術實季漢人，常璩列之後漢燕邠、趙嵩之後，承祚坿之蜀李譔傳，亦云歷三郡太守，而錢氏以爲晉人，則偶未考及耳。竊謂刻三國志者，當以輔匡等十七人之注皆移之題下，與鄧方等十人注皆升爲大字，各較「贊」字低一格，而「贊」字皆升爲平格。今本贊某某皆低三格，亦非。其「益部耆舊雜記」以下皆低三格，以示存疑，不致相溷，可矣。今本「益部」云云低一格，王嗣等三人皆平格。

明詩綜　清　朱彝尊輯

二十七日　閲明詩綜數卷。竹垞此選，最稱完美。然於後七子貶斥太甚。滄溟僅選十八首，其七律七絶高作多置不録。子相僅十七首，亦多遺珠之恨。子與、明卿，律絶俱佳，而竹垞尤峻詆之；徐取二首，吴取四首，彌爲失平。其稍許可者弇州一人，亦多所刊落。即此後之公安、竟陵，叢訶攢罵，談者齒冷。竹垞於中郎雖稍示平反，而其佳章秀句十不登一，伯敬、友夏，則全没其真，此尚成見之未融也。

滄溟諸君可厭者擬古樂府耳，五古亦剏真詣，七古高亮華美之作自爲可愛，惟不宜多取。至於七律七絶，則虚實開合，非僅浮聲爲貴，胡可非也。如謂其用字多同，格調若一，則又不盡然。觀其隨物賦形，古澤可掬，何嘗不典且麗？至詩中常用「好」字，本自不多，陶、謝、韋、杜、王、孟諸公，何獨不然？且明之高、薛、邊、徐、二皇甫專長五古，比而觀之，多有雷同，較其真際，亦不數見。牧齋、竹垞，於彼則謦之無異詞，於此則詆之無遺力，不亦失是非之公耶？

順治縉紳録

二十九日　閲順治縉紳録，所載庶吉士至辛丑科止，故翁覃谿定爲十八年所刻，舊爲紀文達所藏，有覃谿及法時帆兩跋、朱石君題七古一首，在嘉慶壬戌至庚午，阮文達又題一跋。後歸吴人韓小亭有，邵位西題七古一首，吴和甫題五古一首，則在道光庚子、辛丑間矣。葉東卿又借録一副本，東卿及沈匏廬濤皆有題款。伯寅今春以十金於廠肆購之，其版式寬大，與近時異，而字畫草率，則較今尤甚。卷面有記云「正陽門外西河沿浙江洪家新刊隨省總督撫按總鎮縉紳」。時帆跋謂嘗得順治壬辰、乙未、戊戌三科會試齒録。卷後有「京師正陽門外西河沿浙江洪氏書坊」印記。阮文達跋謂家藏嘉靖縉紳録册，各省總督巡撫皆列於都察院副憲之後，外省則但自布政司始，此册於都察院既列各省督撫，而外省又重列之，故題曰「新刊隨省總督撫按」，以明舊之不隨省也。

首爲内閣，係以大學士九人，曰少師兼太子太師中和殿大學士巴哈訥，滿洲人；太保兼太子太師中和殿大學士禮部尚書馮銓，字鹿庵，順天涿州人；癸丑。中和殿大學士太保兼太子太師吏部尚書金之俊，字豈凡，浙江嘉興籍，江南吴江人，己未。保和殿大學士少師兼太子太師户部尚書額色黑，滿洲人；保和殿大學士少傅兼太子太傅户部尚書成克鞏，字青壇，直隸大名人；癸未。文華殿大學士少保兼太子太保禮部尚書蔣元恒，後改蔣赫德。字九貞，滿洲籍，順天遵化人；武英殿大學士少傅兼太子太傅兵部尚書胡世安，字菊潭，四川井研人；戊辰。文淵閣大學士少師兼太子太師刑部尚書衞周祚，字文石，山西曲沃人，丁丑。東閣大學士太子太保工部尚書李霨，字坦園，北直高陽人，丙戌。

次以教習庶吉士學士二人，曰文淵閣學士太子少保禮部左侍郎胡兆龍，字宛委，順天籍浙江山陰人，丙戌；東閣學士禮部侍郎艾元徵，字長人，山東齊陽人，丙戌。

次以掌院學士二人，曰翰林院掌院事學士兼教習庶吉士禮部侍郎折庫納，字仲實，滿洲人，壬辰；翰林院掌院事學士兼教習庶吉士禮部尚書王熙，字瞿庵，順天宛平人，丁亥。

次以學士四人，曰中和殿學士禮部侍郎鄂貌圖，字麟閣，滿洲人；武英殿學士禮部侍郎馮溥吉，字謙六，滿洲人，壬辰；保和殿學士禮部侍郎布顔，滿洲人，壬辰；文華殿學士禮部侍郎察不害，滿洲人。

次以翰林院侍讀學士姚思泰、楊熙等十一人，皆滿洲人，惟范承謨爲遼東瀋陽人。

次以翰林院侍讀十二人，惟周有德遼東遼陽人，王樛山東淄川人，亦皆不由科甲，餘皆滿洲人。

又内翰林侍讀三人，皆滿洲人。内翰林編修三十三人，間有遼東人。檢討二十八人，皆滿洲人，皆不由科甲。

次以翰林院侍讀學士左敬祖，字虔孫，河間人。曹本榮，字厚庵，黄岡人。張士甄字繡紫，鄞人，皆己丑。等三人。侍講學士曹爾堪，字顧庵，嘉善人，壬辰。楊永寧，字地一，聞喜人，壬辰。劉芳躅字增美，濱州人，乙未。等三人，侍讀熊伯龍己丑。等三人，侍講綦汝楫字松友，高密人，乙未。等三人，修撰史大成、蔣超、徐元文、馬世俊四人，編修宋德宜等十五人，檢討譚篆等十二人。熊賜履、賜瑱兄弟，時皆爲檢討，皆注明湖廣孝感籍，江西南昌人。

次以待詔孔目等官，有以太常寺卿加一級兼管待詔事者，張德地；光禄寺少卿管待詔事者，盧震；太常寺少卿管待詔事者，徐繼煒、董安國；皆滿洲及遼東人，無出身。

次以庶吉士，壬辰一人，戊戌十六人，己亥四十一人，辛丑十人。戊戌有陳澤州廷敬、李合肥天馥。澤州姓名上注曰「欽命改名」，合肥下注曰「江南合肥籍，河南永城人」。己亥有李平字治公、陳景仁字靜公、周之麟字石公三人，皆浙之山陰人。治公明山東巡撫懋芳之孫，予宗人也。辛丑有張丹徒玉書及葉忠節映榴。

次以聖訓館總裁巴哈訥等五人，次以經筵日講官麻勒吉等十四人，漢人則爲胡世安、胡兆龍、曹本榮、李霨、王熙、馮溥六人。次以纂修通鑑官石申、沙澄、馮溥、黄機、賈本榮、史大成、宋德宜等七人，次以日講官麻勒吉、折庫訥、胡兆龍、李霨、王熙、曹本榮、劉芳躅、綦汝楫、史大成、侍讀田逢吉、侍講馮溥、編修党以讓、沈世奕、檢討鄧鍾麟、項景襄等十五人。次以内閣掌典籍事侍讀四人，次以撰文中書舍人等。會稽人、官中書舍人者有金夢麟字石子，魯超字文遠，皆拔貢。次以翰林院提督四譯館太常寺少卿一人楊義，字崑嶽，山西洪洞人，戊辰。蓋國初以宏文院、國史院、秘書院合爲内三院，而翰林院官分隸之，順治十五年改内三院爲内閣，始分置殿閣大學士及諸學士，又別置翰林院官，而衙門職制猶不甚分，故十八年復改内閣爲内三院，省翰林官。考會典及詞林典故諸書，事在十八年六月至七月，定制内三院滿漢大學士各一員，滿學士各二員，漢軍漢學士各一員。此册猶未改制，則在十八年六月以前無疑也。時帆誤並侍讀學士數之，以爲内閣學士有二十四，又國初沿明制修撰不必授一甲第一人，故蔣虎臣爲丁亥第三人，亦授是官，而朱文正詩云「蔣史徐馬列鼎元」，亦偶誤耳。

内閣之後爲六部，吏部尚書伊圖、孫廷銓，字枚光。漢侍郎石申、字仲生，灤州籍黄岡人，丙戌。馮溥。文選司郎中楊名耀，字修野，江南山陽籍山西高平人，乙未。太僕寺少卿管驗封司郎中事金拱敬，字翼如，江南全椒人，癸未。户部尚書車克、少師兼太子太師。杜立德、字純一。漢侍郎杜篤祜、太子少保，字振門，山西蒲州人，丙子。朱之弼。字右君，大興籍福建沙縣人，丙戌。總督倉場左侍郎白色純、陳協。字念藎，大興人，丙戌。禮部尚書烏黑、太子太保。王崇簡，太子太保。漢侍郎沙澄、兼内翰林院侍讀學士，字會渭，山東萊陽人，丙戌。黄機。兼内翰林院侍讀學士，字次辰。兵部尚書蘇訥海、梁清標，字玉立。漢侍郎劉達、字洪瞻，直隸濬縣人，丁丑。李棠馥，字漢清，山西高平人，丙戌。督捕右侍郎高辛胤。字弗若，陝西韓城人，癸未。刑部尚書雅布蘭，漢未補。漢侍郎李敬、字退庵，丁亥。吳正治。字賡庵，己丑。户部江南等十四司郎中、員外各一人，主事各二人，皆漢員。禮部儀制、祠祭兩司郎中、員外、主事各一人，主客司郎中一人，精膳司郎中、主事各一人，皆漢員。刑部江南等十四司郎中、員外、主事各一人，皆漢員。汪琬苕文時爲刑部山東司郎中，靳輔紫垣爲兵部職方司員外郎。工部尚書喇哈達、高景，字似斗，直隸新安人，丙戌。漢侍郎傅維麟，字掌雷，直隸靈壽人，丙戌。李呈祥。字五鹿，山西蘊州人，庚午。太僕寺卿管營繕司郎中事霍叔瑾，字龍淮，直隸井陘人，丙戌。工部四司中漢主事至二十一人，以管理京差及提督各省河税各差多也。禮部尚書掌理藩院事明安達里。都察院左都御史阿思哈，魏裔介，字崑林。漢副都御史楊時薦，字質甫，直隸鉅鹿人，丙戌。僉都御史苗澄，字大生，滿洲籍，任縣人。總督陝西三邊、四川，少保兼太子太保兵部尚書兼右副都御史李國英，字培之，滿洲人。總督江南江西兵部尚書兼右副都御史郎廷佐，字一柱，滿洲籍廣寧人。總督福建少保兼太子太保兵部尚書兼右副都御史李率泰，字壽籌，滿洲籍遼陽人。總督浙江駐劄温州府兵部尚書兼右都御史趙國祚，滿洲人。總督湖廣太子太保兵部尚書兼右副都御史張長庚，遼東瀋陽人。總督兩廣兵部尚書兼右都御史李棲鳳，字瑞吾，滿洲人。總督雲貴兵部右侍郎兼右副部御史趙廷臣，字君鄰，遼東鐵嶺人，恩貢。總督漕運巡撫鳳陽兵部尚書兼右副都御史蔡士英，字魁吾，遼東錦州人。總督河道太子少保兵部尚書兼右副都御史朱之錫，字梅麓，浙江義烏人，丙戌。提督操江兼巡撫安慶徽寧池太五府廣德一州右副都御史張朝珍，字玉如，遼東廣寧人。巡撫順天河間永平三府宣府一鎮右僉都御史韓世琦，字心寰，滿洲人。巡撫直隸保定真順廣大左副都御史王登聯，字捷軒，遼東廣寧人。巡撫山東太子太保兵部尚書右副都御史許文秀，字賓軒，遼東義州人，生員。巡撫山西兵部尚書兼右副都御史白如梅，字懋韓，遼東鐵嶺人。巡撫河南右副都御史彭有義，字恩宜，遼東人，生員。巡撫陝西兵部右侍郎兼右副都御史張椿，字伯衍，山西陽城人，癸未。巡撫延綏右僉都御史林天擎，字玉楚，遼東蓋州人，選貢。巡撫寧夏右僉都御史劉秉政，字憲評，遼東廣寧人，丁亥貢士。巡撫甘肅右副都御史佟延年，字仁甫，遼東人，生員。巡撫江寧兵部右侍郎兼右副都御史朱國治，字平寰，撫順籍滿洲人，丁亥貢士。巡撫浙江右僉都御史朱昌祚，字雲門，滿洲籍山東高唐人。巡撫江西太子少保兵部尚書兼右副都御史張朝璘，字温如，遼東廣寧人。巡撫南贛汀韶惠潮郴桂右副都御史蘇弘祖，字耀我，滿洲人，舉人。巡撫福建兵部右侍郎兼右副都御史許世昌，字中軒，遼東人。巡撫湖廣兵部左侍郎兼右副都御史楊茂勳，字燕石，遼東人。撫治鄖陽右副都御史白秉貞，字懿生，遼東廣寧人，恩貢。巡撫偏沅右僉都御史袁廓宇，字綏甫，陝西富平人，恩貢。巡撫四川兵部右侍郎兼右副都御史佟鳳彩，字高岡，遼東遼陽人，生員。巡撫廣東右副都御史盧興祖，遼東人。巡撫廣西兵部右侍郎兼右副都御史于時躍，字龍洲，遼東瀋陽人，拔貢。巡撫雲南兵部右侍郎兼右副都御史袁懋功，字九叙，順天香河籍浙江餘姚人，丙戌。巡撫貴州右副都御史卞三元，字月華，遼東人，舉人。巡撫鳳陽太子太保兵部尚書兼右副都御史林起龍，字北海，順天大興籍福建福清人，丙戌。

後系以江南等十四道御史，李武定之芳爲廣西道御史，季振宜滄葦爲湖廣道御史，而董文驥以江南武進人爲江南道御史，顧豹文字旦庵。以浙江會稽人爲浙江道御史，爾時臺員不回避本省也。其後列十七省巡按銜，而皆無人。考國初用部主事、中書舍人、行人、評事、博士假御史銜巡按各省，順治七年裁，後又添差，十八年六月詔各省巡按事竣回京，其巡察事務俱交巡撫，不更差京員。此旨雖在六月，而停罷之議早行，故此册不更列名矣。

次通政司，漢通政使冀如錫，字公飴，直隸永年人，丙戌。左通政劉鴻儒，字魯一，直隸遷安人，丙戌。右通政胡亶。字厲齋，浙江仁和人，己丑。次大理寺，漢寺卿王度，字平子，山東泰安人，丙戌。少卿李昌祚。字過廬，湖廣漢陽籍江西玉山人，壬辰。

次六科給事中。漢吏科都給事中嚴沆，字灝亭，浙江餘杭人，乙未；户科都給事中成肇毅，字而卓，浙江仁和人，己丑；禮科都給事中姜希轍，字定庵，浙江會稽籍餘姚人；兵科都給事中金漢鼎，字紫汾，浙江義烏人，己丑；刑科都給事中楊雍建，字同玄，浙江海寧人，乙未；工科都給事中陰應節，字雲楚，山西洪洞人，丙戌；王命岳耻古福建晉江人，乙未。爲兵科左給事中，而右給事中爲袁懋德，字六完，順天香河籍浙江餘姚人，乙酉，蓋雲南巡撫懋功之兄也。考舊制，六科屬通政司，雍正時改隸都察院，此册誤在大理寺之後，蓋刻版遂補時小有顛倒耳。國初沿明制，御史正七品，都給事中、左右給事中皆正七品，給事中從七品。雍正七年，改給事中正五品，御史由翰林、郎中、員外郎補者正五品，由主事、中書、行人、評事、博士、行取知縣補者正六品。乾隆二十八年，定御史爲從五品，以編修、檢討、郎中、員外四項補授。

次太常寺，漢寺卿董篤行，字藻賓，河南洛陽人，丙戌。少卿王胤祚。字遷叟，順天文安人，丙戌。太僕寺少卿管左寺丞事朱守成，字明宇，浙江山陰人；光禄寺少卿管右寺丞事范玄寧字沖宇，山東人；皆無出身。

次太僕寺，漢寺卿未補，少卿提督東路趙開心。字洞門，湖廣孝感人，甲戌。又協理兵部督捕事務朱紱字白谷，江西進賢人，己丑。

次光禄寺，漢寺卿未補，少卿季昌齡字長松，江南泰興人，甲午。

次國子監，漢祭酒章雲鷺，字紫儀，順天宛平籍浙江山陰人，丁亥。司業陳鼓永，字學山，浙江海鹽人，乙未。王士禄西樵、龔鼎孳芝麓。皆爲助教。芝麓蓋自上林苑蕃育署丞量移者。

次順天府府尹羅繪錦。字完華，滿洲籍遼陽人。

次鴻臚寺，漢寺卿未補，少卿周之桂。字二峯，陝西咸寧人，癸未。

次行人司。次宗人府，府丞王天眷，字龍錫，山東濟寧人，丙戌。不載宗令、左右宗人、諸王公。

次欽天監，首曰敕賜通玄教師加通政使司通政使用二品頂帶加一級管欽天監印務事湯若望，字道未，大西洋人。

次太醫院院使傅胤祖，字如岐，順天宛平籍浙江會稽人。其屬有加太常寺卿仍管吏目事祝世遇，秀水人。蓋猶沿明制，醫工雜流以恩寵加秩九卿也。

次侍衛衙門，有欽命教習武進士少傅兼太子太傅多裏機昂邦公遏必隆、多裏機昂邦霸突鹵公鼇拜、輔國公班布爾善、太子太保内大臣黑白昂邦蘇克沙哈等八人。其時，侍衛猶仍國語稱「蝦」，故有欽選内侍一等蝦、頭等蝦、隨蝦學習、二品服俸、三四品服俸等稱，皆武進士爲之。一等、頭等蝦，猶今之頭等侍衛也。隨蝦學習、二三四品服俸，皆庚子新武科，其分二三四品猶今之二等、三等及藍翎侍衛也。曰隨蝦學習者，仿文進士之庶吉士教習也。

次上林苑。次鑾儀衛，漢人以都督同知協管衛事者二人：王鵬沖、劉永灝，而各省都統、提督、總兵皆列於後。總兵有靖藩左右冀、平藩左右冀，皆鎮守廣東，加左、右都督。此靖南王耿繼茂、平南親王尚可喜所統兵也。有定藩左右冀，分駐廣西，時定南王孔有德已早死，此其部兵也。惟平西無之。挂鎮海大將軍印鎮守京口都統一人，劉之源，字清宇，滿洲人。副部統二人，提督十四人，江南隨征楊捷字元凱，江南統轄滿兵哈哈木，江南江安劉良佐字明輔，江南蘇松梁化鳳字翀天，浙江田雄字明宇，陝西統轄滿兵傅夸蟾，陝西統轄漢兵王一正字定侯，江西嚴自明，湖廣柯永盛，貴州李本深字樹臣，雲南張勇字飛熊，福建馬得功字小山，廣西馬雄字蜚英，四川鄭蛟麟。總兵五十六人。潮州總兵吳六奇，字葛如，瓊州總兵高進庫，字槐庵。時提鎮皆加左、右都督及都督同知、僉事等官，猶沿明五府軍衛之制，故以鑾儀衛統之。又太子太保鎮守漳州海澄公黃梧字君宣，以加左都督，亦列入焉。

後列直隸、盛京、奉天府府尹張尚賢字遜吾，遼東遼陽人，生員。其下只有通判改經歷正六品服俸一員，遼陽、海城兩縣知縣二人。江南、山東、山西、河南、陝西、坿延綏、寧夏、甘肅三鎮，亦稱整飭衙門。又有固原整飭衙門。湖廣、浙江、江西、福建、廣東、廣西、四川、貴州、雲南各省。自江南以下，布政使皆有左、右二人，惟貴州祇一左布政，直隸不設布政、按察二司，各省道員皆兼參政、副使、參議、僉事等銜，凡要地繁缺，皆設分守、分巡二道。乾隆二十八年始去各道兼銜。李來泰石臺爲江南蘇松常鎮四府糧儲參議道，王士禎阮亭爲揚州府推官，姜圖南匯思爲山東分巡濟南副使道，余國柱佺廬湖廣大冶人。爲兗州府推官，沈荃位庵爲河南大梁兵巡副使道，金鎮長真爲汝寧府知府，順天宛平籍浙江山陰人。沈文奎清遠爲陝西督理西漢鳳平慶延六府糧儲左參政道，由漕督降調。法若貞玉符膠州人，丙戌。爲整飭漢羌參政道，駐劄陝西平涼府。有苑馬寺卿兼按察司僉事總理馬政遲日震，字嘉胤，遼東廣寧人。此亦尚沿明制。畢振姬，山西高平人，丙戌。世爲湖廣左布政，劉楗公愚大城人，丙戌。爲右布政，謝祖悌友公爲整飭上江防兵備提督武昌、沔陽、常德、長沙等府副使道，順天籍會稽人。宋琬荔裳爲浙江按察使，慕天顔鶴鳴陝西靜寧人，乙未。爲錢唐知縣。紹興府下「風俗」曰：「地狹民稠，事務冗雜，民俗繁華，差徭煩重。」八縣糧三十三萬六千九百零。施閏章愚山爲江西分守湖西參議道。法若真黄石膠州人，丙戌。爲福建分守福興泉三府左參政道，胡昇猷貞巖爲分巡福興泉三府副使道，大興籍山陰人。金鉉亦庵爲廣東分守嶺西參政道，宛平籍山陰人，壬辰。傅弘烈竹君江西進賢人，舉人。爲韶州府同知，于清端成龍爲廣西羅城縣知縣。

時譯音猶未正，故滿洲人名「兔」者甚多。又凡漢軍概目爲滿洲，不分晢滿漢及蒙古。各學教職、各縣巡檢皆不載。其首大學士中有一條云「武英殿大學士少保兼太子太保兵部尚書」，而下無其人，考之，蓋爲聊城傅以漸。傅以十六年乞休，十八年始得旨回籍，故去其名而猶存其官，則此册之爲十八年益可徵信。凡此皆翁、法兩跋所未考及者也。

六月

説文逸字　清　鄭珍

初九日　閲鄭子尹説文逸字，所補凡一百六十五文，其中頗有確者。然其病在過信玉篇、廣均、均會諸書及釋文、文選注所引，以爲堅據。至於香部補馣、馤，疒部補癩㿕，此正犯元朗水族著魚、飛禽安鳥之譏。其儿部補「免」字曰：「子脱胞也，從二儿，即人字。上儿母也，下儿子也，從也省。」也爲女陰。以爲此婦人生娩之正字。無論説文自有「娩」字，訓「生子免身」，不應複出，而其取義纖巧猥褻，亦已甚矣。且僅據玉篇儿部有「免」，而即撰造此説，欲以補許，尤爲無稽。段氏補「免」於兔部，其説已鑿，子尹駁段之非，而不自知其惑愈甚。許君自敘言本九千三百五十三文，今據大徐本已多七十八文；重一千一百六十三文，今大徐本已多百一十六文。安邱王菉友擬據原數以删，而子尹欲據它書以補，皆好古而又師心者也。「免」字不見許書，固爲可疑。錢竹汀氏謂免有免音，兔善走，故引申之誼爲脱免，其理亦通，終似强爲之説，要不能以臆決定爲何部之脱耳。

劉申甫集　清　劉逢禄

初十日　閲劉申甫集。其才力足雄一時，而學術不足法。

十三日　閲劉申甫集。其論語述何篇，誤據北堂書鈔以「女爲君子儒」章何晏注爲何休注，遂妄斷邵公有論語注，其謬既不待言；而以此注「君子儒以明道，小人儒則矜其名」二語，謂漢儒中惟董江都及邵公能道之，馬鄭諸儒皆所不知，真是寱語風譫，大惑不解。二語，集解本作馬曰，皇疏亦作馬融曰，邢正義作孔曰，史記弟子列傳集解引作何晏曰，以其見於何氏集解也，書鈔遂誤作何休曰。　中甫知讀舊鈔本北堂書鈔，而不知讀注疏，自來郢書燕説，無如是之可笑者。流毒潰疽，遂有如今日之戴附生，竊其糞穢，以成夢書，急當以大黄峻藥，痛下其疾，令出狂汗者也。

炳燭編　清　李賡芸

二十六日　閲炳燭編。許齋篤守其師錢竹汀家法，隨事考訂，皆實求其是，不爲高遠驚俗之談。其書既未寫定，又中奪於仕宦，未老横霣，故所著精密遠不逮其師，然有訂正養新録及金石跋尾者各數條，皆足爲詹事功臣。蓋吴門之學，自惠、江、王、錢遞傳，皆以平實切近爲主。拾遺補闕，雖所就有小大之殊，而爲功於古人，不誤於來學，其致一也。嘉定小邑，經儒獨多，皆私淑錢氏之教。自常州莊氏説經，恃其高識雄力，好爲荒渺之論，自託於西京微言，而不知實爲南宋餘唾。數十年來，吴門頗爲所染，而嘉定獨不稍變，此亦論學術者所當知也。此編本四大帙，爲目甚繁，許齋之孫用光所手輯，亂後獨存。伯寅言其中多録它書及未竟之説，蓋隨時纂録，以俟更定者，因屬陳培之、胡甘伯兩户部及吾鄉趙妄子共删校之，釐爲四卷，梓以行世。然昔賢著述，具有苦心，刊定從韋，談何容易？陳胡二君，吾不知其優絀，至以妄子參之，則許齋之冤已甚矣。今此四卷中，篇葉無多，而尚有直録前人之説數條。如幽人闇妻及老子國字諸條。又誤字不知凡幾，則校者之學可知耳。許齋著述，自時文外一無所見，惟錢氏廿二史考異拾遺中采其説數事，今是書得傳其略，亦足慰考古者之心，而伯寅所刻諸書，亦以此爲最佳也。

七月

擊閹疏稿　明　楊漣

十三日　閱海豐吴氏所藏楊大洪擊閹疏稿半篇，以真行書之，梁山舟爲補完，後有戚鶴泉、馮柳東諸君題跋。

八月

鄭康成年譜　清　孫星衍

初五日　作片致肯夫，取還毛詩稽古編，並借阮儀徵所刻孫淵如撰鄭康成年譜，得復。閱鄭司農年譜，孫氏星衍官山東督糧道時所撰。阮文達撫浙時，取陳氏鱣舊撰之譜補益之，又屬談氏泰以四分術推鄭君生年朔閏，合刻爲一卷。其中但於范書本傳以外，刺取後漢紀及世説注、御覽、廣記所引別傳成之，不及近時丁儉卿所譜爲詳。

九穀考　清　程瑶田

初八日　程瑶田九穀考，最稱精覈，然其辨粱爲今之小米，其在田時曰禾，禾實曰粟，粟實曰米，米名曰粱。北方人食以粟爲主，故但呼穀呼米，猶南人食以秔即稻。爲主，亦但呼稻爲穀爲米。禾、粟、米，本粱之專稱，而黍稷稻亦假借通稱之。其説皆是。而謂在北時嘗目驗小米之白苗穀黑米白者黏，赤苗穀黄者亦有黏，赤苗穀赤者最黏。則予嘗遍詢南北人，俱言未見小米有黏者。又以爲小米之采俗作「穗」。獨垂而向根，故禾字象形，然稻采亦下垂，惟高粱、即稷。黍、麥等不爾。

檗

十二日　作書致肯夫，以前夕孝達言得舊槧爾雅，其釋器「米者謂之檗，作米生謂之檗」。予以此句既與上「摶者謂之糷」文法相對。周禮内饔「豕盲眡而交睫腥」，注：「腥當爲星，聲之誤也。肉有如米者似星。」禮記禮運「飯腥而苴孰」，孔疏：「飯用生稻之米，故云飯腥。」案，此「腥」字亦當作「星」。然則爾雅所謂米者，正謂飯中有似星之米，故郭注云「飯中有腥」，蓋以「腥」字釋「米」字。「飯中有腥」者，謂飯中有米也，郭正用鄭語。「腥」亦當作「星」。説文「腥，星見食豕，令肉中生小息肉也。」是腥本從星取義，而小息肉者，即左傳所謂瘯蠡，形亦似星，與星亦可相通借。釋文引李巡云「米飯半腥半熟」，正以「飯半腥半熟」五字釋「米」字。「腥」是「胜」字之借。説文「檗，炊米者謂之檗」。炊謂煮作飯也。煮作飯而有米者謂之檗，是正用爾雅語，而慮單出「米」字，人或不曉，故加炊字以明之。言此謂已炊而仍似米者也。段氏讀「炊」爲句，郝氏以「炊」字爲衍，皆非。檗即今越俗所謂僵心飯，其對摶者曰米者，此古人措辭之工，若作米生，則不辭矣，以米無不生者也。

近人貴宋元舊槧，其中誠有創獲，但須深思博考，以求其通，不則，觀岳倦翁沿革例所言，其時宋本之誤已不勝僂指。若執一古本異文，輒欲輕改相承經籍，郢書燕説，流爲丹青，其害正不淺耳。

五經異義疏證　清　陳壽祺

十七日　閲五經異義疏證。恭甫此書，真經義之淵藪，其中采證極博，而不輕加斷制，尤爲謹嚴。如明堂一事，遍萶自漢以至並時汪容甫、孫淵如、阮儀徵諸家，而不自立論，但載萬中書世美説一條以駁孫説之誤。禘郊等義亦然。蓋古制既無確據，而諸家聚訟，紛如亂絲，論其違則各有據依，論其合則皆參臆見，故羅列異同，以俟人之自擇，此最可法者也。

珍藝宧叢書　清　莊述祖

二十日　閲珍藝宧叢書中毛詩考證、尚書考證兩種，其意本主考列文字異同，而時佐以新意。其解書「我舊云刻子」爲「亥子」，云即易「荄滋之明夷」，「荄滋」當作「亥子」，言殷以亥子亡也。「庶群自酒」爲當作「眉酒」，説文「眉，鼻息也」。「圻父薄韋」爲「韋」即「衛」字，薄者迫也，言司馬迫守邊衛也。「烝祭歲」爲「烝」同「蒸」，禋祀用燎也。「王賓殺禋」爲「殺」當作「秉」，古文希與秉形近而誤，王賓謂二王之後，秉禋即秉璋也。皆令人失笑。惟解「薄韋」稍爲近理，然鄭及僞孔，皆以「若疇圻父」爲句，下文「定辟」二字總上三卿。惟蔡傳讀「圻父薄違」爲句，「宏父定辟」爲句，則定君專屬司空爲不辭矣。

其它改讀文句，尤多迂妄。其解詩多取段氏毛詩小學、阮氏校勘記之説，較書爲優。而解「先祖匪人」爲「匪」當作「棐」，先祖指后稷，棐人即便人，則尤怪妄矣。莊氏之學，大抵如是。

其諸書中惟弟子職集解爲最佳，以多用洪稚存箋釋本，故聲音訓詁，文從字順，古誼湛然。次則五經小學述，雖廖廖數葉，未成之書，而依據説文，參證近儒諸説，尚有可取者也。

易經補疏　尚書補疏　清　焦循

二十六日　閲焦里堂易經書經補疏，其中頗備訓詁，足爲王杦功臣。其序言輔嗣未嘗廢象，僞傳有勝鄭注，皆偏譎之辭。

春秋左氏傳賈服注輯述　清　李貽德

二十八日　閲左傳賈服解輯注，其中論「丘甲」一條、「八百乘」一條，俱引司馬法以申服、賈之説，極爲明晳。因取凌曉樓四書典故覈、黄薇香論語後案、焦里堂孟子正義及江慎修周禮疑義舉要、沈果堂周官禄田考、胡雒君儀禮釋官諸書證之，惟金檠齋禮箋之説，足相發明。蓋以人計者爲共賦之法，周禮小司徒所謂凡起徒役無過家一人，司馬法所謂九夫爲井云云，即小司徒之大事致民，金氏所謂正卒是也。以家計者爲出軍之法，小司徒所謂惟田與追胥竭作，司馬法所謂夫三爲屋云云，即小司徒之大故致餘子，金氏所謂羡卒是也。

九月

周官禄田考　清　沈彤

初二日　閲周官禄田考，其説多與胡氏儀禮釋官合，而與程易疇溝洫疆理小志亦互相發明。

未灰齋文集　清　徐鼒

初三日　得傅節子四月間福州書，並六合徐彝舟鼒所著未灰齋文集八卷、外集一卷、讀書雜釋十四卷、小腆紀年二十卷，其目列未刻者有周易舊注十二卷、禮記彙解、月令異同疏解、四書廣義、説文引經考、小腆紀傳、明史藝文志補遺、延平春秋。蓋言鄭氏事。諸書。其小腆紀傳，節子去年書來，言已購得之，則諸書皆非虚目矣。

讀書雜釋自十三經以次間及子史，多主説文及近儒惠、段、王、阮之説，本原詁訓，雖未見精深，而參證折衷，實事求是，無鑿空逞臆之談。文則散儷，皆非當家，且多酬應之作。然其論説諸篇，頗多名議。

其春秋書子同生説云：桓六年經書「子同生」，公羊以爲久無適子，喜國有正。左氏謂十二公惟子同適夫人之長子，備禮故書。向疑其不然。莊公二年至六年經書夫人姜氏會齊侯者三、享齊侯者

一、如齊師者一，書奸者屢焉。春秋之例，内大惡諱。君夫人禽獸之行，大惡也，胡弗諱？夫春秋之諱不書者，聖人有不忍書者也；春秋之書不諱者，聖人有不敢諱者也。齊風猗嗟章之序曰：「人以爲齊侯之子焉。」穀梁傳曰：「疑故志之，時曰同乎人也。」蓋齊魯之間，臣民疑惑，流言錯繆，有以呂秦、牛晉之事疑莊公者。聖人懼是説行，則我周公、魯公之祀忽焉斬也，因詳考舊史，桓三年秋九月齊侯送姜氏於讙，夫人始至自齊，六年九月丁卯子同生，此三年中無夫人會齊侯事，則子同爲桓公子，確乎不惑矣，故書子同生。而又慮後人疑魯史於夫人會齊侯之事不盡書也，故五年之中五書之，頻煩不諱，則子同生以前之三年無是事，而子同之爲桓公子，益確乎可不惑矣。床笫之言不逾閾，豈故以牆茨不可道之醜播之後世哉？穀梁曰「疑故志之」，蓋深得聖人之微意也，惜乎范寧、楊士勛之不能發其微也。案，送姜氏於讙者，文姜之父齊僖公禄父也。桓十四年經始書「冬十有二月丁巳齊侯禄父卒」，是時襄公始即位。十八年公與夫人姜氏始如齊。三傳之經皆同，則春秋之恉本自章顯。左氏又載申繻之諫及齊侯通焉之語，其事尤明。徐氏更取莊二年以後之屢書夫人如齊以明不諱内大惡者，所以昭舊史之實，而先君繼體疑似之辨爲重，則夫人内亂禽獸之行爲輕，故不得已而不暇諱也，深得春秋屬辭比事之教。聖人所謂知我罪我，即在此等，深心特筆，萬世共見。其有功經學，非淺尠也。

又刑部尚書贈太子太保史公致儼神道碑，代阮文達撰，其中有云：「嘉慶己未，元副朱文正公珪爲總裁，宫保中式第一名。仁宗問元曰：『會元是汝揚州人？』元對以寒士有品學，及居尊經閣讀書狀。」自注云：「自元副至書狀四十五字，相國增入。」又云是科得人最盛。績學如武進張惠言、高郵王引之、歙縣鮑桂星、全椒吴鼒、福州（當作閩縣。）陳壽祺、德清許宗彦、棲霞郝懿行、武威張澍；其通顯揚歷中外者，則自湯相國金釗、盧敏肅坤以下又數十人，而宫保爲之冠。是年太史奏五星聚奎，文正因作五緯聯珠圖，議者謂國家科目，斯最盛也。其後銘辭，亦注相國自撰，曰：「五星聚奎，爲文之祥。人文大啓，爲邦家光。尚德緩刑，皋陶拜颺。帝用刑官，空冬居陽。故所褒者，學行爲長。一曰明允，再曰純良。以此銘碑，佳城後昌。」可見嘉慶四年之榜，空前絶後，亦文達一生最得意事也。銘文亦甚爾雅，可補入文達集中，故録之。

柯劭忞詩　清　柯劭忞

初四日　是日在肯夫處見山東人柯劭忞詩一册。柯爲肯夫庚午所取士，年僅十八，詩皆十七歲以前作。擬古歌謡俱戛戛獨造，語不猶人。五七言古近體學六朝三唐，亦皆老成。肯夫言其少孤，被母教。史、漢、文選，皆全讀成誦，過目不忘。著有文選補注，洵異才矣。

汀鷺文鈔　清　楊傳第

初五日　閲楊汀鷺文鈔，其文僅十八首，惟致范少蘭書，簡潔有六朝家法，駢體之佳者。記南字本音，以詩經「南」字皆協侵均，證以説文「草木至南方有枝任」之語，謂古讀「南」如「任」，説文以音爲訓，南、男同音，故男之誼亦爲任。其説致確。又正祭次序備忘之記，據三禮及詩楚辭，以推天子諸侯正祭之禮，分節詮解，雖匙所斷制，而明晳可觀，其名則仿顧千里學制備忘之記也。即此三篇，可以傳汀鷺矣。

顏氏家訓　北齊　顏之推

十一日　閲顏氏家訓，補正其注三條。許思妣一條失注，出世説政事篇，許柳兒思妣，名永。反支一條，失引漢書游俠陳遵傳注，是張竦事。木旁作鬼爲魁一條，失引郭忠恕佩觿序。此書趙敬夫注，爲一生精力所萃，盧弓父爲之補，其後有重校正補注者七事，又補遺者七事。又錢曉徵補正者十四事。而以予之淺學健忘，覺其中漏略者尚多。甚矣，此事之難也。

説文解字注　清　段玉裁

十五日　閲爾雅及説文，因補注説文段注，得四事。一「㝾」字，段引玄應「老人寸脈衰」之説，案，㝾當從宀從叜省。宀者，老人宜居屋下也。叜音范，爪象皮包腦，人象臂，夊爲足。老人面皺，故皮包腦，此以子籀文作[illegible]證之。巛象囟有髮，北象臂，人象脛，几者牀。兒宜在牀上，㝾宜在屋下。巛象[illegible]有髮，爪象㝾無髮，又以宂爲宂人在屋下，㝩爲懶人在屋下證之也。今説文無㝩字，見玄應所引。又叜在夊部，訓爲腦蓋。案，下既有臂有夊，則不僅指腦蓋。

二「岵屺」字。段據毛傳「岵無草本，屺有草木」，以許氏及爾雅釋名爲誤，謂岵之言瓠落，屺之言荄滋。故毛曰「父尚義，母尚恩」。案，尚義尚恩，皆主其章末「猶來無止」、「猶來無棄」句言之，疏説甚明。岵者，怙冒也，幠也；屺者，圮落也，陊也。此孔冲遠謂毛傳轉寫之誤，無可疑也。

一𠫓字。段從小徐本，於𠫓下加「𠫓即易突字也」六字，而古文㐬下去「即易突字」四字，以惠氏改「易突」字作「㐬」爲紕繆。案，釋文「易突」字下云：「舊又湯骨反。」湯骨者，㐬字之音也。所云舊者，陸氏據王弼本，則舊爲鄭荀所傳古文本，是雖不出𠫓及㐬字，而舊本之有作𠫓或㐬者無疑也。玉篇「㐬」古文今作「突」，則尤古易作㐬今易作突之明證。許先稱易突如其來如及説解者，明經傳假借之例也；後出古文㐬字云即易突字者，明易古文本作㐬也。

一亂字。段改「治也」爲「不治也」。案，下又云「從乙，治之」，則既受治矣，何得仍云不治？惟𤔔部既有「𤔔」訓「治」，此字音義皆複，且「乙」亦無「治」義，疑此專爲論語「關雎之亂」亂字。樂歌將終，重理其亂曰亂。此鄭君、朱子論語注及王叔師楚辭注、韋弘嗣國語注意皆同，從乙者，象其音之曲而達，氣之軋而出也。

爾雅

十六日　爾雅釋山首曰「河南華，河西嶽，河東岱，河北恒，江南衡」，末又云「泰山爲東嶽，華山爲西嶽，霍山爲南嶽，恒山爲北嶽，嵩高爲中嶽」。鄭君注周禮，於「大司樂」用前説，於「大宗伯」用後說，固疑未能定而兩存之。邵氏正義主前説，以後説爲漢世之儒所坿益，謂以霍當衡，多言始於漢武；而嵩高之爲中嶽，亦始於漢初。郝氏義疏駁之，以爲爾雅前標五山，後列五嶽，其「河南華」云云未嘗系以嶽稱。案，堯典言四岳，周禮職方言九鎮，而大司樂則曰四鎮五嶽，明九州九山，其五相承稱嶽，其四無嶽名則稱鎮，與職方山鎮九之稱，互文見義，何得又别稱五山？古今經典，未有此説。此郝氏之臆決，不如邵説爲長。

十國春秋 清 吴任臣

十八日 得殷蕚庭書，爲購得十國春秋，昭文周氏翻刻本也，魯魚甚多，價銀三兩五錢，此書十餘年前越中書肆多有，不過銅錢七百耳。

夜閲十國春秋吴、南唐、前蜀三家。志伊採取極博，後之考據家，多不能知其出處。然稍乏識斷，其好用書法之謬，及主歐史誤以南唐祖建王恪爲吴王恪，予已於丙辰年日記中詳論之。今略摘其小舛者。如楊渥追號爲烈宗，而誤作烈祖，不特通鑑諸書所載皆同，且使渥果號烈祖，南唐何以肯襲其號以尊先主？此必不然者也。後主分賜諸臣金，自首於曹彬者乃張洎，而誤以爲張佖。佖於後主始終不失臣節，安得有此？女冠耿先生，馬令言其事鄭文寶親得之徐率更，率更則目睹者，然但云元宗殂後不知所終而已。其攝去宋太后與道士酣飲之事，惟陸務觀書載之，至爲無稽，或存之坿注亦可，而竟入正文。徐鉉求見後主，遂以悔殺潘佑之言奏於太宗，此出宋人小説，蓋誣善之辭。鼎臣雖欠後主一死，而其拳拳舊君，自不容没。觀所撰吴王碑文，婉而能直，亦是人所難能。且後主在宋，當時雖設禁防，而潘慎儀尚爲記室，張泊猶時往匄索，何獨鼎臣須請旨始見？吴氏亦直載之，不加考駁，皆爲失當。

淮南子注　漢　高誘注

二十八日　閱淮南子注，以説文訂之，王石臞謂其所載「一曰」云云，皆本是許注，其説似未確。

金樓子　南朝梁　蕭繹

三十日　閱梁元帝金樓子。此書於永樂大典中掇拾而成，不免奇零斷續，其脱誤處亦甚多。元帝爲人險薄忮忍，所長不過艷詩小賦，故此書大半剿襲子史中語，間及文藝，而立言篇有云：「周公没五百年有孔子，孔子没五百年有太史公。五百年運，余何敢讓焉。」幾於病狂之言。又其興王篇，歷叙其父武帝之爲齊明所委任；后妃篇歷叙其母宣修容云本姓石，揚州會稽上虞人，武帝賜姓阮。梁書作餘姚人。之爲齊少帝蓋鬱林王。始安王所寵幸；可謂不識羞恥。

惟其時古書多存，偶一引用，亦足以證佐見聞。如云：「居家治理可移於官，何也？治國須如治家，所以自家刑國。」此可證孝經舊本「居家理」下無「故」字。「理治」與「治理」，傳寫偶異耳。元行冲疏言「故」字明皇所加，信而有徵。云：「菁茅薪草也，書尊其貴；王雎野鳥也，詩重其辭；羊雁賤畜也，禮見其質；蘗棘鄙木也，易以定刑。」此足見古「贄」字祇作「質」。又如世説載楊氏子答孔坦夫子家禽語，此作楊子州答孔永。晉書載習鑿齒、釋道安「四海」「彌天」之語，此作習語云：「四海習鑿齒，故故來看爾。」道安應曰：「彌天釋道安，無暇得相看。」蓋皆以均語取勝，截去下兩句，則無謂矣。顔氏家訓載江南一權貴誤讀蜀都賦注「蹲鴟，芋也」爲「羊」字，此作王翼於宋孝武坐呼羊肉爲蹲鴟，翼即向謝超宗求觀鳳毛者。後漢書張奐傳載其子猛殺刺史邯鄲商，此云：「漢張猛、皇甫商少而相善，爲狎既過，乃至相殺。」按三國志龐淯傳注引魚豢典略亦作邯鄲商，則此書誤也。四庫提要謂南史徐妃傳言元帝著金樓子以道其穢行，今此書無之。按今本既非完書，而其述宣修容事有云：「及饋人失禮，接之彌篤，每語繹曰：妒婦不憚破家，況復甚於此者也。」所云饋人，猶今言室人，此即斥徐妃事。

又志怪篇云：「余丙申歲婚，初昏之日，風景韶和，末乃覺異，妻至門而疾風大起，折木發屋，無何而飛雪亂下，帷幔皆白，翻灑屋內，莫不縞素。」「至七日之時，天景怡和。無何雲翳，俄而洪濤波流，井溷俱溢，昏曉不分。」按此不過一雪一雨，何足爲怪，而備載之？蓋著其兆之不祥，知全書所指斥者必尚多矣。

其雜記篇云：「余作金樓子未竟，從荆州還都，時有言是鍛真金爲樓子者，來詣余，三爵之後，往往乞借『金樓子』玩弄之。」亦可爲談噱之助。至其立言篇云：「潘岳賦云，太夫人御板輿，乘輕軒，柳垂陰，車結軌，或宴於林，或宴於沚，兄弟斑白，兒童稚齒，稱福壽以獻觴，咸一懼而一喜。嗟夫，天下之至樂，唯斯而已矣。天下之至樂，唯斯而已矣。忽忽窮生，百年之内，曷由復如此矣。」此則令永感之人誦之流涕。

十月

孝經

朔　閱孝經鄭注及洪筠軒所輯補證，臧在東所輯鄭氏解，日本國鄭注本。錢同人序雖舉其孝治章以「昔」訓「古」，見公羊傳疏，「聘問天子無恙」諸語，見太平御覽，聖治章「上帝者天之别名也」，見南齊書禮志暨困學紀聞，凡三條合於鄭義，謂非僞撰。然其它文辭多不類鄭君，故阮文達深疑之。臧氏所輯，密於洪氏，而體例謹嚴，則洪爲優。臧氏於開卷「仲尼居」釋文引鄭作「凥」，下即曰「凥當作居」。以隸書寫篆文，自稱正體者，發端於南宋毛居正、岳珂等，而近時學者爲尤甚。案，此經以「凥」字爲不可依，顔氏家訓已言之。盧弓父補注家訓，即深韙其説。臧爲盧之弟子，其拜經日記中亦備言以古改經之非，同時嚴氏可均亦持是論。故嚴則深譏汲古閣毛氏刻書之非體，臧則痛詆惠松崖臆改周易集解之妄。然兩君所主者，唐石經耳，開成立石，多用張氏五經文字之説；張氏所主，則漢熹平石經。熹平既非全出蔡中郎之手，而爾時行用隸書，半參俗體，即五經文字所載，偏旁乖謬，不勝僂指。蓋許叔重所謂「馬頭人爲長」、「人持十爲斗」，陸德明所謂「席下著帶」、「惡上安西」者，漢隸往往有之。如必守經典相承之俗字，而以改者爲謬，則説文等書可不作矣。苟於形聲不失，體從省借，相沿已久，誠不須變改，以駭流俗。又或描摹象形，非篆非隸，涉於怪瑣，如郭忠恕、戴侗諸人，亦爲好古之過。

若如臧氏日記所舉宋槧禮記，「个」不作「箇」，「脩」不作「修」，「鍾」不作「鐘」，「冝」不作「宜」，「昔」不作「昝」，「朩」不作「示」，「遟」不作「遲」，「葢」不作「蓋」，「並」不作「竝」，「甞」不作「嘗」，「爽」不作「爽」，「屬」不作「屬」，「退」不作「逷」，「直」不作「直」，「賔」不作「賓」，「旨」不作「旨」，「會」不作「會」，「慱」不作「博」，「表」不作「袁」，「陰」不作「陰」，「龜」不作「龜」，「賛」不作「贊」，「暴」不作「暴」，「弃」不作「棄」，「畞」不作「畝」，「教」不作「敎」，「沿」不作「沿」，「聦」不作「聰」，「肉」不作「肉」，「損」不作「損」，以爲古意可法。是則古之所行，雖俗當遵；今之所改，雖正亦失。勢必字形悉淆，書恉盡昧。閭史之臆改，賢於沮倉；市魁之趨便，勝於周孔：不亦謬哉。且毛、岳二家未精小學，其所訂正，大率因時。觀六經正誤、九經三傳沿革例所言，非有據依之本，輒不敢改，何嘗有以隸寫篆之事？孝經鄭本字自作「凥」，必以爲非，亦可謂少見多怪矣。善夫近人俞理初之言曰：「字之當正者，正以經典之多俗字也。若尋常底下之書，亦任之而已。今人乃以經典承用者爲不可改，是大惑也。」此可以息俗儒之喙。

翁注困學紀聞 宋 王應麟撰 清 翁元圻注

夜閲翁注困學紀聞。此書十年前觀之頗熟，以爲遺漏者尠矣。今重復之，則覺經説中可補正者甚多，蓋翁載青全是砻録之學，略無心得。而王氏於經雖喜蒐羅古誼，其於名物訓詁領會未深，多囿於宋季義理膚淺之談，而漢儒家法，動多窒礙。故近儒如張皋文、丁小疋謂王氏尚未足與言鄭學也。載青歷官中外，奪於吏事，其自序言質於中表邵二雲、同年王穀塍以成此書，蓋極一生之力。肯夫言曾見其稿本，皆取名刺紙背，雜鈔碎録，散夾書中，因薈萃而條坿之，實未有所辨證也。安得取其説經諸條，依據漢學，疏通證明，則裨益後人，功尤鉅矣。紀聞閻注之精，何評之簡，全箋之覈，皆非易及。

明鑑　清　托津等

初二日　書肆送嘉慶御纂明鑑來，兩淮奉敕刻本也。書共二十二卷，仿范祖禹唐鑑而作。初命大學士曹振鏞、戴均元、尚書戴聯奎、秀寧爲總裁，侍講朱珔爲總纂。二十三年，以進呈卷中於萬曆朝事載入太祖開基武功，加以頌揚，而咎明之用人不當，奉嚴旨申飭，以爲非體。且卷帙過繁，視唐加倍，總裁交部議處，總纂及纂修嚴議。因改命大學士托津、章煦、尚書英和、和寧爲總裁，翰林李象鵾爲總纂，王家相、吴慈鶴、戚人鏡、郭尚先爲纂修。其例言取材自明史外，惟綱目三編、通鑑輯覽、明臣奏議矣。

五藩月表　清　傅以禮

初四日　致節子書中，勸其先將明季五藩封爵宰輔七卿表撰成刊行，又宜仿史記秦楚之際月表例爲五藩月表一書，以唐、魯兩王並起，魯又下涉桂王，而桂王立後又有紹武自立事，非表其大事年經月緯不能明也。

南齊書　南朝梁　蕭子顯

南齊書高帝紀、梁書武帝紀，皆載系出蕭何，何子酇定侯延，延後五世爲望之，小顏漢書注已糾其妄，其僞撰固不待言。惟兩紀載自何至整凡二十世，名位皆同，惟第十二世吴郡太守永，梁書作「冰」，蓋字相似而誤。而齊書云整生即丘令儁，儁生輔國參軍樂子，樂子生皇考承之，字嗣伯。後追尊曰宣皇帝。梁書云整生濟陰太守鎋，鎋生州治中副子，副子生南臺治書道賜，道賜生皇考順之，齊高帝族弟也。後追尊曰太祖文皇帝。是齊、梁分支於淮陰令整。按其名字，儁、鎋爲同父兄弟，樂子、副子爲從父兄弟，承之、道賜爲從祖兄弟。而齊高帝名道成，其兄名道度、道生，不應與其族父同以「道」字系名，疑梁書叙世系，於副子下脱去一代，其人亦當以「之」字系名。而道賜與齊高帝爲族兄弟，則順之乃高帝族子也。疑史文既脱，而後人妄改「子」字爲「弟」以實之耳。至「之」字系名，六朝祖孫數世累見者多有，當時習俗，固不拘也。

初五日　南齊書孝義吴達之傳云：「河南辛普明，僑居會稽，自少與兄同處一帳。兄亡，以帳施靈座。夏月多蚊，普明不以露寢見色。兄將葬，鄰人嘉其義，賻助甚多。普明初受，後皆反之，贈者甚怪。普明曰：本以兄墓不周，故不逆來意，今何忍亡者餘物以爲家財？」此事吾鄉府縣志流寓者皆失載。又韓靈敏傳云：「諸暨東洿里屠氏女，父失明，母痼疾，親戚相棄，鄉里不容。女移父母遠住苧蘿，晝樵采，夜紡績以供養。父母卒，親營殯葬，守墳墓，不肯嫁。」此足爲苧蘿生色，府志列女雖已采之，而徵苧蘿故事者，但知西子，不知屠女。

南齊沛國劉子珪瓛、子瑚璡兄弟，立身行事，足爲六朝第一流，漢儒之篤實，宋儒之謹嚴，皆不是過。惜皆歷仕宋齊，陷二臣之律，二君非慕榮進，子珪尤無宦情，屢次辭官，難進易退，而當時不以此爲嫌，使無宋儒大聲疾呼，嚴其限斷，在三之節，克守者稀矣。二劉若生宋元以後，兩廡俎豆，不當首及之哉？女不以醮二夫爲恥，士不以仕易姓爲非，此古人之所難，今人之所易也。

水經注 北魏 酈道元

水經注漸江水篇注云：「湖水謂長湖，即今之鏡湖。側有白鹿山，山北湖塘上舊有亭，吴黄門郎楊哀明居於弘訓里；太守張景數往造焉，使開瀆作埭，埭之西作亭，亭埭皆以『楊』爲名。」所云白鹿山、弘訓里、楊埭、楊亭，今皆莫知其處，哀明之人，亦無可考。古今以「哀」爲名字者，化虎之牛哀以外，惟東漢有楊由字哀侯，蜀郡成都人。湖塘之名，始見於此。

論語義疏 南朝梁 皇侃

初六日 皇侃論語義疏十卷，亦乾隆中得之於日本，論者或與孝經孔傳、孝經鄭注並疑其僞，然疏解詳密，條理秩然，文法辭氣大類六朝，必非彼國所能贋作。其所引自江熙所集十三家外，有樊光、王朗、張憑、見隋志。梁冀、當作「覬」，晉人，見隋志。殷仲堪、沈居士、沈峭、熊埋、所引凡七八條，皆作「埋」。褚仲都、見隋志。顔延之、顧歡、秦道賓、太史叔明、見隋志。琳公諸家。又引虞氏贊一條，即隋志所載「論語九卷，鄭玄注，晉散騎常侍虞喜讚」也。又引虞喜曰一條，述説苑孔子見伯子事。疑即隋志所載「論語新書對張論十卷，虞喜撰」者也。又引張封谿曰一條。又公冶長下云「別有一書，名爲論釋」云云。即載公冶長解鳥語事。其餘佚文古義，往往而有，正不必以偶與釋文不合疑之。

南齊書顧歡傳不載其注論語。隋書經籍志、經典釋文序録「論語」下皆無其名，而皇氏義疏則於「夫子之求之也」下引顧歡云「夫子求知乎己，而諸人訪之於聞，故曰異也」。於「吾與汝弗如也」下引顧歡申苞注曰：「回爲德行之儁，賜爲言語之冠，淺深雖殊，而品裁未辨，欲使名實無濫，故假問孰愈。子貢既審回、賜之際，又得發問之旨，故舉十與二以明懸殊愚智之異，夫子嘉其有自見之明，而無矜克之貌，故判之以弗如，同之以吾與汝，此言我與爾雖異而同言弗如，能與聖師齊見，所以爲慰也。」「詩書執禮」下引顧歡曰：「夫引綱尋綱，振裘挈領，正言此三，則靡典不統矣。」「與其潔也」下引顧歡曰：「往謂前日之行也，夫人之爲行，未必可一，或有始無終，或先迷後得，故教誨之道，潔則與之，往日非我所保也。」「未知生」下引顧歡曰：「夫從生可以善死，盡人可以應神，雖幽顯路殊，而精誠恒一，苟未能此，問之無益，何遽問彼耶？」「回也其庶乎」下引顧歡云：「夫無欲於無欲者，聖人之常也；有欲於無欲者，聖人之分也。二欲同無，故全空以目聖；一有一無，故每虛以稱賢。案，此申注「一曰屢，猶每也，空猶虛中也」之説。賢人自有觀之，則無欲於有欲，自無觀之，則有欲於無欲，虛而未盡，非屢如何。」凡六條。此足徵顧有論語注甚明，而諸家紀載皆失之。

皇疏於名物典制亦不甚詳，然皆下己意，所引各家，大率空言名理，無一徵實者。鄉黨一篇，遂絶無采用之説，惟載江熙語四條，亦皆泛説耳。蓋六朝人以此佐清言，易、老之外，即及於論語、中庸，故戴顒、梁武皆有中庸注，而郭象、袁宏、孫綽、張憑、蔡謨、庾翼、顔延之、陶弘景、殷仲堪、顧歡，皆談玄名宿，坿託聖經，以至宋明帝、梁元帝、見金樓子。僧智略、釋慧琳，無不注論語矣。

説文翼徵　朝鮮　朴瑄壽

初七日　得吴清卿書，並以朴温齋説文翼徵送閲。閲説文翼徵。朴君頗識偏旁，折衷經注及釋文，體例秩然，深爲可取。惟彝器之屬，本多贋作，自宋以來，言古文奇字者大率皮傅臆決，强不知以爲知。流及近世，模糊影響，郢書燕説，更不可問。温齋生於僻陋，目不見鐘鼎真款，所列文字，皆采自博古圖、薛氏款識、阮氏款識三書，寫刻傳訛，滋不足據。而説文亦僅見相沿誤本，如朱氏、孫氏、祁氏之刻，段氏、錢氏、桂氏之注，概未之聞。其於經注，亦惟守書之僞孔傳、蔡傳，詩之朱傳，以爲據依，輒以輕詆許書，於阮氏亦屢加駁詰，至謂陳祥道、薛尚功輩不足責備。又於文字但知求聲，不知求義，且言古籀不作尖鋒，説文、汗簡諸書，形摹皆失，而以科斗爲野言，點漆燒錐爲妄説。古人之巧，豈不能聚豪爲筆，屑煤爲墨？則誠荒外怪誕之言矣。其中一知半解，不無足取，於聲均通轉，亦有微悟。

如謂元有兀聲，爨有微聲，乃有仍聲，其見出二徐之上。又以古文上作丄，與二形相似，謂詩皇矣「惟此二國，其政不獲」，毛傳「二國謂殷夏也」，上文無言夏事者，此「二國」當是「上國」，上國謂殷也，毛傳當本作「上國，謂殷是也」。鐘鼎「夏」作「昰」，與「是」字近而誤。説甚有理。

嘉慶以後之學風

初八日 嘉慶以後之爲學者，知經之注疏不能徧觀也，於是講爾雅，講説文；知史之正雜不能遍觀也，於是講金石，講目録：志已偷矣。道光以後，其風逾下。爾雅、説文不能讀，而講宋版矣，金石、目録不能考，而講古器矣。至於今日，則詆郭璞爲不學、許君爲蔑古。偶得一模糊之舊槧，亦未嘗讀也，瞥見一誤字，以爲足補經注矣。間購一缺折之雁器，亦未嘗辨也，隨摸一刻畫，以爲足傲漢儒矣。金石則歐趙何所説，王洪何所道，不暇詳也，但取黄小松小蓬萊閣金石文字數册，而惡金石萃編之繁重，以爲無足觀矣。目録則晁陳何所受，焦黄何所承，不及問也，但取錢遵王讀書敏求記一書，而厭四庫提要之浩博，以爲不勝詰矣。若而人者，便足抗衡公卿，傲睨人物，游談廢務，奔競取名，然已爲鐵中之錚錚，庸中之佼佼，不可痛乎！

隋書 唐 魏徵

初十日 夜閲隋書。隋書之誠節傳，即忠節傳也。此必本王劭隋書因避文帝父忠之諱而立此目，唐代不應仍避隋諱，此魏徵輩之失檢。其中如皇甫謐傳云「以無逸誠義之後」，「誠義」即「忠義」也。何妥傳云：「若信有此言，威不從訓，是其不孝；若無此言，面欺陛下，是其不誠。不誠不孝，何以事君？」「不誠」皆即「不忠」也。此類甚多，不可枚舉。

宋子京新唐書盡刊詔令表奏駢儷之作，誠爲過當，然自晉、宋、齊、梁以下諸史，繁文浮愔，疊矩重規，飾僞崇誣，良爲可厭。隋書稍加簡擇，較有體裁。其傳論諸篇，雖承用偶儷，而辭意質直，殺而不繁，此房、魏諸公浮華漸掃，其功不可没也。如文四子傳論云：「慎子有言曰，一兔走街，百人逐之。積兔於市，過者不顧。豈其無欲哉？分定故也。房陵分定久矣，高祖一朝易之，開逆亂之源，長覬覦之望。」又云：「自古廢嫡立庶，覆族傾宗者多矣，考其亂亡之禍，未若有隋之酷。詩曰：『殷鑒不遠，在夏后之世。』後之有國有家者，可不深戒哉。」此等名言法誡，不愧良史。自宋以後，奉敕修史之臣，不敢爲此言矣。又楊玄感等傳論，發揮隋氏興亡之由，其辭甚美。又云：「隋之得失存亡，大較與秦相類。始皇併吞六國，高祖統一九州；二世虐用威刑，煬帝肆行猜毒：皆禍起於群盜，而身殞於匹夫，原始要終，若合符契矣。」亦名論也。

傳經堂叢書　清　凌堃輯

十七日　閱傳經堂叢書，烏程凌氏所刻也。周易翼十卷，凌堃厚堂著，其妻金匱安璿珠爲之箋注，並坿釋義六則。前有朱氏珪、劉氏權之、阮氏元三序及自叙。尚書考疑一卷，凌鳴喈覺甫著，至舜典「禋於六宗」句止，皆搜采異文古訓，爲之折衷。尚書述一卷，凌堃著，至舜典「烈風雷雨弗迷」句止。學春秋理辯一卷，凌堃著，據安璿珠跋，稱此書有七十二卷，稿已七易，今所刻僅第三卷王朝列國紀年而已。孟子補義十四卷，凌江著，節取趙氏章句，而博采諸説以佐之，頗爲簡要。其弟堃及奎又爲之補益，前有自序。凌氏易林一卷，凌堃著，餘姚桑梓敬亭等注，蓋皆自注而託名者也。告蒙編一卷，凌堃著，皆與其門人問答經史之語。史記短長説二卷，凡四十則，不知何人所著。王弇州謂齊之耕野者所得，疑爲戰國逸策，蓋無稽之言。明凌迪知稚哲、凌以棟稚隆舊録於史記評林之首者也。疏河心鏡一卷，凌鳴喈著，言治河之法。讀詩拙言一卷，明陳第季立著，論古詩音均之略，前有一行云「凌鳴喈訂誤」，然未見有凌訂語也。東林粹語三卷，凌鳴喈輯高、顧諸公講學之語。相地指迷十卷，凌堃輯述蔣大鴻諸家之書，以闢地師之妄，前有自序，痛言沙水惑人之害，停喪求地之不孝，謂不得已而輯此書以救之。然天玉諸經，玄詭已極，揚薪止沸，未見其可。青玉館集一卷，明凌遂知著，乃高帝紀事之一也。用編年法，至洪武六年止，其曾孫景暶爲之注。德輿子五卷，凌堃著，安璿珠注，篇各爲名，而又有法言、區言、巽言、俴言四總目，文頗艱澀，而理致可觀。郝氏懿行爲之序。德輿集一卷，凌堃著，多記事之文，亦峭潔自喜。盤谿歸釣圖題辭一卷，凌鳴喈歸里時同人題贈之作也。

鳴喈一字泊齋，嘉慶壬戌進士，官兵部主事，以上疏論馬政罷歸。厚堂字仲訥，鳴喈之子，江之弟。道光辛卯舉人，官金華教諭，殉寇難。其説經皆本漢詁，而自闢門户，無所依傍，與包愼伯、魏默深一輩人爲友。古文峻厲，亦復似之。泊齋所著尚有讀詩蠡言，厚堂尚有致用雜記。此書無總序總目，蓋厚堂子鏞、鎬等所輯，以資力不敷，故或僅刻一卷以見其凡耳。

士禮居叢書　清　黄丕烈輯

十八日　閱黄氏士禮居叢書。周禮鄭氏注十二卷，重雕嘉靖十六行十七字本，經四萬九千三百八十四字，注十一萬二千七百六十六字。以紹興間集古堂董氏雕本校之，有蕘圃所校札記一卷。儀禮鄭氏注十七卷，景宋刻嚴州本，經五萬六千百一十五字，注七萬九千八百二十字。以明葉石君名萬景鈔宋本釋文、宋刻單疏本及張忠甫儀禮識誤、李如圭儀禮集釋校之，有蕘圃校録一卷。傅崧卿本夏小正一卷，景明袁褧重刊宋本，以通志堂經解本及惠松崖手鈔本校之，有蕘圃校録四葉。又長洲顧梧生鳳藻夏小正經傳集解四卷。國語韋氏解二十一卷，重雕宋明道二年本，常熟錢氏所景鈔者，以重刻宋公序本及段氏玉裁校本、惠氏棟閱本校之，有蕘圃札記一卷。戰國策高氏注三十三卷，重刻宋剡川姚氏本，以至正乙巳吴氏師道本及鮑彪本互勘，有蕘圃札記三卷。梁公九諫一卷，賜書樓舊鈔本，錢遵王讀書敏求記載之，記唐狄仁傑諫則天九事，不知撰人，前有序及宋范文正梁公廟碑。歐陽忞輿地廣記三十八卷，重雕宋刻初本，朱竹垞曝書亭所藏者，以舊鈔本及淳祐重修本校之，有蕘圃札記二卷。汲古閣珍藏祕本書目一卷，毛斧季手寫與潘稼堂求售者，書下皆注價幾兩幾錢。季滄葦藏書目一卷，蕘圃所手寫。孫慶增從添藏書記要四則。龐安常傷寒總病論六卷，景宋刻本，有蕘圃札記一卷。洪氏遵集驗方五卷，重刊宋本。博物志十卷，汲古閣景寫宋連江葉氏本，蕘圃録副刻之粤東者。焦氏易林十六卷，常熟陸敕先貽典校。宋本宣和遺事二卷，亦稱宋本重刊。百宋一廛賦一卷，顧千里撰，蕘圃自注而手寫者。汪本隸釋刊誤一卷，蕘圃與顧千里取崑山葉氏舊鈔本及貞節居袁氏廷檮鈔本、隆慶四年錢氏鈔本以正錢唐汪氏刻本之誤。又坿刻張船山詩選六卷、同人唱和詩一卷，爲潘榕皋奕雋虎丘雜詩十四絶句，蕘圃與吴玉松雲依韻和之，共二十種。

其有目而未刻者，惠氏棟兩漢人物志及蕘圃所著盲史精華、百宋一廛書録、蕘言共四種。又坿刻蜀大字本論、孟、孝經三經音義，以版大别行。蕘圃多藏古本，校勘精細，其周禮、儀禮、國語、國策四種，誠爲可貴。易林及輿地廣記雕槧亦精絶可愛。毛、季兩家書目，已近於骨董家所爲。至梁公九諫、宣和遺事，皆村俗小書，牴牾誕妄，且字句錯誤，明是市井流傳，不足一噱，蕘圃徒以爲述古堂舊物而刻之，豈知也是翁不過錢氏一輕薄家兒，稍弄脣吻，江湖稗販，何知讀書耶？若船山諸人詩，則尤無足論矣。自來刻叢書者往往喜夾入一二小説村詩，以自累其書，良可怪也。

博物志 晉 張華

十九日 博物志云：「婦人妊娠未滿三月，著婿衣冠，平旦左繞井三匝，映詳疑誤。影而去，勿反顧，勿令人知見，必生男。」周日用注云：「知女則可依法，或先是男，如何？余聞有定法，定母年月日與受胎時日算之，遇奇則爲男，遇偶則爲女。知爲女，復即可依法。」周日用未知何時人，然郡齋讀書志、文獻通考皆已載之，則必北宋以前人矣。所云定男女法，今俗行之，用加除法，多驗。

藝文類聚　唐　歐陽詢

藝文類聚引益部耆舊傳曰：「嚴遵爲揚州刺史，行部，聞道旁女子哭聲不哀。問之，云夫遭燒死。遵敕吏輿屍到，令人守屍，曰當有物自往。吏曰有蠅聚頭所，遵令披視，得鐵錐貫頂。考問，以淫殺夫。」案，陶宗儀輟耕録載元姚忠肅公天福勘縣令妻頂顖釘跡事，與此略同。今里俗小說，又傅會以爲包孝肅事。

説文抬字　清　王玉樹

二十四日　閱説文拈字，共七卷，王玉樹著。玉樹字松亭，陝西安康人，乾隆己酉拔貢，官廣東州判。卷一爲考經，取説文引經之字，以考今之經文，卷二爲辨體，取説文以辨經籍承用省改、增加字體之異。卷三爲審音，考音均之流轉、古今之通借也。卷四爲訂誤，訂汲古之妄改、繫傳之失真也。卷五爲校埘，考大徐新埘之文，辨其得失。六曰正俗，舉時俗行用之字，闢其謬舛。七曰序志，則其目録也。每卷之前有叙，皆爲儷語，以發其凡，末各系贊四韻，其後又坿補遺。卷前有伊秉綬、邱庭澨兩序，後有偃師段長基跋。其書成於嘉慶甲子，尚未見段、錢、嚴、桂諸家之書，故所引用自趙凡夫長箋後，無所稱説，而證引名通，抉問掐瑕，多與闇合，亦一時之矯矯者矣。中有用古人及近儒説而不出其名者。予嘗隨手翻得一葉，於「同」字下注駁虞仲翔説云云，全用王氏尚書後案顧命篇語，一字不易。

以此推之，掩襲必多，是大病也。

二十五日　閱王松亭說文拈字，其中時引惠定宇及其師董樸園之說，蓋曾見定宇手批汲古本也。

二十六日　閱說文拈字。其書大半稗販，凡尚書中所有之字，皆直録王氏後案，易則多本惠氏易述，詩則多本陳氏稽古編，而皆掩爲己說，餘亦不出釋文、汗簡、六書故、復古編、丹鉛録諸書。其最可笑者，如「枯」字下襲後案引釋文載陸璣疏「篾可以爲筥箱」，印本皆爛一「箱」字，學海堂經解本亦作一黑塊，拈字遂刪去「箱」字，不知檢釋文補之矣。「横」字下言「古黌舍字只作横」，因引鮑昱傳「修起横舍」，又引儒林傳「遊庠序横塾」，繼引後漢書儒林傳「更修黌宇」云云，不知「遊庠序聚横塾」即出後漢書儒林傳論，而鮑昱傳亦在後漢書也。其訂正文字，往往與段、錢諸君合，疑已見諸家之書而並諱之。惟校坿一卷，折衷是非，頗多可取，足與鈕氏新坿考、毛氏新坿述誼並傳耳。

曾文正公文鈔　清　曾國藩

三十日　閱曾文正公文鈔。文正初慕漢學，繼慕宋儒，其古文則服膺惜抱，然筆力自可喜，性情亦真。其江忠烈、羅忠節、李忠武、李勇毅諸公神道碑，事既可傳，而又同艱共苦，周旋百戰，故叙述尤覺真摯。其大界墓表、台洲墓表爲葬其祖父兩世而作，字字真實，不作一景飾語。季公芝昌墓志銘，尤多言外之恉，雖義法未純，固不僅藉以人傳矣。末坿求闕齋經史百家雜鈔叙目，仿姚氏古文辭類纂之例，而並鈔諸經散入之，自我作古，真蛇足也。

十一月

張之洞架上書

初七日　下午詣肯夫，久談，傍晚同詣香濤，見其架上書有錢坫獻之新斠注漢書地理志十六卷，無序目。元和嚴蔚豹人春秋内傳古注輯存六卷，前有王西莊序。秀水張庚浦山通鑑綱目地理糾繆六卷、遵義鄭珍子尹儀禮私箋八卷，皆平生所未見也，稍暇當次第借閱之。

國語　三國　韋昭

十六日　校國語兩卷，晉語畢，至鄭語。晉語：「黄帝之子二十五人，其同姓者二人而已，唯青陽與夷鼓皆爲己姓，青陽方雷氏之甥也；夷鼓彤魚氏之甥也。其同生而異姓者四母之子，別爲十二姓。凡黄帝之子二十五宗，其得姓者十四人，爲十二姓，姬、酉、祁、已、滕、箴、任、荀、當作「苟」。僖、姞、儇、依當作「衣」。是也，惟青陽與蒼林氏同於黄帝，故皆爲姬姓，同德之難也如是。」云云。青陽兩見，韋注但云青陽金天氏帝少皞，史記集解引虞翻説，即國語舊注。索隱引舊解，皆讀上文「己姓」爲「姬姓」，謂下文是申説上文，故云故皆爲姬姓，而得姓者十四人，當讀爲十三人。古「四」字積畫作三，與三混。玉海引皇甫謐説，遂以夷鼓、蒼林爲一人。小司馬則以下文「青陽」二字爲「玄囂」之誤，謂玄囂是帝嚳祖，本與黄帝同姬姓。近俞編修樾則謂下文「青陽與」三字是衍文。

慈銘案，逸周書嘗麥解云「乃命少昊清」，漢書律曆志引帝考德云「少昊曰清，清者黄帝之子清陽也」，是少昊金天氏名清，嗣黄帝爲帝者乃方雷氏之甥己姓，亦曰清陽，即此上文所謂「唯青陽與夷鼓皆爲己姓」者也。其字本作「清陽」，不作「青陽」也。下文云「唯青陽與蒼林氏同於黄帝」，故皆爲姬姓者，青陽即玄囂，蒼林即昌意。史記云「玄囂是爲青陽」，漢律曆志引春秋外傳曰「帝顓頊蒼林，昌意之子也」，二人皆黄帝正妃嫘祖所生，故皆爲姬姓。蒼林之子帝顓頊高陽氏，青陽之孫帝嚳高辛氏，又相代繼黄帝爲五帝，故云同於黄帝。大戴禮帝繫云：「黄帝居軒轅之丘，娶於西陵氏之子，謂之嫘祖氏，産青陽及昌意。青陽降居泜水，昌意降居若水。」山海經注引世本云：「黄帝娶於西陵氏之子，謂之纍祖，生青陽及昌意。」史記五帝紀云：「黄帝居軒轅之丘，而娶於西陵之女，是謂嫘祖。嫘祖爲黄帝正妃，生二子，其後皆有天下。其一曰玄囂，是爲青陽，青陽降居江水；其二曰昌意，降居若水。」所説皆同。蓋史記即本之世本，世本本有帝繫篇，與大戴同，大戴此篇與五帝德相連，皆爲孔子所論定。左氏受經於孔子，故國語所記，足以互證。蓋青陽、蒼林皆正妃之子，當繼黄帝有天下，而以少昊有鳳鳥之瑞，遂避居泜若之水。曰降居者，明其爲退讓而避居也。少昊承緒而立，無所制作，及傳子摯而衰，九黎亂德。左傳曰，我高祖少昊，摯之立也。蓋少昊及摯爲兩世，皆號金天氏。故漢志引帝考德曰，清者黄帝之子清陽也，是其子孫名摯，蓋誤衍一「孫」字耳。故孔子傳易繫辭及言五帝德皆不數之，非謂其不帝也。此説本馬氏繹史。

太史公誤會其意。又當時左傳未行，偶不及見，遂於五帝紀中削去少昊一代；後人又以清陽與青陽相混，誤以降居江水者謂即少昊。或云帥鳥師居西方，沈約說。或云自江水登帝位，皇甫謐說。而說國語者遂紛紛矣。韋注謂方雷西陵氏之姓即嫘祖，皇甫謐帝王世紀謂黃帝次妃方雷氏女曰女節，生青陽。沈約宋書符瑞志謂帝摯少昊氏母曰女節。漢書古今人表謂悔母即嫫母。生倉林。即蒼林。春秋命曆序又謂少昊傳八世，顓頊傳二十世。皆異説滋訛，不爲典要。

魯語「幕能帥顓頊者也，有虞氏報焉」。鄭語「虞幕能聽協風以成樂物生者也」。韋注皆云：「幕，舜後虞思也。」史記集解引賈逵左傳注，亦云「幕，舜後虞思也」。此韋氏所本。然詳左傳自幕至於瞽瞍，無違命之語。及鄭語以虞幕與夏禹、商契、周棄並言，而上文云「夫成天地之大功者，其子孫未嘗不章，虞、夏、商、周是也」，則幕爲舜之先甚明。故鄭衆、杜預注左傳，皆云幕舜之先也，而司馬貞、羅泌及國朝馬驌皆駁賈韋之説。近人汪遠孫、李貽德言之尤詳。然羅泌據先秦時吕梁碑云「舜祖幕，幕生窮蟬」，其文既無所徵信。馬氏繹史表以幕冠舜之先，而上無所承，以爲舜不出於顓頊，尤近臆決。慈銘案，大戴禮帝繫篇載舜之先窮蟬、世本作窮係。敬康、句芒、史記及漢書人表俱作句望。蟜牛、瞽叟。人表作鼓叟。五世名字，史記所載同，則其説必出於三代之世。漢書古今人表上中仁人，列窮蟬、句望二人，窮蟬以帝子而居第二，與蟜極、帝摯等一例，句望亦列二等，則班氏必有所據。蓋句望即虞幕也。句、虞音近，吴之曰句吴，越之曰於越，亦作于越，見荀子。近儒謂「于」當作「干」者，非，莊子、淮南同。皆長言之疊均，蓋方音過緩，一字如兩字也。「句吴」之「句」，本不讀鉤，吴語之「句東」，越語之「句無」、

「句東」、「句章」，宋公序補音引唐人舊音皆讀如字，可證。而吳與虞同字，故史記之虞仲，周章弟。漢書人表作虞中。中，古仲字。論語之虞仲，亦即此人，非仲雍也。即吳越春秋之吳仲，史記之北虞即漢書之北吳。是句、虞同音，字得通也。芒、望皆從亡音，亡音同無。幕從莫音，莫、無音近通借。故論語「文莫」，何氏訓爲「文無」，是芒、幕亦通用字也。「虞幕協風成樂」，蓋始受封於虞，而世掌樂官。故呂氏春秋古樂篇云「帝堯立瞽叟，乃拌五弦之瑟，作以爲十五弦之瑟」，是瞽叟亦爲堯掌樂，而世嗣封於虞。故左傳云「自幕至於瞽叟無違命」，而堯典稱舜曰虞舜，又二女之降曰嬪於虞，明爲虞國君之子也。近人王崧說緯辨舜爲有虞國君之子，其說甚詳。瞽叟非無目之人，亦非庶人後，以聽後妻言，遂憎舜而逐之，此如尹吉甫之賢，亦有伯奇之放。嗣終感舜而底豫允若，始終皆無失德，故亦云「無違命」也。史記云「五世爲庶人」，又云「盲者子」，蓋書闕有間，因「舜往於田」及「發於畎畝之中」等語，而疑其世爲庶人；因瞽子之語，而誤以爲盲者子，似亦不免傅會。史公博采衆說，苞羅百代，不能無疏舛之處，故述古帝王事，往往抵牾。如以鯀爲顓頊之子，則不如世本言顓頊五世生鯀之確。漢書律曆志引，又山海經言駱明生鮌，高誘呂覽注亦曰禹顓頊六世孫。以不窋爲后稷之子，則不如婁敬言后稷至公劉十餘世之確。周語云「昔我先王世后稷」，又云「及夏之衰，我先王不窋，用失其官」。則不窋已當夏之衰，故其孫公劉當桀之時，方符其世。昔人以夏衰爲太康之世，亦非也。又山海經言后稷孫叔均始作牛耕。此等是非顯然，不必曲相瞻護。至僞孔傳謂「舜父有目，不能分別好惡，時人謂之瞽，配字曰瞍」，則景撰謬說，不足詰矣。後人皆書「瞽叟」作「瞽瞍」，則又誤以「矇瞍」字當之。僞孔云，瞍無目之稱。

董方立遺書　清　董祐誠

十七日　牧莊來，以董方立遺書三册見眎。方立名祐誠，陽湖人。初名曾臣，嘉慶戊寅順天舉人，卒時年僅三十三。其兄基誠，字子詵，嘉慶丁丑進士，官户部郎中，爲刻其遺書。首册曰割圜連比例術圖解三卷、橢圜求周術一卷、斜弧三邊求角補術一卷、堆垛求積術一卷、三統術衍補一卷。次册曰水經注圖説殘稿四卷。第三册曰文甲集二卷、文乙集二卷、蘭石詞一卷。共十六卷，前有李兆洛所撰傳，張琦及其兄子成孫兩序。子詵言其水經注圖説，惟河水自采桑津以下有圖而無説，其圖大徑數尺，故録入遺書者，僅其説也。又言方立求得内府輿圖，精校摹繪，旁采方志，博稽掌故，自乾隆迄道光二年，凡疆域之沿革，水道之改易，悉著之於圖。東至費雅哈，西極蔥嶺，北界俄羅斯，南至於海，爲直隸至後藏、西境、阿里共四十一圖。其文甲集皆散文考據之作，乙集皆駢文，其友方彦聞先序而刻之。其文博麗警秀，足與其鄉人洪北江、張茗柯相抗衡，興平縣馬嵬堡唐貴妃楊氏墓碑，尤絶世之奇作也。

周易集解　清　孫星衍

二十日　夜鈔補周易集解乾彖傳一葉，以舊藏雅雨堂本缺此葉，故取木瀆周氏本鈔補，以周本出於盧本也。歲月侵尋，荒經滋甚，窮年泛覽，終歸無益。擬自明日冬至始日讀易一卦，取兩本互校之。兼點周易述五葉。

國朝易學名家

二十二日　校易乾卦及坤卦，並讀周易述、周易折中、易漢學及經義述聞、通介堂經説諸書。惠氏之漢易，李氏之宋易，皆專門名家，國朝之魁碩也。惠氏並苞衆家，非張氏耑守虞易者比。王氏力攻虞易，徐君詆之尤峻，然皆有卓見，足爲仲翔功臣。

功甫小集　清　潘曾沂

二十三日　再得伯寅書，以其世父功甫舍人詩三册爲贈。功甫小集脱盡塵俗，於南宋江湖一派致力最深，其境詣亦絶似。晚年放蝯、桐江、江山風月等三集，則坐禪喝棒，皆成釋子語矣。

周易集解　清　孫星衍

校易坤卦及乾鑿度三葉，虞説多出乾鑿度，讀易者不可不讀此書也。

漢中書題名

二十五日　取近人所刻漢中書題名閲之。其中舛漏，蓋不勝指。雖道光二年以前檔册被焚，苦無所據，然自孔憲彝創此稿，合五六人之力，考訂十餘年，而於眼前紀載各家文集盛行之書，都不一見，亦可笑矣。隨筆略爲更正十餘條，不及十之一二也。

論語正義　清　劉寶楠撰　劉恭冕補

二十六日　得陳六舟片，以新刻劉氏父子論語正義樣本一册見眎，卷七雍也一卷，卷十一至十三鄉黨三卷，皆題曰「劉寶楠學」。卷十九季氏一卷，卷二十二子張一卷，皆題曰「恭冕述」。然「井有仁焉」下引俞氏樾説兩條，楚楨豈及見群經平議？則亦有叔俛所增入者矣。其書尚未刻成，體例與焦氏孟子正義相似，博取衆説，詳而有要，足以並傳。

道古堂集　清　杭世駿

二十七日　夜點閲道古堂集。堇浦以趙清常、錢遵王皆爲藏書之藏書，非讀書之藏書；以汪鈍翁爲文人之説經，以高澹人之天禄識餘爲徒嘗禁臠：其言皆確。至謂朱竹垞亦詩人之説經，則過矣。竹垞之學，恐非堇浦所能及也。其碑志之文，拙於敍事，然徐文穆、梁文莊兩志，獨嚴整有體裁；其它傳畸人瘁士及序記小品，吐屬清華似范謝，標舉冷儁似皮陸，待月巖記、三殤瘞甎兩篇，尤一時之獨絶。

易守　清　葉佩蓀

二十八日　讀易守數卦。葉氏言互而不言變，頗爲謹嚴。其經傳文於每卦彖爻辭之後，次以彖傳象傳，蓋從乾卦之例，而不標「彖曰」「象曰」之文。其乾坤文言，仍次繫傳之後，此用孔氏正義説，以爲夫子本如是。近儒莊珍藝之説亦同。然既非古本，又非今本，似蹈鼃兹王驢非驢、馬非馬之譏也。

孔冲遠云，尋輔嗣之意，以爲象本釋經，宜相附近，其義易了，故分爻之象辭各附其當爻下言之，此則經傳之合，始於王氏甚明。三國志高貴鄉公問博士淳于俊曰：「孔子作彖象，鄭玄作注，其釋經義一也。今彖象不與經文相連而注連之，何也？」則當高貴時，尚無經傳連合之本甚明。其曰鄭氏注連之者，古者經自爲經，注自爲注。漢志「易經十二篇，施、孟、梁丘三家」，下又云「章句施、孟、梁丘氏各二篇」。上所謂十二篇者，三家經傳之本也；下所謂二篇者，三家所作之注也。注中無經文，故不依篇次，自爲二篇也。尚書之經，及歐陽、大、小夏侯之章句解故，詩之經及魯故、魯説、齊故、齊傳、韓故、韓説、毛之詩及故訓傳，春秋之經及三傳，無不如此，故皆分列其目。唐時義疏，亦尚如此。蓋鄭君傳費氏易，漢書儒林傳言費直治易「無章句，徒以彖象繫辭文言十篇解説上下經」。所云「無章句」者，謂費氏不爲經文作章句，惟注夫子之十翼，以解上下經之文，誠以十翼之義明則經義自明，其家法最爲謹嚴。而劉向以中古文易經校諸家經，則惟費氏經與古文同，又不脱去「無咎悔亡」句，故東漢大儒陳元、鄭衆、馬融、荀爽皆傳之。釋文引七録云「費直章句四卷」，隋志云「梁有費直注周易四卷，亡」。所謂章句及注者，即其十篇之解説也。昔人謂經傳合於費氏固妄，而誤會班氏「無章句」之言以爲無注者，亦非。兩漢時經無師説者不能傳授，故古文尚經、古禮經皆亡。使費易而一無注解，則僅有一經文之本，何以得傳業爲費氏學？何以欲立於學官？且所云解説者，又何所指也？後漢書儒林傳云：「馬融爲費氏易傳，融授鄭玄，玄作易注。」所謂傳者，如歐陽尚書之既有章句，又有説義；大、小夏侯尚書之既有章句，又有解故；魯詩之有故有説；齊詩之有故有傳；韓詩之有故有説有傳也。鄭君作注，乃並經文注之，如注乾彖象傳則先注經文，每卦如此，以補費氏之未備。蓋鄭君之學，網羅囊括，義極通貫，而又謹守家法。如箋詩注禮有讀爲、讀若、當爲之例，而必不肯改字。其所據者皆别本經文，或先儒之説，確有信依，始用其讀，而於所主之本不肯徑易，此其所以爲大儒。後人妄謂鄭喜改字，瞽目之言也。其注易，則謹依費氏文字篇第而備解經文，又博存别本之經字，以益讀者。後人謂鄭始亂經，一孔之見也。

周易集解　唐　李鼎祚

二十九日　閲張氏所輯虞氏易禮及周易鄭荀義。夜校易集解需卦訖。虞氏言需之九二、九三兩爻變象皆極支離，惠氏易述不取，有以也。

十二月

道古堂集　清　杭世駿

朔　閲道古堂集。堇浦考據之文，多未甚覈。如毛詩叶韻序，謂「車」與「華」同在麻韻，車音居，始自吴之韋昭，古無居音也。不知唐始有麻韻，古讀「華」如「呼」，故蕐從雩聲，雩從亏聲，凡麻韻之字，古皆在魚、虞、模、戈、歌五部也。欣託齋藏書記謂儀禮鄉射「大夫之觶長受而錯皆不拜」下注脱二十字疏脱五十二字，此沿其同館吴氏紱之説，謂下節「卒受者以虛觶降」下注，今文無「執觶」云云二十字，及疏今文此經云「執觶者」云云五十一字，當在此節下，今官本已移改，然戴東原、盧抱經皆以爲非，宋嚴州單注本亦在下節，雖吴説似較近理，要不得竟謂之脱也。

席寶箴遺詩序謂唐制中書與翰林爲兼官，故知制誥者必學士兼舍人之職。不知唐翰林有院，中書有省，未嘗相兼。翰林學士無定品，亦無定員，除者皆帶它官。舍人爲中書令之屬，正五品，上有定員。中唐以後，多以它官除知制誥，即舍人之職，而不真除舍人。其翰林學士則備顧問，參機密，其任日重，有以中書舍人除翰林學士者，則舍人不過帶官，不復知制誥矣。

張氏五世著述記謂倚相以左史爲官，丘明遂大放厥辭。此以左氏爲倚相之後，乃鄭樵之妄説，黄楚望已駁之矣。蓋其學博綜泛濫，强識而不審思，然每舉一事，元元本本，羅列家珍。如言中書掌故，言家集，言年譜，言家譜，言朋友之服，言期功去官，皆條舉數十事，真不愧博學鴻詞也。惜其續禮記集説、北齊書疏證、金史補三書，俱無由得見。三國志補注雖收入四庫，民間亦未版行耳。

上張侍讀書 清 孟遠

初六日 閲吾鄉孟遠上張侍讀書，凡九千四百三十字。以正朝廷、明法度、厚風俗、收人心四事，反覆言之，其文甚曲暢，有大蘇之風。時值聖祖親政之初，而憂盛危明，言必居要，後日三藩之變，若已隱見其端，居然有賈太傅之識。其言督撫饋送之害，胥吏比例之弊，及會議之有名無實，則尤切中近日之病。侍讀名貞生，字幹臣，孟君則不知其字里，予已於去年日記言之。

因時論 清 吴鋋

閲吴鋋因時論十二首。曰用人，曰進退，曰諫官，曰科舉，曰論士，曰官制，曰律法，曰兵民分，曰財用，曰田制，曰均田限田，曰溝洫。又前因時論二十五首，曰銓選，曰南北互選，曰禄俸，曰相權，曰翰林，曰封駮，曰巡按，曰守令，曰吏胥，曰胥役，曰錢幣，曰賦役，曰錢法，曰鈔法，曰屯田營田，曰糴糶，曰均田，曰税歛，曰兵制，曰形勢，曰六藝，曰道學，曰天文，曰高堰，曰鹽法，共三十七篇。篇不過數百字，或不免拘泥古法，因襲陳言，文亦未能警鍊恣肆，然皆確有所見，而辭意簡潔，無泛濫之病。鋋號耶谿，武進人，道光時諸生，定子言其時文尤工，而落託不修威儀，鄉人有吴大頭之目。與吴仲倫友善，入都應京兆試，不中，遂卒於京邸，年未三十也。定子曾識其父。其文亦無刻者，姚春木以與仲倫交，故得入之文録耳。國朝常州人材之盛，真甲於天下也。

戰國策劄記 清 黄丕烈

初八日 夜閲戰國策黄氏劄記，黄氏意存闕疑，不主於文從字順，此可爲宋版護法，骨董行家，未足稱讀書種子，然以矯明人妄改之失，則功不細也。

鄧廷楨、王世貞、董祐誠、孟遠文録

初十日 録鄧嶰筠詩雙聲疊均譜序例及林月亭跋，以偶體之文爲考據之學者，國朝諸儒獨步，蓋自唐陸元朗、宋郭忠恕後無能及之。予嘗擬輯爲一編，題曰國朝駢儷説經文，真稀世之鴻寶也。

十一日 録王弇州袁江流、尚書樂、太保歌樂府三首。弇州才大，實明代第一。觀袁江流一篇，洋洋詩史，立言用事，色澤音節，無不入妙，自唐以後無此作也。予手録之凡三度矣。

十三日 録董方立石鼓文跋、雲谿樂府序、華蕊館詞序共三首。石鼓文跋數典之瓌製、小學之碩材，華蕊詞序艷溢香飛，徐庾不能逮也。

十四日 録董方立送洪右甫序、方彦聞鶴夢歸來圖序、與方彦聞書、答方彦聞書共四首，送洪序極言縣令之難爲，究悉情變，辭諧而莊。鶴夢歸來圖序述閨房之哀樂，叙幽明之感思，結氣迴腸，情文尤絶。

十五日 讀孟遠上總憲魏蔚州兩書、上大司寇宋長洲書、上直撫于北溟書，皆洋洋大篇。上蔚州第一書，至六千八百餘字，第二書四千七十餘字，上北溟書三千二百六十餘字，上宋長洲書二千九十字。時當三藩蠢動之後，痛陳吏治之壞、民生之困，究悉事變，無所忌諱，雖間有枝辭累句，不及上張侍讀書之曲折疏暢，而以草茅下士，陳説利弊，如指諸掌，國朝二百年來不可多見者也。蔚州第一書歷指用兵機宜，不減杜紫微、劉諫議一輩人。隆冬噤户，朔風怒號，讀此禦寒，氣力增倍。

東津館文集　清　潘曾沂

十七日　得伯寅復，並以功甫舍人東津館文集兩册爲贈。文共三卷，多爲釋子語，小文瑣事，間有意致。

吕氏春秋　秦　吕不韋

十八日　閲吕氏春秋審時篇云：「得時之稻，大本而莖葆，長稠疏穖，穗如馬尾，大粒無芒，搏米而薄糠，舂之易而食之香，如此者不益。」注：「益，息也。」舊校云：「益，一作蒜。」畢校云：「御覽八百三十九作菻。注『益，息也』，義亦難曉。」慈銘案：「益」即「嗌」字，嗌、噎聲近相通。蒜、菻皆𦳝之訛。𦳝，嗌之籀文也。説文「嗌，咽也」，籀文作𦳝，上象口，下象頸脈理也。噎，飯窒也。嗢，咽也。咽可訓嗢，即可通噎。詩王風「中心如噎」，毛傳「噎憂不能息也」。噎憂二字連讀，噎憂同欭嚘。噎憂不能息者，謂欭嚘而氣息不調也。此言食之不益者，謂食之氣息通利，不致哽噎及欭嚘也。注云「息也」者，即包得噎、欭兩義，此高氏訓説之簡古處。漢書百官公卿表「𦳝作朕虞」，應劭曰：「𦳝，伯益也」。師古曰：「𦳝，益之古字」。彼假嗌之籀文𦳝爲益，此則假益爲嗌，而舊校云一作𦳝者，乃正字也。

東津館文集　清　潘曾沂

二十一日　閲潘功甫東津館文集，其文多見道語。前有小賦數篇，清遠可誦，狀景叙情，間學歸熙甫。小品文字，亦有佳者。其戒浮議、勸力耕，論家庭孝友之事，如和孝先生説、舍人之伯父理齋先生世璜，榕臯先生子也，私謚和孝。送朱蘭友宫贊歸養序，皆足爲格言，蓋不媿善人信人之目也。惟好爲婆羅門語，如傅先生論，以傅説與佛家之傅大士、花中之傅延年，並稱三傅；聖人當治國平天下論，謂儒在琉璃瓶中，佛在琉璃瓶外；吴玉松太守别傳，滿紙禪機葛藤，尤爲自累其書耳。吴枚庵翌鳳墓志，自言學辛文房唐才子傳，周娘志銘學昌黎乳母墓志，亦皆可觀。

二林居集　清　彭紹升

夜閲二林居集，共文二十四卷。其中如彭秋士志銘之簡秀，書鄧自軒先生集後之雋逸，亦不多見。然天懷澹定，語皆心得，無一矜持造作之言，悠然令音，多可玩味。惜其佞佛參禪，時夾入金剛經字，爲可省耳。

同治十二年

正月

兩漢金石記　清　翁方綱

初五日　閱兩漢金石記。覃谿盡心漢隸，所論多造精微，其補隸續及注洪氏所作滂喜，尤足爲鄱陽功臣。

南部新書　宋　錢易

十八日　閱南部新書十卷，宋錢易著。其書言唐事者十之九，多資掌故，足裨兩書之闕。希白世據吴越，唐之故老多居其國，故承平文獻，述之尤詳。其辨懺之原始一條云：「懺之始，本自南齊竟陵王，因夜夢往東方普光王如來所，聽彼如來説法，後因述懺悔之言，覺後，即賓席梁武、王融、謝朓、沈約共言其事，王因兹乃述成竟陵集二十篇、懺悔一篇。後梁武得位，思懺六根罪業，即將懺悔一篇，召真觀法師慧式廣演其文，述引諸經而爲之，故第一卷中發菩提心文云：『慧式不惟凡品，輕摽心志，實由渴仰大乘，貪求佛法，依倚諸經，取譬世事。』即非是爲郗后所作。今之序文，不知何人所作，與本述不同。近南人新開印本，去其『慧式』二字，蓋不知本末也。」此亦言内典者所當考。希白爲廢王倧之子，世居於越，今所閲粤雅堂本，伍崇曜跋誤以爲忠懿王俶之子。其書訛字甚多，較之學津討原諸本，無以勝焉。

志雅堂雜鈔　宋　周密

夜閲周密志雅堂雜鈔，亦粤雅堂本。其書多言圖畫古器及類記瑣聞，中一條論道學云：「嘗聞鄉曲沈子固先生云：道學之黨名，起於元祐，盛於淳熙，其徒甚盛，蟠結其間，假此以惑世者，真可嘘枯吹生。凡治財賦者則目爲聚斂，開閫捍邊者則目爲粗才，讀書作文者則以爲玩物喪志，留心吏事者則以爲俗吏。蓋其所讀書止四書、近思録、通書、太極圖、西銘及語録之類；自詭爲絶學者，正心、齊家以至治國平天下，故爲之説，曰爲天地立心，爲生民立命，爲前聖繼絶學，爲萬世開太平。爲州、爲縣、爲監司，必須建立書院或道統諸賢之祠，或刊注四書、衍緝近思等文，則可不錯路頭去。下而士子作時文，苟能發明聖賢義藴，亦可不負名教矣。否則立身如温公，文章氣節如東坡，皆非本色也。復有一等僞學之士競趨之，稍有不及，其黨必擠之爲小人，雖時君亦不得爲辨之。其氣焰可畏如此。然所行所言，略不相顧，往往皆不近人情之事。馴至淳祐咸熙，則此弊極矣。是時爲朝士者，必議論憒憒，頭腦冬烘，敝衣菲食，出則以破竹轎，舁之以村夫，高巾破履，人望之知爲道學君子，名達清要，旦夕可致也。然其家囊金匱帛，爲市人不爲之事。賈師憲獨持相柄，惟恐有奪其權者，則專用此等之士，列之要路，名爲尊崇道學，其實幸其憒憒不才，不致掣其肘。以是馴致萬事不理，喪身亡國。嗚呼！孰倡僞學之黨，甚於典午之清談乎？」

公謹此言，蓋爲鄭清之一輩人而發。此如霍光秉政，而用丞相蔡義；王鳳秉政，而尊太傅張禹、用丞相匡衡；王莽秉政，而用太師孔光、大司徒馬宫；何嘗不是名儒帝師？而首施齦齦，皆爲權臣狎玩之物。故班孟堅極崇經學，而匡衡等傳贊，不因其儒宗而稍寬。公謹此書成於元代，道學之風甚盛，而能爲是言，此是非之公也。近世一目之士，動以詆斥宋儒爲莫逭之罪，亦愚甚矣。至公謹言賈似道之禍國，辭直如是，而趙雲松猶謂其依坿賈氏，多爲訟冤，又何其不樂成人之美也？

南雷文定 清 黄宗羲

二十一日 閲南雷文定卷二餘姚至省下路程沿革記云：「周益公思陵録錢清江者，東自三江口來，西過諸暨，約三百餘里，闊十餘丈，運河半貫其中，高於江水丈餘，故南北皆築堰，上水别設浮橋渡行旅。大舟例剝載，小舟則拖堰而過，梓宫船欲渡，待其潮水平漫，開閘，水勢奔注，久之稍定，兩岸以索牽制，始放御舟。將達南閘，大舁轝繼之，御舟受觸，幸而篙工能事，得入閘口。轝舟不能入，横截南岸，册寶又往，江流湍急，舟人力不能加，直衝其腰。既而靈主亦來，復衝册寶，勢尤可畏。運使趙不流頓足垂涕，幾欲赴水，當日之險如此。今自麻谿作堰，錢清上流之水引入錢唐。三江口作閘，潮水亦不入錢清，而錢清與運河相渾，有江之名，無江之實矣。」案，錢清江東晉以前爲浦陽江，韋昭等所稱三江之一，實漸江之别流。今清流演迤，闤闠夾列，並不知有江名。而舟子由此地者多折而南入西小江，以取蕭山，蓋計水驛較近十里。其地山水迴複，村港紛岐，易於藏匿，乃屢有盜賊之警。觀梨洲之言，彭、戴二太守之功，其可忘乎？

三國志辨誤　清　陳景雲

二十三日　夜閱三國志辨誤，守山閣本也。分上中下，爲魏、蜀、吴三卷，共祇十七葉，言蜀者祇二葉耳。不著撰人名氏。提要疑爲陳景雲，而又不能決。其書僅取誤衍之文，略加考正，多有可取。惟虞翻傳注一條云「桓文遺之尺牘之書比竟三高」，云「文」當作「王」，謂長沙桓王也。案，此上文云「近者太守上虞陳業潔身清行，遁跡黟歙」云云，予初校三國志，亦疑桓文當作桓王，曾劄記之。後讀水經漸江篇注云：「沛國桓儼避地會稽，聞陳業履行高潔，往候，不見，儼後浮海，南入交州。臨去，遺書與業，不因行李，繫白樓亭柱而去。」考後漢書桓曄字文林，一名嚴，注引東觀記「嚴」作「儼」。初平中避地會稽，遂浮海，客交趾，曄即儼也。嚴、儼皆儼之誤，乃知此注所云桓文者當作桓文林，脱去一字耳，非桓王也。

宋季三朝政要　元　佚名

閲宋季三朝政要，亦守山閣本，凡六卷。一至三爲理宗，四爲度宗，五爲少帝，六爲廣王益王，不著撰人名氏，編年記載。前有自序，云理宗國史載入北都，過此無復可考，故今將理、度兩朝聖政及幼主本末纂集成書，以備它日史官之采擇云。卷六首又自序云：「陳仲微咸淳爲侍左郎官，以言事切直罷。乙亥，除兵部侍郎，修國史。丙子，從二王入廣，目擊當時之事，逐日鈔録。崖山敗，流落安南。」「壬午歲，安南國使入覲，因言仲微之事，而得仲微所著二王首末，重加編次，以廣其傳。」則其人似宋故臣而曾仕元者，故書中皆稱大元大兵，卷末坿論，亦頗頌元德。其所紀既簡略，而叙次俚俗，全無義法，惟一二遺事，多足補史所未及，是非褒貶，亦爲平允。

其論謂宋太祖生於丁亥，以庚申歲建國，命曹彬平江南，以甲戌歲渡江，以乙亥、丙子而平。今大元世祖原刻誤作太祖。聖武皇帝亦生於乙亥，以庚申歲即位，命伯顔平江南，亦以甲戌歲渡江，乙亥、丙子而平。宋待柴氏最厚，事太后如母，撫幼君如子。大元待宋后幼君，禮意尤篤，是其初待柴氏之報也。宋於柴氏族屬並無誅戮，崇義之封，終三百年如一日。今大元於趙氏族屬一無所問，亦其不殺柴氏之報也。宋以周顯德七年受禪，而幼君名顯，當作㬎，古顯字。改元德祐，合顯德二字，此亦猶劉莊靖詩「路人笑指降王道，好似周家七歲兒」。報應之數，往往符合，不得以因果坿會之説訾之也。是本頗有誤字，錢氏校勘亦未精。

唐韻考 清 紀容舒

閲唐韻考，亦守山閣本，凡五卷，國朝紀容舒撰。容舒字遲叟，號竹崖，獻縣人。康熙癸巳舉人，官至姚安府知府。是書即徐鉉本説文所載音切，參伍鉤稽，各歸其部，以存孫愐唐韻之舊，用力甚勤。錢氏再加校訂，補其失收之音切四十四條，音切下失收之字百一十有五，又疏其謬誤，隨條坿案，致爲精密。

唐語林 宋 王讜

二十四日 夜閱宋王讜唐語林，亦守山閣本，凡八卷，即武英殿聚珍本。其前四卷爲明齊之鸞原刻，後四卷則從永樂大典各韻下輯入者，故别之曰補遺，而不系門目。王氏本仿世説三十五門，又益以嗜好至計策十七門爲五十二門，采集小説五十家。大典中尚載其所采書名原序目及門類總目，今諸書多或亡佚，賴此存其梗概。且所載多嘉言韻事，爲考唐事者所不可少之書。錢氏系以校勘記一卷，多取諸書之間存者，以相參考，時足正今本沿刻之誤。

萬善花室駢體文 清 方履籛

二十五日 得庭芷書，贈所刻鄧完白篆書程子言箴拓本，並以其祖姑夫大興方彦聞大令履籛萬善花室駢體文三册見借。予向見常熟重刊法苑珠林序，末題萬善花室女弟子吕琴姜撰，其文高麗博奥，逼真初唐，知必名手代撰，而求之近代諸家文集，俱未得之。今即在此集中，乃其代婦所作也。彦聞與董方立交最摯，方立有方彦聞鶴夢歸來圖序，言圖爲彦聞悼亡而作。昨定子言，悼亡者乃其原配陸儒人。庭芷之曾祖桐城君奇愛季女，必欲擇名士相攸，因以歸方君爲繼室。方君嘉慶戊寅科舉人，官福建閩縣知縣，所至喜搨碑，聚古錢甚夥，善八分書。年五十三，卒於官。

李惇劉台拱之解論語

論語鄉黨一篇，即禮經之別記。如凌氏廷堪之解「黄衣狐裘」爲韋弁服，據詩羔羊正義。凌氏曙又兼解爲臘祭之服。據玉藻注。凌氏廷堪、胡氏培翬解「肉雖多，不使勝食氣」爲食禮，據公食大夫禮。解「唯酒無量不及亂」爲燕禮。據燕禮鄭注。劉氏台拱之解「吉月必朝服，而朝」爲聽朔必視朝之禮。據玉藻。皆精論不刊，爲先儒所未及。

然不特鄉黨也，如李氏惇之解「子語魯太師樂曰」一章，劉氏台拱之解「師摯之始」一章及關雎「樂而不淫」一章，皆援據禮經，以明樂奏之節，有功於聖言甚鉅，讀四書者所不可不知也，今類而録之云。李氏云：古樂有堂上堂下之分，見於臯陶謨「戛擊鳴球」一節，至儀禮鄉飲酒禮、燕禮而升歌笙間合樂之禮備矣。論語「子語魯太師」一節，尤爲明晝。曰始作者，謂升歌也。翕，合也，謂堂上瑟聲與歌聲合也。曰從之，則笙入以後三節矣。曰純如者，謂笙入三終也。三笙一和，其聲純如，非如堂上之清也。曰皦如者，謂間歌三終也，堂上一歌之後，間以堂下一吹，明晳而不雜亂也。曰繹如者，謂合樂三終也。堂上歌關雎，則笙吹鵲巢應之；歌葛覃，則笙吹采蘩應之；歌卷耳則笙吹采蘋應之。其時歌樂與衆聲齊作，纍纍如貫珠也。至是工告正樂備而爲一成矣。天子諸侯之禮升歌，或以頌，或以大雅，而笙入間合，次序並同也。

劉氏論「師摯」一節云：「始者樂之始，亂者樂之終。樂記曰始奏以文，復亂以武。又曰，再始以著往，復亂以飭歸。皆以始亂對舉。凡樂之大節，有歌有笙，有間有合，是爲一成，始於升歌，終於合樂，是故升歌謂之始，合樂謂之亂。周禮太師職大祭祀，帥瞽登歌；儀禮燕及大射，皆大師升歌，摯爲大師，是以云師摯之始也。合樂周南、關雎、葛覃、卷耳、召南、鵲巢、采蘩、采蘋凡六篇，而謂之關雎之亂者，舉上以晐下，猶之言文王之三、鹿鳴之三云爾。升歌言人，合樂言詩，互相備也；洋洋盈耳，總歎之也。自始至終，咸得其條理，而後聲之美盛可見。言始亂，則笙間在其中矣。此反魯正樂之效也。」

論關雎「樂而不淫」二句云：「詩有關雎，樂亦有關雎，此章特據樂言之也。古之樂章皆三篇爲一。傳曰肆夏之三，文王之三，鹿鳴之三；記曰宵雅肄三，鄉飲酒禮工入升歌三終，笙入三終，間歌三終，合樂三終，蓋樂章之通例如此。國語『文王大明緜，兩君相見之樂也』，左傳但曰文王兩君相見之樂，不言大明緜。儀禮合樂周南、關雎、葛覃、卷耳、召南、鵲巢、采蘩、采蘋，而孔子但曰關雎之亂，亦不及葛覃以下，此其例也。樂而不淫者，關雎、葛覃也；哀而不傷者，卷耳也。關雎樂妃匹也，葛覃樂得婦職也，卷耳哀遠人也。哀樂者，性情之極致，王道之權輿也。葛覃之賦女功，與七月之陳耕織一也。季札聞歌豳而曰『美哉樂而不淫』，即葛覃可知矣。樂亡而詩存，説者遂徒執關雎一詩以求之，豈可通哉。」

凡此所論，皆足一掃空言枝説之蔽。至「吾自衛反魯」一章，全氏祖望疏證極詳，援據甚博，然不免雜以臆説。黄氏式三論語後案痛駁之，則又過矣。

病榻夢痕録 清 汪輝祖

二十九日 閲病榻夢痕録。夜閲夢痕録餘畢。汪氏此書，實年譜之創體，所記皆切於身心實用，多布帛粟菽之言。先本生王父、先君皆喜觀之，慈八九歲時，即隨舉一二事以相訓厲，今日閲之，猶能略憶光景也。

二月

越史略

朔 閲越史略，守山閣本，不著撰人名氏。四庫提要據黎崱安南志略載陳太王時，陳普作越志，黎休修越志，疑此書即出普、休二人手。書凡三卷，上卷紀沿革，自漢趙佗至宋時黎氏。中下兩卷皆紀李氏，而稱曰阮紀者，以陳氏得國後，凡李氏宗族及齊民姓李者皆令更爲阮姓，以絶民望。故此書於李公藴稱太祖，曰諱藴姓阮氏，然載其讖文，有「禾刀木落，十八子成。震宫現日，兑宫隱星」之言，則未嘗没其實也。其國自丁部領以下皆稱皇帝紀元號，而宋、元史多諱略之。其紀年，亦著録家如厚齋王氏、廣漢鍾氏及近時梁氏、葉氏多未采入，今略最録之云。

丁紀：丁部領，華閭洞人，以宋太祖開寶元年戊辰稱皇帝於華閭洞，尊號曰大勝明皇帝，三年改元曰太平元年，至十年被弑。是日先王子璿立，二年爲黎桓所篡，降爲衛王。丁氏凡十三年而亡。黎紀：黎桓，長州人，以庚辰稱皇帝，辛巳改元曰天福元年，上尊號爲明乾應運神武昇平至仁廣孝皇帝。庚寅改元興統元年，乙未改元應天元年。乙巳薨，是曰大行王，葬長州德陵。子龍鉞立三日，爲弟龍廷所弑，是曰中宗。龍廷以丙午立，尊號曰開天應運聖文神武則天崇道大勝明光孝皇帝。戊申改元景瑞元年，二年薨。是曰卧朝王，以其有痔疾，卧以視朝也。黎氏凡三十年而亡。

李公藴，北江古法人，黎氏時爲左親衛殿前指揮使，以己酉十一月代黎氏自立，上尊號曰奉天至理應運自在聖明龍見睿文英武崇仁廣孝天下太平欽明光宅昭彰萬邦顯應符感威震蕃蠻睿謀神功聖治則天道政皇帝。庚戌改元順天元年，遷都大羅城，號昇龍京。十九年三月薨，廟號太祖，葬天德府壽陵。

長子德政立，本名佛瑪，四月改元天成元年，上尊號曰開天統運尊道貴德聖文廣武崇仁上善政理民安神符龍現體元御極億歲功高應真寶曆通元至奥興隆大定聰明慈孝皇帝。甲戌改元通瑞元年，詔群臣奏事者稱王曰朝廷。己卯六月改元乾符有道元年，壬午十月改元明道元年，甲申十月改元天感聖武元年，己丑三月改元崇興大寶元年。六年十月薨，廟號太宗，葬天德府壽陵。

第三子日尊立，是月改元龍瑞太平元年，上尊號曰法天應運崇仁至德英文睿武慶感龍祥孝道聖神皇帝。己亥六月改元彰聖嘉慶元年，丙午二月改元龍彰天嗣元年，戊申改元天貺寶象元年，己酉改元神武元年。是年以滅占城國，擒其王第矩，六月至自占城，改元當在是時。四年正月薨，廟號聖宗，葬天德府壽陵。

長子乾德立，上尊號曰憲天體道聖文神武崇仁懿義純誠明孝皇帝。次年癸丑正月改元太寧元年，丙辰十月以破宋招討使郭逵等兵，改元英武昭勝元年，乙丑二月改元廣祐元年，壬申十二月改元會豐元年，辛巳正月改元龍符元化元年，庚寅改會祥大慶元年，庚子改元天符睿武元年，丁未改元天符慶壽元年。是年十二月薨，廟號仁宗，葬天德府。

聖宗孫崇賢侯子陽煥立，戊申改元大順元年，上尊號曰順天廣運欽明仁孝皇帝，尊父崇賢侯爲太上王，卒謚曰恭。癸丑正月改元天彰寶嗣元年。五年九月薨，廟號神宗，葬天德府。

第二子天祚立，是月改元紹明元年，上尊號曰體天順道睿文神武純仁顯義徽謀聖智御民育物群靈丕應大明至孝皇帝。三年翁申利自稱仁宗之子，據上源州以叛，僭號平皇，十月討平之。次年庚申正月改元大定元年，癸未正月改元政隆寶應元年，甲午正月改元天感至寶元年，是年宋孝宗詔封爲安南國王，安南國號自此始。二年七月薨，廟號英宗，葬天德府。

第六子龍幹立，上尊號曰應乾御極弘文憲武靈瑞照符彰道至仁愛民理物睿謀神智化感政醇敷惠示慈綏猷建美功全業盛龍見神居聖明光孝皇帝。次年丙申改元貞符元年，丙午四月改元天資嘉瑞元年，以獲白象，賜名「天資象」，因改元也。壬戌正月改元天資寶祐元年，乙丑九月改元治平龍應元年。六年十月薨，廟號高宗，葬天德府壽陵。

第三子昊旵立，尊號曰資天統御欽仁弘孝皇帝。次年辛未改元建嘉元年。四年正月彰誠侯陳嗣慶反，王出奔。三月，嗣慶等立英宗子惠文王，改元乾寧，號元王，旋反正。建嘉十一年，惠文王卒。十五年乙酉六月，傳位於第二女昭聖公主，號昭王，尊王爲太上王，改元天彰有道。十二月再禪於太尉陳日煚，降昭王爲昭聖王后，王與其母譚太后出居扶列寺，號惠光禪師。次年八月薨，廟號惠宗，殯於安華府寶光寺。李氏凡八主，始庚戌，終乙酉，共二百一十六年而亡。

其末坿陳朝紀年，曰太祖建中元年乙酉，凡七年；天應政平元年壬辰，凡十九年；元豐元年辛亥，凡七年。曰聖宗紹隆元年戊午，凡十五年；寶符元年癸酉，凡六年。曰仁宗紹寶元年己卯，凡六年；重興元年乙酉，凡八年。曰英宗興隆元年癸巳，凡二十一年。曰明宗大慶元年甲寅，凡十年；開泰元年甲子，凡五年。曰憲宗開祐元年己巳，凡十二年。曰裕宗紹興元年辛巳，凡十七年；大治元年戊戌，凡十一年；天定元年己酉，凡一年。曰太上紹慶元年庚戌，凡三年。曰睿宗隆慶元年癸丑，凡四年。曰今上昌符元年丁巳。〔一〕

注釋

〔一〕案，此下有空頁，似未録完。

華嚴經音義　唐　釋慧苑

初四日　閲唐釋慧苑華嚴經音義，守山閣本。錢氏序言武進臧氏有節刊本，序稱初得陝右本四卷，後以北藏本二卷校之，始知西本不及。然近歙徐氏刻泰興陳氏所校北本於京邸，訛脱甚多，未見遠勝西藏。此爲嘉興楞嚴寺所刊支那本，卷目與西藏同，視北本尤完善。因互勘一過，其北本異同義得兩存，及徵引舛誤而陳氏所未舉者，並坿案語，以備參考。臧氏節本今坿刻於莊炘所校一切經音義之後，奇零訛脱，讀者憾之，錢氏此刻爲可貴也。

漢武内傳

初五日　閲漢武内傳，守山閣本。據道藏本，較四庫所收文多至倍。西王母侍兒所歌元靈二曲及東方朔窺朱鳥窗事，錢遵王讀書敏求記謂惟孱守居士常熟馮舒別號。空居閣校本有之，而太平廣記删去此二段，提要亦以爲未見者，此本皆在焉。錢氏又坿録外傳及逸文，並爲之校勘記，亦小説中不可廢之書矣。

春秋別典　明　薛虞畿

初六日　閲春秋別典，守山閣本，凡十五卷，明海陽諸生薛虞畿字舜祥撰，其弟虞賓補輯成之。

依左傳十二公世次，采輯史子各書之事涉春秋者條録件系，其凡例謂國語、公、穀、檀弓以既列於經而不録，管、晏二子以太繁而略删，莊、列諸家以寓言而節取，體例頗有斟酌，蒐耆亦云繁富。後有朱竹垞跋，言鈔撮具見苦心，而惜其各條之末不疏原書，爲明人之積習。金山錢氏謂其所采約六百餘事，説苑一書居三之一，其餘雜出於大戴記、韓詩外傳、逸周書、戰國策、史記、吴越春秋、列女傳、家語、孔叢子、管子、晏子春秋、墨子、莊、列、韓非、吕覽、淮南、春秋繁露、新書、新序、抱朴子諸書，而誤收晉語二條，編次亦有先後倒置及脱漏舛錯，然其用心可謂勤矣，因爲之逐條補注出處。有一條而兼取兩書或三書者，依文之節次一一注之；有事與書同而文句小異者，或别有所據，或以意增損，則注云某書文小異。其顯然謬誤者，則坿案於下。薛氏此書雖所采無奇祕之籍，然有益於學者不淺。錢氏注之，更爲完密。竊謂此與孫淵如氏孔子集語兩書，當並梓之家塾，爲讀經者所必需也。

國朝駢體正宗　清　曾燠輯

夜揭櫫二十餘册，覺甚疲倦，因翻閲國朝駢體正宗，所取自毛西河至汪竹素全德凡四十二人，中多有僅取一篇者，乃至凌次仲亦止一首，汪容甫廑至三首，而吴穀人多至十六首，袁子才亦十二首，而辭隨園臨幸上尹制府啟及吴桓王廟碑二首，爲子才傑作者，乃反不列焉。曾氏此選與吴山尊八家四六，皆以當家操選事，並風行於代，而兩公實未能深辨氣體格韻之間，故雅俗雜登，菁華多落。山尊自爲之文，稍勝賓谷，而又以聲氣爲進退，此劉圃三與賓谷所以各占一家也。國朝此事，跨唐跂漢，論定之責，其在後人乎？其在後人乎？

守山閣叢書　清　錢熙祚輯

初十日　比日屢覺小極，不能課經史，裁答筆札之餘，雜閱宋人朱無惑彧萍洲可談、曾慥高齋漫録、張知甫張氏可書、陳齊之長方，别號唯室，宋志作陳唯室，蓋誤以號爲名。步里客談、無名氏東南紀聞、明人陸文量容菽園雜記諸書，皆守山閣本也。此等稗編脞説，篇帙廖廖，所謂底下之書，無當大雅，然隨所捃拾，皆足以廣見聞，觸類而長，亦資史學，惟吾輩精力有限，不暇遍觀，觀亦不能記憶耳。

無惑，烏程人，萍洲其所居名也。書凡三卷，所言宋制，多史所未及。如云：「祖宗故事，宰相呼相公，節度使帶開府儀同三司，元豐官制前帶同中書門下平章事亦呼相公，謂之使相三公。真相之任呼公相，蔡京以太師爲公相，其子攸自淮康軍節度使除開府儀同三司，遂父呼公相，子呼相公。時傳京父子入侍西宴，上云『相公公相子』，京對云『人主主人翁』，際遇之盛如此。」此以知「相公」外尚有「公相」之稱也。

云：「朝時集禁門外，宰執以下皆用白紙糊燭鐙一枚，長柄，揭之馬前，書官位於其上，欲識馬所在也。四鼓，諸門啟關，朝士至者以燭籠相圍繞聚首，謂之火城。宰執最後至，至則火城滅燭。案，此所記火城，與唐制異。唐時每日早朝，宰相至，以燭環繞，謂之火城。大臣自從官及親王駙馬，皆有位次，在皇城外仗舍，謂之待漏院，不與庶官同處火城。」

云：「宰相禮絶，庶官都堂自京官以上則坐，選人立白事。見於私第，雖選人亦坐，蓋客禮也。惟兩制以上，點茶湯入腳牀子，寒月有火爐，暑月有扇，謂之事事有；庶官祗點茶，謂之事事無。世俗客至則啜茶，去則啜湯，湯取藥材甘香者屑之，或温或涼，未有不用甘草者。」

云：「故事，有官人應舉，謂之鎖廳，例不作廷魁。政和八年戊戌，帝子嘉王楷赴廷試，榜發第一人，登仕郎王昂第二人。上宣諭嘉王楷有司考在第一，不欲以魁天下，以第二人爲榜首。鎖廳人作廷魁自王昂始，親王及第亦始於此。」

云：「本朝五等之爵，自公侯伯子男皆帶本郡縣開國，至封國公者，則稱某國公。初封小國，次移大國，以爲恩數，亦有久不徙封者。文彦博初封潞國公，三十年不徙封。王安石初封舒國公，後徙荆國，既死，追封舒王，凡二國。蔡京初封嘉國，徙衛國、楚國、魯國，凡四國，復加陳、魯二國公，辭不拜。何執中初封榮國公，五年不徙封，薨於位，追封清源郡王，此僅事也。」

云：「故事，節度使初除小鎮，次中鎮，後大鎮。紹聖間吕吉甫建節，初除保寧軍婺州，移武昌軍鄂州，移鎮南軍洪州，其序如此。崇寧間，蔡元長自司空左揆建節，初除安遠軍安州，亦小鎮。政和以來，帝子繁衍，宗室近戚大臣中貴邊將加恩者衆，諸路節鎮，除祖宗潛藩外，止六十餘處，幾無虚位。薛昂罷執政，初除彰信軍節度使，相州中鎮也。蔡攸自宣和殿大學士，初除淮康軍節度使，蔡州大鎮也。豈是時小鎮適無闕員乎？刺史防禦團練使正任則本州繫銜，與知州敘官，每州止一員，不除則闕任。他官兼領防禦、刺史者，謂之遥郡，本州不繫銜，往往取美名。如康、榮、雄、吉諸州，一州或有數員。大率邊將多帶雄州，戚里多帶榮州，醫官多帶康州。」

云：「典制，寄禄官三品紫衣金魚，五品緋衣銀魚，職事官雖高，非特賜不得預。雖特賜而寄禄未至本品，則帶賜魚在銜内。寄禄官已至本品，則不入銜。外任官或借衣色者，不佩魚，銜内稱借色。有賜色者，仍稱賜色。轉運使副提點刑獄知州軍並借紫，本衣緑者止借緋；轉運判官通判州軍並借緋。近制借色仍佩魚。呂公著曾任知州，借紫，後除轉運判官，敕上不帶借紫，公著仍衣紫。」

云：「狨座文臣兩制、武臣節度使以上許用。每歲九月乘，至三月徹，無定日，視宰相乘則皆乘，徹亦如之。狨似大猴，生川中，其脊毛最長，色如黄金，取而縫之，數十片成一座，價直錢百千。背用紫綺，緣以蔟四金雕法錦，其制度無殊别。」所載皆較它書爲詳。

其云「姚祐元符初爲杭州學教授，堂試諸生，易題出乾爲金坤亦爲金何也。先是，福建書籍刊版舛錯，『坤爲釜』遺二點，故姚誤讀作金」。此可爲近日癖好宋槧者下一味出汗藥。此本爲四庫本，多從永樂大典采入，較百川學海、説郛等多至數倍，後有錢氏校勘記一卷。

高齋漫録等四種，亦皆四庫本從大典録出者。漫録言「祖宗故事，不歷轉運使，不除知制誥」，四庫提要以爲可補史志所未備。案，唐語林載「牛叢任拾遺補闕五年，多論事，上密記之。後自司勳員外郎爲睦州刺史，入謝。上命至軒砌，問曰：『卿頃任諫官，頗能舉職，今忽爲遠郡，得非宰臣以前事爲懲否？』叢曰：『新制，未任刺史縣令，不得任近侍官，宰臣以是獎擢，非嫌忌也。』」此正與宋制相類。

步里客談論詩文頗有識，如云「美新不類子雲文字，畏死仕莽不敢去，後人遂以此污之，君子惡居下流」。云「古人作詩斷句，輒旁入他意，最爲警策。如老杜云『雞蟲得失無了時，注目寒江倚山閣』是也。黄魯直作水仙花詩，亦用此體，云『坐對真成被花惱，出門一笑大江横』。至陳無己云『李杜齊名吾豈敢，晚風無樹不鳴蟬』，則直不類矣」。云「羅池廟碑古本，以『涉有新船』爲『步有新船』，『春與猿吟兮秋與鶴飛』作『秋鶴與飛』，永叔以『步有新船』是而『秋鶴與飛』爲不然。説者以是爲歐韓文字之分，蓋篤論也」。

菽園雜記中論經義多可笑，此明人之學，不過如是。其紀載故事，亦不及筆塵、國榷、雙槐歲鈔、野獲編諸書。王震澤謂本朝紀事之書，以此爲第一者，據文恪時所見言之也。中如云「本朝將軍之名不一，如子授鎮國將軍，孫授輔國將軍，曾孫授奉國將軍，爲親王子孫應授官職之名。如初授驃騎將軍，升授金吾將軍，加授龍虎將軍，爲武臣給授散官之名。如征南將軍、鎮朔將軍、平羌將軍之類，爲各邊掛印總兵官之名。兵部職方司職掌收充，將軍則選軍民中之長軀偉貌者以充朝儀耳，與上項不同，今謂之大漢將軍，優旃所稱梐楯郎，疑即此也」，所紀較史志爲詳。

其云：「本朝六卿之設，雖祖周官，而六部之名，實沿唐制。但唐以尚書爲省名，今以爲官名。唐尚書省之制，都堂在中，尚書令、左右僕射、左右丞各一人居之。吏、户、禮三部在東，兵、刑、工三部在西，每部尚書、左右侍郎各一人，各統四司。六部之外，又有左右二司。案，左右二司郎中、員外郎，即尚書令、左右僕射之屬，爲左右丞之次，亦居都堂，宋謂之都司。今之六部，特尚書一省之官，户、刑二部屬司，比唐制加多耳。又唐中書省有令，有侍郎、中書舍人、通事舍人，官屬頗多，今革中書省，止存中書舍人而已。唐門下省有給事中等官，今革門下省，改通政司，止存其屬給事中分六科而已。」此可證六科之本屬通政司也。

其一條最切警，云：「後生新進，議論政事，最宜慎重。嘗記初登第後，同年談論都御史李公侃禁約娼婦事。或問：『何以使之改業不犯？』同年李釗云：『必黥刺其面，使無可欲，則自不爲此矣。』衆皆稱善，予亦竊識之久矣。近得皇明祖訓觀之，首章有云：『子孫做皇帝時，止守律與大誥，並不用黥刺剕劓閹割之刑，臣下敢有奏用此刑者，文武群臣，即時劾奏，將犯人凌遲，全家處死。』爲之毛骨竦然。此議事以制，聖人不能不爲學古入官者告，而本朝法制諸書，不可不遍觀而博識也。」

其云：「太監牛玉之敗，南京六科給事中王徽等因上疏，言宦官干政專權，置立私宅等事，皆祖宗時所無，請一切禁革之。其言讜直，切中時弊，徽等各調任遠州判官。徽字尚文，南京人，其事始謀於王淵志默，志默恐同僚有進止者，乃焚香告天以爲盟，奏本則各草一通，俱送尚文以備采取，若爲首則六科以次列名，蓋舊規也。志默，紹興山陰人，謫四川茂州判官。此舉徽擅其名，而淵之力居多，故表著之。」此事明史及吾郡縣志皆未采及。

其云正統間工部侍郎王某，貌美而無須，出入王振之門，對振云「公無須，兒子豈敢有須」者，乃山陰人王佑也。其事明史不見，而明鑑、易知録中已載之。

其云：「各鎮戍鎮守内官，競以所在土物進奉，謂之孝順。陝西有木實名榲桲，肉色似桃，而上下平正如柿，其氣甚香，其味酸澀，以蜜制之，歲爲進貢，然終非佳味也。太監王敏鎮守陝西時始奏罷之，省費頗多。」今京師市肆有蜜漬，以小瓶盛之，肉如桃者，即此物也。亦足爲多識之助。

陸氏所紀巡撫總兵之制，猶據成化以前言耳，而明志多略之。如云：「今巡撫官蘇松等處、鳳陽等處、宣府等處、順天等府、保定等府、延綏等處、甘肅等處、河南、山東、山西、遼東、大同、寧夏、陝西、湖廣、江西、兩廣、雲南、四川、貴州、福建凡二十人，內署銜不同者，兩廣曰總督軍務，蘇松等處曰總理糧儲，鳳陽等處曰總督漕運，遼東、湖廣、雲南皆曰贊理軍務，山西曰提督雁門等關，保定曰提督紫荆等關，順天等府曰整飭薊州等處兵備，餘止稱巡撫。鄖陽等處曰撫治，蓋主流民也。福建、山東有事則設，事寧則革之。各處總兵官印文，遼東曰征虜前將軍。宣府曰鎮朔將軍，大同曰征西前將軍，延綏曰靖虜副將軍，寧夏曰征西將軍，甘肅曰平羌將軍，雲南曰征南將軍，兩廣曰征蠻將軍，湖廣曰平蠻將軍，皆柳葉篆。漕運總兵無將軍名目，其印曰漕運之印，疊篆文。陝西止稱鎮守官。貴州、薊州等處雖名總兵，俱無將軍印。」

其云：「本朝中官，自正統以來，專權擅政者固嘗有之，而傷害忠良、勢傾中外，莫如王振。然宣德年間，朝廷起取花木鳥獸及諸珍異之好，內官接跡道路，騷擾甚矣。自振秉內政，未嘗輕差一人出外，十四年間，軍民得以休息，此亦不可掩也。」尤足補史所未及。

邃雅堂集　清　姚文田

十一日　閲姚文僖邃雅堂集。文僖文有清氣，其議論獨到處，予已於孟學齋日記乙集中劄記之，今再讀一過，中如春秋大事表序經序，序經爲楚雄知府包敏所輯，摘取顧氏議論，仍依經爲次，而埘以己意。備言修高宗實録時采輯六十年事之艱，以證春秋二百四十二年事紛國別，闕失必多，而公、穀僅爲經生家言，據一字以穿鑿，自不如左氏之有所據依也。河南試牘序極言近世文法之謬妄，而小題尤甚，其害始於方文輈。與孫雲浦書備言古文義法，當斟酌古今，無一定之例。皆極爲名通。

文僖篤於伉儷，其夫人周氏，有國色之目。文僖言其作合，由於吾鄉王方川先生增主湖州愛山書院，稱賞其文，夫人之父武功知縣鼎樞求其擇壻，因以得諧也。王先生以進士第二人官翰林，才名甚著，竟左遷知縣，旋被劾罷，偃蹇以殁，後嗣凋零，迄今鄉里不能舉其姓字，其文字亦一無表見者。洪北江年譜中言乾隆辛丑會試出先生之房，薦而未售。即此兩事觀之，其識拔奇士，固非常人所能及矣。

韻補　宋　吴棫

十三日　夜閱吴才老韻補。此書泛濫極矣，然於復古不爲無功。顧亭林正之，僅標舉某韻合者幾字，不合者幾字，而不明言其所以然，且其去取亦有未的者。擬再爲詳考之，而心緒煩亂，精力不繼，古人所謂讀書須有福也。

邃雅堂集　清　姚文田

十八日　閱邃雅堂集中詩，略點識之。文僖詩俱率口而出，間有清語，略無作意，而屢言苦吟索句之勞，不可解也。卷中坿其配周夫人詩數首，清麗實出文僖之上，如「一襟楊柳月，雙鬢杏花風」，文僖不能道也。

廿一史四譜　清　沈炳震

十九日　是日於廠市攜沈東甫炳震廿一史四譜兩帙，共五十四卷，爲紀元譜、封爵譜、宰執譜、謚法譜，止於元代，其中采舊唐書，而不及舊五代史，則其時此書尚未出，然實當云廿二史，而云廿一史者，仍明代之故稱耳。紀元、宰執，皆先次時代而後以韻爲編，謚法則先列帝王追尊及后妃公主，以時代爲次；諸臣謚則依周書謚法解爲次，而後依姓爲韻，惟封爵衹編韻，不重序。所采於正史外絕不旁及，未免拘疏。又斤斤於綱目正統之辨，亦不脱措大氣。謚法不列外國，如渤海、南詔、安南、高麗諸王，亦其疏也。前有汪文端由敦序。

管子校正　清　戴望

二十四日　得朱修伯書，以戴子高新刻管子校正二卷見眎。其書本陳碩甫所校爲據，稱引宋本、元刻本、朱東光本、群書治要、藝文類聚、北堂書鈔、太平御覽及王氏念孫、孫氏星衍、顧氏廣圻、丁氏士涵、俞氏正燮、宋氏翔鳳、王氏引之、洪氏頤煊、臧氏庸、近人張君文虎、俞君樾、日本人安井衡纂詁之說，間坿己意，主於文從字順，不失校書家法。

儀禮

夜考儀禮湆湇二字之别。張氏淳、岳氏珂、金氏曰追、盧氏文弨、嚴氏可均、阮氏元、彭氏元瑞諸家校勘，皆未言及，自當以説文、玉篇、廣韻有「湆」無「湇」爲斷。經典釋文皆作「湆」，則唐初本固如是。而五經文字云：「湇從泣下肉，大羹也；湆從泣下日，幽深也。今禮經大羹相承多作下字，或傳寫久訛，不敢改正。」則張氏反以當時本爲誤，其説自有所本。然張氏不知湆之從水音聲，而云「從泣下日」，其不精小學可見。惟「湆」下固無羹汁之訓，而湇從肉泣聲，形聲皆合，又不敢謂決然古無此字。予疑湇即洎也。左傳「去其肉而以其洎饋」，説文「洎，灌釜也」，疑洎之或體爲湇，傳寫脱去耳。盧氏釋文考證皆作「湆」，儀禮注疏詳校則云當從官本作「湇」，段氏玉裁、胡氏承珙則皆云當作「湆」。

李登瀛、李策堂、李鈺、李泰詩

二十八日　近日仁和鍾雨辰修撰輯録詩話，皆取潛德已往之人，凡見在及顯貴者不録，其例甚佳。因搜輯先六世祖天山府君詩七首，秋日錫山阻雨懷劉師七律一首、揚子江阻風五律一首、舟次丹陽五律一首、自題鑑湖垂釣圖七絶三首、冬夜夢亡室樊孺人七絶一首。先曾祖構亭府君詩三首，南鎮晚歸五古一首、哭長女七絶二首。先本生祖父藴山府君詩五首，過西湖追悼亡女七絶一首、泛湖登湖心亭又至三潭印月處五絶三首、鏡湖紅樹詩七絶一首。又斷句四聯，遊吼山一聯、樊浦市樓聞歌一聯、雨泊秋湖二聯。先君子竹邨府君詩一首，夏日憩城西僧寺七絶。又斷句一聯，遊吼山。將寄修撰刻之。

憶平生故人，自越三子集已刻行外，如周雪甌、樓蓮舫、徐寶意、陳德夫皆能詩，皆有贈予之作，而無一能記者。前日，史寶卿言新得鄉信，張存齋於去冬病卒，存齋與予兩世中表姻也，少於予一歲，幼慧能文，先君子極愛賞之，竟不第以死，爲之怏悵。累日因檢行匧，得其前年送予入都七律四首，真摯可味，將並致修撰録之，以存其人。

三月

古泉叢話　清　戴熙

初四日　閲古泉叢話，所列自漢以迄有明，其考據之疏不必言，開元通寶條下，以文德皇后謂即竇后；建文通寶條下，以嘉靖四年補鑄先朝錢，謂景泰因去廟號，故不補鑄，獨不知建文乃革除者耶？即其書可知矣。

雷塘盦主弟子記　清　張鑑　朱文正公年譜　清　朱錫經

初五日　牧莊來，不晤。以阮文達雷塘盦主弟子記、朱文正公年譜見借。閱朱文正年譜二卷，其子四品京堂錫經所編。雷塘盦主弟子記八卷，前二卷烏程張鑑所編，至嘉慶十一年丙寅止。三卷四卷，文達長子直隸清河道常生所編，本文達族子，先立爲嗣。至嘉慶十八年癸酉止。五卷六卷，文達次子甘肅平涼府知府福所編，實庶長子。至道光九年己丑止。七卷，文達季子一品蔭生孔厚所編，孔夫人出，實嫡子也。至道光十七年丁酉九月文達予告回籍止。八卷，鎮江柳興恩所編，至道光二十九年十月文達卒止。曰「雷塘盦主」者，文達以先墓皆在雷塘，故以自號也。朱、阮兩公皆經學重臣，立朝最久，其年譜可與國史相出入。而兩家紀載，皆多誇恩遇，僅識遷移，於文正立朝之大節、文達興學之盛心，皆無所發明；時事安危，亦俱從略。柳氏所譜尤陋。足見譜學同於史學，非才識兼長者不能爲也。

四月

曾文正公集　清　曾國藩

二十七日　閱曾文正集，其江寧官紳昭忠祠記、湘軍陸師昭忠祠記，近代之傑作也。官紳昭忠祠記爲向、和、張三帥軍營殉難者作，敘次癸丑至庚申勝負成敗之事如指諸掌，此非有筆力不能，其議論亦極平允。

五月

唐韻考　清　紀容舒

初九日　初擬鈔紀竹厓唐韻考，以其便檢尋，且以當鈔説文也，既得十餘紙，又以事輟，而書賈索還甚急，不能猝了。其書頗有舛漏，張嘯山雖稍訂正之，而未盡。此據守山閣叢書本，雖名爲錢熙祚所校，實皆出張手也。張名文虎，南匯人。又紀氏於説文之學實未深造，故其大端誤者有二，一字之子母不以次列，甚至有失載母字者，一許氏本書與新附不别，惟取其掇拾之功而已。今日復鈔兩葉，至十六咍而止。擬俟上平寫畢，以付鈔胥完之。

張惠言、洪頤煊、胡培翬論宫室

初十日　閲近儒江氏永、程氏瑶田、焦氏循、張氏惠言、洪氏頤煊、胡氏培翬諸家考辨宫室之書。張氏言房室異制，無壁者房，有壁者室，大夫士右房亦有北壁，與左房之制稍異，故鄭君有東房西室之稱。洪氏謂東西箱與房通夾之北皆當有户，引漢書「吕后側耳聽於東箱」、「楊敞夫人自東箱與敞言」爲證。胡氏謂大夫士室東有户，與房通，而南無户，故至堂者必由房。其説皆確不可易。

羅鄂州集　宋　羅願

十一日　閲羅鄂州集，宋羅願端良著。其文爲當時朱文公、樓宣獻所極推服，文雖不多，皆非苟作，簡重謹嚴，議論純粹，絶無南宋人迂冗酸腐之氣。然求如帝統、爾雅翼序者，自兩篇之外，亦不再見也。

李元賓集　唐　李觀　吕衡州集　唐　吕温

十二日　閲李元賓集、吕衡州集。元賓之文，昌黎以故交且早夭，因極稱之，本非定論。後人無識，遂謂其才足與昌黎並，陸希聲且謂其辭勝昌黎。今平心論之，元賓卒時年僅二十九，其文嶄然自異，不肯一語猶人，使假其年，正未可量。即其所傳諸篇，如項籍碑銘、古受降城銘、弔監察御史韓弇文、弔涇州王將軍文、上宰相安邊書、代李圖南上蘇州韋使君論戴察書，其文皆有奇氣。餘篇大率意淺語枝，囂而無實。又少年負氣，急於自見，所沾沾者惟在科名，不止王阮亭所舉與奚員外孟簡兩書，作使酒駡坐態也。四庫提要以與孫樵、劉蜕並稱，蓋不及孫，差過於劉耳。

和叔之文，當時儗之左丘、班固，誠非其倫，然根柢深厚，自不在同時劉夢得、張文昌之下。其文如三受降城碑銘、古東周城銘、成皋銘、酹王景略文、淩煙閣勳臣頌、狄梁公傳贊、張荆州畫像贊，置之韓、柳集中，亦爲高作。其它書表，多有可觀，議論亦甚平正，此以見八司馬中固多君子，其氣勢格律，皆出於學問，自非元賓輩所可及也。

程侍郎遺集　清　程恩澤

二十一日　閲程春海侍郎集，共十卷，其門人道州何紹基及平定張穆所編。前有張穆序、上元梅曾亮序、儀徵阮文達所撰墓志銘。爲賦一卷，古今體詩五卷，雜文四卷。侍郎字雲芬，一字春海，歙縣人。乾隆庚子進士第三人翰林侍講學士昌期之子，嘉慶辛未進士，由翰林入南書房，歷擢侍講學士，轉國子監祭酒，改上書房，授惠端親王讀。稍遷至户部右侍郎，出上書房。以道光十九年卒，年五十有三，詔賞其子德威舉人。侍郎以博學負盛名，而所傳僅此集及戰國策地名考二十卷，蓋質敏學鋭，而不輕著書，紀文達、戴簡恪之流也。詩學韓、蘇，喜以生峭取勝，而體格未成，不能出以大雅，然嶄特自異，又時潤以經語，非枵腹者所能至也。散文亦學劉蜕、柳開，其答祁淳甫論承重孫婦姑在當何服書，謂「今封建廢已久，惟世襲者尚可言宗法，言承重。若大夫士庶家，一遇大故，其長子不幸死，輒引長孫加於諸父之上，曰吾行古禮，此宋以後拘儒不達世變之所爲也」。「今律文所以著承重之服者，以封建雖廢，承爵士者則代代有之，律文蓋爲承爵士者發也。若士庶家承重已失禮意，其婦之服，當在不論不議之列」云云。真通儒之言。

經義考補正 清 翁方綱

二十九日 閱翁方綱朱氏經義考補正。竹垞之書，捃拾繁富，誠不能無舛漏，補正之事，必不可少。惟覃谿實不知學，僅一二訂其卷數錯誤之字，篇帙寥寥，而時闌入其詆訾近儒、皮傅宋儒之謬論。蓋覃谿初亦依傍漢儒，思以考據自見，既而碩學輩出，其陋日形。又爲戴東原所譏，遂老羞成怒，逞臆妄詈。於是罵朱竹君，罵紀曉嵐，罵阮芸臺及陳恭甫，致書直爭其失，而覃谿底蘊全露，其人亦老，不可復爲矣。是書自言本與丁小雅共爲之，其中小有補益，當出小雅之手也。

采硫日記 清 郁永河

夜閱仁和郁永河采硫日記。永河字履無可考，蓋福州需次下吏，或地方官幕客也。此其赴臺灣之雞籠、淡水采煉硫黄，按日所記，叙次不免蕪陋，間坿絶句，亦俚拙。然言澎湖島嶼、臺灣形勝、海道曲折、番俗利害，俱頗詳悉。時當康熙初年，鄭氏甫平，而其言臺灣之不可棄，有曰外藩之覬覦此土者，流求、安南、日本俱不足慮，惟紅毛最狡黠，戰艘最精，火器最利，又爲西洋人用，西洋陰鷙，其意不可測，幸遠隔重洋，未遽爲患耳。若得此地，則不可制矣。其於近日之事，竟如燭照。又言鄭氏雖夜郎自大，而世奉明朔，厚禮寧靖王魯世子，非唐末五代藩鎮所及。又載寧靖王朱術桂之殉節及絶命詩。而述平鄭之功，亦歸之姚少保，則當時耳目相及，公論可憑，足見李安谿之鄉曲私袒、施氏子孫之辨誣，專辨袁子才姚宫保碑之誤，施氏後人所撰，僅數葉，其言大抵本彭二林之與袁簡齋書。予去年於廠市見之。皆可不必也。

梅儒寶詩　清　梅儒寶

三十日　鄧獻之再送所作續集詩一册及已刻詞一卷，其黄岡同邑梅儒寶詩二卷，儒寶字瑞石，山西典史，未補官而死。其詩頗有骨力，如擬少陵諸將十八首，爲軍興以來諸帥作也，雖累句不少，而大體可觀，足當詩史。今録其二云：「舉兵西上建旌旗，辛苦潯陽駐節時。九派同流勞塞險，三軍一戰已輿尸。捐軀忠罪難相掩，破竹江淮遂不支。始信疾風彰勁草，讓他南八是男兒。」謂陸總督，末聯指祥將軍、霍都統。「檻車夕報收邊帥，都統朝聞督虎賁。一紙彈章動山嶽，千秋臣罪負崑崙。貔貅坐擁將軍貴，囹圄毋忘獄吏尊。仁網幾回施法外，大夫何以謝君恩？」謂琦侯。可謂杜陵具體矣。他如有贈云：「頻年浪跡走天涯，大道青樓駐客車。江上一雙遺珮女，洛陽十五對門花。那期臣里東家子，復見仙人萼緑華。繡口通詞春有信，蓬山只恨萬重遮。」「今日狂奴未敢狂，簾痕清淺簟紋涼。楊枝秋瘦池中影，桃葉春生夢裏香。似此胭脂空北地，爲他風露立西廂。宿醒睡起嬌無力，笑蒨檀郎替整妝。」五首録二。亦清綺可誦。後唐莊宗歌云：「鴉兒老去傷雌伏，有子如龍萬事足。江東少年孫伯符，昆陽大勇劉文叔。朱五經兒魄早亡，何況區區王鐵槍。手翦仇讐奉三矢，英雄快意有如此。中興王氣屬晉陽，故事太原出公子。龍興未幾復唐社，龍作魚服困漁者。優人獨愛敬新磨，樂府高唱李天下。」箠勢振蕩，不減吾鄉張玉笥詠史諸詩也。又詠晉書小樂府云：「夷吾天下才，心跡終難白。死負伯仁友，生愧蘇武節。」「倚閭凜數語，絶裾恨終身。易處王孫賈，難爲温太真。」五首録二。亦爲峭特。斷句如「鐵騎千屯蟠赤嶂，扁舟五月渡黄河」，贈别。「千里關河雙鬢影，半生著述一家言」，别二兒。「九十日中春雨雪，二千里外晉山河」，送人之陽城。皆佳語也。

六月

張一西自訂年譜 清 張師誠

初三日 閲歸安張蘭渚侍郎師誠自訂年譜。侍郎字心友，晚號一西居士，生於乾隆壬午，卒於道光庚寅正月。初以生員應高宗召試一等第一，賜舉人、中書，直軍機處，升吏部主事，乾隆庚戌正月，以偕刑部郎中范鏊詣紫光閣監放外藩賞物不俟大學士和珅到先散訖被參，范拔去花翎，侍郎仍降中書，出軍機處。旋會試成進士，朝考散館皆第一，由編修授山西蒲州府知府。歷擢江西、福建、江蘇、安徽、山西巡撫，内召爲倉場侍郎，以病歸。江蘇、安徽巡撫皆再任，亦一時之能吏也。

譜中叙其父春苞於嘉慶十七年壬申正月八十壽辰，侍郎以福建巡撫奏請歸里祝嘏，詔賞其父鑲玉如意一柄、八絲緞九匹、硯筆墨各三匣，其母王氏如意緞匹同，又鈿花九匣。其兄山東按察使彤乾隆丙午舉人。亦請假歸祝，其弟師泌時官翰林院侍讀，仁廟硃批有云「願卿父母同登百歲，再沐恩施」，又云「忠孝雙全，棣華共茂，承歡永久，出仕清正，願汝弟兄同勉之」。其兄旋進京乞終養，復賜御書「錫祉承歡」匾額及「福」字，又硃批云「兄盡孝，弟盡忠，一門盛事，椿萱並茂，棣萼聯輝，誠熙朝人瑞也」。其際遇之隆，古今罕覯，然未幾而按察病卒，侍讀以大考對品改員外郎，其父亦老病，不數年卒。侍郎時撫江蘇，以聞父病劇，奏請歸省，不俟命下，交印藩司而歸，遂被旨革職。雖後以編修起用，驟遷布政，再領封疆，而宣皇繼祚，恩眷漸替，盛極必衰，理固然也。侍郎爲吾鄉徐百雲侍講立綱之壻，其次子仲甫舍人應昌嘉慶庚午舉人，前科重赴鹿鳴，其孫御史興仁，若農師之乙卯座主也。御史爲侍郎長子諸生應鼎之子。

北江詩話　清　洪亮吉

初五日　閱洪氏北江詩話，凡六卷。稚存於詩本非專門，故所論多未確。其詩頗逞才氣，涉風情，而時不免叫囂淺直之病，故此編亦頗推崇袁、趙，至以陸放翁、查初白、趙甌北三家七律並稱；又時時自舉其作，實皆不能工也。其仿鍾嶸詩品，評同時自錢宗伯載、紀尚書昀、王方伯太岳以下至方外、閨秀共一百三人之詩，據予所見者按之，亦多不合。然學有根柢，才悟絶群，如謂邯鄲淳曹娥碑文筆平實，蔡中郎郭有道碑絶無異人處，蓋東京文體之衰，此二碑又東漢之平平者，向日盛傳，皆係耳食，爲古人所欺。又謂有唐一代，詩文兼擅者惟韓、柳、小杜三家。小杜文有經濟，詩有氣勢，分其所長，足了數子。又謂歐陽公善詩而不善評詩，所推蘇子美、梅聖俞，皆非一代之才；自詡廬山高一篇，在公集中亦屬中下。又謂南宋之文，朱仲晦大家；南宋之詩，陸務觀大家。又謂皮、陸詩能寫景物而無性情。又謂詩人所遊覽之地與詩境相肖者，惟大小謝。温台諸山，雄奇深厚，大謝詩境似之；宣歙諸山，清遠綿渺，小謝詩境似之。又謂作家書最難，魏文帝典論引里語曰「汝無自譽，觀汝作家書」，常以此觀親戚朋友，其家書之簡淨明晳者，必善爲文。所論皆具有卓識。又謂最愛明張夢晉一絶云：「隱隱江城玉漏催，勸君且盡掌中杯。高樓明月清歌夜，知是人生第幾回？」有思之惘惘、盡而不盡之致。此尤極與予意合。

其標舉近人之詩，如謂沈文慤七夕悼亡云「祇有生離無死別，果然天上勝人間」，其全集中無過此二語者。吴門汪布衣緄詩曰：「斟酌橋西舊酒樓，樓中夜夜唱梁州。棗花簾外初圓月，一度銷魂便白頭。」以爲不減張夢晉一絶。白門凌秀才霄秦淮春漲詩云「春情從此如春水，傍著闌干日夜生」，寫情可云獨到。方上舍正澍詩云「紅豆樓窗懸小影，年年一度忌辰開」，鬼氣逼人。績谿章炯案當作洞，字酌亭，與凌次仲友善，見校禮堂集。詩酷嗜昌谷，有神似者，如「娉婷鬼女夜行役，漆鐙照見雙履跡。土花蝕面不分明，猶帶生前小桃色。」年甫三十卒，信爲鬼才。管部郎學洛雨中牡丹詩云「小窗鐙影照無眠，簷漏聲聲欲曙天。更比落紅還可惜，倚闌人不似當年」，可云丰神絶世。此等品題皆當。

其間記故事，如記一甲三人同時至八坐者，康熙癸丑狀元韓菼爲禮書，榜眼王鴻緒爲户書，探花徐秉義爲吏侍；乾隆乙丑狀元錢維城爲刑侍，榜眼莊存與爲禮侍，探花王際華爲户書，又皆直南書房。其鼎甲俱不利者，康熙丁丑狀元李蟠以科場事流徙奉天，榜眼嚴虞惇以子弟中式降調，探花姜宸英以科場事牽涉，卒於請室；康熙癸未狀元王式丹以江南科場事牽涉，卒於非所，榜眼趙晉以辛卯江南主試賄賂狼藉伏法，探花錢名世以年羹堯黨，世宗特書「名教罪人」四字賜之；乾隆乙未狀元吴錫齡、探花沈清藻皆及第後未一年即卒，榜眼汪鏞以臚傳不到，未受職先罰奉，官編修幾三十年，垂老始改御史。殿試卷例以前十本進呈，惟乾隆庚辰年秦尚書蕙田以十本外尚有佳卷，特旨許以十二本進呈。至乙卯年恩科，大學士伯和珅以無佳策，止取八本呈覽。今殿試傳臚日，鴻臚寺官立殿下唱第，引聲甚長，唱一甲三人，二甲第一人，三甲第一人，必移時始畢，蓋古法也。宋蘇子容詩「把麻人衆引聲長」，蘇子由詩亦云「明日白麻傳好語，曼聲微繞殿中央」。蓋唐宋時宣麻制皆曼延其聲如歌詠之狀。又一甲三人唱名至三次，亦寓慎重之意。皆足以資掌故。

又一條云藏書家有數等。得一書必推求本原，是正缺失，是謂考訂家，如錢少詹大昕、戴吉士震諸人是也。次則辨其板片，注其錯訛，是謂校讎家，如盧學士文弨、翁學士方綱諸人是也。次則搜采異本，上則補石室金匱之遺亡，下可備通人博士之瀏覽，是謂收藏家，如鄞縣范氏之天一閣、錢唐吴氏之瓶花齋、崑山徐氏之傳是樓諸家是也。次則第求精本，獨嗜宋刻，作者之恉意縱未盡窺，而刻書之年月最所深悉，是謂賞鑒家，如吴門黄主事丕烈、鄔鎮鮑處士廷博諸人是也。又次則於舊家中落者賤售其所藏，富室嗜書者要求其善價，眼别真贋，心知古今，閩本蜀本，一不得欺，宋槧元槧，見而即識，是謂掠販家，如吴門之錢景開、陶五柳、湖州之施漢英諸書估是也。其言足爲藏書家定評。

又一條論「餻」字云：「今人以餻字爲俗，並坿會云唐劉夢得作九日詩不敢用餻字，此説未確。方言餻謂之餌，廣雅餻餌也，惟説文不收此字。然詩人所用字，豈能盡出説文耶？」

又一條云：「虎邱泛舟，以朱翠炫目勝；秦淮泛舟，以絲竹沸耳勝；平山堂泛舟，以園林池館勝；若西子湖、鑑湖，則以上三者，春秋佳日，時時有之，又加以山水清華，洞壑奇妙，風雲變化，煙雨迷離，覺可以娱心志、悦耳目者，無逾此也。外如鴛鴦湖之百重楊柳，消夏灣之十里芙蕖，柳色花光，亦其次也。」又云山陰鏡湖之舟，船船皆畫，則又令軟紅塵土中鄉思倍深矣。

崇文總目輯釋 宋 王堯臣等撰 清 錢侗等輯釋

初六日 閲錢同人等崇文總目輯釋，凡五卷，補遺一卷，坿録一卷。前有錢同人序。卷一經部，同人伯兄既勤東垣所輯；卷二史部，同人仲兄以成繹所輯；卷三子部上，同人所輯；卷四子部下，同人姊壻桐鄉金秬和錫鬯所輯；卷五集部，嘉定秦鑒照若所輯；補遺及坿録，則皆同人所蒐朁也。此書自宋南渡後止存目録一卷，而亡其叙釋，同人等據范氏天一閣鈔本，間或標注撰人，因本朱竹垞之説，取歐陽文忠集中所存經史子三部原叙，更蒐采馬氏通考及玉海諸書所載原釋，零文斷句，一一補綴。又取各史藝文志爲之參證，坿以案語，正其闕失，其用力可謂勤矣。秦氏刻入汗筠齋叢書。同人名侗，嘉定諸生，可廬孝廉之子。

弟子職集解 清 莊述祖

十八日 是日鈔弟子職集解竟。取程氏瑶田、孫氏同元説補正其未確者數條，又時下己意中釋之，後系以跋一首，將更寫清本梓行。此予欲爲家塾四書之一也。

閏六月

盂鼎銘拓本

初六日 得伯寅書，以所得盂鼎銘拓本見示。盂鼎，道光癸卯出陝西岐山之禮村，劉燕庭、吳子苾皆已著録，各有釋文。其文共十九行，字較它鼎特大。首二行云「隹九月王才宗周，令盂王叒曰：盂不顯玟王，受天有大令，在珷王嗣玟乍邦」云云，皆極明顯。才即在，令即命，叒即若，不即丕，乍即作，此金文通例。惟文王、武王皆從王，作「玟」、「珷」，則此所僅見。説文「玎」字下稱齊太公子伋，謚曰玎公。許氏言左氏傳皆古文，此玎公蓋引左傳「徼福於太公丁公」，所見古文作「玎」也。則古於天子諸侯之謚有加玉者，疑取以玉事神之誼，以玉事神，本説文「靈」字訓。然不能詳也。

同姓名譜 清 陳棻

十七日 向永大信局取來今春傅節子所寄贈陳士莊同姓名譜鈔本十册，共二十八卷，得二千五百三人，每人下皆略繫事跡，采取浩博，具見苦心。惜其體例尚未善，其字里爵謚詳略不一，或沿襲俗稱，亦有詳所不當詳者，而耳目昭著之人，間亦有所漏略，使稍爲補正，一其體例，固天壤間不可少之書也。此書予與節子同見之沈氏味經堂，次日予往購而節子先取去，云仍以歸予，今竟能不食言，亦可尚已。

九穀考　清　程瑶田

三十日　閲九穀考。程氏以高粱爲稷，以黄小米爲粱，以糜子、穄子爲黍，而禾粟皆歸之小米。段氏從之。邵氏以黄小米爲稷，以高粱爲黍，鈕氏從之，而疑高粱古不入九穀。郝氏以大黄米爲黍，以小米爲稷，而稷又包高粱。案，程、邵、郝三君之言，皆得於目驗，而不同如此。鈕駁程説，而尚主顔師古之説，謂黍稷一物二名，則誤矣。古者人君子卯稷食，又庶人稷食，以稷爲疏糲，故人君惟忌日食之，而庶民以爲常食。聖人重民食，故以稷爲百穀之長。今北方人皆以小米爲常食，色黄而粒細，入口疏燥。稷者屑也，細散之稱，故霰曰稷雪。高粱粒大而色紅，非稷可知。月令中央土，食稷與牛，稷、牛皆象土色，而古以季夏之月爲土，天子惟是月食稷，亦薄滋味之義。若粱則古人以爲精鑿，故曰膏粱，曰粱肉，曰持粱齒肥，必非今之小米。是小米爲稷之説，萬無可疑也。至黍之爲糜爲穄爲高粱，粱之爲今何穀，則不能强斷矣。京師人卻呼糜子之黏者爲黍子，亦未必本於古稱耳。

七月

何氏學　清　何治運

初五日　點閲閩人何治運何氏學一過，繫以跋云：吾鄉章實齋譏近儒著述多自稱某某學，謂誤用漢書某經有某氏之學語而不通。案近儒經説之稱某某學者，乃用何邵公公羊解詁稱何休學之例，明謙辭也，非用漢書儒林傳語。章氏疏於經學，自蔽而嫉賢，好詆切並時江鱷濤、戴東原、汪容甫、洪北江諸君子，以自矜大，而其言又失之不考。若何氏此書，不過考據雜文，且有代人酬應，無聊短篇，而竟題其書曰「何氏學」，則真妄而不通矣。漢曰某氏學者，謂此經師弟傳授，有此一家之學也，是固名何經傳何人，而謂此何氏之學乎？其書汎濫雜博，一知半解，時可節取，而逞臆武斷，雜引不根，氣囂志張，高自標置。如校正逸周書名爲周書後定，謂不當有「逸」字，而自譽曰「囊括大典，網羅衆家」。補正福建舊志名爲東越志，謂不當稱閩，而自譽曰「大賢君子函雅，故通古今」。又取逸周書商誓解「王若曰告爾伊舊何父」之文，自稱曰「伊舊何父」，夫本書此下文缺，不可知詳，其後曰乃殷之舊官人，及太史比小史昔等，則伊舊者指商之舊臣也，而以自號，果何義乎？

以久依其鄉人陳尚書若霖，而代擬嵬瑣弁言，亦都入集，旁注曰「代望坡先生」，而「望」字皆空一格。又以乾隆丙午舉於鄉，本與阮文達爲同年，而以文達督兩廣時聘修廣東志，遂稱文達曰太夫子，又何其徇俗而自貶也？然其申經訓，辨雅詁，於聲音文字之學，時有補苴，存其書焉可矣。

三國志辨誤　清　陳景雲

初九日　雜閲案上書，得三國志辨誤一册，以錢氏廿二史考異所采陳氏景雲説校之，則此書即陳氏三國志校誤無疑也。

初十日 三國志辨誤言漢末有兩伍瓊，皆汝南人，皆字德瑜，一官城門校尉，一官越騎校尉，先後爲董卓所殺。此由裴世期以英雄記言伍瓊字德瑜，汝南人，謝承書言伍孚亦字德瑜，汝南吴房人，疑孚爲瓊之别名，抑别有伍孚而未詳。辨誤以董卓傳載伍瓊與周毖同被殺在未入關前，而荀攸傳載伍瓊同謀刺卓在入關後，與謝承書所載伍孚刺卓，似同爲一人，遂以爲前後有兩伍瓊，而一又名孚。予案，謝書載孚之刺卓，不言何時，而陳志荀攸傳亦不載伍瓊之死，細覈之，實止一人耳。范蔚宗後漢書兼采群籍，以一稱伍瓊，一稱伍孚，遂分載於董卓傳，以爲兩人兩事。據陳志董卓傳，無入關後刺卓之伍孚，謝書又不言有與周毖同死之伍瓊，明是同此一人，而所紀互異。試思同郡同姓名同字同官列校同死卓難，豈有此事耶？荀攸傳所紀，必是誤文，蓋攸之謀卓與荀爽同，皆其家傳所坿會，不足信。

説文解字　漢　許慎

十八日 説文尸部之㞋從尸從又，小徐從又，人善切，即今之「輭」字也。𤿺部之古文[古文]從皮從人，而宂切，即今越俗語物柔弱之□奴輩切。字也，許君㞋訓柔皮，[古文]訓柔韋，是兩字聲誼並同，然㞋既訓柔皮，則不宜從尸，疑兩字實止一字。𤿺之古文[古文]，即㞋字也。其上作[古文]，乃從皮，非從尸，今㞋下説解訛脱不可讀，蓋後人所竄入。廣韻尼展切，有㞋字，注曰「柔弱，而宂切」，又有㞋，注曰「弱也，又尼展切」，是固合爲一字矣。

八月

赤雹、梧桐、芝栗、椵子、松花彈

二十四日　春時於聽事側籬邊種草本四五事，其一蔓生，葉圓而上鋭，有細藤相糾結，偏緣籬間，葉性甚黏，五月即開小黄花，經秋不歇。花下結子，圓如小瓜而青，漸熟漸紅漸橢長，至秋正赤，京師人呼爲赤雹。考之爾雅，即「鉤藈姑，禮月令所謂王瓜，吕氏春秋所謂王菩也，爾雅郭注鉤瓠也。一名王瓜，實如瓝瓜，正赤，味苦。本草王瓜一名土瓜，陶注今土瓜生籬院，間亦有子，熟時赤如彈丸。」廣雅云「藈菇、瓠瓤，王瓜也」。又京師人庭院多種紅穀子，初生亭亭直立，葉幹略似雞冠、雁來紅而高大，始青後紅，秋時結紅穗，紫米，粒細而圓，可食，都中人以和餹作餳，俗呼爲西陵穀，亦名萬年穀。考之爾雅，即虋，赤苗，詩生民所謂穈也。毛傳「穈，赤苗」，郭注「今之赤粱粟也」。又予庭院後有高樹一株，人呼臭椿，葉對生，長鋭，而較榆槐爲粗大，木理鄙陋而質肥，易枯，六月間有細花作毬，先緑後黄，七月成莢，經冬始落盡，考之，即樗也。詩豳風「采荼薪樗」，小雅言「采其樗」，毛傳皆云「樗，惡木也」。説文「樗，樗木也」。各本作「槫，樗木也」，今依段氏改。本草圖經云椿木、樗木「形榦大抵相類，但椿木實而葉香，可噉，樗木疏而氣臭」。農桑輯要云「有花而莢者爲樗，無花不實者爲椿」，今此樹質疏野而有花，則爲樗無疑。其葉至四月後始生，八月初即落而敗，莢蓬勃滿於枝上，最爲可厭，葉不可食，樹不可用，故毛公以爲惡木也。惟臭椿亦有不花者，越中罕見有花莢之樗，而多有臭椿，今庭後又有差小者六七樹，葉皆不可食，而四樹之葉較細，早生後落，其一葉生落與此同候而無花莢，詢之土人，言臭椿樹有雌雄，有花莢者爲雌，理或然耳。

又今年新植梧桐一樹，皮青，五六月間開花五出，如牽牛花而小瓣，中赤而外微黄，蕊亦黄，結實如豆莢，旋開如瓢，有青子綴瓢邊。按爾雅「櫬梧」注云「今梧桐」，又「榮桐木」注云「即梧桐」。段茂堂據齊民要術所引，謂郭注「櫬梧」下當本作「今梧桐皮青」者，後人删節之耳。説文「梧，梧桐木，一曰櫬，又榮桐木也，桐榮也。」自賈思勰齊民要術、陶弘景本草注皆分别青桐、白桐，而其説互異，要以賈説爲長。蓋結實者爲青桐，無實者爲白桐，而青桐可專稱梧，亦可稱梧桐，白桐可通稱梧桐，不得專稱梧也。然白桐亦有花，青桐亦有不花者，月令「季春桐始華」，夏小正「三月拂桐芭」，此白桐之花也。其材中琴瑟，羅願爾雅翼謂桐與梧既異，而桐之中又有數種者，是也。青桐南北皆有，白桐南中爲多，白桐葉較大，其花未嘗目驗，青桐之花則今始諦玩之，乃知陳見桃謂白桐三月開花，如牽牛花而白色，心微赤，實長寸餘，殼内有子，片輕虚如榆莢者，此誤以青桐之花，實爲白桐也。郝蘭皋謂青桐四月開小黄花，白桐花紫黄色者，此誤以青桐白桐之花互易言之也。至詩所謂「其實離離」者，羅氏謂其子可以取油，乃桐之又一種，其説良是。今桐油南中所出，予未嘗見其樹，段氏、郝氏謂指青桐，因言青桐亦可單稱桐，其説恐非。陳氏以作油者爲岡梧，按本草陶注謂「岡桐無子」，則説文又不合矣。蓋古今草木之質性有變而終不大相遠，其有迥異者多由誤認，如蔡謨誤讀勸學以彭其爲蟛之比，此非參考群書，目驗廣詢不能遽定也。聊拈出之，以爲多識之助。

今紹興有芝栗，出於山中，小而圓，味甘於大栗。案此即禮所謂榛栗之榛也。古人以爲婦人之贄字本作榛，説文「榛實如小栗者」是也。爾雅作「栵栭」，注云「樹似槲樕而庳小，子如細栗，可食，今江東亦呼爲栭栗」。詩釋文引舍人注云：「江淮之間呼小栗爲栭栗。」陸璣詩草木疏云：「今人謂之芝檽。」蓋芝、栭音轉，栭、檽同字，陸稱今人謂之芝檽者，彼時吴下方音連言之耳。今越俗稱芝栗，猶存舊音也。陸氏詩疏又言榛有兩種，一種枝葉如栗子，如橡子，味亦似栗；一種枝葉如木蓼，高丈餘，子作胡桃味，齊民要術亦引詩義疏云「榛栗有二種」。案味如胡桃者，今南北乾果皆有之，形甚小而圓，呼爲榛子，此未知其木是否叢木之榛也。

紹興又有榧子，亦稱榧果，李德裕平泉草木記有會稽之榧。案此字本作「柀」，爾雅「柀黏」注「黏似松，生江南」，説文「柀，檆也」，本草作「彼」，爾雅釋文柀音彼，羅氏爾雅翼云「柀似杉而異，柀有美實」，而材尤文采，其樹大連抱，高數仞，葉似杉，木如柏，作松理，其實有皮殼，大小如棗而短，去皮殼可生食。本草有「彼子」，即「柀子」也。陸氏埤雅云「柀子一名榧實」，考「榧」字玉篇尚無之，廣韻始云「榧，木名，子可實，療百蟲」。集韻云「榧，木名，有實，出東陽諸郡」，皆不言即柀木。黏，不成字。檆字，小徐本説文有之，云即今之「杉」字，大徐亦補入木部，云「檆今俗作杉，非是」。玉篇先出「柀」，云「杉木也」，次出「檆」，云「所咸切，木名」，次出「杉」，云「同上」。今吾越山中杉所在有之，榧自爲杉之别種，李衛公列榧於珍木，羅端良亦以爲古之文木，則榧即柀無疑。顧野王、孫愐、陳彭年、丁度等皆未嘗至越，故無由知耳。

又近世食饌中有所謂松花彈俗亦作「蛋」。者，紹興謂之皮蛋，其製法祕不示人。聞取樹皮之赤色者雜草灰、鹽湯及竹柏、松花枝葉擣爛，塗鴨卵殼外，封閉之，久而取出，則卵黄作青黑色，卵白作紫黑色，中有松竹文而通明，其味辛苦，而有雋永之致，以之下酒，風味尤别。考之爾雅「杬，魚毒」，注云：「杬，大木，子似栗，生南方，皮厚，汁赤，此指杬皮汁。中去聲。藏卵果。」劉逵吴都賦注引異物志云：「杬，大樹也，其皮厚，味近苦澀，剝乾之，正赤，煎訖，以藏衆果，使不爛敗，以增其味，豫章有之。」臨海異物志云：「杬，味似楮，用其皮汁和鹽漬鴨子。」齊民要術有作杬子法，云：「杬木皮淨洗，細莖剉煮，取汁率二斗，及熟，下鹽一升和之，汁極冷，内甕中，浸鴨子一月，煮而食之。」無杬皮者用虎杖根，虎杖似紅草。玉篇：「杬，木名，出豫章，煎汁，藏果及卵不壞。」廣韻同。郝蘭皋云今北方無杬汁，以柞木灰代之，乃知所謂皮者，杬樹皮也。越俗呼爲皮蛋，蓋舉其實，今或文之曰采蛋，轉非古矣。至陶宗儀輟耕録云「今人以米湯和入鹽草灰，以團鴨卵，謂曰鹹杬子」，乃今之鹹鴨蛋，非要術所謂杬子也。

以上三事，皆耳目前常物，而鮮能知所出者，並識之，以見越中方言多存古義。

九月

毛詩禮徵　清　包世榮

十六日　遣人至寶森取金石録、至文華取包季懷毛詩禮徵，季懷名世榮，涇縣人，慎伯世臣之從父弟，道光辛巳舉人。其學師慎伯，而與甘泉薛傳均子韻、儀徵劉文淇孟瞻、旌德姚配中仲虞、族子慎言孟開四人爲執友。所著有學詩識小録十三卷、毛詩禮徵十卷，此書前有朱虹舫、陶雲汀、陳芝楣三序、慎伯所撰行狀、沈文起所撰墓表。

二十二日　閲毛詩禮徵，以禮爲門類而分隸詩語，及傳、箋、正義，每類之首有總叙，大率以通典爲本。

鹽法議略　清　王守基

二十七日　校王郎中鹽法議略，凡九篇。首長蘆，次山東，次河東，次兩淮，次浙江，次福建，次廣東，次四川，次雲南，共約五萬言，備載各省鹽法原流、改定章程、增加引目及前後利弊，至今日而止。其言皆沿用吏牘，絶不修飾，期於詳盡易曉。王君咸豐壬子進士，官山東司二十年，兩列京察一等，皆不用。山東司故筦鹽務，王君據會典、則例及邸報公牘，鈔最而成，考國朝鹽務者，固莫詳於是書矣。近儒言鹽之産於場，猶穀之産於田，惟當就場定税，而不問其所之，則可以省官省費無數，而國課歲歲足額，行之永遠而無弊。包慎伯、魏默深等皆以爲第一良策。今觀王君言雲南自乾隆時更章以後，鹽惟就所産之井起税，不立引目，縱其所之，其課至今常足，人遂争爲在場抽税之議；不知滇地僻而産鹽少，故其法可行，若試之於山東、廣東、兩淮、浙江地大物博之區，則未見能濟者。此誠通方之論也。

長子

二十八日 左傳襄公十八年「晉人執衛行人石買於長子」，釋文「長，丁丈反，又如字」。漢書地理志「上黨郡長子」，顔師古注曰：「長讀如長短之長，今俗讀作長幼之長，非是。」案，兩漢志、晉志、唐元和郡縣志、新舊唐志、宋輿地廣記、水經注皆無説，但云周史辛甲所封邑而已。路史以爲紂太史。水經注又引竹書紀年「梁惠成王十二年鄭取屯留尚子涅」，謂「尚子即長子」，是亦不讀長短之長矣。考長子自漢及晉皆屬上黨郡，唐宋屬潞州，自元及今皆屬潞安府。漢志上黨郡有潞縣，云故潞子國，有屯留縣，左傳作純留。水經注云「故赤狄留吁國也，潞氏之屬」。近儒遂謂長子乃長狄之長。然辛甲所封，何又屬之長狄？唐十道圖以爲堯時丹朱所封，故謂之長子城，亦曰丹朱城，其説誠無稽，以爲長狄，亦坿會不足信也。

十月

水經注圖 清 汪士鐸

初三日 閲汪梅村水經注圖，其圖皆分繪，須合數葉接而觀之，以爲東西可展，南北限於紙幅，如縮小之，則注字不能容，故不按計里畫方之法，然觀者殊苦眩瞀，蓋分者仍須可合，近之刻大清一統全圖者，其法較爲善也。

與查德尹書　清　朱彝尊

十三日　朱竹垞與查德尹書述李天生之説，謂唐人七律，凡同紐之字皆不連押，杜陵於一三五七句上去入亦必相間用之，故於詩律尤細，云云。予按之亦不盡合，然其言極有理。蓋所謂律者如樂之有律吕，詞曲之有宫譜，不可紊也。而此中又自有斟酌，蓋同紐之字及雙聲疊韻之字，出句皆不宜相犯，以疑於平仄兩用韻也。若對句則既屬用韻，可改者改之，不可改者，究以語之工拙爲主，不可顧此失彼也。至上去入相間，尤不必拘，與其相間而音仍屬同部，不如連用而異部也。今日因取舊作五七律凡犯此病者皆改易之。

漢書　漢　班固

二十五日　校漢書地理志。近日本不暇爲此事，以昨檢一音，忽見太原郡廣武下云「河主賈屋山在北」，疑「河主」字有誤，因考全謝山、王石渠諸家之説，知爲「句注」之誤，王説甚博而精，竹汀、西莊尚不及也。今日粗畢一卷，惜無錢獻之、吴卓信兩家之書共相參證耳。

冷廬雜識　清　陸以湉

二十六日　閲桐鄉陸以湉冷廬雜識。此書丙辰初出時曾流覽一過，雖學識有限，見聞亦隘，而言多切近，小有考據，亦足取資。所載藥方，尤裨世用，可與梁章鉅歸田瑣記並傳。

衣讔山房詩集 清 林昌彝

二十八日 林昌彝衣讔山房詩集，卑冗鄙陋。其海天琴語録，雜載近人詩詞，全是諂媚達官富兒。書僅數卷，於定遠方氏記載至百餘條，其廝養婢僕之詩，亦加諛頌，以數年來遊乞粤東，而方氏兄弟相繼爲彼邦監司也。中朝官於尚書寶鋆之詩，采至百餘首，其語言之誇誕俚鄙，亦足相副，閱之令人作惡。伯寅題其首曰「乞食之書」，真不謬也。

其中載吾鄉吴蓉峰先生壽昌督學廣東，清修絶俗，以不坿和珅，由侍講轉侍讀，復由侍讀改侍講，遂告歸。又歙縣程問源督部祖洛官刑部郎，在秋審處最有名。宣宗在潛邸，一日嘗問宗人府司官曰：「此事程老問所辦耶？」蓋京師士夫皆呼督部爲程老問，其受眷始此。惟此二事足采也。

林字惠常，侯官人，道光己亥舉人，咸豐三年進所著三禮通釋二百八十卷於朝，賞教授。伯寅言其師陳頌南侍御嘗謂此書乃侯官林一桂所撰，惠常爲其弟子，攘而有之。及進書得官，其師之子欲訟其事，惠常賄之，始得解。侍御正人，又同鄉里，所言必不妄。其書同治三年刻於廣州，毛督部鴻賓爲助一千五百金，琴語録中載之。觀其詩及琴語，絶無學問，必不能成此經學巨編。其通釋中間采及今人桂浩亭等説，蓋稍有坿益者。惠常自言受業於陳恭甫，又爲一桂弟子，口耳傳授，故亦有一知半解，足以欺人也。

近代竊人之書效郭象故智者，傅澤之行水金鑑，出於歸安鄭玄慶，見全謝山集鄭芷畦墓志；趙翼之廿二史劄記，出於常州一老諸生，武進陽湖人多能言其姓字；王履泰之畿輔安瀾志，出於戴東原，見段茂堂集；任子田大椿之字林考逸，出於丁小雅杰，忘出何書；畢秋帆之釋名疏證，出於江艮庭；梁章鉅之文選旁證，出於陳恭甫。任、畢皆非不能著書者，釋名疏證以江氏在畢幕府，爲之屬稿，非攘竊者比。若梁與林，則成閩人之慣技矣。

三禮通釋　清　林昌彝

二十九日　閱三禮通釋，共二百八十卷，分一千二百門，爲釋二百三十卷，爲圖五十卷，首天文，終喪服，大恉發明鄭學，而博采自漢迄今諸家之説，多所辨正，亦時匡裨鄭義，體例略依陳氏禮書，而確守古訓，不同陳氏之好出新意，誠禮學之鉅觀，不朽盛業也。前有歷城毛寄雲總督鴻賓、湘陰郭筠仙巡撫嵩燾兩序及自撰論略二十八則，冠以上諭及禮部奏議進書呈詞。其書浩博無涯涘，窮年不能殫也。

十一月

舊唐書　後晉　劉昫

初三日　夜閱舊唐書高宗王皇后傳，叙后及蕭淑妃廢爲庶人後，既云武昭儀使人縊殺之，其下又言各杖之百，截去手足，投酒甕中，數日卒，其複累若是。疑高宗至因所呼后一段事，舊書本無，後人據新唐書及通鑑添入耳。其穆宗論贊，貶斥亦太過。鄭覃、陳夷行傳論與李珏、楊嗣復等同科，尤爲賢否不分。蕭俛與段文昌勸穆宗銷兵，致唐室再亂；蕭遘召朱玫討田令孜，遂以亡唐，無異何進之召董卓。二人實唐之罪人，傳雖明載其事，而尚極稱俛之德器、遘之忠誠，亦史識之不足也。李德裕傳論，極言其功，反復盡致，則較新唐書爲優。

説文答問疏證　清　薛傳均

初八日　閱説文答問疏證，甘泉薛傳均子韻即錢氏潛研堂答問中鈔出，其論説文者共三百二十三條，加之疏證，分爲六卷。錢氏義據精深，引而不發，子韻參考群籍，大率以説文本書及經典釋文、玉篇、廣韻爲主，而一以形聲通假之法求之，多所發明，有裨小學，間訂錢説之誤，亦尚不失謹嚴。其中坿載曰經世案者十數條，經世未知何姓字，經世姓孫，字濟侯，號愓齋，福建惠安人，道光時優貢生，著有十三經正讀定本八十卷、春秋例辨八卷、爾雅音疏六卷、孝經説二卷、夏小正説一卷、釋文辨證十四卷、經傳釋詞續編八卷、説文會通十六卷、韻學溯源四卷、詩韻訂二卷、愓齋經説六卷、讀經校語四卷、四書集解十二卷、周易本義發明十二卷。又集古今治術本經術者爲通經略，未成。又著小學輯記、近思録坿注、性理輯義諸書，最爲陳侍郎用光所知，見包慎伯所撰墓志。而其人於小學甚爲精覈。乃首有平定張瀛暹重刻此書序，極詆訾之，以爲强作解事，淺陋之甚。張瀛暹亦不詳其人，張瀛暹即石舟，後改名穆。據序中所駁薛氏數條，其言亦甚淺也。張序又言此書陳碩士侍郎督學浙江時始刻之。是本爲道光十七年張氏所重刻。

許宗彦論廟祧

初十日　夜閲胡竹村、錢溉亭、許周生諸家説經之文。周生廟祧之辨最著，然實爲武斷。以文武之廟，亦在迭毁之列，而文王以功德宗祀於明堂。然則武王始有天下，而穆王時已爲四親廟之首，共王時已去廟爲祧，夷王時已去祧爲壇，宣王時已去墠爲鬼。許氏亦知其不可通也，於是取鄭君祭法「祖文王而宗武王」之注及玉藻「聽朔於南門外」之注，謂明堂以文武並配。然孝經言「宗祀文王於明堂，以配上帝」；詩序言「我將祀文王於明堂也」，皆不言及武王。許氏每事好違鄭義而獨據此者，武王既並祀明堂不致餒而則可以成其祖宗别於宗廟之説，夫亦甚難而實非矣。

舊唐書　後晉　劉昫

十二日　閲舊唐書李泌傳，云魏太保八柱國司徒何弼之六代孫，徒何弼即李弼，以西魏嘗賜姓徒何氏也。李密傳言弼以後周賜姓徒何氏者，因此制出宇文泰之意，遂屬之後周耳。「司」字，後人妄加，錢氏大昕以「何」字爲誤，非也。李光進傳「元和四年王承宗、范希朝引師救易、定」，案王承宗反攻易、定，而范希朝救之，「承宗」下脱一「反」字，新書亦承其誤。

十四日　閲舊唐書，以錢、王、趙三家考訂書校之。夜二更後風起，連夕睡甚遲。今夕讀唐書李德裕、裴度、李絳、柳公綽、溫造、鄭覃、李石、鄭畋、王鐸、李訓等傳，皆數復，爲之憤激流涕，有生不並時之歎。又讀元稹、白居易傳，至三四復。香山固無可議，微之亦挫折致然，少年錚錚，何可及也。白性恬靜，知難而退，遂壹以詩自見；微之熱中，竟至苦節不可貞矣。二人之僅以詩名，要豈本心哉。

黄東發云：「自知其必能相而相之者，古今一伊尹也；自知其必不能相而不相之者，古今一鄭五也。人皆曰必不能相、已獨曰必能相而汲汲於相者滔滔，皆鄭五之罪人也。嗚呼，伊尹吾不得而見之矣，得見鄭五者，斯可矣。」徐仲車云：「尊官重禄，人之所好也，安肯曰吾不才也，吾辱其位者耶？有禍敗隨之耶？取天下之笑耶？爲萬世之羞耶？甚者亡人之國，危人之天下，不顧也。予讀陳平傳，嘉平知其任，讀鄭君傳，愛君知其量。嗚呼，如君者豈易得哉？豈易得哉？」黄、徐兩公之言，蓋皆有所激，然實古今之名言也。唐人以進士爲宰相之極選，以詩賦爲致治之本原，馴至國亡而猶不悟，聾蟲瞎馬，併爲一談，史官無識，奉爲定論。予觀張濬、朱朴、鄭綮三人傳，鄭綮偘然守道，史有明文。張濬之主討李克用誠謬，然當時太原與朱温逆順之節尚未盡分，濬亦非謂李罪甚於朱，惟以天下之亂由此兩人，欲先去其一，則其一易圖，故因太原之危而先傾之。短於將略，僨師辱國，罪固難辭，要其人自有才氣。始爲王鐸判官時，片言諭平盧王敬武即時出兵，後退居洛陽時，聞劉季述廢立，移書藩鎮，共圖匡復，卒爲朱温所害而死，此其建豎卓卓，豈不勝粥飯和鼓之流萬倍哉。即朱朴入相無幾，旋遭貶戮，史官詆之更甚。然其議遷都襄陽，志在興復，見忌韓建，遽致誅夷，而史云時議以昭宗命台臣濬、朴、縈三人尤謬，季年之妖也，其無識至此。又云朴在中書，與名公齒，筆劄議論，動爲笑端。其所謂名公者，猶文宗紀所謂石經立後數十年，名儒皆不窺之，以爲蕪累甚者，正是一樣肺腸，一色筆墨。此名儒者，詩賦書判庸爛鄙陋之名儒也。此名公者，進士宰相齷齪朋黨之名公也。

後漢書　南朝宋　范曄　西晉　司馬彪

十八日　校賈子新書中保傅、官人、容經、勸學四篇。夜又大風，校後漢書蔡邕、仲長統兩傳。邕著釋誨中「速速方轂，夭夭是加」，後人因此疑詩之「天夭是椓」，當作「夭夭是椓」。章懷注「方轂」爲「並轂」，而「夭夭」無訓。案，陸氏釋文「蔌蔌方穀」，本無「有」字，以作「方有穀」者爲非。惠氏士奇謂「方轂」定出齊、魯詩。阮氏元謂「速轂」字所傳本異，而以毛作「穀」爲借字，當依章懷訓「方轂」爲「並轂」。近人保山吴氏樹聲以段懋堂謂錢唐張賓鶴言親見蜀石經作「夭夭是椓」，遂駁段氏斥蜀本爲誤之武斷，而以毛作「天夭」爲誤。謂夭夭者少盛也，「夭夭是椓」，言民之壯盛者皆被殘破，所謂民今之無禄也。毛傳謂君夭之在位椓之，既以「君」釋「天」矣，「在位」二字非横添乎？鄭箋謂「天以薦瘥夭殺之，王者之政，又復椓破之」，既以「天之薦瘥」釋「天夭」矣，「王者之政」四字非横添乎？其説甚辯。慈銘案，蔡氏本習魯詩，所傳本容有不同。「蔌蔌方穀」，釋文本無「有」字，今作「方有穀」，自爲衍文。至釋誨此節，云：「華離蔕而萎，條去榦而枯，女冶容而淫，士背道而辜，人毁其滿，神疾其邪，利端始萌，害漸亦牙。速速方轂，夭夭是加，欲豐其屋，乃蔀其家。」翫其上下文義，所解當與韓毛誼同。韓詩同毛，見章懷注。皆謂小人方逞其得志，而天罰已加，「方」字與「是」字對，「轂」乃「穀」之誤，「速」乃「蔌」之借。方穀者，謂方食禄也。速速不必定，以夭夭重字爲對，古人文皆如是。若如吳説，以夭夭爲壯盛，則何以云「夭夭是加」乎？「夭夭是椓」者，謂天既夭之，而是復椓之也。毛以「在位」釋「是」字，鄭以「王者之政」釋「是」字，皆不得謂之横添。段氏、阮氏以蔡傳「夭夭」爲訛字，是也。

二十日　校後漢書。是日檢張敏傳、仲長統傳「一切」二字、蔡邕傳所載三互法事，注皆不明。惠氏取小顔説，以一切爲權宜。予記近人有詳辨之者。因遍翻所有書不得，悤擾之甚，至於傾几碎盤，流汗剝指。讀書健忘，其苦如是，亦可笑矣。

通俗編　清　翟灝

夜既倦甚，又苦煩躁，因閲翟晴江通俗編以自遣。翟氏書共三十八卷，分三十八門，采取極博，下至稗官小説，無所不搜，而經史所有，轉有遺落者。如俗以雞之種大者爲大健頭雞，本於爾雅未成雞健。俗以坿和人言爲喫屁，本於列子，承公孫之餘竅。此類甚多，不可枚舉。然異聞瑣事，足以資談助，正俗謬，其俳優、故事兩門，尤可觀也。此事始於王伯厚困學紀聞「俗語多有所本」一條，所載皆經史語。自後陶宗儀輟耕録、楊慎丹鉛總録、胡應麟莊嶽委談、郎瑛七修類稿等書，多喜證據俗事，漸及小説。近儒錢竹汀恒言録專取經史諸子，不及猥談。趙雲松陔餘叢考間載閭里謏辭，加以證佐。翟氏書在錢、趙之前，雖各不相謀，要爲繁富獨出者矣。

漢書　漢　班固

二十一日　終日校書。漢書「汝南郡鮦陽」，孟康「鮦音紂」。自方氏通雅據監本作紂紅反，始以音紂爲誤脱二字。錢氏大昕深主之。段氏玉裁喜言合韻，而此字獨主錢説。惟盧氏文弨據高帝紀小顏注音紂爲是，王氏引之更列七證以明之；然不過主後漢書章懷音、晉書何超音、左傳釋文音、太平御覽音皆作紂，及玉篇、廣韻、集韻「鮦」下皆不收紂紅反，又引東韻之與幽韻通叶者十餘事。予向主錢、段説，謂諸書之音皆因孟音已脱，相沿而誤，凡地名異讀者，漢志諸家所音不可枚數，皆本其方俗，而要不外雙聲疊均之通轉。鮦從同聲，可轉爲調，亦可轉爲投，必不可轉爲紂。王氏所舉，亦惟「從」與「由」通，「融」與「由」通，「尻」與「穹」叶，「巙」與「猛」通，皆雙聲最近，而無與鮦、紂可貼切比例者。今以周緤傳「封子應爲鄲侯」，蘇林「鄲音多」，而明監本作「多寒反」例之，乃信「紂」下「紅反」二字確是明人妄增，而王氏父子之説皆不可易也。鄲侯之「鄲」，史記周緤傳索隱引蘇林音、漢志孟康音、水經注音、漢表小顏音，皆作「多」。自沈氏繹旃據監本作多寒反，全氏祖望、趙氏一清皆深主之。王氏念孫辨之曰：「單聲之字，古多轉入歌韻及哿、箇二韻，説文驒從單聲。」而魯頌駉篇「有驒有駱」，音徒河反。爾雅「癉，勞也」，音丁賀反」。小雅大東篇「哀我憚人」，小明篇「憚我不暇」，並音丁佐反。蓋邯鄲之「鄲」自音單，而沛郡之鄲縣則音多也。其言已極精覈。又云凡漢書注中所引漢魏人音，皆曰某音某，或曰音某某之某，未有曰音某某反者。予因檢全部漢書，有音某某反者，皆小顏自注語，它人固無是也，益服王氏之精識細心，雖以錢之謹嚴、段之通博，猶未悟及此也。

憶去年周荇農丈曾告予云：「頃校漢書，得一好事。」因舉周緤傳「鄲」字一條，獨明監本作多寒反，而宋本、汲本、殿本皆誤。予時既忘全、趙之已有此説，又不憶王氏之言，然亦心疑之。惟語荇丈以單多雙聲，可通轉，明板恐未可據，而荇丈不之信。日後晤時，當備告之。

蔡氏月令 清 蔡雲

二十二日 閲蔡氏雲所輯蔡氏月令。雲字立青，吴縣人，錢竹汀弟子，嘉慶甲子優貢生。其書共二卷：上卷爲明堂月令論，從續漢志劉昭注中録出者；次爲月令章句，乃剌取獨斷及鄭氏月令注、劉氏續志注、陸氏釋文、孔氏正義、初學記、藝文類聚、北堂書鈔、通典、白帖、太平御覽諸書所引中郎遺文斷句，坿以疏證。下卷爲月令問答，從中郎集及説郛本録出者。次坿以月令集證，乃采取古今及近儒之言月令者，以證月令非秦制。條理秩然，可以推見中郎一家之學。其章句中辨正經文數事，如「孟春之月鴻鴈來」，據吕氏春秋、淮南子作「候鴈北」。此因鄭注止言今月令鴻皆爲候而不言「來」「北」字之異，則戴記經文本亦作「北」也。王厚齋困學紀聞已言之。「還反賞公卿諸侯大夫於朝」，據陸氏釋文、唐石經及吕氏春秋作「還乃」，以正義引夏秋冬皆作「還乃」，則知經文本亦作「還乃」也。夏、秋、冬同。御定石經考文提要已言之。「措之於參保介之御間」，據注疏及東京賦作「參保介御之間」，段氏玉裁已言之。「仲夏之月、仲冬之月處必掩身」，據注疏及吕氏春秋皆作「處必掩」爲句，嚴氏可均、盧氏文弨已言之。掩當從吕氏春秋作「弇」。「孟秋之月坯垣牆」，據正義、釋文及白帖，秋門，牆壁門。皆作「坯牆垣」，阮氏元校戡記已言之。此皆蔡氏述前人説已有定論者也。

「仲春之月玄鳥至至之日」，據初學記引月令章句作「玄鳥至之日」；毛詩生民傳「玄鳥至之日」云云，疏云「皆月令文」；説文乙部引明堂月令以及續漢志注、北堂書鈔、藝文類聚、左傳正義、周禮疏、通典、白帖、太平御覽引月令，皆作「玄鳥至之日」。因考孔疏此段標經起止云「自玄鳥至之日至高禖之前」；又「仲秋玄鳥歸」，疏云：「玄鳥至不爲仲春之候。」則經文本作「玄鳥至之日」，不重「至」字，作兩句甚明也。「仲夏之月以定晏陰之所成」，據疏引章句「晏，謂『謂』本作『爲』字，誤，蔡氏改正。以安定陰陽之所成」，因謂中郎訓晏爲安定，則經無定字可知；釋義兼陰陽，則經有「陽」字可知。疑經文本作「以晏陰陽之所成」，與仲冬一例。陰陽方争，一竢其定，一安其成，義皆蒙上。此二事可稱精心卓識矣。

皇甫誕碑

二十五日　作書致庭芷，借宋搨皇甫誕碑，得復。皇甫明公，隋之忠臣，其子無逸爲唐名臣。此碑立於唐初，無年月，于志寧製文其結銜已稱銀青光禄大夫黎陽縣開國公，則在貞觀時；歐陽詢書其結銜止稱銀青光禄大夫，而不稱率更令，則在武德時。諸家論者不一。王篛林以其不避太宗諱，決爲高祖時，予謂必在貞觀初無疑也。于志寧傳言貞觀三年志寧爲中書侍郎，太宗内宴，敕召三品以上官，志寧以未爲三品不得入，即日加左散騎常侍行太子左庶子，累封黎陽縣公，歐陽詢傳言貞觀初官至太子率更令，封勃海縣男。考唐制左右散騎常侍從三品，廣德二年升正三品。太子左庶子正四品上，率更令從四品上，而銀青光禄大夫爲從三品，文散官所謂階也。唐宋人皆階卑於官，官者職事官也，蓋官以能擢而階必以次升。志寧已官中書侍郎正四品上，大曆二年升正三品。稱爲執政，而未至三品，故太宗加以常侍，若左庶子則與侍郎同品，唐制以高就卑者爲行，故曰行太子左庶子也。詢當高祖時官給事中，正五品上，安得有銀青之階？此碑兩人皆系階三品，則必在貞觀三年以後。古人書銜繁簡任意，疑詢不稱率更令、勃海男，則中書侍郎爲執政，志寧何以不稱而僅稱庶子之閒職乎？至不避「世」字、「民」字，則太宗本有非連讀者不避之旨，故民部至高宗時始改户部，尤不必疑也。王述庵金石萃編著録已缺八十三字，是本一一完好，古勁秀逸，洵可愛翫。予昨在庭芷處見一本不缺，乃故尚書趙文恪所藏，此本精采，尤覺過之。計平生所見信本書周文勤有宋搨九成宫醴泉銘，本琦文勤物，今在毛昶熙尚書家，張孝達有舊搨化度寺邕禪師碑，本内府物，與此可稱鼎足。亡友陳德夫有宋搨昭仁寺碑，今不知何屬矣。此碑書「隋」作「隨」，碑首及碑文皆同，足證隋文帝去辵之言未嘗垂爲功令。誕字元憲，史作元慮，明是字形之訛。

之交乃支父之誤

二十六日 鬻子載禹治天下，得七大夫，曰皋陶、杜子業、既子、施子黯、季子寧、然子湛、輕子玉，自皋陶以外，皆無可考。呂氏春秋求人篇云：「得陶、化益、真窺、横革、之交五人佐禹。」荀子成相篇云，禹「得益、皋陶、横革、直成爲輔」。王厚齋紀聞謂陶即皋陶也；化益即伯益也；「真」與「直」相類，真窺即直成也；横革即横革也；之交未詳。盧氏文弨謂「窺」或是「⿱穴貞」字，與「成」音近，王氏念孫以盧説爲確。景差大招「直、贏在位，近禹麾只」。姚氏範引荀子、呂覽，又引戰國策禹有五丞，見齊策顔斶語。謂直、贏即五丞之二，蓋以直爲直成，贏爲贏，指伯益也。惟「之交」二字無釋。今案，「之交」蓋「支父」之誤也。莊子讓王「堯讓天下於子州支父，舜讓天下於子州支伯」，釋文云，支父即支伯。皇甫謐高士傳，亦云堯以天下讓子州支父，舜又讓之，是子州支父與禹同時也。新序作「州支父」，省文則爲「支父」矣。呂氏春秋尊師篇，「禹師大成贄」，新序雜事引作「禹學大成執」，大成即直成，「大」猶「直」也。易曰「直方大」，贄、執音轉，即支父也。蓋單言則爲支、爲贄、爲執，連其字則爲支父，重言之則爲子州支父，亦爲州支父子，州、支皆一音之轉也。杜子業等六人及直成、横革皆古今人表、四八目等書所無，王氏小學紺珠名臣類亦不載禹之七大夫及五丞。

呂氏春秋尊師篇「神農師悉諸」，漢書人表上中悉諸，炎帝師，而新序引呂作悉老。予謂者、諸字通，此因「者」誤爲「老」耳。又「湯師小臣」，高誘注「小臣謂伊尹」，新序引呂子同。予謂以伊尹爲「小臣」，已甚不辭，而呂氏此處所舉十聖六賢之師皆人名，何伊尹獨以「小臣」稱？疑「小」當是「卞」字之誤。「卞臣」即「卞隨」耳，臣有隨義，音亦通轉。湯師卞隨，正與上文堯師子州支父、舜師許由一例。墨子尚賢下篇有「湯有小臣」語，然其中篇曰「伊摯，有莘氏女之私臣」，下篇又曰「伊尹爲莘氏女師僕」，皆以伊尹與舜及傅説並言。此處「湯有小臣」，則與禹有皋陶，文王有太顛、閎夭、南宫括、散宜生並言，則「小臣」亦是誤字，未必指伊尹也。楚辭天問「成湯東巡，有莘爰極，何乞彼小臣而吉妃是得」，王逸注：「小臣謂伊尹。」此言伊尹本爲有莘之小臣耳，高誘蓋因此而坿會。

舊唐書 後晉 劉昫

二十七日 舊唐書長孫無忌傳稱貞觀十七年圖畫二十四人於淩煙閣，爲無忌及河間王孝恭、杜如晦、魏徵、房玄齡、尉遲敬德、李靖、蕭瑀、段志玄、劉弘基、屈突通、殷開山、柴紹、長孫順德、張亮、侯君集、張公謹、程知節、虞世南、劉政會、唐儉、李勣、秦叔寶止二十三人，蓋偶脱高士廉。士廉、無忌傳同爲一卷，士廉傳已言圖形淩煙閣。其人皆備書官爵，已卒者並書謚。於柴紹曰故荆州都督譙襄公柴紹，而新書乃作許紹。王氏小學紺珠引兩京記唐韋述撰。作柴紹。案，舊書以唐儉、長孫順德、劉弘基、殷嶠、即殷開山。劉政會、柴紹傳共爲一卷，而於殷嶠傳中總之曰：「十七年與長孫無忌、唐儉、長孫順德、劉弘基、劉政會、柴紹等十七人俱圖其形於淩煙閣」。其獨舉無忌者，以圖形無忌爲首也。唐儉等五人總書於此，故不分載傳中；云十七人者，涉上十七年而誤。柴紹傳中備載其改封譙國公，卒贈荆州都督，謚曰襄，子哲威襲爵譙國公。許紹傳中則止云封安陸郡公，亦無圖形之語。柴紹以高祖之婿，歷著奇功，其妻平陽昭公主，又功參佐命。許功不及柴，又早卒於高祖時。宋子京以兩人名同，又同贈荆州都督，同謚襄，遂誤柴爲許耳。通鑑有柴無許，是也。

十二月

史記　漢　司馬遷

朔　因校賈子，遂並校史記秦始皇本紀。王氏鳴盛謂贊中所載過秦論上篇「秦孝公據殽函之固」至「攻守之勢異也」，爲後人所羼入，此徐廣注可據，其説是也。謂贊末所坿周曆已移仁不代母一篇，其「向使嬰有庸主之才」句上「賈誼、司馬遷曰」，「司馬遷」三字是衍文，其「秦之積衰」句上當有「司馬遷曰」四字，非也。周曆已移一篇，上冠以孝明皇帝十七年十月十五日乙丑曰，乃明帝問班固論賈誼、司馬遷所言是非之文，後人所坿入者，徐廣注及索隱言之甚明。班固以賈誼責子嬰而司馬遷取其説，故先列賈誼、司馬遷曰云云。「秦之積衰」以下，乃班駁賈、馬語也。

舊唐書　後晉　劉昫

初五日　偶讀舊唐書馬懷素、褚無量、劉子玄、元行冲、韋述等傳論云：「子玄鬱結於當年，行冲彷徨於極筆，官不過俗吏，寵不逮常才，非過使然，蓋此道非趨時之具也，其窮也宜哉。」此必出唐史官之筆，非劉昫輩所能爲者。

舊唐書論贊有極佳者。江夏王道宗等傳論云：「道宗軍謀武勇，好學下賢，於群從之中，稱一時之傑，無忌、遂良銜不協之素，致千載之冤。永徽中，無忌、遂良，忠而獲罪，人皆哀之，殊不知誣陷劉洎、吳王恪於前，枉害道宗於後，天網不漏，不得其死也。宜哉。」太宗諸子傳論云：「太宗諸子，吳王恪、濮王泰最賢，皆以才高辯悟，爲長孫無忌忌嫉，離間父子，遽爲豺狼，而無忌破家，非陰禍之報歟。」此深得褒貶之直，而無忌、遂良傳中則皆不見此事，春秋之爲賢者諱也。

景龍中，褚無量之争皇后不得與祭南郊，開元初，盧履冰之争喪服父在增母三年，韋述之争舅服小功及堂姨舅服，皆援據漢儒古義，力破俗説，深有功於經學，非宋以後人所能及也。

以韓休之骾直，而感李林甫先告以入相之命，遂力薦林甫；以裴度之忠勳，而大和重入相時，亦效王播掇拾羨餘以希恩寵。蓋非常之遇，中智所驚，晚節之貞，君子難保也。然薦休者蕭嵩，而休與之不叶，竟爲林甫所中而兩罷；度以薦李德裕，旋爲李宗閔、牛僧孺所惡而去位；究其得失何在哉。此大過之所以貴獨立不懼也。宋世趙昌言出知鳳翔，而太宗慮其涕泣；向敏中門無賀客，而真宗歎其耐官。故寇忠愍坿會天書而再相，卒罹丁謂之讒；錢若水力辭樞密以悟君，遂洗蒙正之謗。

唐代人主好淫，宫闈無别，臣下化之，帷薄多慚。劉禕之賢相也，而通於許敬宗之妾。裴光庭名臣也，而卒後，其妻武三思女。與李林甫通。忠奸混淆，轉相污染，何其醜也。故高祖私裴監之宫人，而有三貴妃經宿之報；太宗納巢剌之故婦，而釀武媚娘聚麀之殃。

公族有罪，宥之再三；婦人從夫，梱外不與。此百王之通憲，有國之深謀也。息隱巢剌之同惡，罪貫神人，太宗不得已而誅之，可也；而滅其子孫，削其屬籍，竟以亂賊待之矣。此例既開，而吴恪、曹明皆以愛子而枉死。平陽公主之戰功，奇絶今古，高祖越常格而謚之，可也；而葬以甲胄，送以鼓吹，竟以功臣視之矣。此事既著，而太平、安樂，皆以女子而干權。

禮樂志載開元時刑部郎中田再思之議服制，揣阿君意，淩蔑禮文，其辭僞而辯，經學之賊、奸言之雄也。范履冰一一折之，而謂别父母之服者，所以嚴夫婦之分。則天請父在爲母三年，外示隆慈愛之服，隱以抗天皇之尊，履霜堅冰，其來有漸。數言義正詞嚴，卓識無兩。周人制服，義在尊尊，可謂深知禮意者矣。此志於「期」字皆作「周」，故一期爲一周，再期爲再周，以期斷爲以周斷，皆避玄宗嫌名也。今人呼期年爲周年，以後爲兩周年、三周年，蓋始於此。

拜經日記　清　臧庸

初七日　錢竹汀養新録論張守節史記正義合氾、氾爲一字，遂列「氾」字有四音之誤。臧拜經日記以王觀國學林知氾水當音祀，而不知南氾之當音凡。又以氾澤、汎城相混，因爲分而疏之。左傳成四年「晉伐鄭，取氾祭之」，氾音祀，漢河南郡成皋之氾水也。孔氏左傳正義、顔氏漢書注皆辨之甚晳，今河南開封府氾水縣西有氾水者是。左傳僖二十四年「王出適鄭，處於氾」之「氾」，音凡，漢潁川郡襄城之氾城，所謂南氾也。陸氏左傳釋文、蘇林漢書注皆音之甚明，今河南許州襄城縣南一里氾城者是。左傳僖三十年「晉侯、秦伯圍鄭，秦軍氾南」之「氾」，亦音凡，漢河南郡中牟之圃田澤，杜元凱所謂東汜也，釋文亦音凡，今河南開封府中牟縣西圃田澤者是。成七年「楚子重伐鄭師於汜」，襄二十六年「涉於汜而歸」，皆襄城之南汜也。襄九年「諸侯伐鄭，甲戌師於汜」，此中牟之東汜也。惟昭五年「鄭伯勞子蕩於汜」，杜注及釋例皆不言南汜、東汜。以子蕩自楚歸推之，亦當是南汜，蓋鄭之南竟近楚也。故臧氏系之汜城。史記漢高祖本紀「即皇帝位汜水之陽」之「汜」，音敷劍反，在漢濟陰郡定陶，今山東曹州府曹縣北四十里有汜水與定陶分界者是。春秋隱七年「天王使凡伯來聘」，注：「汲郡共縣東南有凡城。」釋文作「汎城」，汎亦音凡，漢河內郡共之汎亭也。今河南衛輝府輝縣西南凡城者是。左傳昭二十二年「王師軍於汜」，杜氏無注，釋文音凡。臧氏以下文於「解」注「洛陽西南有大解、小解」推之，則此汜亦周地，當即凡伯之汎城。

臧氏之學，頗嫌餖飣，繁而寡要，此數條折衷諸説，剖斷詳明，極有功於經學、史學。汜水之「汜」，今河南公私皆讀如祀，而經籍反致轇轕者，則由陸氏釋文誤音凡始。予案山海經中山經「浮戲之山，汜水出焉。北流注於河，其東有谷，因名曰蛇谷」。浮戲山者，水經注謂即方山，方山今在汜水縣東南。汜從巳，説文「巳爲它，即蛇字。象形」，因汜水出於此谷，故名曰蛇谷。可證汜之字從巳、音同巳無疑矣。郭注蛇谷言「此中出蛇，故以名之」，望文生義，實爲坿會。至汜澤，杜氏釋例以爲在中牟縣，而僖三十三年「鄭有原圃」注云：「中牟縣有圃田澤。」兩漢志中牟縣皆有圃田澤，而不言有汜澤，臧氏謂圃田亦作甫田，甫、巳一聲之轉，疑汜澤即圃田澤。其説近理。而洪北江乾隆府廳州縣志云，新鄭縣東北有東汜水，今涸。洪氏自當有所本，俟再考。

三國志　晉　陳壽

初九日　閲三國志高堂隆傳。隆上疏有云：「夫六情五性，同在於人，嗜欲廉貞，各居其一，及其動也，交争於心。欲强質弱，則縱濫不禁；精誠不制，則放溢無極。」「情苟無極，則人不堪其勞，物不充其求，勞求並至，將起禍亂，故不割情無以相供。」「由此觀之，禮義之制，非苟拘分，將以遠害而興治也。」數語可作樂記「人生而靜天之性也」一節義疏，是七十子所傳之精理微言也。隆爲高堂生後人，故能爲此論。阮文達撰性命古訓，未采及此。又其臨終上疏云：「臣觀黄初之際，天兆其戒，異類之鳥，育長燕巢，口爪胸赤，此魏室之大異也。宜防鷹揚之臣於蕭牆之内，可選諸王使君國典兵，往往棋跱，鎮撫皇畿，翼亮帝室。」其於後日司馬氏之篡，事如燭照，誰謂儒者無益於國哉？

王肅傳注引魚豢魏略儒宗傳序云：「正始中有詔議圜丘，普延學士。是時郎官及司徒領吏見在京師者萬人，而應書與議者略無幾人。朝堂公卿以下四百餘人，其能操筆者未有十人。嗟夫，學業沈隕，乃至於此。」其言可爲絶痛。蓋魏之三祖，崇尚文辭，遂成風俗。故高堂隆傳言自隆與蘇林、秦靜卒後，學者遂廢，至於正始而何平叔誅，甘露而鄭小同酖，高貴鄉公勵精好學，間世一出，而所餘王沈、王業、司馬孚、鍾會等，皆人奴國賊，無足與言，發憤鋤凶，轉嬰酷變，而魏遂不可爲矣。國之將亡，學殖先落，承祚於三少帝紀中備載高貴講學往復之言。承祚史裁最簡，而此獨不厭其詳，且高貴爲司馬氏之所最惡，而絶不顧忌，此其所以爲良史也。

魏略載董遇善左氏傳，爲作朱墨別異，人有從學者，遇不肯教，由是無傳其朱墨者。朱墨別異蓋章句點讀及表譜之學也。儒宗傳序言臺閣試諸生，不統其大義，而問字指、墨法點注之間。字指謂字之音義也；墨法點注，則謂句讀也。經典釋文、隋、唐書經籍志皆載董遇左氏傳章句三十卷。

十三日　校三國志。陳少章三國志辨誤舉注文誤入正文者兩條。一王肅傳評，以「王肅亮直多聞，能析薪哉」句止，下文「劉寔以爲肅方於事上而好下佞己」云云，乃裴氏注文，與譙周傳評後注引「張璠以爲」云云正同。一譙周傳末「周三子，熙、賢、同。少子同舉孝廉，除錫令，東宮洗馬，召不就」，傳文已止。下云「周長子熙，熙子秀，字元彥」，乃裴氏注文，下接晉陽秋曰「秀性清靜」云云，今本皆溷爲正文。其説甚確，然尚有不止是者。邴原傳末附張(太)〔泰〕、字本先君子諱，用范史例改用「太」。龐迪、張閣三人，其文云「是後大鴻臚鉅鹿張泰、河南尹扶風龐迪以清賢稱，永寧太僕東郡張閣以簡質聞」，傳文已止。其下云「杜恕著家戒，稱閣曰，張子臺視之似鄙樸人」云云，乃裴氏注文。閣與泰、迪一例，不容獨贅它人稱閣之語。裴注屢引杜恕家戒，此固不辨可知也。

步騭傳末附其子闡降晉事，云「陸抗陷城斬闡等，步氏泯滅，惟璿紹祀」，傳文已完。其下云「潁川周昭著書，稱步騭及嚴畯等曰」云云，其文甚長，凡七百餘言，且並及顧豫章劭、諸葛使君瑾、張奮威承三人，皆泛論其美，辭指重沓，全無事實，必非承祚所取，其它傳中絶無此例。其末又附見周昭本末，而目録步騭傳下並不出周昭姓名，則本爲注文無疑，後人傳録誤連之耳。承祚史裁簡要，類此可推。

三國志辨誤　清　陳景雲

三國志辨誤三卷。四庫目録不著名氏。今按錢氏廿二史考異諸史拾遺所引陳氏景雲説，皆與之合，文句亦同。王肅傳評一條、徐詳傳佚一條，錢氏養新録引陳少章説，亦一字不異。陳氏著文道十書，僅刻四種，故此書祇有鈔本。提要因何義門讀書記引陳少章，謂楊阜傳「明帝被青綾半褎袖」，「袖」疑衍字，而此書無此一條，遂以爲非陳所著。不知陳爲義門弟子，此條何氏又證以宋書五行志，已著之讀書記中，故陳氏削而不載，且陳氏之書，亦其子黄中及門人於各書評識中録出，自有所遺，故錢氏所引亦有此書所無者。蓋提要未見錢氏書故也。

輗軏考

十九日　考論語「輗軏」當作「転」。兩字，皇疏、邢疏言皆支離。戴東原釋車、段懋堂説文車部始分晳言之。凌曉樓四書典故覈原本戴説，疏之尤明。蓋輗爲大車鬲與轅所接之關鍵，転爲小車衡與輈所接之關鍵，皆僅咫尺之木，非此則鬲、衡與轅、輈離而車不可行矣。故以喻人之信，以爲交接之具也。包氏既誤以大車之鬲爲輗，以小車之曲輈爲転，朱子沿之；皇氏又誤以輗爲鬲下曲木縛軛之物，転爲輈耑同「端」。曲枙拘同「鉤」。横同「衡」。之物。黄氏式三論語後案既取戴説，以輗転爲皆著轅耑持衡之物，通稱輈，亦爲轅耑，亦爲衡。而又牽引皇疏，以説文革部之「鞙」當「輗」。豈知鞙乃縛軛之柔革，與輗何涉耶？皇疏引鄭君注「輗穿轅耑著之，転因轅耑著之」，蓋大車兩轅，車廣六尺六寸，則兩轅相去亦六尺六寸，故須爲兩輗，各穿其耑，以著於鬲。小車一輈，則但爲一軏，因其耑以著於衡也。鄭注本自明晳。

道德經 周 李耳

二十二日 荇丈出示新得趙子昂楷書道德經全册，明人項墨林所臧，國朝歸桐城張侍郎若靄，後歸成哲親王。簽題匣題皆哲王手書，後系以跋，以爲絶代之寶，有「乾隆御賞」之印。荇丈以數十金得之。

同治十三年

正月

三元考

初二日　趙雲松陔餘叢考言，三元自唐至明十一人，唐張又新、崔元翰、宋孫何、王曾、宋庠、楊寘、馮京、王巖叟、金孟宗獻、元王宗哲、明商輅，翟晴江通俗編引文海披鈔言明人三元尚有黃觀、楊用修，謂蜀在宋時三元三人，陳堯叟、楊寘、何渙，翟氏謂宋未嘗有三元之號，明人追稱之耳。唐崔元翰，京兆解頭、禮部狀頭宏辭及制科三等敕頭。武翊黃府選爲解頭，及第爲狀頭，宏辭爲敕頭，時謂武氏三頭，章孝標贈詩「花錦文章開四面，天人科第占三頭」。又，張又新時亦號爲三頭慈銘案，宏辭者唐宋所謂詞科也。制科者，如賢良方正直言極諫等科，唐凡有八十六科，至宋止有賢良方正直言極諫一科，唐制科無一、二等，其最優者入第三等，故三等第一謂之敕頭，如無三等，則四等第一爲敕頭矣。宋世制科入三等者，僅吴育、蘇軾、范百禄、孔文仲四人，南渡止開一科，得李垕一人，入第四等，以人主親策，故謂之制科也。舊唐書崔元翰傳，元翰博陵人，進士擢第，登博學宏詞制科，又應賢良方正直言極諫科，三舉皆升甲第，年已五十餘。唐書之例，凡進士第一人亦止云登進士甲科，宋史始有第一之稱，此傳「宏詞」下「制」字誤衍，宏詞非制科也。其下云李汧公鎮滑臺辟爲從事，汧公者李勉也，史文不當稱汧公，亦沿所據它書本文而誤。唐時進士試禮部，登第後即爲及第，其第一人謂之狀元，未嘗廷試，故往往有不授官者，其更舉宏辭及制科，或試書判，始皆得官。五代以後，進士則皆須廷試矣。至京兆太學及各州郡所舉試於禮部者，謂之舉進士，亦曰舉人，其第一謂之解頭，如不及第，則須更解，有終身不更得舉者。宋制亦然。故爾時無三元之名。唐書張又新傳亦未嘗謂之三元，翟氏之辨甚是。宋時有免解進士，出於恩澤。

陸定圃冷廬雜識言遼史王棠傳，鄉貢、禮部、廷試皆第一，是亦三元也。據此則唐至明三元共十六人，國朝二人，錢閣學棨、陳布政繼昌，故布政私印有曰「古今第十七人」，蓋尚考之未審也。明王鏊、李廷機鄉、會試皆第一，而殿試王得探花，李得榜眼，人以爲惜。宋歐陽修鄉貢、省試皆第一，至廷試在第九，而狀元爲其僚壻王拱壽。國朝凡鄉、會試第一者殿試必以狀元待之。李祖惠、顧元熙皆解元，而會試第二，道光庚子科會試主司欲得三元，時辛卯浙江解元潘恭壽入試，潘素工書，闈中必欲物色得之，得一卷，文筆相似，先移外簾，取其墨卷觀之，字跡又符，更於日中影閲其餬名，則姓名三字字體又皆作長樣，以爲必然矣，及拆卷，則吴敬羲，吴乙未舉人第三也。人之賢否，固不系此，即論得失，亦僅一時之庸耳俗目耳。唐之李、杜，科目無名，韓昌黎宏詞落第，劉去華制科被擯，杜岐公、李衛公皆任子，至今文章氣節、著述勳名，震耀天壤，不特八關奸子史册蒙穢，不啻以糞土絜嵩岱，即崔元翰、武翊黄姓氏泯没，亦何異浮游蟪蛄耶？黄文貞之忠節，商文毅之嚴正，何假三元爲重？王文恪、李文節雖不得大魁，豈不足與黄、商並傳？歐陽文忠名德之高，惟王文正差可比肩，宋元憲等已有愧色，況陳文忠乎？

國朝乾隆以前狀元，或取才名，其策亦多取條對，高宗屢有詔申飭之，故畢總督沅、莊協揆有恭皆由特簡，嘉慶以後，漸形波靡。自己未姚文僖後遂無名元，然其時猶未專取楷法也，至道光後專論字矣。然猶取歐、褚、趙、董遺法，所謂帖意也。宣宗晚年講求字畫，於是禁帖體，奉行者乃並禁説文正體，遂以不誤者爲誤，而字學舉隅之書出矣。士人遂爭以癡肥板重爲工，有黑方光之目，非此不得列前十卷，而楷法亦盡亡矣。故自道光至今，凡開二十五科，狀元識字通經者惟壬辰吴侍郎鍾駿一人，其小有時名者，丙戌朱昌頤，辛丑龍啟瑞耳，而世之聾瞽寤語，承其餘竅，猶以爲此足徵福澤，然福澤者官位年壽而已。嘉慶至今七十八年，狀元三十七人，官至一品者僅二人，嘉慶己未姚文田至尚書。道光丁未張之萬由巡撫升總督，未至任告終養。至二品者十人，嘉慶辛酉顧皋至侍郎；辛未蔣立鏞至閣學；丁丑吴其濬至巡撫；庚辰陳繼昌至布政；壬辰吴侍郎、丙申林鴻年至巡撫，未抵任革職；庚子李承霖至閣學；辛丑龍啟瑞至布政；癸丑孫如僅由學士升閣學，未入京卒；丙辰翁同龢至閣學。凡六人，從二品。而偃蹇夭折者或半焉。嘉慶、道光之龍首，士大夫已多不能舉其名氏，自姚文僖外，著作無一字流傳，事業志行雖親愛者絶無稱述，朝廷取此等人，果何用也？乙丑狀元今户部侍郎承恩公崇綺，則以外戚超授。

薛氏鐘鼎款識　清　薛尚功　陸宣公集　唐　陸贄

初四日　下午，步至廠甸閱市，至火神廟，購得薛氏鐘鼎款識、陸宣公集，共直銀四兩。傍晚歸。

薛氏款識已是後印本，宣公集爲制誥十卷、奏草六卷、中書奏議六卷，雍正間年羹堯進呈本，道光丁未耆英刻於廣東，又增輯二卷。

復古編 宋 張有

十二日　晡後步至廠閱市，以錢十四千購得張謙中復古編，末附張子野安陸集一卷，以謙中爲子野之孫也。此據東坡與趙清獻言，表忠觀碑篆額帖以爲子野之孫，而樓攻媿言據謙中篆書金剛經跋，稱其父爲張三先生，又似子野之子。乾隆庚子安邑葛鳴陽刻本，丁小雅諸公所校，極稱精密。此本又從葛本翻刻，頗有誤字。然予南北求之二十餘年，今日得之，亦可快也。

太平廣記 宋 李昉　燕子箋 明 阮大鋮

十三日　上午再遊廠市，至二西齋，購得天都黃晟所刻巾箱本太平廣記一部，直四十千。此無佳槧，曾見大字舊鈔本，亦甚潦草。近日通行，皆坊賈翻刻黃本，謬誤滋甚。予家舊有原刻初印本，置之几案，精緻可愛，而爲戚黨所借，遂失去，僅存首一帙，常惋惜之。今日得此，甚慰所願。此書載唐人逸事甚多，予常取以考證兩唐書。黃刻雖亦多訛奪，然較坊刻自遠勝也。

又得燕子箋一册，大字舊紙，尚是百子山樵原刻也。直六千，上下卷各有圖六幅，極精妙。首標「雪韻堂批點」。圓海於曲爲專家，非玉茗、青藤文人寄興者比。南都草創，蝸角經年，玉樹後庭，以此爲師涓之樂，故其書轉因凶德參會，足爲鑒戒而傳。予舊有小本，爲周素生借去，此亦甚難得也。

復古編　宋　張有

閲復古編，共二卷。先以平上去入爲次，取字之有正俗别體者俱明辨之，次以聯綿字，如「劈歷」不作「霹靂」之類；次以形聲相類字；次以形相類字；次以聲相類字；次以筆跡小異字，次以上正下訛字。張有字謙中，吴興人，作此以捄正同時王介甫之字説者。後爲黄冠，蓋有託而逃也。其書辨正極嚴，筆畫小異，概以俗繆斥之，雖或失之太拘，然有功於小學甚大，郭忠恕之佩觿、戴侗之六書故，遠非其匹也。葛鳴陽據桂未谷寫本，復取翁覃谿、錢可廬、程魚門各寫藏本，而丁小雅、宋芝山助之校勘，影橅極精。葛氏又校以元明間刻本，作校正一卷，更取各家最録序跋之文，以及張氏平生之著述、復古之宗派，作附録一卷。其於是書，可謂盡心焉矣。

茹三樵所著書　清　茹敦和

十四日　偕蓴庭閲肆，於同雅堂購得吾鄉茹三樵先生所著書十二種。内易學十種：周易證籤四卷，周易二間記三卷，讀易日札一卷，易講會籤一卷，兩孚益記一卷，八卦方位守傳一卷，大衍守傳一卷，大衍一説一卷，周易象考附辭考、古考共一卷，周易小義二卷；又尚書未定稿二卷，竹香齋古文二卷，都爲一函。茹氏於易，專言象變，多取虞説，實爲漢學而不自名家。其登第爲乾隆甲戌，與西莊、竹汀、竹君、曉嵐諸公同年，而絶無往還商榷之語，三樵成進士時，尚冒李姓，惟錢氏養新録中有詢其姓所自出一條。故蹊徑不同，聲華黯然。書皆刻於身後，其子古香尚書，爲乾隆甲辰進士第一人，殊不知學，故書無序例，亦無年月，間有一二自序，則似先成周易小義，後爲二間記。今依其目録，以證籤爲首，其書以次詮釋六十四卦爻彖大小象之文，至既濟而止，尚少未濟一卦，繫辭以下則闕焉，蓋未成之作。「證籤」者，不過每條標此爲名，並無義例，與其二間記、會籤等名目同，皆師法西河毛氏寫官記、詩札白鷺洲主客等故事。其説經妙於語言，時雜以滑稽，篇次接聯，自爲文法，亦與毛氏同。蓋吾越自宋陸農師氏爾雅新義、埤雅，明季彭山氏詩經解頤、春秋私考，皆爲此體，固宗派如是也。尚書未定稿，則亦以僞古文爲真，而訓釋字義，多取於説文。古文清妙，有塵外之致，又善叙情事，而出以澹遠，在國朝可獨立一幟也。諸書予向皆有之，經亂燬於火，外間流傳絶少，版亦早失。

歲壬戌，予輯國朝儒林小志，欲載其書目，而塵記其易有十種，能舉其名者惟二間記、小義兩種，嘗與平景蓀遍訪之而不得也。乾隆甲戌，吾鄉有兩經儒登第，先生與范蘅洲也。范氏著書十餘種，刻者三種，其詩經兩種，得收入四庫，故世尚能知之，且其傳已載於乾隆末李亨特所修府志，備列其書目，先生之殁已在志成之後，故並無傳志可考矣。乙丑歸里，於倉橋書肆得其二間記三册，去冬於寶名齋見其易學十種，索銀三兩，曾託胡雲楣圖之而未遂。今以錢十千得之，亦可憙矣。

歷代名人年譜　清　吴榮光

又於寶經堂得吴荷屋歷代名人年譜一部，凡十卷，以紀年爲表，始漢高帝元年，訖國朝道光二十三年。上一格爲歷代紀年，中一格爲時事，下一格爲諸人生卒，其法甚善，而詳略錯雜，有載所不當載者。國朝時事，僅有歷科鼎甲姓名及一二聞人宦跡，而獨附顧亭林、王漁洋、王茂京、原祁、陳秉之世倌、王德甫五人之譜。亭林、漁洋、述庵，猶足援少陵、香山、六一、東坡、景伯、放翁、遺山之例。吴氏於唐宋亦僅附此七人之譜。麓臺僅以畫傳，文勤止以官顯，獨何説乎？國朝時事，固不宜記，然列聖之傳授崩葬，皇太后、皇后之尊立崩葬，皇子諸王之封薨任用，内閣六部三院督撫之拜罷，歷代之征伐武功、斥土命帥，此又何顧忌而不書乎？甚至廟諱陵名，亦俱闕如。蓋吴氏雖以著述名，而譜學非深於史裁，不能得其要領，吴氏不過翰林名士，封疆雅吏，實不足語於大雅宏達。觀此書首稱漢曰前漢，即其學可知矣。每科進士載一甲三人，又取二甲一名以下，間載數人，其人亦不必有名，已不可解矣。又不曰進士榜，而曰翰林榜，康熙己未、乾隆丙辰兩次開鴻博科，皆僅載一等某某等、二等某某等，而餘概從略。又載乾隆九年、嘉慶九年兩次幸翰林院，賜宴賦詩，而如乾隆中之開四庫館、立國子監石經、建辟雝，此等大事，乃反不書，又何説乎？據陳頌南序，言此書是其子莘畬所校刻，蓋荷屋未成之書也。

列女傳　漢　劉向

又翻刻阮氏顧畫列女傳一部。此本阮文達第九女季蘭名正。據宋建安余仁仲本影畫，其兄賜卿太守福復令人影寫傳文，爲之校刻，極爲精工。宋畫謂即顧虎頭本縮臨，雖有據依，終未敢信，然其畫古樸，誠有漢法。予少時曾購得數本，分貽家人及戚屬賢媛，今皆久歸銷燬。此本不知何年何人所翻，則圖既全失神氣，字尤訛脱不可讀矣。

曉讀書齋初録、二録　清　洪亮吉

十五日　車中閲洪稚存曉讀書齋初録、二録，其中頗不免疏漏，蓋隨時劄記，未及審正故也。予舊有此書，後以歸陳德甫，今日讀之，不勝人琴之感。

傳經表　清　畢沅

十六日　作片致牧莊，贈以周易二閭記三册，並還其傳經表及冷廬雜識。傳經表畢氏沅所輯，自周至三國時止，上二卷爲傳經，據兩漢儒林傳所載授受原流，分經爲表；下二卷爲通經，則無師承可考者，以通十一經、馬融。十經、鄭康成，以孝經爲小同注，故止十經。九經至一經爲表；而無經可考者，下至漢、魏書所載博士姓名，皆依時代附録之，搜采頗博，間亦有所考證，較朱睦㮮授經圖爲優。

玉函山房輯佚書　清　馬國翰輯

二十一日　夜得伯寅書，言近刻彭甘亭遺稿，又言馬竹吾所刻玉函山房輯佚書乃吾鄉章氏逢之宗源所爲，不知何時爲馬所得耳。即復，以章氏所輯本多至八百餘種，孫淵如五松園文稿中有章君傳，可覆按也。

二十三日　撮録玉函山房輯佚書經目。漢鄭仲師所撰鄭氏昏禮，有百官六禮辭及讚言，其書久佚，今從藝文類聚、杜氏通典所引參互録之。云禮物以玄纁、羊雁、清酒、白酒、粳米、蒲葦、卷柏、嘉禾、長命縷、膠漆、五色絲、合歡鈴、九子墨、金錢、禄得、香草、鳳皇、舍利獸、鴛鴦、受福獸、魚、鹿、烏、九子婦、陽燧、丹青、女貞。其贊言曰：「物之所象者，玄象天，纁象地。羊者祥也，群而不黨，跪乳有義。雁候陰陽，待時乃舉，冬南夏北，各得其所。清酒降福，白酒歡之由。秔米馥芬，婚禮之珍。稷米粢盛，稷爲天官，此句據太平御覽卷八百四十所引，然文義不類，疑是誤引。蒲衆多性柔，葦柔之久。卷柏卷曲附生，嘉禾須禄，長命之縷，女工所製，縫衣延壽缺二字。爲例。膠能合異類，漆内外光好，五色絲章采屈伸不窮。合歡鈴音聲和諧。九子之墨，藏於松煙，本性長生，子孫圖邊。此四句據北堂書鈔卷一百四所引，通典引作「九子墨，長生子孫」，古人引書多節取其字，而以意聯合隱括之。此云「子孫圖邊」者，當是圓臱之誤，臱同緜。金錢爲質，所歷長久，金取和明，錢用不止，此四句據太平御覽卷八百三十六所引，通典引作「金錢和明不止」。禄得香草爲吉祥。鳳皇雌雄伉合。舍利爲獸，獸而能謙，禮義乃食，口無譏諐。此四句據太平御覽卷九百十三所引，通典引作「舍利獸廉而謙」。案舍利即今之猞猁，亦狐類。鴛鴦鳥，雌雄相類，飛止相匹，鳴則相和。受福獸，體恭心慈。魚處淵無射。鹿者禄也。烏知反哺，孝於父母。九子婦有四德。陽燧成明安身。丹爲五色之榮，青爲色首，自東方始。女貞之樹，柯葉冬生，寒涼守節，險不能傾。」案自「鳳皇」以下，蓋皆繡繪之象。「讚言」，藝文類聚作「謁文贊」。古人六禮，如儀禮所載賓主答問之辭，皆別爲書署，偕以通謁，謂之謁文。其禮物壻家致於女家者，每事皆爲韻語，以題記之，謂之讚言。其語多取吉祥，古雅可誦，惜所引不全耳。所輯諸書，皆據玉函山房本。

二十四日　最録玉函山房輯佚書目。其經編凡易類六十四種，尚書類十五種，詩類三十二種，春秋類四十九種，內國語連舊音共六種，而舊音別著於它目。周禮類十四種，儀禮類二十八種，禮記類十九種，通禮類二十二種，原目祇十七種，今取鄭康成魯禮禘祫志、范宣禮論難、王儉禮義答問、梁正三禮圖、張氏三禮圖共五種，散雜於子書中者合計之。爾雅類十三種，樂類十五種，孝經類十六種，論語類四十一種，孟子類九種，五經總類十二種，讖緯類□□種，小學類五十五種，其散雜子編者，如荀爽之禮傳，李謐之明堂制度論，宜入禮類。顏延之之逆降義，宜入儀禮類；又詁幼，宜入小學類。蓋由刻者所淆亂，馬氏當不至此。耆拾奇零，綜理微密，雖多以朱竹垞經義考、馬宛斯繹史、余仲林古經解鉤沈及張介侯澍二酉堂叢書等爲藍本，而博稽廣搜，較之王氏謨漢魏遺書，詳略遠判。

然其中亦有未可據信及不宜收而收者。如齊詩傳輯至二卷，以漢書叙傳有「班伯傳齊詩」一語，遂謂班書所稱皆齊詩而盡入之，不知孟堅實習魯詩也。論語周氏章句一卷，何氏所輯七家，周氏與周生氏已無可分別。邢疏本作「周氏曰」，皇疏本皆作「周生氏曰」，乃因經典釋文叙録有「鄭康成就魯論張包周之篇章考之齊古」一語，遂謂鄭所注即周氏之本，取釋文所載鄭本異同之字皆入之，不知與叙録所言包氏何以别也。此皆未可信者也。

禮類有孔子三朝記一卷，案此七篇之文，全載大戴禮中，本非佚書，何煩輯録？孝經類有長孫氏說一卷，據隋經籍志長孫有閨門一章之語，遂取今所傳僞古文孝經，單録其第二十二章「閨門之內具禮矣乎」二十三字，以備一種。案漢志唯云「古文多一章」，長孫本傳今文十八章，其書早亡，隋志並不著録，何以知其獨多閨門一章？其言本不足信。況此乃經文，未有長孫所説，何須録之？孟子類有程曾章句一卷，所輯僅一條，乃太平御覽引所注孟子外書「犖門齊南門」一語。案後漢書儒林程曾傳雖有著孟子章句之文，而其書絶不見著録，則未知所注者爲漢志十一篇之本，抑同趙岐七篇之本。要之，外書四篇早亡，今所傳熙時子注本，乃明季姚士粦等所僞託。御覽所引，其爲本文與否，亦無從辨。馬氏既不收外書，何須尚存此注入之經類？此皆不宜收者也。

其齊論語一卷，據王厚齋語以「問王」爲「問玉」，遂取聘義、子貢問「君子貴玉而賤瑉」一節，及説文、初學記、御覽所引逸論語言玉事盡入之。然如孔子曰「美哉璠璵，遠而望之奂若也，近而視之瑟若也，一則理勝，二則孚勝」一節，及「如玉之瑩」一句，皆不引説文而引初學記，亦爲失檢。

又顔延之逆降義，隋時已亡，今所輯唯通典引問答甥姪之稱一條，尋其書名，蓋緣儀禮喪服「大功」章鄭注「女子成人者有出道降旁親」義而推言之，賈疏有「逆降」之稱，自本六朝禮服諸儒相承舊説，而馬氏乃謂逆降義者，蓋明禮制升降之義，則疏甚矣。章氏不應有此失，疑馬氏得其稿本，其書有已成者，有僅列其目而未輯録者，每書之序，當亦有所增改。觀其子編農家類有野老書一卷，其序云：「漢志農家有野老十七篇，注六國時在齊楚間，隋、唐志皆不著録。考吕氏春秋載上農、任地、辯土、審時四篇，家宛斯先生繹史云蓋古農家野老之言而吕子述之，兹據補録。」夫驄御不過泛言，安得即以漢志之野老實之？此亦武斷之甚。而稱驄御爲家先生，則此書此序不出章氏明甚。且其中有録無書者十餘種，有書無序者亦十數種，蓋章氏僅著其目，或書存而失其序，馬氏遂亦不能補耳。

燕子箋 明 阮大鋮

二十八日 得伯寅書，還燕子箋，即復。夜閲燕子箋。大鋮柄用南都時，嘗衣素蟒服誓師江上，觀者以爲梨園變相。然此曲情事宛轉，辭恉清妙，殊似讀書人吐屬。予於戊申之秋觀之甚熟，時年二十歲耳，今日觀之，歷歷如昨日事，而所讀之四書諸經，則往往迷其句讀。鄭聲蠱曲，入人之深，固如是也。其春燈謎予亦於癸丑春從王孟調借觀之，其事極曲折，而曲文簡略，遠不及矣。燈下戲書二絶於後。題燕子箋後二絶句：「防亂虛將一揭誇，伎堂終日按紅牙。可憐火迫成江令，一載南都玉樹花。」「變相重登點將壇，此才真似没遮闌。笑他浪子錢紅豆，同演明妃雉尾冠。」

二月

玉函山房輯佚書 清 馬國翰輯

初七日 閲玉函山房所輯小學諸書，較任氏小學鉤沈爲詳，而有録無書者，八體六技一卷、蔡邕女戒一卷、索靖月儀一卷、李槪音譜一卷、顔之推訓俗文字略一卷、開元文字音義一卷、義雲章一卷、李商隱李氏字略一卷，共八種。

太平廣記 宋 李昉

夜倦甚，閱太平廣記女仙類、神類。唐人小説多進士浮薄及窮不得志者所爲，如逸史言盧杞妻太陰夫人，神仙感遇傳言張嘉貞家妻織女、婺女、須女三星，異聞録言韋安道妻后土夫人，其荒誕鄙妄至此。小人之無忌憚，何怪周秦行紀言牛僧孺與楊太真冥合也。蓋唐重詩賦，弊遂至此。鄭覃、李德裕欲廢進士科，有以也夫。

魏書 北齊 魏收

初八日 閱魏書儒林、逸士、外戚、列女等傳。魏世諸儒謹守師授，尚有兩漢遺風，不似江左六朝，浮華相扇，然多失之固陋。張普惠引經據義，議論侃侃，雖不入儒林，其所學所守，魏世一人而已。

夜讀魏書李謐明堂論，見逸士傳。其駁考工記一堂五室之制爲陝小不容，近儒亦多疑之。惟江艮庭謂其誤會九筵七筵爲畡堂基之四周，而不知是言一面之修廣，是也。張淵觀象賦。見術藝傳，賦有注，蓋自注也。與隋李播天文大象賦可以參看。大象賦亦有注，或云李台，或云畢懷亮，或云李淳風，或云苗爲。孫淵如據孫之騄手寫本刻入續古文苑，顧千里爲之校勘，而未引及張賦，豈偶忘歟？

會稽掇英總集　宋　孔延之

初十日　閱孔延之會稽掇英總集，凡二十卷，先詩後文。一州宅諸詩，二西園諸詩，三送賀監諸詩，四鑑湖諸詩，五蘭亭古詩及前後序，附以宋人王相、王安國題蘭亭康相墓、顔魯公斷碑七古二首，六剡中諸詩，七五泄山諸詩，八石織峰諸詩，九四明山諸詩，十浙江諸詩，十一山水雜詠，十二雲門寺諸詩，附若耶谿詩，十三天衣寺諸詩，十四應天寺諸詩，十五天章寺諸詩，十六禹廟諸詩，十七曹娥廟諸詩，十八寺觀諸詩，十九送别諸詩，二十寄贈諸詩，二十一感興諸詩，二十二詠人物詩，二十三唱和詩，二十四雜詠，二十五史辭，史記越世家贊一首。二十六頌，李斯秦德頌一首。二十七碑銘，二十八記，附唐太守題名及宋太守題名，至熙寧三年沈立止。二十九序，三十雜文。每類皆有標目，或系以小序，而不立總目。所采自秦漢至北宋之文，其自序謂到官後命吏卒徧走巖穴，且擴之編籍，詢之好事，得八百五篇，故多世所罕見。其書成於熙寧壬子，自署銜爲尚書司封郎中知越州軍州事。據嘉泰志延之以熙寧四年任，蓋代沈立者也。延之字長源，臨江新淦人，慶曆二年進士，歷知潤州、宣州，有文集二十卷，曾子固爲撰墓志。有子七人，文仲、武仲、平仲，即所稱「清江三孔」也。是書向無刊本，四庫據祁氏澹生堂舊鈔本録入。嘉慶丙子，予姻山陰杜明經丙傑從文瀾閣轉鈔付刻，末附札記一卷。提要稱此書在宋人總集之中最爲珍笈，精博在嚴陵諸集上。又謂其有功文獻，裨益良多，誠爲知言，越之人士，尤宜寶貴。惜明經所纂拾遺二十卷，未及刊行，今亂後杜氏藏書悉歸亡何有之鄉，是書之版亦久銷燬，予特最其細目於此。故鄉巖壑，按籍可稽，亦足以慰文字之古懷，通煙霞於夢寐矣。

金石苑 清 劉喜海

十五日 閱金石苑，共四册，無卷數，諸城劉喜海燕庭官四川按察使時所輯，書成於道光丙午，是冬即擢浙江布政使，至己酉正月，爲巡撫吳文節所劾，召至京，降四品京堂，休致矣。是書皆蜀中金石，首册爲三巴漢石約存，自漢王稚子闕至蜀中書賈公闕，共十二種，皆先以縮臨本存其形式，而後雙鉤其文。第二册自北周高祖文帝廟碑，碑尚稱文王，首曰：「此周文王之碑，大周使持節車騎大將軍儀同三司大都督散騎常侍軍都縣開國伯强獨樂爲文王建立佛道二尊像，樹其碑，元年歲次丁丑造，後有佛像二。」丁丑者閔帝元年也。宇文初用周制，稱天王，無年號。至孟蜀廣政二十六年報國院大悲龕記共四十四種。内唐刻三十六種，僞周一種，後唐二種。第三册爲兩宋金石，自太平興國五年新浦縣六印至紹定四年釋迦舍利寶塔禁中應現圖記共六十七種。第四册爲宋人題名五十九種，内附元人一種。皆縮臨本。其有圖像者，如宋甘露祖師像、太平興國禪院鐘、慶曆賜龍昌期誥敕、開禧封妙濟真人敕等，亦並繪之。書無序目，其有考證者，惟唐張禕南龕題名記、重修化城龕記、宋賜龍昌期敕、壽山福海鐵器、巴州知府縣令勸農事實、紫府飛霞洞記六種，下各附跋尾一則，餘並闕如，蓋未成之編，而雕刻精絶，所録亦多前人未見之跡，可愛玩也。

平浙紀略 清 秦緗業

二十五日 高仲瀛來，饋蓮子一合、平浙紀略一部，浙中書局所新刻也。凡十六卷，皆紀左帥之功，非傳，非編年，略仿紀事本末之體。末二卷，則述以前浙中軍務及庚申、辛酉再陷事，自謂多本於知府許瑶光之談浙。其痛貶張玉良之殺掠，微表段光清之戰功，皆好惡任臆之辭，然終不能没張之死事、段之苟活。而瑶光於諸暨陷時，潛遁出城，今乃謂被刃暈絶，民舁之以免，則真不識羞恥矣。吾越邵燦爲團練大臣，因瑞昌、王有齡劾罷，後有齡奏請以王履謙專辦浙江捐餉，兼幫辦團練。時有齡以巡撫兼團練大臣，故以履謙幫辦寧紹團練，未嘗命爲團練大臣也，今乃謂先後命邵燦、王履謙爲團練大臣，燦知事不可爲，乞病免，則此等大事尚俱失實，何論其它乎？

四月

芸香館遺詩 清 那遜蘭保

初三日 盛伯希同年來，以其母夫人所著芸香館遺詩二卷求序。夫人博爾濟吉特氏，蒙古喀爾喀部郡王之孫女，名那遜蘭保，那遜者譯言善，其兄弟輩行也。字蓮友，其詩頗有清才。

樊樊山詩 清 樊增祥

十一日 旋詣仲彝、子珍、雲門、秋伊諸君暢談，子縝、雲門各以見題沅江秋思圖詞出眎。孫彦清以見題桃花聖解盦填詞圖詞出眎，俱極精妙，而子縝尤工。雲門並賦七律一章爲贈，詩云「郎官平揖對三台，朝論多聞惜此才。積雨掩關塵夢少，幽禽啼竹好春來。明時獻賦趨金馬，花下繙書檢玉杯。爭怪故山猿鶴怨，獨因紅藥住豐臺。」極雋爽之詣，似明之大復、子相也。

章氏遺書　清　章學誠

二十七日　仲修來，爲僕輩辭去，以章氏遺書一部爲贈。凡文史通義内篇五卷、外篇三卷，校讐通義三卷，共五册，道光壬辰其子華紱所刻，不知何時板歸於郡紳周以均，故印行絶少。近年以均死後，其子某及其從子福清謀鏟去章氏之文，更刻以均所著制藝。仲修、子縝等知之，力向福清阻止，遂以聞當事，購歸浙江書局，爲之補刻印行，此亦實齋之厚幸也。

五月

蕉軒隨録　清　方濬師

初四日　再得伯寅書，以定遠人方濬師蕉軒隨録十二册送閲。濬師由舉人中書充通商衙門章京，得擢廣東道員。其人本不足齒，而復强作解事，妄談經學，中言詩文，諂附時貴，卑鄙無恥，文理又極不通，梨棗之禍，至於此極，乃歎鬼奴之爲害烈也。京師人稱通商衙門官員爲鬼奴，以其諂媚夷人無所不至也。至其贊吕晚村而詆黄梨洲、閻潛邱，極頌袁子才而痛詆王述庵、包安吴、潘四農，所謂虺蝮之性，迥殊好惡，非特浮游撼樹而已。謂阮文達因諂事和珅，大考眼鏡詩，和授以意指，得列第一，尤小人狂吠之言。

尚書逸湯誓考 清 徐時棟

二十九日 閱逸湯誓考，其據墨子及説苑諸書，謂論語所引「予小子履」一節，是湯禱旱之辭，以孔注「伐桀告天」爲誤，其説是也。謂尚書本有兩湯誓，一伐桀，一禱旱，則武斷矣。書中徵引辯駁，頗有斷制，旁及訓詁音韻，亦有依據。所附鎮海吴善述、平湖葉廉鍔、鄞劉鳳章及王子常籤校之語，亦俱見讀書細心。

六月

古文尚書撰異 清 段玉裁

初五日 閱段氏古文尚書撰異，其意實矯江氏聲、王氏鳴盛之專主説文諸書改定經文，而尤與江氏爲難。然謂枚氏所傳之古文三十一篇，字字爲孔安國真本，夫亦孰從而信之？苦爲分别，多設游辭，所謂甚難而實非者，徐謝山詆其爲僞古文訟冤，有以也。惟其博證廣搜，旁及音詁，義據精深，多有功於經學，故爲治尚書者所不可廢耳。

碧落碑

十七日　閲唐潁川王訓等碧落碑，不特字畫高出峿臺銘、縉雲城隍碑，其假借通正，亦深有裨於小學。顧亭林金石文字記中首稱重之。至錢竹汀氏及其從子同人推許甚至，而同人爲辨其原流，疏通證明，尤得竅要。蓋唐人溺於詩賦，不重六書，古人器物碑碣銘識之屬，絶不留意。吾鄉秦望山上李斯刻石，據梁書范雲傳言齊建元初，竟陵王子良爲會稽太守，會游秦望，視刻石文，時莫能識，雲獨誦之。是秦碑齊梁時固無恙。又北魏孝文弔比干墓文，後有宋人吴處厚跋，言會稽齊唐言兒時嘗登秦望山，見李斯碑猶存，既仕宦四方，至老而歸，則碑已亡矣。案，齊尚書爲大曆以後人，是秦碑亡於中唐時可知。當日風氣，全不知有篆籀之學，雖古物如相斯字跡，亦任其毁棄，無有人過問者，宜其見碧落此文，群然駭怪，好事者又造爲道士白鵠之異以神其説也。乃趙明誠既輕視之，而郭宗昌詆之尤力。宗昌何人，亦浮游之妄撼矣。

清夢盦二白詞　清　沈傳桂

十九日　閲清夢盦二白詞，長洲沈傳桂隱之著，隱之一字閏生，爲道光「吴中七子」之一。其詞分五種，曰鶯天笛夜新聲，曰今雪雅餘，曰蘭騷賸譜，曰小臨邛琴弄，曰霏玉集。每種皆有小引，其總目下有短序，皆駢語，極幽雋之致。所作長調爲多，嚴於陰陽去上之辨，研求律吕。與其曹耦戈順卿稱同志，而辭情妍雅，寄託清深，迥非順卿俚率槎枒所堪並語。小臨邛琴弄，皆閑情之作，蓋仿朱竹垞之靜志居琴趣。霏玉集皆集詞中成句，亦仿竹垞之蕃錦。前有吴嘉洤序及閏生自序，亦皆集詞句，又仿黄唐堂之香屑集序也。詞都爲一册，前有潘功甫、董翰卿國華、蔣子于志凝三序文，皆小品可觀。閏生著有東雲草堂詩文集、匏葉齋詩稿，已燬於兵火，此集爲重刻本。

金石萃編 清 王昶

二十六日 比日卧閱金石萃編畢。有唐一代，述庵附案，罅漏甚多，往往有明見兩唐書而不知檢覆者。然淹貫經籍，旁通訓詁，其浩博終不可及。近來輕薄小兒率意詆之，多見其不知量已。

八月

陶方琦詩

初八日 閱子縝丙寅至癸酉詩竟，繫以評語，其詩五古説理最精，寫山水刻露處，亦幽警絶俗。七律、七絶時有佳句，用字尤新。壬申以後又多參以雅詁，再能厚其魄力，臻於渾成，於此事中可稱庶幾之才矣。

明清東閣大學士之授

明代以東閣大學士爲入相初授之地，國朝順治十五年漢人李霨授東閣，康熙三十八年熊賜履繼之，而滿人自雍正七年尹泰始由額外大學士授東閣大學士，乾隆元年漢人徐本亦拜東閣，蓋自嘉慶初年以前猶沿明制，一殿一閣，分授數人，不必一人占一地也。國朝殿閣之名，初無一定，崇德以來始爲内三院，順治後爲中和、保和、文華、武英諸殿。惟謝陞一人授建極殿，衛周祚一人授文淵閣。十八年復改爲内三院，康熙九年仍改爲殿閣。然漢人如李霨、魏裔介、金巴泰、杜立德、王熙、梁清標、張玉書、吴琠，皆授保和殿。滿人惟九年授索額圖爲保和殿，後皆授文華、武英殿及文淵閣，無更爲保和者。而中和殿之名滿漢皆無之，雍正朝滿人馬齊、鄂爾泰、漢人張廷玉，皆授保和殿。乾隆朝則滿人訥親、傅恒，皆授保和殿，三十五年，文忠卒後，亦不復授，漢人無爲此名矣。二十八年，漢軍楊廷璋始授體仁閣大學士，滿人則嘉慶二十二年始以授伯麟。東閣自徐本後，乾隆十五年授張允隨，三十四年授蔣溥，二十六年授劉統勳，二十八年授梁詩正，二十九年授楊應琚，三十二年授陳宏謀，五十年授梁國治，五十二年授王杰，皆漢人也。滿人則自尹泰後，乾隆四十四年授三寶，四十九年授伍彌泰，文端卒後，亦不復授。至嘉慶元年，漢人復授董誥，時王文端仍居東閣也，董文恭旋於二年丁憂，王文端亦於七年卒，此後終睿皇朝無授東閣者。而滿人自二年授蘇凌阿，四年休致，後至十一年授禄康，十六年降。十八年授松筠，十九年文清改武英，後授託津。至道光十一年，文定致仕，授富俊。十四年文誠卒，授文孚。十五年文敬改文淵，授漢人潘世恩。十八年文恭改武英，授王鼎。二十二年文恪暴卒後，遂久虚位。咸豐七年，授滿人桂良，次年文端改文華，後亦無授他人者。然劉文正自乾隆二十六年拜東閣後，至三十八年始薨於位，實爲首揆，而閣名不改。王文端自乾隆五十九年嵇文恭卒後，亦爲首揆。託文定自道光元年至十一年，皆爲首揆。潘文恭自道光十五年曹文正卒後，阮文達拜體仁閣，潘位亦居阮上，而東閣之名如故也。大抵嘉慶一朝，漢相董文恭居文華二十年，故滿首揆，惟得武英，漢次輔皆授體仁，惟章煦、戴均元授文淵，滿次輔多授東閣，其授文淵者亦惟慶桂一人。道光以後，則滿相授文華、文淵，漢相授武英、體仁，迄今三朝，幾爲故事。中惟咸豐六年滿相裕誠居文華，文慶居武英，漢相葉名琛居體仁，彭藴章居文淵，爲小變耳。前年以文華瑞常、武英曾國藩、體仁朱鳳標三相先後繼逝，故瑞麟以文淵改文華，文祥以協揆得體仁，李鴻章以協揆得武英，單懋謙得協揆。後始入閣，故授文淵。今左恪靖所補者即單公之缺，應得文淵，而特授東閣，蓋僅事也。

古韻通説　清　龍啟瑞

二十三日　閲古韻通説，臨桂龍啟瑞翰臣著。啟瑞以道光辛丑進士第一人，歷官通政司副使、江西布政使，卒於官。書凡二十卷。前有自序，言自交漢陽劉菽雲名傳瑩，官國子監學正，卒時年僅三十有一。曾文正爲墓誌。始爲聲均之學。道光庚戌爲湖北學政，乃參考姚氏説文聲系、張氏説文諧聲譜、苗氏説文聲讀表，折衷其説，爲音論十篇。辛亥丁父艱歸，始成此書。分冬、東、支、脂、質、之、歌、真、諄、元、魚、侯、幽、宵、陽、耕、蒸、侵、談、緝二十部，每部首列平上去入之目，先以詩韻，次群經韻，附騷韻，次説文本音，次通韻，次轉音，後系以論贊，部爲一卷。其經韻取裁於段氏，本音取裁於姚氏、張氏，謂段氏之分之、脂、支三部，張氏及高郵王氏之言通轉流變，武進劉氏之論入聲同部異用及異部同用，皆至當不易。又謂顧氏古無入聲之説，不爲無見。然平上去入四聲，始於永明而定於梁陳之世，當日沈約諸人精通音律，製爲四聲，以括天下之字，必有不可缺一者。又謂詩及群經用韻，有齟齬不合者，段氏以爲合韻，其説較顧氏、江氏以爲方音者爲近理。然古人之韻，既不得而見，又安知何者之爲合？蓋合韻不外轉聲，轉聲不外雙聲，雙聲即漢儒所謂聲相近也。凡聲近者皆可轉，而不近者不能，故言韻則有一定之限，言聲則遞轉而無窮。轉聲之説，自錢竹汀氏發之，其聲類一書，實開字學音學之奥窔。

又謂説文諧聲之字，往往有取諸轉聲者，小徐旁紐之説，略發其端。如曼，冒聲也，冒音如帽，又讀如墨，帽、墨皆曼雙聲。萑，萑聲也，萑讀若和，而萑讀如桓，桓與和雙聲。推之敔從古雙聲，汃從八雙聲，叢從取雙聲，牡從土雙聲，莧讀若丸。從苜讀若末。雙聲，戟從倝雙聲，汨從冥省雙聲，憲從害省雙聲，充從育省雙聲，怍從作省雙聲。又或體中所從之字，多與小篆雙聲遞變，如䵒本日聲也，而或從刃作⿰黍刃，則刃與日雙聲矣。萉本肥聲也，而或從賁作黂，則肥與賁雙聲矣。玭本比聲也，而夏書從賓作璸，則賓與比雙聲矣。又謂入聲古所謂急語，又所謂短言，其字多由平聲矢口而得，不經過上去二聲樞紐，如登爲得、州爲祝之類，皆見公羊。即由上去轉者亦然，如趣之爲促，害之爲曷，惡惡度度之類，皆以兩字相切而成。其辨析聲韻，致爲精確。

鮚埼亭外集 清 全祖望

二十七日 終日閱鮚埼亭外集。予最喜國朝朱、毛、全、錢四家文集，所學綜博，纂討不窮。謝山尤關鄉邦文獻，其文多言忠義，讀之激發，自十八九歲時即觀之忘倦。平生坎坷，一無樹立，惟風節二字，差不頽靡，誠得力於後漢書及劉蕺山集、謝山此集耳。其疾惡過嚴，避俗過甚，則於諸書受病亦不小也。

熹平石經

二十八日 全謝山謂蔡中郎書熹平石經，未及寫詩，至魏正始中乃補立毛詩、魯詩，此特以章懷注引洛陽記止有尚書、周易、公羊、論語、禮記以符五經之數。然蔡邕本傳明言六經，則不應無詩，是謂魏時所立，已屬無據。至洪氏隸釋所載詩經文，皆是魯詩，其間有齊、韓字，蓋兼載二家異同之説，本未嘗有毛詩。全氏因隋書經籍志載「一字石經魯詩六卷」下注云「梁有毛詩三卷，亡」，遂謂石經魯、毛並列，亦恐未確。

楊守敬著述及所模碑銘

惺吾以早年所著論語事實録、三亳考相質，並贈所鈎模漢張表碑、王純碑、戚伯著碑、陳德碑、唐虞永興夫子廟堂碑、歐陽勃海醴泉宫銘、化度寺塔銘、日本元明天皇和銅四年殘碑、定武榮芑本蘭亭、神龍半印本蘭亭、王居士塼塔銘各刻本。惺吾名守敬，湖北宜都人，壬戌舉人，爲輿地金石之學，書法極工。其論語事實録爲問答之辭，其辨康成未嘗見齊論説甚有理。

九月

晉書　唐　房玄齡

十四日　閲晉書載記。是日晉書揭櫫始畢，凡列傳人名皆詳書之，既便檢尋，且正目録之誤。以晉書無敍例，故事目不清，累經傳刻，分合多誤，間有標目錯失者，如八王之類，皆未晳舉，李雄號成，李壽號漢，並無後蜀之號，而誤稱後蜀。又不列西燕慕容沖，皆轉寫之失也。

十五日　終日讀晉書禮志、儒林傳、文苑傳、隱逸傳、藝術傳。范長文之與王珣書，辭直氣壯，不畏强禦。王彦伯之釋時論，情苦思深，微文刺譏，一時之傑出也。永和初之議祧廟，太康初之議王昌前母服制，衆論並陳，各有據依，足以徵六朝禮學。然徐邈謂「傳稱毁主升合乎太祖，升者自下之名，不可降尊就卑」，其誼最正。故當日禮官亦謂昔周室太祖世遠，故遷有所歸，今晉廟宣皇爲主，而四祖居之，是屈祖就孫，足以折一時之議矣。王昌前母，因地絶於吴，不得往來，故昌父在魏更娶昌母，衛恒議謂地絶死絶，誠無異也，宜一如前母，不復追服。劉卞議謂前妻爲元妃,後婦爲繼室,數語皆足以定名分、析是非,而諸人同異紛然,各執其説,此則聚訟之積習、伐異之徧心也。

世説新語 南朝宋 劉義慶

十八日 終日校世説新語。其文學門「僧意在瓦官寺中」一條,下注云「諸本無僧意最後一句,意疑其闕慶校,衆本皆然,唯一書有之,故取以成其義」云云。案注者劉孝標,本名峻,梁書、南史皆同,義慶乃臨川王之名,不得自注其書。蓋本作峻,傳寫者因孝標止以字行,故此書卷首但題劉孝標注,不知其本名峻,遂妄改爲慶,以爲臨川自注語耳。各本皆誤。

晉書 唐 房玄齡

十九日 晉書無許詢、支遁等傳,名言佳事,刊落甚多。蓋以鳩摩羅什、佛圖澄皆有道術,故入之藝術傳;遁既緇流,而以風尚著稱,無類可歸,遂從闕略。然不列詢於隱逸,又何説乎?若收許詢,便可附入道林,因及釋道安竺法深、慧遠諸人,標舉勝會,亦自可觀,作史者所不當遺也。許詢,剡録中有傳,集晉書、世説及晉陽秋、中興書而成者。

晉書藝術傳有會稽嚴卿,善卜筮。又韓友受易於會稽伍振元。四王傳有琅邪國散騎常侍會稽孫霄,上疏諫立凶門柏曆。晉時會稽爲國,尚未置會稽縣,三人不詳其爲何縣人,然志府縣人物者不宜遺之，而自來府志皆失載。嚴卿傳有「西郭外獨母家尋白狗」語，予嘗欲仿厲樊榭東城雜記之例，撰城西小志，如此等者，較厲志爲古雋矣。

晉書 唐 房玄齡

二十日 比日校世說，因牽連校後漢書、晉書，略記兩事於此。後漢書蔡邕傳，邕上疏有「臣年四十有六，孤特一身」之語，不言其後有子否也。其女文姬傳謂曹操愍邕無嗣。案晉書羊祜傳，祜爲蔡邕外孫，討吳有功，當晉爵土，請以封舅子蔡襲，遂封襲關内侯。是邕有孫，昔人已有言之者。今案世說輕詆篇注引蔡充別傳曰：「充祖睦，蔡邕孫也。」則邕孫不止一人，尤爲明證。充，司徒謨之父，晉書作「克」，附見謨傳。邕女文姬，人盡知之。其一女適上黨太守泰山羊衜，生女，爲司馬師夫人。晉武帝即位，尊爲皇太后，居弘訓宮，稱弘訓太后，歿謚景獻皇后，追尊母蔡氏爲濟陽縣君，謚曰穆，即祜之母也。祜傳稱其賢行，較文姬爲生色矣。

晉書向雄傳，雄爲河内主簿，太守劉毅、吳奮皆以非理辱之。後雄爲黃門侍郎，毅、奮皆爲侍中，同省，初不交言，武帝敕雄復君臣之好。雄不得已，乃詣毅再拜云云。世說方正篇以爲河内太守劉淮，孝標注引王隱、孫盛之言，以爲太守是吳奮，非劉淮。考晉書劉毅傳，晉有兩劉毅，一與劉裕同起兵者，此則在武帝時。毅一生未嘗歷外任，初無爲河内太守之事。蓋唐人修晉書，雜采諸說，既並列兩事，又誤淮爲毅，上云毅、奮同爲侍中，下止云詣毅再拜，皆其疏也。

世説新語　南朝宋　劉義慶

三十日　夜校世説一卷，至賞譽上篇訖，比婁作輟，計止得半耳。然正文及注各本並誤，今确有據依，更正者不下數十事，其參證補注者亦數十事。俟後半部校成，足爲佳本矣，即無力付刊，當條舉所校者刻之。

十月

十六日　校世説仇隙篇訖，其與漢、晉諸書互異者俱已勘出，再當取藝文類聚、太平御覽諸書校之。

譜系之學，唐後遂絶。李延壽南北史多以一家合傳，自緣六季亂離，譜牒散逸，故於國史存世本之意，深爲有識。歐陽新唐書宰相世系表雖考據甚疏，其法不可非也。惟六朝世家，至唐已多不競，故如陳郡謝氏、潁川荀氏、泰山羊氏、汝南袁氏諸家無爲宰相，遂至泯如。世説注所引家譜甚多，其姻親亦頗詳備，予前日偶取羊氏譜出之爲表，自漢及梁，粲然可觀，又據羊秉叙知祕與祉皆續之子，可證晉書羊祜傳以祉爲祕之子之誤。惟晉書有羊鑒，又有謝安之甥羊曇，皆泰山人，而世説不見，遂無由考其世系矣。

晉書　唐　房玄齡

十七日　校晉書帝紀，官本之誤，不減汲版，蓋此書中祕亦無舊槧，又屬於金銀白芨之流，每卷下考證不過一二條，有並無一字者，皆極可笑。翰林人材雖乾隆初亦不過如是，然在今日，即此一二條亦不知何語矣。

十九日　校晉書帝紀訖，計共十卷，中自嘉定錢氏、王氏所舉外，又得十餘條，皆以志、傳互勘出之。晉書先冠以宣帝、景帝、文帝紀，已是紕繆。三國志三少帝紀，稱高貴鄉公少好學夙成，齊王廢，公卿議迎立，其下備述公之辭讓有禮；又云即皇帝位，百僚陪位者欣欣焉。此明言高貴之爲令主，而晉書景帝紀則言帝本欲立彭城王據，太后不聽，乃迎高貴。高貴受璽，惰舉趾高，帝心憂之。其下又備載帝訓高貴之言，浮辭譫語，令人憤邑。此皆當時司馬之黨如王沈輩者醜誣妄造。其後孫盛、魚豢、王隱、朱鳳之流傳播穢言，以爲信史。承祚身仕晉武之世，羈旅孤危，其時典午方隆，王沈諸黨逆之徒咸據高位，其書盛行，乃悉歸刊削，絶不顧忌，此所以爲良史也。裴世期注遍搜異説，而於高貴紀注，未有晉書所稱一字。彭城王據傳亦不注司馬師本欲迎立之言。蓋晉人多誣，世所共悉，而高貴賢明好學，見酷逆臣，亦古今所共痛。唐修晉書，何嫌何疑，乃舍承祚之直筆，而拾王沈之奸唾，滿紙醜言，自成穢史，許敬宗輩真犬彘也。劉子玄云：「古之書事也，令亂臣賊子懼；今之書事也，使忠臣義士羞。」每誦斯言，爲之三歎。

老子考異　明　薛蕙

夜，取明人薛蕙老子考異與畢氏所刻道德經考異及彭耜釋文勘録一過。蕙字君采，工五言詩，所稱薛考功也。著老子集解二卷，後附考異一卷，三原李氏惜陰軒叢書刻本。明人著書，不知體例，薛氏自謂擇善而從，則其本全不足據；其注亦多剿襲浮辭。考異止列一作某字，一無某句某字，不載所引之本，亦是明人習氣。然自云家藏有十餘本，則容有今所未見者，間亦往往與彭氏所引及畢氏所據傅休奕本合，因附録畢氏本中，以備采擇焉。

後漢書　南朝宋　范曄

二十日　終日雜閲考辨諸書。夜讀後漢書周舉左雄黄瓊傳論、李固杜喬傳論、黨錮傳序、李膺傳論、張儉傳論、陳蕃傳論、竇武何進傳論、儒林傳論、邵子湘書金谿兩烈婦紀略後、汪容甫李惇墓誌、弔馬守貞文、彭二林秋士先生墓志，忼慨激烈，有幽并豪士悲歌之風，此予平生所最意者也。

晉書　唐　房玄齡

二十二日　校晉書律曆志，此非予所解也，然因此合續漢志劉昭注校之，遂是正杜預春秋長曆序文一二處，其中誤文衍字，孫氏岱南閣刻本亦有未及正者，以此歎校書之難而有功也。夜校禮志一卷，計是正二十事，多以沈約宋志參之，皆錢氏、王氏所未及。

二十三日　校禮志一卷，計是正三十九事。晉武帝純孝性成，三代以下不多得。禮志中載其答諸臣請復膳易服詔云：「吾本諸生，家傳禮來久，何至一旦便易此情於所天？」上陵詔云：「此上旬先帝棄天下日也，便以周年，吾煢煢，當復何時一得敘人子之情邪？」答諸臣請不服衰絰詔云：「亦知不在此麻布耳，然人子之思，爲欲令哀喪之物在身，蓋近情也。」又云：「患情不能跂及耳，衣服何在？」答群臣請除太后喪詔云：「不能篤孝，勿以毀傷爲憂也，誠知衣服末事耳，然今思存草土，率當以吉物奪之，乃所以重傷至心，非見念也。」其言皆真摯可味。漢文短喪，意以便民，後遂不知其本。晉武能以身帥先，毅然行之，而當日群臣必奪其志，不知是何肺府也。試問降膳素衣，人主行此於宫中，何損於天下之事？而諫者動以海内未平，萬幾事殷爲言。其時首列名者太宰司馬孚、太傅鄭冲、太保王祥、太尉何曾、司徒司馬望、司空荀顗。孚，司馬氏所稱名德，冲、祥、曾、顗，皆當時所謂至孝也，而力强其君以從短喪，忠孝之道，如是而已矣。其後杜預造皇太子短喪之議，謂天子古無行服三年之制，高宗諒闇者，除服而不言，故不云服喪三年，而云諒闇三年，明不復寢苫枕土，以荒大政也。夫既云百官總己聽於冢宰，則固不聽政矣，言且可以不言，而身不可以行服，遁辭害理，可謂無人心者也。又引翟方進自以身爲漢相，居喪三十六日而除，明國典之不可踰，而況於皇太子？是所謂飲狂藥以藥人也。預之經學，從可知矣。王彪之議喪終，遇閏即當先除，不宜取閏以踰期限，而以博士吴商謂當俟閏終，小官之言不足準，則蒙面喪心，出此叢土，此其爲桓温草廢海西奏，故能悍然不疑。而當時史臣，猶誇其朝服當階神采毅然也。典午之世，名教埽地，深可悲哉。

二十九日　校晉書五行志一卷，以漢、宋志參校，僅得是正十條，然因此得正漢志者二事，坿録於此，以見互校之益云。

漢書五行志「水不潤下」條，引京房易傳云：「顯事有知，誅罰絶理。」晉、宋志皆作「顯事者加誅罰絶理」，「有知」乃「者加」之字誤也，此謂執事者誅罰過當，但絶理句尚有脱字耳，續志誤同。「大敗不解，兹謂皆陰。解舍也。王者於大敗誅首惡，赦其衆，不則，皆函陰氣，厥水流入國邑。」續志、晉、宋志「兹謂皆陰」下即接「厥水」句，無「解舍也」至「皆函陰氣」二十字。案，上文「兹謂狂，厥災水流殺人」，又「兹謂追非，厥水寒殺人」，又「兹謂不理，厥水，五穀不收」，皆與此文法一例。「解舍也」等二十字，乃「大敗」二句之注，不知何時混入正文。上文「歸獄不解」注引張晏曰「解，止也」，此處「解」字與上異義，故注曰「解，舍也」，蓋亦師古所引舊注而傳寫失其名耳。又「皆函陰氣」下有「師古曰函讀與含同」八字小注。案，上以「皆函陰氣」釋「皆陰」二字，故師古以「函同含」釋之。然「皆陰」二字不成文義，疑本當作「函陰」，故舊注既以「皆函陰氣」釋「函陰」字，師古復以「含」釋「函」字也。全書中師古並釋舊注者雖所在多有，此則「函」字當本是正文，非注文耳。惜此段脱誤衍文甚多，續志及晉、宋志亦同其誤，不得盡正之。

夜校晉書藝術傳一卷、列女傳一卷，皆僅得其略耳。

三十日　校晉書四夷傳一卷、王敦沈充傳一卷、桓温孟嘉傳一卷、桓玄卞範之傳一卷，皆是正甚尟。四夷傳序論皆佳。桓玄傳論備言帝王之興，必有符瑞，而玄無之，故敗。此等鄙識妄言，污之信史，深爲可笑，蓋又出許敬宗、李義府輩奴才之筆耳。其言玄之生有大星墜於盆，如二寸火珠，其母馬氏以瓢接取吞之，遂有娠。夫二寸之大，既不可吞，星火鑠金，豈敢入口？馬氏，温之孽嬖，並非異人，揆之情理，萬無此事。且玄驕淫狂豎，絶無才能，乘晉不綱，反覆得利，竟行篡竊，旋致殲夷。觀其行事，昏惰恇怯，鄙陋詐僞，不特羿卓所羞稱，亦爲猹莽所不取，晉之豺狼，桓之梟獍，不祥莫大，厲氣所鍾，而猶誇其誕生，詑其奇異。蓋以當日桓氏門客如王謝之徒，妄相造飾，而玄又小有文藻，自稱名士，篡立以後，卞殷醜類，導諛獻媚，作此禎符，以僞孽之盜干，比娀嫛之降瑞，豈知燕卵本可吞之物，大星非下咽之需，史臣載之，無識甚矣。

十一月

初三日 校晉書劉曜載記一卷。劉元海僭位時，下令稱紹修三祖之業，追尊蜀後主爲孝懷皇帝，立漢高祖以下三祖五宗神主而祭之。案，五宗者，文帝太宗、武帝世宗、宣帝中宗、明帝顯宗、章帝肅宗也。元帝號高宗，成帝號統宗，以議出王莽，中興時已去之。宣帝中宗之號，亦莽所議加，故光武時復特詔追尊孝宣皇帝爲中宗，後漢書本紀中特書之，以見非用莽之議也。和、安、順、桓四帝，亦有穆、恭、敬、威四宗號。董卓時因蔡邕議四帝無功德，亦去其號，故元海此令，自高帝、光武外，亦止舉文、武、宣、明、章五帝功烈之盛，所謂五宗，無可疑矣。惟三祖則漢自高帝號太祖、光武號世祖外，無稱祖者。而王彌傳載元海謂彌之言，稱昭烈爲烈祖。三國時魏、吴皆有祖宗之號，孫堅號始祖，權號太祖。惟蜀漢昭烈以天下未一，謙而不居，疑烈祖之號亦元海所追尊，與謚後帝爲孝懷同出一時，史失載耳。漢高號太祖，謚高皇帝，而史記、漢書皆於紀首即稱高祖，以下亦俱作高祖，不知何故也。劉元海自以承漢後，此令首云「昔我太祖高皇帝」，固未嘗誤，其下言「高祖以下」者，史文耳。

劉氏載記論曰：「懿彼武王，殷之列辟，載旆乘時，興兵誓野，投焚既隕，可以絶言，而輕呂旁揮，彤弧三發，豈若響清蹕於常道之門，馳金車於山陽之館。故知黔首來蘇，居今愛古，白旗陳肆，古不如今。」是謂曹丕、司馬炎賢於武王、舜、禹之事，吾知之矣。唐史臣許敬宗輩雖謬妄，不至於此。其爲此言者，蓋爲唐之待酅公地，故不覺其辭之悖也。然陳留王終晉之世，禮極優崇，朝會位在皇太子上，三代以後，晉之待曹氏，宋之待柴氏，可謂厚矣。晉與趙宋國勢最弱，亂亦最甚，而曹柴兩姓，卒無風塵纖芥之警，盜賊亦未有假之以生心者，然則大公爲心，報固不爽，其動以禁防前代爲言者，胡弗思哉。

初六日　夜校晉書石季龍載記一卷。晉書於石氏、慕容、苻、姚諸酋，皆先舉其所居郡縣，而後系之曰羯人，或鮮卑人，或氐人，或羌人，獨於劉元海曰「新興匈奴人」，僅舉郡而無縣，於例既不畫一。且四夷傳言魏武分匈奴爲五部，左部居太原故兹氏縣，北部居新興縣，此「縣」字衍。元海載記亦云「左部居太原兹氏，北部居新興」。元海爲左部人，世爲左賢王，領左部帥，則當爲兹氏人，非新興人矣。兹氏魏時改屬西河郡，晉時西河爲國，移治兹氏，改兹氏曰隰城。是元海當曰西河隰城匈奴人，於例方合。

四夷傳劉元海載記兩兹氏，官本俱改曰泫氏，蓋以地理志晉時太原無兹氏，而上黨有泫氏也。不知泫氏自漢及晉皆屬上黨，未嘗屬太原。兹氏兩漢志皆屬太原。晉時所屬既移，縣名又改，故四夷傳曰「太原故茲氏縣」，加一「故」字，明爾時已無此縣也。泫氏今山西澤州府高平縣，茲氏今山西汾州府汾陽縣及孝義縣地。載記曰「建武初南單于入居西河美稷，今離石左國城即單于所徙庭也」。案，後漢西河郡本治離石，晉志西河統縣四，尚以離石居首，離石今汾州府之永寧州及臨縣地。左國城在永寧州東北二十餘里，左部城在孝義縣南，美稷廢縣在汾陽縣西北，明元海家世所居不出今汾州府境。故元海初爲離石都尉，此據前趙録，載記作北部，蓋誤。後始僭位，亦都離石，其不當作泫氏明矣。

三國志魏武帝紀建安二十年「省雲中、定襄、五原、朔方郡，郡置一縣，領其民，合以爲新興郡」，明所統有四縣也。續漢志注引脱兩「郡」字，遂不可解。晉志言後漢「靈帝末，羌胡大擾定襄、雲中、五原、朔方、上郡等五郡，並流徙分散」，「建安二十年，始集塞下荒地，立新興郡」。闞駰十三州志、元和郡縣志所言略同。其所領縣仍有定襄、雲中之名，改五原爲九原，亦仍秦時之舊，以九原爲郡治。漢時五原郡，所統本有九原、五原兩縣。而九原、定襄皆移置於太原、陽曲縣界，非漢時故地矣。漢故陽曲縣，爲今忻州地，非今太原郡下之陽曲縣也。晉時新興郡統縣五，惠帝改爲晉昌郡，今山西忻州及所屬定襄縣、保德州、太原之岢嵐州及嵐縣、大同府之大同縣、寧武府之五寨縣，皆其地也。

初七日　校晉書石季龍載記一卷，坿其子世、遵、鑑及冉閔，前燕慕容廆載記一卷，坿裴嶷、高瞻，又慕容皝載記一卷，坿其兄翰及陽、裕。

初九日　校晉書慕容暐載記一卷，坿慕容恪、陽鶩、皇甫真，前秦苻洪苻健苻生載記一卷，坿苻雄王墮，又苻堅載記一卷。

初十日　校晉書苻堅載記一卷，坿王猛、苻融、苻朗。

十一日　校晉書苻丕苻登載記一卷，坿索泮、徐嵩。夜雜校晉書，又是正數事。

十二日　以華陽國志校晉書李特、李流、李庠、李雄、李班、李期、李壽、李勢載記。

晉書地理志新補正　清　畢沅

十三日　閱畢秋帆晉書地理志新補正，以元和郡縣志、太平寰宇記等書參校之，可補正者尚多也。

晉書　唐　房玄齡

十四日　是日校晉書後秦姚弋仲姚襄姚萇、姚興、姚泓載記，共四卷。李特李流、李雄李班漢李壽李勢載記，共二卷。後涼吕光吕纂吕隆載記一卷，都畢。夜校後燕慕容垂載記一卷。

十五日　校晉書慕容寶慕容盛慕容熙高雲載記一卷。

十六日　校晉書西秦乞伏國仁、乞伏乾歸乞伏熾磐北燕馮跋坿馮素弗載記一卷。南涼禿髮烏孤禿髮利鹿孤禿髮傉檀載記一卷。

十七日　是日校晉書南燕慕容德載記一卷，又慕容超坿慕容鍾封孚載記一卷，北涼沮渠蒙遜載記一卷，夏赫連勃勃載記一卷。

十九日 校晉書隱逸傳一卷，晉人此傳至四十人，又附傳者二人，頗不寥寂，蓋以世亂方甚，又士尚清談，玄宗多悟，故巖枯澤槁，較爲多耳。孫登、范粲、陶潛尤其眉目，非唐宋以下人所及也。序論皆拙劣之至，讀之邑邑。

二十日 校晉書五行志中一卷，計是正四十九條，其中或不過文字異同，及起接脱誤，而關係要義者亦有三十餘事，皆以漢、宋志及本書紀傳參互鉤稽而得。又校出漢志誤字一條，皆昔人所忽過者。惜案頭一時無隋志及通志、通考諸書，未能悉正耳。

二十二日 夜校晉書五行志下一卷，是正三十事。

二十三日 校晉書刑法志一卷，是正二十一事。此志錯誤甚多，惜不得取通典校之，僅以後漢書、三國志各傳及唐律疏義略正十之一二而已。比來專事此書，計紀、志、載記俱訖矣。它年有暇力，當取三通、通鑑、册府元龜、太平御覽諸書再校之。

二十五日 夜校晉書后妃傳二卷，此傳序、論贊皆佳，傳亦有法，蓋出房、褚諸公之手。

二十六日 校晉書王祥王覽鄭冲何曾何劭石苞石崇傳一卷，此卷極狀祥、冲、曾三人之浮湛固位，史文之微婉者。曾傳備引傅玄傅子中語，歎曾之爲大孝，而下歷著曾行事之醜，又以旁見玄之爲人，亦可想而知也。蓋曾與傅嘏、荀顗同爲司馬之死黨，曹氏之賊臣，而卻自居正人，不歸賈充等下流之惡，故史特著之。祥雖彼善於此，然傳載其高貴以祥爲三老日，云「祥几杖南面以師道自居，未識其所謂道者何道也」二語，言外之意，不堪其醜。王氏鳴盛論晉書此卷與後漢書胡廣傳同一筆法，有識哉。

是日録何超音義序引於晉書卷端，又補校帝紀、后傳，增注一二條。

素心閣詩集　清　鄭蕙

三十日　爲殷蕚庭點閲鄭蕙素心閣詩集，其死時年僅二十餘，詩亦小有思致，又有擬古數篇，亦女子之慧者。惜所儷者是俗吏，無所觀法，爲可惜也。予重違蕚庭之請，爲略删改之。

孺人少喜讀書，偏能記誦。殷君始授以列女傳，遂知儀型芬懿，跂迹珩璜。粉印青編，不離素手；麝凝墨點，常在朱唇。尤愛楚辭及杜工部集，玉窗倦繡，輒取評量；銀燭向晨，猶聞朗誦。蓋湘江香草，已傷飲泣之心；蜀道啼鵑，遂有斷魂之恨。平生作詩至數百首，臨殁，命悉焚之。斯又優曇已空，靳留其香色；卷施既拔，欲絶其纏綿。不求語言之工，恥入婦人之集者也。殷君愴深墜鏡，憶切新銚，收拾錦囊，猶盈緗帙，刻爲素心閣遺集一卷。

十二月

晉書　唐　房玄齡

初三日　校晉書儒林傳一卷、文苑傳一卷、外戚傳一卷。至夜三更畢。

初九日　校張重華傳至張天錫傳一卷訖，又校西涼武昭王李暠傳一卷。閱四庫總目史部正史類、編年類。

初十日　校晉書孝友傳一卷、忠義傳一卷。孝友傳中如劉殷、王延，後皆仕於劉聰，王伯厚以爲譏。然晉人如王祥、何曾、荀顗皆稱至孝，而皆不忠於魏；曾、顗至佐晉以傾魏，於殷、延何責焉？祥與延皆爲後母所虐，皆有盛冬求魚得於冰上之事，而延能死劉氏靳準之難，效子胥抉目之言，較之休、徵，加一等矣。

嵇紹與王裒不可同年語也，裒父儀雖爲司馬昭所殺，然（裒）〔儀〕本昭之司馬，因軍敗不自請罪，而反歸罪於昭，因以致死，非不順昭者也。裒本可以仕而不肯仕，所以爲孝也。紹父康則以不黨司馬氏而死，紹之所處，當與諸葛靚同，觀靚之事，則紹必不可爲晉臣矣。山濤勸紹以仕，此竹林之頹風，清談之結習也，紹幸以一死蓋之，既仕則宜死也。晉書以裒入孝友，以紹入忠義，而論中以兩人並衡，謂趣異而理同，又引左傳天可讎乎之言，非也。守父之志而不仕，安得謂之讎乎？

嵇含之弔莊周文，可爲破一代之膏肓，續末流之毛髮，與王沈之釋時論、魯褒之錢神論，皆有晉之蓍龜也，季世不綱，險詖顛倒，千古一轍，讀之可歎。

十一日　閱四庫總目小學類。夜校晉書王遜至朱序傳一卷，遜以功名終，未嘗敗衄，不當入此卷中。羊鑒一無事蹟，惟有討徐龕一事，不足立傳也。

十三日　校晉書王恭至楊佺期傳一卷、劉毅至魏詠之傳一卷。晉書劉毅傳載毅罷江州軍府之奏，下云「於是解悦、毅移鎮豫章」，悦者，庾悦也。按宋書庾悦傳作「解悦都督、將軍官，移鎮豫章」，宋書是也。移鎮豫章者乃悦而非毅。悦本以建威將軍兼督豫州、司州等六郡，爲江州刺史，治尋陽。毅以其時所督軍府鱗次，而江州地險民疲，置軍多費，故奏罷之，而悦遂解將軍及所督豫、司兩州之郡，但以江州刺史移鎮豫章，豫章本江州所屬郡也。晉代以來，刺史兼都督者得專生殺，其次爲監，皆持節，而往往以此州刺史兼督彼州，其權重有至八州、十州、十六州者，而各州仍各有刺史。又一州所屬之郡，亦彼此分割，有一州而數人分督之者，並有一郡而數人兼督之者。其別有使持節、都督持節、督假節監三等，悦雖解軍府，而刺史如故，故宋書下云「悦不得志，疽發背，到豫章少日卒」也。毅本以都督豫州、揚州，爲豫州刺史，鎮姑孰，晉屬于湖縣，今安徽太平府當塗縣。地逼建康，雖名藩鎮，實執朝權。故劉裕討盧循，以毅知内外留事，又轉衛將軍開府儀同三司江州都督，乃加督江州，而非莅江州也，故毅奏有「所統江州」之語。其後毅爲都督荆寧秦雍司晉書誤作四，從錢氏大昕説改正。州、荆州刺史，始去朝廷，故下云「既出西藩，雖上流分陜，而頓失内權」也。若豫章，則在晉時爲外郡，非形勝之地，豈得以毅居之？而晉書又云「奪悦豫章」，何其謬也。唐人修晉書，不明當時官制，顛倒增改，於前後事語亦不一相檢覈，蓋官書之疏，史館之陋，向來如是。至毅此奏，雖銜庾悦夙恨，然其言實切事勢，不愧經國，故晉、宋書皆全載之。毅備經悦挫辱，而此奏尚稱悦甚有恤民晉書作「恤隱」，唐避太宗諱。之誠，且僅解其軍府，不失以直報怨。晉書謂其「褊躁如此」，則以毅與裕不平，而悦爲裕黨，故宋人歸罪於毅，而唐人沿之，此又讀史者所當知也。

史姓韻編　清　汪輝祖

十五日　閱汪龍莊先生史姓韻編，近年江寧書局活字版印行者也。其中於紀傳附見名氏漏落甚多，亦頗有訛失。如漢之毋將隆、魏之毋丘儉，皆音無，而俱收入上聲，二十五宥作「母」。晉之高平郗氏，誤從訛本作「郄」，收入入聲，不知「郄」乃「郤」之俗字，晉書音義尚能明言之，「郗」與「郤」迥不同也。

晉書　唐　房玄齡

十七日　校晉書羊祜杜預傳一卷，陳騫、裴秀、裴頠、魚毀切，以對音求之，當讀若皚上聲，今讀若危上聲，以類隔切之也。裴楷等傳一卷。

十八日　校晉書衛瓘衛恒衛玠張華劉卞傳一卷，華傳後載諸瑣事，極爲可厭。

二十一日　校晉書宗室安平獻王孚至任城景王陵傳一卷。

二十二日　校晉書夏侯湛傳、潘岳傳。

二十三日　校晉書潘尼傳、張載張協傳，共一卷訖。比日手瘃坼裂，右五指俱瘇，不能作字，至夜始稍可握管耳。

春秋左氏古義 清 臧壽恭

二十六日 爲伯寅校臧壽恭眉卿春秋左氏古誼，得三卷。其書於經文之有漢儒舊説者，皆采而存之，附以案語，多本之漢志、説文、五經異義及左傳正義，大恉主駁杜氏，以復左氏經之舊，然不輕改經文，頗爲謹嚴，又往往據經典釋文參互考證，以知三傳經文今本多有轉相竄改之誤，亦阮氏校勘所未及。其人通算學，據三統術以考歲星超辰及朔閏積分之法，亦較諸家爲密也。

光緒元年

正月

春秋左氏古義　清　臧壽恭

初六日　校臧氏春秋左氏古義一卷，共六卷訖。所載實止經文，據其門人楊峴跋，言臧氏本以經傳分編，先爲經文，後爲傳文，未成而卒。經自昭公二十三年以後亦全闕，峴爲之補完。則此書當題曰左氏春秋經古誼考，今之所名，殊未妥也。其列三家經文異同，多以趙寬夫春秋異文箋爲藍本，而約略其語。其采掇賈、服、潁諸家古義，亦遠不如李次白春秋左傳賈服注輯述之詳，然其長處亦不可没，予前已論之。

目耕帖　清　馬國翰

初八日　閱目耕帖，共三十一卷，歷城馬氏國翰竹吾所著，乃其經説之屬，爲易六卷、書六卷、詩十卷、周禮九卷，無序，無目録，蓋未全之本也。其書多撮録前人之説，間附己意。揆其命名，蓋以目涉而記之帖者，取唐人明經試帖括之意，謙辭也。

明紀　清　陳鶴輯　陳克家補

初九日　再得伯寅書，贈陳氏明紀一部。即復謝，犒使二千。明紀共六十卷，元和陳工部鶴撰，起元至正十一年至莊烈崇禎元年，未訖稿而卒。其孫中書克家續成之，莊烈以後附以福王始末、唐王始末、桂王始末，唐桂二王兩卷皆低一格書之，從御批通鑑輯覽附書唐桂例也。克家更爲考異若干卷，言去取之意，尚藏稿未刻。

古謡諺　清　杜文瀾

初十日　得伯寅書，贈秀水杜文瀾所輯古謡諺一部，共一百卷。文瀾以諸生從戎，今爲江蘇候補道，屢署兩司，聞其精於詞律，有補正萬紅友之作。此書雖體例紛糅，出入任意，然以經史子集分編，采取博洽，亦可觀矣。

經苑　清　錢儀吉

十一日　再得伯寅書，贈河南所刻經苑一部，共十二函，即復謝。經苑者，錢衎石所校定唐宋元明人經解爲通志堂所未有者共四十一種，錢氏主講河南大梁書院時，張布政日晸、王按察簡、楊兵備以增張後官雲南巡撫，王後官河南布政，楊後官南河總督，此據當時所官言。等鳩資刻之，開工於道光乙巳秋，至庚戊夏，得二十五種，而衍石卒，遂輟工，今所有止二十五種也。宋司馬温公易説六卷、宋張根吴園易解九卷、宋楊萬里誠齋易傳二十卷、宋徐總幹易傳鐙四卷、元黄澤易學濫觴一卷、宋鄭伯熊敷文書説一卷、宋黄倫尚書精義五十卷、宋趙善湘洪範統一一卷、宋王質詩總聞二十卷、宋吕祖謙吕氏家塾讀詩記三十卷、宋戴谿續讀詩記三卷、宋王安石周官新義十六卷附二卷、宋李如圭儀禮集釋三十卷、釋宫一卷、唐陸淳春秋集傳纂例十卷、春秋微旨三卷、宋蘇轍春秋集解十二卷、宋朱熹孝經刊誤一卷、明吕維祺孝經本義二卷、孝經或問三卷、孝經翼一卷、宋鄭汝諧論語意原四卷、宋熙時子孟子外篇注一卷、元許謙讀四書叢説七卷、元熊朋來瑟譜六卷。其張、徐、黄之易，朱、吕之孝經，亦徒災梨棗者矣。

原訂目録中有朱子儀禮經傳通解三十七卷、黄榦等續二十九卷、黄震讀禮記日鈔十六卷、吴澄禮記纂言三十六卷、陳祥道禮書一百五十卷、陳暘樂書二百卷，皆未及刻，則可惜也。

蒼頡篇 清 馬國翰輯

十四日 以馬氏所輯蒼頡篇與任氏小學鉤沈本、孫氏岱南閣本參校。馬氏采取最密，而孫氏最有條理。其中篇以下，依説文部目爲次，便於檢尋，則孫、馬兩家所同也。惟諸書所引蒼頡篇，既合趙高之爰歷、胡母敬之博學，又合揚雄之訓纂、賈魴之滂喜，故或稱「三蒼」，亦稱「五蒼」；而杜林之訓故、張揖之訓詁、郭璞之解詁，亦皆不能分晳。任氏於蒼頡篇下附蒼頡訓詁、蒼頡解詁各數條，固嫌疣贊；馬氏既言不能分別，故於蒼頡篇開卷並題爰歷、博學、訓纂、滂喜諸篇名，又並列張揖訓詁、郭璞解詁於下方，而復別輯揚雄之訓纂篇，杜林之蒼頡訓詁及三蒼各爲一卷，出入紛拏，轉亂耳目，不如孫氏之聓合爲一也。

古謠諺　清　杜文瀾

十六日　雜閱古謠諺數卷，可謂非要著書，徒勞心力者矣。前有儀徵劉毓崧序，聞是書即出於劉，非杜所能爲也。

唐宋夜燈

十七日　宋人説部，謂十七、十八兩夜燈始於宋初，吴越王錢俶入朝所請，謂之金錢買夜。劉侗帝京景物略謂始於宋乾德五年，謂之「五夜燈」，至南宋淳祐三年，更加十三一日，謂之「六夜燈」。蓋太平無事，朝野歡娱，因時爲制，增減不一。如唐代自明皇時放三夜燈，上元前後各一日，然朝野僉載言睿宗先天二年，正月十五至十七作燈輪蹋歌三日夜，則已至十七矣。歲華紀麗譜言咸通十年正月二日，然燈張樂，猶大中承平之餘風，則唐時初二日有燈矣。梁簡文帝有正月八日然燈詩，則六朝時初八日有燈矣。

明紀 清 陳鶴輯 陳克家補

二十三日 閲明紀。此書采取不博，而疵病尚少，蓋陳稽亭守桐城家法，謹敕足多耳。

曉讀書齋二録 清 洪亮吉

二十六日 洪稚存曉讀書齋二録，言晉郤缺謚成子，見内外傳，而新唐書吕諲傳，博士獨孤及議謚曰「冀缺之恪，寧俞之忠，隨會不忘其君，而皆謚曰武」，是缺之謚又當爲武，非謚成矣。「成」「武」字正書本相近，豈「武」字傳寫誤爲「成」耶？慈銘案，古書「成」「武」字相溷者多矣，即以左傳言之，昭公二十五年「吾聞文、成之世」，謂魯文公及成公之世也，今本皆作「文、武之世」，此類是矣。

洪氏又謂三國魏武帝紀「漢相國參之後」，然裴注引魏書建安二十二年八月令云「蕭何、曹參縣吏也」，若果爲參後，則操自作令，不宜如此。慈銘案，此正如劉裕自謂楚元王之後，蕭道成自謂蕭何之後，楊堅自謂楊震之後，遥遥華胄，何容致辯耶？

熙朝宰輔續録

三十日 夜續録熙朝宰輔，自丙辰至今，滿洲共得十二人，漢得十人，其再入者滿有瑞麟，漢有賈楨，皆不數焉。

二月

四庫全書總目提要　清　紀昀等

朔　四庫子部提要，多出歷城周書倉永年之手。書倉專精丙部，而紀河間之學亦長於諸子，故精密在史部、集部之上。即以類書一門言之，鉤貫淹通，於極繁重之書，皆指瑕尋間，得其條理，誠自古目録家所未有。然亦有失之眉睫者，如李瀚蒙求集注於「顔叔秉燭」句云「事出毛公詩傳」。案小雅巷伯「哆兮侈兮」下毛傳載顔叔子獨處於室，使鄰婦執燭達旦事，其文甚詳，是注本不誤。而提要乃云今詩傳實無此文。藝文類聚引莊子梁君射白雁事，案此與新序雜事篇二所載大略相同。太平御覽三百九十人事部引此，亦作莊子。困學紀聞卷十載莊子逸篇三十九條，此事亦據類聚、御覽諸書輯入，是本不誤。而提要乃據彭叔夏文苑英華辨證，云莊子無其語，謂所摘中其失。以是知考據之難也。

初二日　閲四庫提要史部別史類、政書類。詔晝漸長，便苦小極，讀書凌雜，考索多忘。寫提要書尉六十册，已得半矣。此處作字最難，加以敗筆細書，目力爲昏。

采選格

夜無憀，戲擲采選格三周，得全紅。劉貢父以此事爲漢官儀，行之固佳。予欲試以周官爲之，其黜陟雖無可考，然依卿、大夫、士命數，亦可得其大略，以教子弟，較勝於王禕之周官急就也。當采莊氏存與周官表、胡氏秉虔儀禮釋官二書，參以内、外傳及顧棟高春秋大事表、程廷祚春秋職官考略。

論語稽求篇　清　毛奇齡

初八日　閱毛西河論語稽求篇，此書佳處固多，然如謂哀公問社是問社義，宰我答以社名，樹松曰松社，樹栗曰栗社，是臆造典故，絶無依據。謂不有祝鮀之佞而有宋朝之美，是喻無希世之資，而徒抱美質以遊於人。謂「人之生也直、罔之生也幸而免」，「生」字如孟子「生斯世也」之「生」，言人之生於斯世，與世相接，以直道故也，若誣罔而猶在人世，是倖免耳。其誼皆不甚異舊注，而故作迂曲。至若「唐棣之華」二節，舊本與「可與共學」節合作一章，漢儒因有反經合道之説。何氏謂偏反喻權道之反，此先儒舊誼之不可從者。取詩中一「反」字以喻道之可反，聖門説詩，絶無此例。皇、邢二疏皆謂「樹木之花，皆先合而後開」，唐棣之花獨先開而後合，以喻權道之爲用，先反而後順，此即後世辭賦家取義亦無若此之纖巧。蓋漢人傳論語者，此處偶失分章，遂因而附會之，其説實不可通，當以朱子分章爲正。毛氏必申舊説，引王祥傳爲證，謂祥臨歿屬後人，使不澣濯，不含斂，不沐棺槨，不起墳塋，家人不送喪，祥禫不饗祀，雖不用古法，而反經行權，期合於道，故終之曰「未之思也，夫何遠之有」，正取唐棣是篇以反作正之證。案晉書王祥傳祥著遺令訓子孫，先言「生無毗佐之勳，没無以報，故自氣絶，但洗手足，不須沐浴」，以「至大小祥，乃設特牲，無違余命」，皆言終制之事。其下自言「行可復，信之至也」，至「臨財莫過乎讓，此五者立身之本，顔子所以爲命未之思也，夫何遠之有」，乃是訓子孫之語，與上截然兩事，辭意亦絶不相涉。毛氏任意割裂，强相比附，其謂晉書亦無人能讀耶？

又若「君子之道，孰先傳焉，孰後倦焉」，注疏皆無異説。朱子謂「倦」如「誨人不倦」之「倦」，以傳與倦皆指教者言，尤爲直截。毛氏謂「倦」即古「劵」字，「傳」與「劵」皆古印契傳信之物，傳者符傳，劵者契劵，以喻教者之與學者，兩相印契。案説文劵下從力，古倦字；券下從刀，契也；劵券迥然兩字。「疲倦」之「倦」可作「劵」，未聞「書券」之「券」可作「倦」也。乃又引考工記「輈人左不劵」，鄭注謂「劵字即今倦字」可驗。案考工記輈人本作「終日馳騁左不楗」，杜子春云「楗讀爲蹇，書楗或作劵」，康成謂「劵，今倦字也。輈和則久馳騁，載在左者不罷倦，尊者在左也」，是正謂「劵」即「罷倦」字。鄭君誼與許同，即楗爲楗歫，蹇爲蹇澀，亦皆倦極之意，與契券何涉？而强改經文、注文以就己説，其謂周禮亦無人能讀耶？此等恃其辯博，疑誤後人，不可以不正也。

順康雍大臣碑志傳

十七日　雜閲國朝乾隆以前大臣碑志傳，近世既無人能爲古文，而士夫家又不講碑碣銘表之制，其達官得賜祭葬者大率刻諭祭諭葬文以爲墓碑而已，八旗人尤罕見碑表，故事迹多不可考也。

吾學録　清　吴榮光

十八日　終日閲吴荷屋中丞吾學録。其書雖乏體要，多略於朝廷大典制，而泛及官府常行事例，不脱公牘家言，然於品官、士民、祭禮、喪儀及刑名例禁，獨爲詳悉，亦教子弟者所必需也。

庭訓格言　清　愛新覺羅玄燁

十九日　得伯寅書，以聖祖仁皇帝庭訓格言一帙見贈，雍正初，世宗憲皇帝偕誠隱親王等所纂録，伯寅之從弟福建布政使麝新刻者也。即作書復謝。又贈梁維樞玉劍尊聞一部、時人王霞舉詩一部，俱還之。

國朝先正事略　清　李元度輯

遣人至廠肆，取李次青先正事略一部來。此書雖陋略，然鈔輯之功亦不可没，藉作稿本亦佳耳。

熙朝宰輔録　清　潘世恩

終日增注熙朝宰輔録中字號及官銜、封爵，當改爲表，更刻之。

國朝先正事略　清　李元度輯

二十一日　閱先正事略。國初「梅勒章京」即漢言男爵也，乃范文程傳云「加一等梅勒章京，世襲一等男爵」，此由不識官制也。阿桂傳云「孫那彥成，官大學士」，那彥成何嘗官大學士乎？其疏如此。

魏書　北齊　魏收

二十五日　魏書靈徵志以秀容郡婦人一産四男，四産十六男，列之人痾。舊唐書五行志亦載昭應婦人張氏産一男二女，延州人賀文妻一産三男。後世官吏無識，夸爲瑞應，實則獸生道也。其事率出於市井小民，有至十二男者，與卵化何異？李奇生勺録載康熙五十三年，易州呼姓民家婦産一胞，剖之，得男子三十六人，見風而長，蓋妄言也。果有其事，亦爲大怪異矣。

三月

卷葹閣詩　清　洪亮吉

初七日　張熈民來，以洪北江題其叔祖春巖訓導詩集七古手蹟見示，後附三月晦日即事絶句二首。春巖名景運，字靜旃，晚更名太復，自號秋坪道人，兩浙運使惟寅之子，乾隆丁酉拔貢，由順天府學訓導升浙江太平縣知縣，到官僅數月，以海盜案革職，發軍臺贖罪，捐復學官，選遷安訓導以卒。著因樹山房詩鈔、秋坪新語，已刊行，又有浮筠書屋文集、半一軒詩集等五六種。北江此詩見卷施閣集卷第十一，題作暇日校法學士式善張大令景運近詩率賦一篇代柬，其絶句，則卷施閣餞春十首之二也。詩以粗宣紙寫之，颭民得於故紙堆中。北江又有張烈婦詩七古一首并序，亦見集中，卷第十七。即爲春巖子婦王氏殉其夫慧裕作也。詩有云「婦先兕，兒童烏，阿翁復作鬼董狐，一家奇行皆堪圖」，自注：「大令近作述異記數種。」北江詩筆力健舉，而時病淺率，其校法、張二君詩尤叫囂，集中最下作也。烈婦詩所云「婦先兕」，乃用魏書列女傳涇州貞女兕先氏，許嫁彭老生爲妻，未嫁，而老生逼之，不從，遂爲老生所殺事，事既不倫，又以易「兕先」爲「先兕」，皆其疏也。

半一軒集　清　張太復

初十日　昨以對客無聊，今日尤覺形神昏憊。因閱洪北江詩，遂及張秋坪詩。其因樹山房集，予未之見。其半一軒集，則颭民所寫示者也。詩約百數十首，颭民蓋節録之。雖時病率易，或苦槎牙，未有醖釀之功。而辭旨清辯，筆亦健達，與北江詩格相近。北江謂其落筆有古人，則未確也。北方詩人，似此已爲難得。故當日如吴白華、紀文達，皆稱許之。其詩七古如五人墓、刀山女技歌，五古如歸里述懷六首、興濟道中有感明孝康張后事，五律如淮陰弔古、寧武雜詠、景忠山，七律如臨清懷謝山人茂秦、良鄉郊勞臺、定興有感鹿忠節公、白雪樓懷李滄溟先生、三屯營有感戚少保故迹、斑竹嶺弔潘玉蘭校書，皆風格不媿作家。七絶如舟過山陰云：「雲容水態逼秋清，池邐青山入越城。十里迴塘樓兩岸，夕陽無數畫船行。」亦可傳也。

九經古義　清　惠棟

十一日　夜閲惠氏九經古義，貸園本、省吾堂本皆有誤字，學海堂經解本亦承誤而刻之，今日略校正數處。

札樸　清　桂馥

十六日　閲桂氏札樸，同邑李吏目宏信所刻也。桂氏精於小學，故是書於名物訓詁研析獨精。吏目號柯谿，居柯山裏村，與予家同姓而不同宗。凡山陰、會稽城鄉李氏約十餘宗，其可數者趙墅有松雲中丞，東郭在明有國華中丞懋芳，國朝有秩南編修平，皆與予家同出上虞，爲同宗。山泉村科第仕宦較多，傳出於宋之忠襄公李顯忠，天樂村亦有登科者，不知所出。此外有柯橋李氏、李家漊李氏，皆有祠堂，而無科第。吏目爲柯山李氏，又別爲一宗，亦有祠堂，而無爲弟子員者。吏目亦由部之供事，爲雲南吏目。據此書跋尾自言在滇時謬以下僚，蒙被推許，引與談論，朝夕商榷，因以此稿付之，屬其刊刻。考未谷以永平縣知縣攝鄧川州，則李君蓋爲鄧川州吏目也。其小李山房藏書極精，今其後嗣已絶，書亦久散矣。

札樸者，蓋取説文「柿」下「削木札樸也」之語，以札爲簡札，樸爲木皮，自比於削牘所棄之餘。今段氏説文已改「削木札樸也」爲「削木朴也」，言朴是木皮，樸是木素，削木安得有素？「札」是衍字。近年莫子偲所刻唐本説文木部正作「削木朴也」。然説文下云「陳楚謂櫝爲柿」，段氏依韻會改爲「陳楚謂之札柿」，而唐本仍作「陳楚謂櫝柿」，蓋櫝即牘也，言陳楚謂所削札牘之皮爲櫝柿也。

十八日　終日閲札樸。其辨六宗，引月令「天宗」蔡氏章句云「日爲陽宗，月爲陰宗，北辰爲星宗」，與賈逵説六宗云「天宗三，日、月、星辰；地宗三，泰山、河、海」合。賈説與古尚書説同。鄭注以爲星辰、司中、司命、風師、雨師，與其月令注「天宗謂日月星辰也」，又「天之神祇」注謂「司中、司命、風師、雨師」，自相歧異。案，賈逵説見禮記祭法正義引五經異義，即賈所注古文尚書説也，非別有古尚書説。六宗之義，近時陳恭甫五經異義疏證備列二十六家之説，紛如聚訟，莫能折衷。續漢書祭祀志載晉太學博士吴商之説，申明鄭義，最有據依。蓋禋是祭天神之名，非地與山川及宗廟人鬼之祭所可混。月令「天宗」亦當是「六宗」之誤。篆文天作天，六作六，最相近，天安得尚有宗，爲不辭矣。

其説「秬鬯一卣」，引周禮春官「廟用修」，謂「卣」字當作「修」。案説文無「卣」字，春官「鬯人廟用脩」，注謂「脩讀曰卣，卣中尊」。其下云：「凡山川四方用蜃，凡裸事用概，凡疈事用散」，注云：「故書『蜃』或爲『謨』。杜子春云：謨當爲蜃。鄭司農云：脩謨概散，皆器名。」以此推之，則「脩」不得即爲「卣」字，猶「謨」不得即爲「蜃」字也。賈疏謂「脩」字於尊義無所取，故鄭從卣，則「脩」非可當「卣」字明矣。江艮庭篆尚書，以卤當卣，亦止取其音同也。竊謂「卣」本字當作「酉」，干支「申酉」之「酉」，篆文作丣，古文作[illegible]，見汗簡。皆與卯之篆文丣、古文[illegible]開合相對。説文「酉，就也，八月黍成，可爲酎酒」；又「酒，就也」。蓋今本有脱誤，「酉」即「酒」字也，故醪醮等六十七文，皆從酉，而「酉」「酒」兩字説解並同。酉者從卯省，酒以八月始酎，故從卯，又取以爲聲也。□象尊形，〈象酒形，「鬯」「卣」之「卣」，本字宜以「酉」爲之也。説詳予所著説文隅得。

其辨燕禮記「賓爲苟敬」，謂苟音己力反。説文「苟，自急敕也」，從芉省與從草之「苟」字異。詩「無曰苟矣」，「苟」亦當爲從芉之「苟」，與下「逝」字爲韻，鄭並注爲苟且者非。案，「苟敬」之「苟」，當音亟，孫頤谷讀書脞録中亦言之，其實非也。燕禮、聘禮兩記之苟敬皆宴賓，至此時其禮已殺，故止爲小敬。若云自急敕之敬，則其敬反加於聘饗時矣。敬本從苟，言敬已足包苟，不當連文言苟敬也。詩之當作苟，與「逝」字韻，則與予舊説合。予説在壬戌日記中册。

其説檀弓鄭注「申生雉經」，正義云「雉，牛鼻繩也，申生以牛繩自經」，引地官封人「凡祭祀飾其牛牲，置其絼」。鄭司農云：「絼，著牛鼻繩」。案，雉經之當作「絼」，阮文達力申其説，然陸氏禮記釋文已云如「雉之自經」也。孔氏正義雖亦引封人之「絼」，而備載雉屈其頸而死之説。堯典「二生一死」，今在舜典。鄭注「雉死」，蓋雉性耿介，故士以雉爲摯，俗作贄。取必死之誼。雉經之説，古人蓋親驗之以爲喻，如必作「絼」，則豈縊死者必用牛鼻繩乎？

其辨學官，謂當作「斆官」，説文「斆，覺悟也」。篆文省作「學」。引檀弓「叔仲皮學子柳」注「學，教也」爲證。案漢書所謂學官者，謂太學之官耳。故後世謂之校官、學校，一也，不必改學爲教。

其辨「子卯不樂」，引漢書「翼奉説北方好行貪狼，申子主之；東方怒行陰賊，亥卯主之」。五行有刑德，行在東方，子刑卯；行在北方，卯刑子。謂賈、鄭注言紂以甲子死，桀以乙卯亡者非。案，近儒多主翼奉説，其實好異之過者，風角刑德之説，聖人所不言。如其説，則浹辰之中，必兩遇子卯，疾日亦太多矣。周以前亡天下者，夏、殷爲慘。周之先王又親誅紂，故忌其亡日，以示警惕。且王者存三統以通三微，夏、殷在三正之世，杞、宋猶存，故子卯不樂，恤亡國，存殷鑒，其義深也。後世尚以甲子日用兵爲戒。武王以甲子興，乃一時折諫者之言，何足以難鄭乎？

其辨龍輔，謂龍節以玉爲函輔，非玉名，亦非禱旱之瓏。案，龍節以金爲之，不聞以玉爲函輔；且國之旌節，皆受之天子，有官守之，不當私以爲獻。杜注玉名，雖不知所出，蓋説左氏者相傳如此。孔疏引説文「瓏，禱旱玉也」，本以無可比附，姑取一龍、瓏同音者言之。桂氏所説則更爲臆決矣。

其説「季氏介其雞」，謂當從韋昭云「以芥傅雞羽」，説者謂介爲甲，非。案，賈逵、服虔及高誘淮南子注皆同韋説，其實非也。果以芥子傅羽，則傳文當云芥其雞羽，不宜止云介其雞也。以介爲甲，云雞著甲，是鄭衆説，爲説左氏者最先之人，而高誘注吕覽亦云「介，甲也，作小鎧著雞頭」，則高氏亦用仲師之義。惟以甲蒙雞，故郈氏爲金距以破之，此事之易瞭者。蓋傳文「介」一本誤作「芥」，釋文「介」又作「芥」。賈、服遂以擣芥子播羽爲説，而杜氏本即賈、服本，遂亦沿用舊注。此亦陸、孔本不同之一，陸本作「介」，孔本作「芥」也。今注疏本乃依陸本改之，傳作「介」，而注義、疏義皆作「芥」，不可通矣。是以釋文、注疏合刻之病也。即如上條記周官「邕人職」，鄭注「蚌曰合將」，此陸氏本也，故釋文云「合音含，本亦作『含』。將如字，本又作『漿』」，而賈公彦所疏之本，則作「蚌曰含漿」，故疏云「蚌蛤一名含漿」，今注疏本亦作「蚌曰合將」。是依陸本改之也。十二經中如此者甚多，不可枚指。宋人謂以芥末傅羽，揚之，欲以眯敵雞之目，亦當自眯其目。其説是也。

其謂趙袁當是趙哀，故字子餘。釋詁「哀，多也」。案「哀」是俗字，古衹作「捊」。趙哀字子餘，自當從王伯申説，以相反爲義，如鄭公孫黑字子皙，魯曾點亦字皙，鄭豐卷字子張之比。王氏謂「卷」當作「弮」，似爲臆改。

其辨魏志鄧哀王沖以大船量巨象事，謂符子載燕昭王以舟量大豕，是古有此法。案，「符子」當作「苻子」，是苻堅兄子苻朗所作，在東晉末。其載燕昭王事，蓋即影撰曹沖事而爲之，子書體多寓言，未必别有所本也。

其賜惡姓一條，謂江西有哀氏、𡊄氏，皆賜姓。今「哀」改爲「衷」。案，風俗通言哀姓魯哀公之後，因謚爲姓，是非賜惡姓者也。漢書王莽時有哀章，後漢書有掖庭技人哀置。世説注引舊語「秣陵有哀仲，家梨甚美」，則哀亦爲著姓矣。惟急就篇言姓名有曰「痛無忌」，顔師古注「痛氏本盛國之後，實姬姓也」，周穆王盛姬死，哀痛不已，遂改其族，謂之痛氏。則賜姓實有類此者耳。

讐痾等字雜考

十九日　雜考讐、痾、蚑、𤕤、婐、妮、六字，略辨釋之。説文無「讐」字，段氏據詩采薇釋文、正義補入弓部，訓云「弓戾也」，謂弓很戾不調。案，采薇「象弭」傳「象弭，弓反末也」，鄭箋「弭，弓反末彆者，以象骨爲之」，釋文引埤蒼云「彆，弓末反戾也」，正義「言象弭爲弓反末，彆戾之處，以象骨爲之也」。又引爾雅「弓有緣者謂之弓，無緣者謂之弭」，孫炎曰：「有緣者以繳束，無緣者不以繳束，以骨飾兩頭。」然則弭者弓逍之名，以象骨爲末，弛之則反曲，故云「象弭弓反末也」。合考鄭君及陸、孔之説，則彆自爲弓末反曲處之名，其處飾以象骨，即謂之象弭，非很戾不調之名。蓋「彆弭」即「辟咡」，皆疊韻字。鄭注「辟咡傾頭與語」，亦是折曲之意。玉篇、廣韻「彆」皆作「弼」，又作「㢸」，訓爲「弓戾」，皆非本誼也。弓之矯戾，自當用「弗」字，「弗」即「拂」也，從弓，丿者右戾，乀者左戾，故從弓八會意。説文以弗從弓，謂從韋省，恐非。

漢書五行志「時則有下體生上之痾」，師古曰：「痾音阿。」又志曰「災及人謂之痾」。志五行者自漢及隋皆有人痾一門。案，説文「疴，病也」，引五行傳曰：「時即有口疴。」今傳本尚書大傳卷三鴻範五行傳云「時則有口舌之痾」，又「時則有下體生於上之痾」，鄭注「痾，病也」，字皆作「痾」。玉篇「痾」同「疴」，是以「疴」爲正。廣韻「痾」下注云「亦作『疴』」，則又以「痾」爲正。大徐本説文「疒」下云「倚也」，小徐本作「痾也」。班書多古字，疑説文本作「痾」，或作「疴」耳。集韻「疴」「痾」並列，下引説文「病也，或從阿」，是説文並有兩字之明證。

廣川書跋引説文「𢻫音奇，木別生也」。案説文無「𢻫」字。玉篇攴部「𢻫巨宜切，杈也」。廣韻五支「渠羈切，𢻪木別生也，𢻫上同」。古「岐」「枝」字只作「岐」，且「枝」字從木從支，已含別生之誼，故説文「枝」下云「木别生條也」，其不當别有「敇」字明甚。「敇」字從朿從攴，已爲緐複無義，玉篇入之攴部，則尤謬矣。其從市者，市當作朿，形誤也。巿字隸變作市，𠂔字隸變作朿，遂亦與「市」亂，故「柹果」之「柹」，今作「柿」矣。

清儒論漢書古本之僞

二十六日　考據之學，愈後而愈精，然非心細而識高，不能獨出己見也。國朝全氏、錢氏、王氏之史學，可謂精矣。全與王、錢，雖取徑不同，錢又非王所及，要其考證，皆有獨絶處。惠氏棟史次於經，而兩漢則致力亦甚深。何氏焯、陳氏景雲、姚氏範，尤非三君之匹，其校正馬、班、范、陳四史之功，亦不可没也。然如漢書宋景文校本之僞，錢氏亦不能辨之，全氏鮚埼亭集外編中列其五可疑，而僞乃灼然矣。梁劉之遴傳中載漢書古本，王氏亦信之，桂氏馥札樸中深以無可考見爲恨，邵氏晉涵南江文鈔中列其五謬，而妄不待攻矣。邵氏説即四庫之提要也。提要史部多出邵手，今南江文鈔中，惟刻史記、漢書、後漢書提要三首，而官本已多所删節矣。蓋王、錢俱未及見也。漢書古本之妄，全氏經史問答中已發其端，此以知謝山史學之不可及。惟其喜言道學，薄視馬、班，所指摘兩家史裁之疏，皆拘於宋人義法之説。其言分傳、合傳之不當，又未免以時文法律之。然錢氏能知史、漢之用意而猶輕視范書，惠氏亦致不滿，而王氏獨深知其佳處。宋儒如王厚齋猶極詆陳志，何氏、錢氏始力爲表微，益見讀史之難耳。

四月

潛研堂集　清　錢大昕

初二日　錢竹汀氏之學，浩博而精密，國朝漢學諸儒中爲大家，然千慮一失，亦或不免。如武進劉申甫駁其春秋答問，楚商臣、蔡般之弑，子不子、父不父也，故楚成王、蔡景公皆不書葬，謂吴楚之君從無書葬之例。至蔡景公實書葬，三傳經文皆同，不知錢氏所見何經？實失檢之甚者。今日閱其集中題跋六卷，兼綜百氏，抉摘得失，誠爲學者資糧。然如跋復古編云：「罙與突，須與湏，畗與荅，形聲俱別，而併爲一文，此誤之甚。」案復古編「罙」下云：「周行也，從网米，武移切，別作寞，音深，竈突也。」「須」下云：「面毛也，從頁彡，借爲所須字，相俞切，別作湏，荒内切，與沬同。」皆分別畫然，何嘗併合？「畗」下云：「滿也，從高省，象高厚之形；又當也，或作荅，小尗，即「菽」字。別作『答』『畣』，並非，德合切，又伏、堛二音。」詳張氏之意，蓋以今用「荅」當之，「荅」當作「畗」，不當借小尗之荅。許君畗讀若伏，而大徐本音芳逼切，小徐本音彼式反，古音職、德同在一部，故張氏讀畗爲德合切，並不誤也。段氏十七部音均表第一部並列德聲、伏聲。謙中於小學甚深，豈有此等字尚不能辨別者？

其跋會稽志云：「陸氏家世貴顯，放翁父子預修此志，而傳人物祇及左丞佃一人，古人志乘，皆寓史法，不私其親如此。」案，嘉泰時志，其傳人物鄉賢，例止及宰執。陸氏惟農師官尚書左丞，得稱執政，故止及一人。其後寶慶續志，始補列侍從，張淏序例中明言之，錢氏考之未審也。其跋渭南文集云，宋初有凌遲之刑而未嘗用，讀放翁請除凌遲奏狀，謂自五季多故，始於法外特置凌遲一條，非聖世所宜遵，乃知此刑昉於五代，而南渡時固已用之。案，宋自神宗熙寧八年趙世居及餘姚縣主簿李逢、河中府觀察推官徐革等逆謀之獄，徽宗崇寧四年，妖人張懷素及朝散郎吴儲兄弟等之獄，皆凌遲處斬，不待南渡時也。錢氏養新録中亦已載之，而此尚未及追改，皆檢記之偶疏耳。

尚書「如五器」説

初四日　是日偶考尚書「如五器」説，江氏、王氏、段氏、孫氏皆主鄭説，然鄭音乃箇切，惟見集韻所引，鄭君不當言反切。江氏謂鄭當讀爲籢，亦近曲説。段氏謂籢是鳥籠，下既有器字，則此不得云籢者，是也。鄭訓「如」爲以物相授與之言，蓋以「與」字釋「如」字，故集韻乃箇切下云「若也」，若猶與也。王氏引之述聞謂「如者，與也，及也」，其説較諸家爲直截。然以五器爲公、侯、伯、子、男朝聘之禮器，亦屬空言無徵。又謂「如」字蒙上文「修」字言之。果如其説，則「五器」當在「三帛」之下，不當間以「二牲今作「生」字，後人所改。一死，卿大夫士之摯」矣。鄭注謂「授摯之器有五，卿、大夫、上士、中士、下士也，器各異飾」，其説必有所本。史記五帝本紀云「二牲一死爲摯，如五器」，加一「爲」字，則五器指授摯之器，蓋無疑義。此謂修治公、侯、伯、子、男朝聘之五禮，躬、桓、信、穀、蒲，瑞節之五玉；赤繒、黑繒、白繒，薦玉之三帛；卿大夫羔鴈二牲、士雉一死之摯與授摯之五器，則文從字順矣。惟五器爲盛摯之物，故加「如」字以明之，若亦是五等之禮器，則以五玉三帛五器連文可也。至馬季長謂五器即五玉，下云「卒乃復」，謂事畢而還之，然則「如」字又何解也？蔡沈乃妄移「五玉」至「摯」九字於「協時月正日」之上，而以「修五禮」、「如五器」連文，其陋不足辯矣。

左傳 春秋 左丘明

初八日 左氏經傳文之誤，如桓十五年傳「人盡天也，父一而已」，誤「天」作「夫」，遂致杜注「婦人在室則天父，出則天夫」二語爲虛設。段氏玉裁據唐律疏義、音義兩引俱作「人盡天也」以正之。莊三十二年經傳「城穀」誤作「城小穀」，此後人據公、穀二傳以改左傳也。二傳經文誤多一「小」字，遂以爲魯邑。凡二傳之與左異者，往往因文字訛脱。遂致杜注引穀城縣有管仲井爲不相應。孫氏志祖據公羊疏稱左傳作「穀」，與二傳異；且引昭十一年傳文「齊桓公城穀而寘管仲焉」，杜注「城穀在莊三十二年」以正之。此條阮文達已采入校勘記。

今日偶閲左氏正義，如昭八年傳「游服而逆之，請命，對曰：聞强氏授甲將攻子，子聞諸？曰：弗聞。子盍亦授甲，無宇請從。」案，「將攻子」當作「將攻予」。左傳「予」皆作「余」，此偶作「予」，遂因下文誤爲「子」耳。請命者乃陳桓子請子旗之命，蓋桓子忽見子旗之至，以爲事露，故既改服而逆，且問子旗之來何所見命也。游服者，宴游之常服，杜注以爲游戲之服，似非。對曰云云者，子旗對也。曰弗聞者，桓子詭言弗聞也。蓋子旗本欲往子良家，子旗兼治子良之室，自當常往其家，故正義駁服虔説以將往爲欲往陳氏者非也。因數人有授甲之告，故至陳氏問之不得，桓子告以授甲而反云弗聞也。且子旗自言弗聞，則桓子亦不得遽有授甲請從之言。杜注請命爲子旗問桓子所至者，蓋誤，此以情事推而得之耳。

「遂世守之，及胡公不淫」，注「胡公滿，遂之後也」。案，「不淫」者，滿之字也，淫者滿也。説文「淫，浸淫隨理也。一曰久雨曰淫」。浸淫即衍溢之意，淫雨亦作霪雨，亦言其久而滿淫也。淫佚、淫亂之字本作「婬」，㸒者近求也。此等字皆以聲包義，「婬亂」作「淫」者，乃通借字，亦引伸義。滿字不淫者，滿而不溢之誼也。

「輿嬖袁克殺馬毁玉以葬，楚人將殺之，請寘之。」注云：「置馬玉。」案，既殺馬毁玉以葬矣，安得而復寘之？寘者，寘弗殺也，寘猶舍也，讀如「唯執政所寘之」之「寘」，謂袁克請而赦之也。

「桓子授甲而如鮑氏，遭子良醉而騁」，注云：「欲及子良醉，故騁告鮑文子。」案，醉而騁者子良也，加「而騁」二字，醉狀如見。故下文又云「皆將飲酒」，情事宛然。若如杜注，則此時未遣人視二子，安知其醉？

札樸　清　桂馥

初十日　桂氏札樸云：左傳「賜我先君履，東至於海，西至於河，南至於穆陵，北至於無棣」，杜注「穆陵、無棣皆齊境」者，非也。京相璠曰：「無棣在遼西孤竹縣。」案，此引見水經淇水篇注，無棣上有「舊説」二字。漢書地理志遼西郡令支縣有孤竹城，管仲舉此者，以曾伐山戎也。史記索隱云：「舊説穆陵在會稽，非也。今淮南有故穆陵關，是楚之境。無棣在遼西孤竹，服虔以爲太公受封境界所至，不然也，蓋言其征伐所至之域。」小司馬之説是也。管仲舉楚境之穆陵，以證齊伐楚非無因涉其地；又特舉無棣，以示踐履之遠，使楚知畏。若但舉齊之四境，不足威楚，出言何謂？且楚自知之，無煩界量矣。

慈銘案，桂説是也。酈注所引是京相春秋土地名語，玩其文加「舊説」二字，似京相亦主服説，而酈氏斷之云「管仲以責楚，無棣在此方之爲近」，方之者，謂方服説也。則道元已取京相所引舊説。杜氏通典云：「鹽山，春秋之無棣邑也。」則君卿亦取之。至穆陵，則高氏士奇春秋地名考云：「青州府臨朐縣東南一百五里大峴山上有穆陵關。」顧氏棟高春秋大事表亦同。而索隱云在淮南之説，無所取證。然青州在晉時曹嶷、慕容超等皆據大峴以爲固，不聞有所謂穆陵關者。而淮南之合肥，漢屬九江，六朝改曰汝陰縣，屬南汝陰郡。六朝時爲重鎮，其通壽陽、建康之要路，亦有大峴、小峴二山。合肥在春秋爲舒巢國，楚之北竟，後遂屬楚，疑穆陵本在今廬州府境，後以青州大峴名同，遂移穆陵關於此，小司馬在唐初，聞見固確耳。

桂氏云：「哀十五年傳楚伐吴，陳使公孫貞子弔焉，及良而卒。吴人云：『以水潦之不時，無乃廩然隕大夫之尸。』芋尹蓋曰：『雖隕於深淵，則天命也，非君與涉人之過也。』審其前後之言，貞子歿於水，杜注、孔疏皆未之及。」慈銘案，桂説非也。傳文明云將以尸入，尸者柩也，故注引聘禮「賓死未將命則既斂於棺造於朝」以明之。芋尹對太宰嚭亦備言朝聘以尸將事之禮，是吴所云「隕大夫之尸」者，謂恐隕其柩也,故曰「無乃」。而芋尹曰「雖隕於深淵」,皆設爲未然之辭,且殁於水,亦不當言隕其尸也。

桂氏云尚書序「皋陶矢厥謨」,釋文:「矢,本又作『夭』。」隸釋、唐扶頌「惟直如夭」。說文匕部「𠤕」下云:「𡗜,古文矢字。」夭蓋隸體,從古文變也。廣韻以夭爲俗字。慈銘案,夭者,「失」之篆體也,說文[illegible]從手乙聲,尚書序「矢」一本作「失」者,蓋矢、失音近通用。唐扶頌之夭,是漢人作隸之誤仞「旡」爲「矢」耳。「矢」之古文作「𡗜」者,其上从反匕爲聲,「矢」篆體作「[illegible]」,「失」篆體作「[illegible]」,本遠不相蒙。自隸變爲矢、失,遂易相混亂,廣韻至以「夭」爲「矢」之俗字矣。世之講求小學喜依說文作楷者,自六書故、復古編、通雅以及陳氏毛詩稽古編等書,皆書「失」作「夭」,則非篆非隸,於「失」字形聲盡不可考,蓋亦以「夭」爲「矢」之俗說誤之,致變作「夭」耳。

五月

玉函山房輯佚書　清　馬國翰輯

初二日　閱玉函山房所輯諸子書,其中訛字甚多,又僅存一二條者至十餘種,皆可不必,其輯孔穿讕言一卷,據孔叢子録出,以當漢志儒家之讕言十篇,既與班氏自注不知作者相違,而又忘孔叢之爲僞書,乃反駁顔注爲誤,亦嗜奇之過矣。

「枇杷」考

初三日　唐人言更制周興嗣千字文，惟「枇杷」二字不能拆。此不學之言也。「枇」字古用作「梳比」後人作「篦」。字，後漢書濟北惠王壽傳「頭不枇沐」，集韻十二齊「枇，篇迷切，櫛木。或書作枈，亦音婢」，黃庭堅急就章注云「細櫛也」。「杷」字，方言云「杷，宋魏之間謂之渠挐，亦謂之渠疏」，郭注「無齒爲朳」，説文「杷，收麥器」，急就章「捃穫秉把插捌杷」，顔注「無齒爲捌，有齒爲杷」，太平御覽引周生子要論云：「夫忠謇，朝之杷朳；正人，國之掃箒也。秉杷執箒，除兇掃穢，國之福，主之利也。」枇又通作匕箸字，禮雜記「枇以」，桑注「枇所以載牲體者，吉祭枇用棘」，釋文「枇音匕，本又作『朼』」，儀禮皆作「朼」，枇、朼一字也。

「肫胘」解

初四日　今人呼鳥之胃曰肫，亦有所本。内則「鴇奥」，鄭注「奥，脾胵也」。脾胵本字當作膍胵，説文膍一曰鳥膍胵，胵，鳥胃也。胵之轉音爲肫，肫本權。俗作「顴」。肫字，史記、漢書皆借「準」爲「肫」，中庸又借「肫」爲「忳」，儀禮借「肫」爲「腨」爲「純」。徐鍇「膍」下注云：「百葉，牛肚也。」胃亦名胘。廣雅「胃，謂之胘」。説文「胘」下徐鍇注云：「今俗言肚胘也。」知今人呼牛羊豕之胃爲肚，五代時已如此矣。而漢時則牛之胃謂之百葉，故説文於「膍胘」下皆曰「牛百葉也」。周禮「醢人」鄭司農注云：「脾析，牛百葉也。」儀禮既夕鄭君注云：「脾析，百葉也。」

「一産三男」説

予前以人一産三男以上爲妖，今日又得兩事。馬總意林及太平御覽卷三百六十一俱引應劭風俗通云：「不舉併生三子。俗説『生子至於三，似六畜』，言其妨父母，故不舉之也。」瞿曇悉達開元占經卷一百十三引天鏡云：「婦女一時生三男，不出三年，外國來伐；生三女，國有陰私。」而應氏又引國語「越王句踐令民生二子者與之餼，生三子者與之乳母」而論之，云「三子力不能獨養，故與乳母，所以人民繁息，卒滅强吴。今人多生三子，子悉成長，父母完安，豈有天所孕育而害其父母者哉。」案，今制一産三男者，由督撫咨報禮、户二部，給米五石、布十四，其男女並育及一産三女者不給，亦取人丁蕃息之義耳。

李柰

初十日　果以李柰並稱，而柰之屬少於李，種亦屢變，故今少知者。西京雜記載漢上林苑名果異木，有李十五、柰三，曰白柰、紫柰、花紫色。緑柰。花緑色。廣雅「楉榴、石榴，柰也」。埤倉「石榴，柰屬也」。爾雅「椺椨其」，郭注：「椺實似柰，赤，可食。」王象晉群芳譜據廣志以佛書之蘋婆果爲柰。全祖望鮚埼亭集外編云：「蘋婆果、來禽，皆柰之屬，特其産少異耳。蘋婆果雄於北，來禽貴於南；柰盛於西。其風味則以蘋婆爲上，柰次之，來禽又次之。」案説文杏、柰、李、桃四文連比，而下俱曰果也。以四者之爲果，古今所盡知，不煩解釋爲何果。而四文相連，其果必亦相似。廣雅以爲楉榴、石榴者，爾雅「劉劉杙」，郭注：「劉子生山中，實如梨，酢甜，核堅。」嵇含南方草木狀云：「劉樹子大如李實，三月花，七八月熟，其色黄，其味酢，煮膏藏之，仍甘好。」文選吴都賦劉逵注云：「榴子出山中，實如棃。」是廣雅、埤蒼之所謂石榴即劉杙，亦是柰屬，非今五月花之安石榴也。安石榴乃外國種，邵氏晉涵、郝氏懿行疏爾雅，皆辨之甚詳。王氏念孫疏廣雅，合而一之，蓋考之未審。玉篇「楉榴，柰屬也」。劉杙亦見説文，今不知爲何種。要之林檎、即來禽。玉篇「林檎果似柰」。頻婆果、文官果，皆柰種之少變者耳。至用作「柰何」字者，是「乃何」之借，「乃何」即「如何」也。「如」古音轉「而」，「而」古音轉「能」，能、乃一音之轉，故如、而、乃三字古通用相訓，説詳王氏經傳釋詞。後人别製「㮈」爲柰果字，始見玉篇，俗字之不合六書者。其後又製「柰何」之「柰」爲「奈」字，益鄙謬矣。

「潭」音考

十八日　戴凱之竹譜有云：「蓋竹所生，大抵江東。上密防露，下疏來風。連畝接町，竦散岡潭。」四庫提要以爲「潭」字於韻不協，蓋四字誤倒，其文當作「潭岡散竦」，以竦韻東、風也。案，此臆決之辭。潭從覃聲，覃、談兩韻同部，而談有「同」音。儀禮「中月而禫」之「禫」，古文作「導」，説文亦作「三月導服」，是禫、導音轉，而導與同亦雙聲。左傳趙同亦作趙談；司馬遷父名談，史記諱「談」爲「同」。又覃韻有「湛」，與「耽」字通。詩「和樂且湛」，中庸引作「和樂且耽」，而「湛」字，宋玉九辯以韻「豐」字，則兩部之字古音固有相通者矣。

「詠而饋」解

庚子山謝趙王賚息絲布啟云：「春服既成，童子得雩沂之舞」，此用論衡明雩篇說也。其文曰：「魯設雩祭於沂水之上，冠者童子雩祭樂人也，風乎舞雩，風歌也。詠而饋，詠歌饋祭也。」此本古論語說，鄭君論語亦從古本作「詠而饋」，注云「饋，饋酒食也」。古人舉必以禮，無群出嬉戲如後世宴遊之事，曾晳自言所志，亦必合乎先王之禮法，非如莊、列一輩語也，故鄭君獨用古義。

穆陵遺址

二十日　予前取桂未谷之說，以穆陵當從史記索隱非在青州，而顧震滄春秋大事表於列國地形犬牙相錯表中亦沿舊說爲誤。今日觀大事表，有齊穆陵辨一篇，載其弟子華師茂之說，則亦主索隱，而謂劉裕伐南燕時，止言大峴，不言穆陵，知爾時青州尚無此關，尤與予意同也。惟引元和志穆陵關在淮南道黃州麻城縣西北八十八里穆陵山上，一名木陵關，南北朝爲戍守重鎮。唐元和中鄂岳帥李道古出木陵關討吳元濟，其地在召陵與陘之南，尤合當日語意。考元和志淮南一道，今本已全闕，胡朏明禹貢錐指亦引元和志穆陵關在麻城縣穆陵山上，不知據何書所引也。當再考。

水經注　魏　酈道元

二十一日　水經洛水篇注，載洛陽上東門石橋右柱銘云：「陽嘉四年，河南尹邳崇巍、丞渤海重合雙福。」按，邳當是下邳，東漢徐州有下邳國下邳縣，此誤脱一「下」字。元和姓纂「崇，夏殷時侯國也，崇侯虎爲文王所滅」。王伯厚姓氏急就章自注：「崇氏以國爲氏，鯀爲崇伯，殷有崇侯，見廣韻。」今廣韻「崇」下但云「又姓」，則今本删節多矣。崇巍之名，不見於范書。盧抱經補正熊氏後漢書表、錢可廬後漢書補表亦俱未采及。漢人題名多舉郡，間或系縣，此渤海、重合郡縣連書。雙姓，元和姓纂云：「顓頊之後，封於蒙城，當從通志氏族略作雙蒙城。因以命氏，有天水望。」後魏梁州刺史疊水公雙上洛，家天水；又東郡白馬縣有唐瀛莒二州刺史雙子符。廣韻雙姓「出姓苑，後魏有將軍雙仕洛」，「仕」即「上」字之訛。姓氏急就章注雙氏下即引水經注漢有雙福。

儀禮古今文疏義　清　胡承珙

二十二日　閲胡墨莊儀禮古今文疏義，非特小學之奥窔，亦爲鄭學之津梁，習曲臺禮者不可不讀也。

六朝經術流派論　清　李遇孫

二十五日　予前主孔沖遠易正義之説辨，以彖象傳合經文由於王輔嗣，非特不始費直，亦不始康成，而以三國志高貴鄉公紀淳于俊言鄭合彖象於經者，謂是鄭合經文彖象注之，以補費氏之止釋十翼，不注經文。今日閲詁經精舍文集李遇孫六朝經術流派論，則直以魏志「彖」「象」二字爲「注」字之誤，較予説爲直截而尤確。其説云：「高貴問俊以孔子作彖象不與經文相連，而鄭玄作注連之，何也？俊當對以鄭玄合注於經者，欲使學者尋省易了也。今乃云鄭合彖象於經，欲使學者易了，此時方論彖象不與經連，何轉云合之耶？方疑鄭注與經文相連，何忽及彖象之合不合耶？此史家承上文有『彖象』二字而誤。所以帝又云：『鄭玄何獨不謙耶？』蓋因俊言孔子以不合彖象爲謙，故言鄭何不謙而合注於經，是則康成之非合彖象於經，瞭然可見，皆由六朝諸儒廢棄不講，以致鄭王之是非莫辨也。」此可謂能抉千古之疑矣。然以爲承祚本誤，恐未必然，當是後來傳刻之訛耳。

後漢書三事之失

大抵南朝自劉宋以後，不甚講考據。范蔚宗後漢書足稱良史，又承武子家法，最重鄭學，而後漢書中有三事之失，關於學術不淺。鄭君傳不舉其所注周禮而載其孝經，致歷齊及唐，辯論不決，此一失也。儒林傳序稱熹平石經爲古文、篆、隸三體書法，致古今聚訟，此二失也。衛宏傳言宏作毛詩序，致宋以後人集矢小序，此三失也。衛宏作序之説，後人雖爲辨之，謂是宏别作一書，非指小序，然終無以關人之口。且漢人解經，亦尠有名序者。

「准準淮」考

廣韻以「准」爲「準」之俗，昔人以爲趙宋避寇萊公名，又以爲避劉宋順帝諱，近儒多據逸周書「准德以義」、管子「規矩繩准」、莊子「平中准」等文，又緯書名有靈准聽，以證周秦時已有此字。然諸書皆後世轉刻，不足爲據。盧抱經更引北史魏長孫肥傳，中山太守仇儒推趙准爲主，造祆言云，欲知其名，淮水不足，以爲唐以前有此字之明證。慈銘案，「准」即「淮」字，淮有準音，故古人通借用之耳。春秋説題辭云「淮出桐柏，淮者均也，均其務」；「雒之爲言繹也，言水絡繹光耀」。淮均雒繹，皆以同音爲訓。風俗通云「淮者均，均其務也」，與上下文「江者貢也」、「濟者齊也」一例。廣雅「海晦也，江貢也，河何也，淮均也，濟濟也，伊因也，洛驛也，漢古讀如歎達也，渭偒也，汝汝也，涇徑也」，是淮均同音。儀禮「畢袗玄」，古文「袗」爲「均」。左傳「均服振振」，漢書「均」作「袀」，説文作「袗」，是均、袗同音。袗，之忍切；準，之允切。説文「準，平也」，廣韻「準，均也」，是淮有準音矣。「准」爲「淮」之俗省，亦爲「準」之俗省，古人或假「淮」爲「準」，後人文書便俗省「準」作「准」者，因少一點以别於「淮」耳。且淮從隹爲聲，而隹音似水，準亦有水音。周禮考工記「輈注則利準」，注：「故書『準』作『水』。」釋文云：「準音水。」又「權之然後準之」，注：「準，故書或作『水』，杜子春云當爲『水』。」是古音準與淮可互通也。由此推之，風俗通皇霸篇「舜者，推也，循也」，「推」即「淮」之誤，淮者，準之借也。盧氏群書拾補校風俗通改「推」作「淮」，云淮音近舜。

尚書大傳「别風淮雨」，「别」者「烈」字形近之誤，「淮」者「淫」字音近之借也。淫、冘音同，故「冘豫」亦作「淫豫」。古音侵、真可通轉，吴才老韻補以林、簪、甚、湛等字入真韻，故「淫」亦可借「淮」字爲之。文心雕龍謂「淮」「别」字新異，引傅毅用「淮雨」、王融用「别風」爲證。文人屬辭，非典要也。周禮職方「其浸潁湛」，注：「湛，或爲『淮』。」此尤淮音近準之確證。

尚書「象恭滔天」解

二十七日　堯典「象恭滔天」，「滔」蓋本作「慆」，或作「謟」，慆、謟皆慢也，故史記作「慢天」，後涉下文「浩浩滔天」語，遂亦誤爲「滔」字。據左傳昭二十六年「官不滔」之文，則滔、慆字本可通，而下文既有「滔天」字，則此處必不作「滔」，此經典一定之例也。棲霞牟廷相説經多不可訓，而其解此經「滔天」謂本作「而慆」，篆文「天」作天，「而」作而，二字相似，後人因下有「滔天」語，遂亦誤倒作「滔天」。則説甚有理。蓋「靜言庸違，象恭而慆」二語相對爲文，「靜言」即秦誓之「諞言」，公羊引作「竫言」，説文引作「巧言」。「庸」者，語辭。即左傳「庸何傷」、「庸愈乎」之「庸」，亦可作「用」。違者，回邪也。「靜言庸違」者，謂其言善而實違也。史記作「善言其用辟」，「言」字當略讀，謂雖善言而其用實辟，辟同僻，僻亦邪也。「象恭」者，謂貌恭，故史記以「似龔」解之。「象恭而慆」者，謂其貌似恭而實慢也。合之即皋陶謨所謂「巧言令色」。以文從字順求之，牟氏之説不爲無稽。今即不敢改變經文，但以「滔」作「慆」，訓爲「慢天」，於經恉已自憭然。天者上也，慢天即包慢君言之。孫氏星衍訓天爲性，轉爲偏迂。僞孔傳謂「貌象恭敬而心傲很，若漫天不可用」，則謬甚矣。乃徐文靖管城碩記據竹書紀年有「共工治河」之文，遂謂「滔天」即指其治河無效，而盧氏文弨、梁氏玉繩皆取之，是何異郢書燕説也。

六月

蛩蛩距虛

初四日　今人喻患難相依，多用蛩駏，其實本當作「蟨駏」或「蛩蟨」也。爾雅釋地：「西方有比肩獸焉，與邛邛岠虛比，爲邛邛岠虛齧甘草，即有難，邛邛岠虛負而走，其名謂之蟨。」吕氏春秋不廣篇云：「北方有獸名曰蹶，爾雅郭注引作「其名爲蟨」。鼠前而兔後，趨則跲，郭注引作「頓」。走則顛，常爲蛩蛩距虛取甘草以與之，蹶有患害也，蛩蛩距虛必負而走。」淮南子道應訓文全與吕氏春秋同，惟「蹶」作「蟨」，「距虛」作「駏驉」。説文：「蛩，蛩蛩獸也；蟨，鼠也，一曰西方有獸，前足短，與蛩蛩巨虛比，其名曰蟨。」是蛩蛩巨虛爲一獸，故司馬相如子虛賦「蹵蛩蛩轔距虛」，郭景純注：「距虛即蛩蛩，變文互言耳。」又穆天子傳「邛邛距虛走百里」，郭注引山海經云：「蛩蛩距虛，並言之耳。」史記司馬相如傳集解引郭璞曰：「邛邛似馬而青，距虛即邛邛，變文互言之。」穆天子傳曰：「邛邛距虛日走五百里也。」所引穆天子傳云云，蓋裴駰所增，今本穆傳似脱「日」「五」兩字。或據逸周書王會篇「獨鹿邛邛善走也」，孔晁注：「邛邛獸似距虛，負蟨而走也。」又云「孤竹距虛」，孔晁注：「距虛野獸驢騾之屬。」説苑「孔子曰：蛩蛩距虛，見人將來，必負蟨以走。二獸者非性心愛蟨也，爲得甘草而貴之故也」。子虛賦張揖注曰：「蛩蛩青獸，狀如馬，距虛似贏而小。」則蛩蛩、巨虛，又爲兩獸。漢書顔注主郭説，近儒段氏説文注亦主郭説，而郝氏爾雅注主張說。

慈銘案，合爾雅、穆天子傳諸書證之，郭說爲長，即云兩物，亦是一類，相依之誼，自當以蟨並言。而王符潛夫論實邊篇云：「內人奉其養，外人禦其難，蛩蛩距虛，更相恃仰，乃俱安存。」則後人之相沿誤用，實始於此矣。今本逸周書王會解作「獨鹿邛邛距虛善走也」，注云：「獨鹿，西方之戎也；邛邛獸似鼠，距虛負蟨而走也。」王氏應麟補注本所載同，而王氏亦歷引爾雅、呂氏春秋、穆天子傳、爾雅翼、說苑、張揖子虛賦注諸書，而斷之曰：「然則負蟨者或邛邛，或距虛，二物不相須也。王會注以爲邛邛似鼠，距虛負而走，則是以邛邛爲蟨也。與爾雅、說苑異，今不取。」

慈銘案，王氏所謂王會注者，即孔晁注也。據此則孔注本作「距虛負而走也」，無「蟨」字，今本及補注本皆後人所加。孔晁晉人，固亦以邛邛、距虛爲相依之獸矣。至王會文本作「獨鹿邛邛」，無「距虛善走也」五字，與下「孤竹距虛，不令支玄獏，不屠何青熊」等句一例。如「邛邛」下本有「距虛」字，則下文不應復出「距虛」，而孔晁亦不應復於下句作注。如有「善走也」三字，則孔注不應曰「邛邛獸如鼠，距虛負而走」，顯與正文背矣。惟其文既以邛邛系獨鹿，距虛系孤竹，故孔注分爲二物，且以邛邛當蟨而曰如鼠耳。後人習於邛邛距虛四字連文，又知爾雅等書皆言「邛邛距虛負蟨而行」，遂於正文妄增「距虛善走也」五字，於注妄增一「蟨」字，致正文注文皆不可通矣。盧氏文弨校正本疑「邛邛」下「距虛」二字爲衍，近儒多從之，而尚未悟「善走也」三字亦衍文也。至盧氏謂注文「獸似鼠」，「鼠」字後人所增，因删去之，而不知後人所增者乃「蟨」字非「鼠」字也。古書脱落，又經竄改，非博觀細考不得而知，故昔人謂書之訛脱者尚可推而知，經校改者無跡可尋。予謂不學之人據誤文校改者，尚有跡可尋，惟學人依他書校改，而或有千慮之一失，則幾無可推求矣。蓋古書之難讀如此也。山海經海外北經云：「北海內有素獸焉，狀如馬，名曰蛩蛩。」郭注亦云「即蛩蛩鉅虛也」，皆堅主爲一獸。韓詩外傳：「西方有獸名曰蟨，前足鼠，後足兔，得甘草，必銜以遺蛩蛩距虛，其性非能，蛩蛩距虛將爲假之故也。」以蛩蛩、距虛連文，蓋亦以爲一物。

漢錢制考

初十日 洪稚存曉讀書齋録據張守節史記正義卷九十七，言「漢制一金直千貫，因謂家纍千金，則直百萬貫，故陶、頓之富，皆以千金爲率」。慈銘案，其説未可信也。秦漢時黄金之價，遠不如後世。史記平準書、漢書食貨志皆云「秦兼天下，幣爲二等，黄金以溢爲名上幣」，溢者十六兩，猶周漢之稱斤也。漢書孟康注「二十兩爲溢」者，非也。漢復舊制，以十六兩爲斤。因復舊制，以二十兩爲溢，若秦併天下時，則改溢爲十六兩矣。孟康據前後爲説耳。顔師古注：「上幣者，二等之中黄金爲上而錢爲下。」據此，則黄金特與錢相權爲輕重，故秦漢之所謂一金者，皆一斤金也。臣瓚據水經是薛瓚，博物志謂于瓚者非，索隱謂傅瓚者亦非。注云：「秦以一溢爲一金，漢以一斤爲一金。」是也。食貨志言王莽時「黄金重一斤直錢萬，朱提銀重八兩爲一流，直一千五百八十，它銀一流直千」，所謂萬者十千也。故如淳注言秦制亦云黄金一斤直萬錢也。是千金者千萬錢，乃一萬貫耳。意林及太平御覽卷六百三十三俱引應劭風俗通云：「孫子兵書曰費千金，千金百萬錢也，或云一金亦是一萬錢也。」史記索隱卷九引大顔蓋是師古叔父游秦，漢書注語。云「一金萬錢」也，合考諸書，斷無一金直千貫之理。

王西莊十七史商榷云，漢錢「五銖之制，唐宋以下，蓋悉用之。東吴顧氏謂五銖錢十枚，當今之一兩弱，今以十錢爲一兩。如顧氏説，則今錢即五銖錢也」。慈銘案，錢之名本起於唐之開元通寶，以十枚重一兩，遂分之爲十錢，而以錢爲權之數名。古人以二十四銖爲一兩。舊唐書食貨志云：「開元通實徑八分，重二銖四絫，積十錢，重一兩。」然則今之一錢，於古爲二銖四絫，其算方合。如以一錢五銖計之，則未及五枚，已得二十四銖，盈一兩之數矣。此以知今時之權，倍重於漢。顧氏日知録謂「南、北朝皆鑄五銖錢，齊文襄以錢文五銖，名須稱實，宜稱錢一文重五銖者聽入市用。計百錢重一斤四兩二十銖」。隋文帝更鑄新錢，文曰「五銖」而重如之，每錢一千重四斤二兩，今之所傳五銖錢，大抵皆隋物，世云漢物，非也。

案，齊文襄之制，固以漢五銖計之，百錢當重五百銖，爲一斤四兩二十銖也。若隋錢一千止四斤二兩，則百錢止六兩十四銖二絫，何得謂重如其文？顧氏謂當時大小稱之差，小稱者古權，大稱者今權，然不應計錢則言小稱，計千則言大稱。予所見五銖錢亦大小不一，其小者與唐之開元錢、宋之淳化景祐等錢、明之洪武永樂錢無異，與隋志所言皆不合。漢書食貨志「漢興，鑄榆今本無「榆」字，據史記集解引增。莢錢」，史記索隱引古今注云「榆莢錢，重三銖」。通典注云「重銖半」。夫名曰榆莢，其小可知，如重三銖，則尚大於開元等錢，蓋名曰三銖，實止銖半也。又孝文五年更鑄四銖錢，其文曰半兩。夫半兩當得十二銖，而止四銖，此猶隋之五銖錢，實止得二銖二絫有餘也。以此推之，漢武所鑄之五銖錢，亦特文云五銖耳，實亦不過其半，故史謂其得輕重之中，言重於榆莢，輕於四銖。唐後之開元錢，皆沿其制。高澄不知，必欲取盈其數，故不能施行耳。又後世錢之好者，實亦不止二銖四絫。顧氏棟高云，嘗見南唐李氏「唐國通寶」，重一錢一分；宋仁宗慶曆錢，重一錢八分；神宗元豐錢，重二錢；哲宗紹聖錢，重二錢一分。亭林亦謂明隆慶、萬曆錢重一錢三分。予見明之嘉靖錢，重亦不止一錢；國朝順治、康熙錢，重皆一錢二分；雍正、乾隆錢重者至一錢四五分，輕亦一錢二分也。日知録言古今權量最詳，然所引左傳正義，謂魏齊斗稱於古二而爲一，周隋斗稱於古三而爲一，隋志謂「開皇以古斗三升爲一升，古稱三斤爲一斤」，通典謂「六朝量三升當今一升，稱三兩當今一兩」者，亦皆約略之辭，細覈其實，大率今倍於古耳，亦不至以三當一也。

漢書　漢　班固

十一日　漢書食貨志「諸買武功爵官首者試補吏，句。官首者，武功爵之第五級也。先除。句。「先除」上疑當有「秉鐸」二字，秉鐸者，武功爵之第六級，謂爵秉鐸者得先除吏也。但史記文亦如此，索隱讀「試補吏先除」爲句，俱屬之官首。千夫如五大夫」，千夫者，武功爵之第七級，五大夫者，舊二十等爵之第九級，五大夫得復卒一人，千夫如五大夫，亦得免繇役。下文言「兵革數動，民多買復及五大夫、千夫」，自「民多」至此一句。徵發之士益鮮，於是除千夫、五大夫爲吏，不欲者出馬。足見復役者優於補吏，以爲吏多得罪謫也。師古注皆誤。漢志臣瓚注引茂陵中書「武功爵第十級曰政戾庶長」，史記集解亦引瓚注，作「左庶長」，左庶長與舊二十等爵之第十級正同。此既別置，其名不應相混。而「政戾」二字又不可解。王伯厚小學紺珠引漢志亦作「政戾庶長」，蓋其誤久矣。

左傳　春秋　左丘明

十二日　左傳成二年之逢丑父，昭二十年之有逢伯陵，釋文皆無音，是讀如字也。孟子之逢蒙，史記、漢書、荀子皆作邍門，呂氏春秋作邍蒙，是亦無二字二音也。後人妄造「逄」字讀之如「龐」，孟子音義逄音薄江切，云字從夅，而元和姓纂以逄伯陵、逄丑父皆繫之於四江，然字尚作「逄」，廣韻四江則並改爲逄丑父矣。王伯厚姓氏急就章用作「逄掖」，固不誤也。

晉游草　清　張太復

二十二日　閱張氏太復晉游草。其周忠武詩注云：「城將陷，賊揚言獻公，一城勿死。公曰：『我生不能報國，豈惜一死以累衆？』遂縋城下。賊勸降不從，乃大罵，賊叢射之，遂磔死。」予嘗見吾鄉胡稺威氏石笥山房集中有記周忠武事，所言死狀與張氏同，謂得於寧武父老相傳，足正史稱戰敗被執之誤。予頗不信其説，今張氏亦云然，蓋彼郡士人皆如此説也。又案，王韞輝瑚石和文集亦云：「城將陷，賊募獻遇吉者，遇吉謂左右曰：『豈惜一死以累衆？可獻我。』遂以繩繫下，有兩賊掖之去。見賊大罵，倒縣演武廳，磔之。」所言皆同。石和，山西盂縣人，康熙丙戌進士，官檢討，可知晉人皆有此説。至胡氏謂同一死也，而其死爲近於愚，則亦不然。城既不可守矣，闔城之命縣於一身，身誓一死，姑從賊言以免百姓，仍以大罵，要賊必死，俾賊泄其恨於己，而一城之人可活，且使賊知天地之有名義，而己之毅烈益以昭著，此忠武之所以爲忠也。

晉遊草節烈劉夫人墓周忠武配。詩注云：「鄧艾入陰平，守將馮邈不爲備，歸與妻李擁鑪。李怪問，邈曰：『兵至，吾直降耳。』李唾其面曰：『負國如此，吾何面目共立耶？』邈降，遂自縊。」案，三國志鄧艾傳言，艾至江由，蜀守將馬邈降，既「馮」「馬」字異，而陳志、裴注皆不載李氏事，惟華陽國志卷十二載廣漢郡士女有李珥字進娥，郪人，李氏女，馮季宰妻，既不詳事蹟，未知即此人否也。張氏云云，不知所出，容再考。

南宋雜事詩 清 厲鶚　**續資治通鑑** 清 畢沅

二十六日　比日無憀之甚，閱南宋雜事詩及畢氏續通鑑宋理宗、度宗紀、帝㬎紀、元世祖紀以相參證，詩注多小説無稽，畢書亦可議甚多。

七月

玉臺新詠 南朝陳 徐陵

十一日　傍晚坐庭下，取巾箱本明萬曆間張嗣修所刻宋陳玉父本玉臺新詠，以提要所言陳本優絀及紀容舒考異本、馮武增注本一一證之，知張本極爲精審，紀氏謂其多所竄亂者，非也。

玉井山房筆記 清 許宗衡

作書致殷萼庭，贈以楊惺吾新翻宋拓醴泉觀銘及伯寅新刻許海秋玉井山房筆記、南苑唱和詩。

許海秋名宗衡，上元人。咸豐壬子進士，由庶吉士官起居注主事。居京師，極負時名。歿後刻其玉井山館集。詩文皆模擬桐城，絶無真詣，文尤淺率。蓋道光以後名士皆剽竊浮言，坐致虚聲，不知有根柢之學。亦緣時無真賞，聾瞽滿朝，非此不能得名也。今伯寅復爲刻其筆記，以六十之年，僅得一卷，而見聞荒陋，出語蠢俗，但誇其得翰林，負詩名，飲饌之精，妻妾之奉。其尤可笑者，謂人但知王右軍蘭亭序而不知尚有詩，因備載其詩；謂遼懿德皇后事人皆知之，今閲王鼎焚椒録述其事甚詳，因備録其語。其所謂人但知蘭亭序者不知何人，殆即一時唱和之名流。遼史懿德皇后事甚略，不知焚椒録外何處知之？蓋坊肆有情史一書，中亦載焚椒録，此君垂老得見，遂詫爲奇書也。又述毛西河姬人曼殊事，全載西河曼殊志銘一篇，以示其博，蓋不足責矣。伯寅以與所刻葉潤臣橋西雜記並稱，然葉雖不知學，其書亦一無心得，而守其父之藏書，聞見較多，故猶不失爲底下之書。若此者，乃徒酷楮槧耳。

漢書「燕燕尾涎涎」解

十四日　漢書「燕燕尾涎涎，張公子，時相見」，汲本五行志、外戚傳俱作「涎」字不誤。錢氏泰吉謂吴兔牀所藏宋本亦作「涎」，惟監本、評林本及今官本俱作「涎涎」。案玉臺新詠作「燕燕尾殿殿」，殿與涎，廣韻、集韻俱同在三十二霰堂練切電紐下，是同音假借之字。後來俗本玉臺新詠乃依誤本漢書改作「涎涎」矣。

「空空」解

十六日　四庫提要言陳其年駢文毛貞女墜樓詩序有云：「『空空實下天之狀』，此自用李斯對秦始皇『鑿之空空如下天狀』語，而注乃引劍俠傳『妙手空空兒』，極爲可笑。」案，繹史卷一百四十九引蔡質漢儀云：「李斯治驪山陵，上書云，臣所將隸徒七十二萬人治驪山者已深已極，鑿之不入，燒之不難，扣之空空，如下天狀。」非鑿之空空也。

蟪蛄詩

二十三日　得爽秋書並近作蟪蛄詩五古一首，其意以諷世，措詞典雅，然全首皆主黿言，自注謂蟪蛄蟪蛄爲蟬，廣雅釋蟲、爾雅釋蟲郭注、莊子逍遥遊釋文皆甚明。本衹作「惠蛄」，亦謂之「蝭蠑」，又謂之「蛁蟟」，其異名得於方言廣雅。唐詩謂之「遲了」，今越人謂之「知了」。即螻蛄、螻蟈之屬，則非也。蟪蛄自是蟬屬，螻蛄、螻蟈或可合爲一物。此郝氏爾雅義疏説，然月令之「螻蟈鳴」終以指蛙爲是。螻蛄則土狗也，聲如丘蚓。郝氏不主螻蟈爲蛙之説，但以蛄、蟈聲轉。廣雅又云「螻蜮，螻蛄也」，説文蜮、蟈爲一字，故謂螻蟈即螻蛄耳。必不能牽蟪蛄而一之。爽秋蓋以本草云「螻蛄一名蟪蛄」，不知此「蟪」是誤字，太平御覽引作「蟉蛄」，蟉、螻，疊韻字，孟子「蠅蚋姑嘬之孫」，宣公音義出「蚋姑」二字云「蚋，諸本或作蟉」，一説云「蟉姑即螻蛄也」，蓋草書蟪作螻，蟉作蟉，字形相近而誤耳，且螻蛄亦斷不是黿也。方言「蛥蚗，楚謂之蟪蛄」；又云

「蟬，楚謂之蜩」，兩條相連，而各分其名，蓋小別於蟬類，故云是蟬屬耳。高誘淮南道應訓注「蟪蛄，貂蟟也」，貂蟟，即本方言蛁蟧二字之音。

爽秋又謂蔡中郎誤以螻蛄爲鼫鼠。案，月令「螻蟈鳴」，釋文引蔡邕章句以螻爲螻蛄，蟈爲蛙，惟廣雅云「螻蛄一名炙鼠」，易釋文引本草「螻蛄一名鼫鼠」，陸璣詩疏引本草謂螻蛄爲石鼠，蓋廣雅之炙鼠，不過以博異名，後以音近，遂轉爲鼫鼠、石鼠，亦與詩之「碩鼠」、易之「鼫鼠」皆無涉，與蟪蛄更無涉，又皆不云是蔡中郎説，爽秋之言俱不知其何所本也。即作復書，略舉所疑而已。

質疑　清　任泰

二十四日　閲荆谿任氏（太）〔泰〕與先君子同名，故用後漢書例。質疑一册，無序目，僅三十葉，雜論經學。其説經無家法。然如謂「濟盈不濡軌」，毛傳由輈以上爲軌，上乃下之訛；軌者兩輪之間，軌即徹也，徹者通也，中空可通者皆謂之軌。其説皆與段若膺氏同。謂「衆維魚矣」，衆即螽字，公羊作「蝝」，古字往往無偏旁，其説與盧召弓氏引丁敬身説同。二説王伯申氏經義述聞皆駁之，然以段氏、丁氏説爲長。

其説左傳「富父終甥摏其喉」，疏謂六尺六寸之戈得及長狄之喉，必改其兵者，非也。狄皆徒步，魯自乘車，車崇六尺六寸，人長八尺，戈長六尺六寸，已得二丈餘，故得摏其喉耳。所辯獨爲精晳。此書以活字版印之，又多空處，皆以墨筆填補，卷首有「高郵王氏藏書印」。近日聞文簡之孫兵部主事某者卒於京邸，其書盡出售，此即其一也。

説文管見　古韻論　清　胡秉虔

二十七日　閲胡伯敬説文管見及古韻論。管見所得甚淺，然有益於初學之讀説文者。古韻論亦不過述江、戴、段、孔四家之説，互相證左，稍有補正。然所舉詩經用韻數則，不免坼裂牽就，强以從我。蓋言古韻之分合者，欲證之古書，往往諱彼舉此，以信其説，雖段、孔諸家，亦時有此病也。

孔子家語疏證　清　陳士珂

二十八日　向書肆取孔子家語疏證閲之，乃蘄水陳士珂所爲也。士珂字琢軒，修撰沆之祖父，今内閣侍讀學士廷經之曾祖也。其書惟載家語本文，而每條下引它書互見者，低一格附之，不加論斷，亦絶無考辨。所引皆經子習見之書，無者則闕。前有其族人名詩者序一首，言書刻於嘉慶戊寅，在其身後。作者序者，皆不知孫氏志祖有此書而偶同其名。序謂朱子注四書，屢引此書，而顔監注漢書藝文志，以爲非今所有家語，後或謂出王肅增加，近之宗漢學者遂置不道。夫事必兩證而後是非明，小顔既未見安國舊本，安知今本之非是云云。則其意正與孫氏相反。然列引諸書以見其所本，適以發作僞者之覆，亦未始不與孫氏同，惟隘陋不足稱著書耳。

八月

布穀與戴勝

朔　洪氏更生居士集，載畢總督沅在翰林爲講官日，以耕耤侍班，高宗顧問布穀、戴勝是一鳥是二鳥。畢對以布穀即戴勝，因此被眷。然考之畢語，殊未的也。布穀即鳲鳩，以鳲鳩合戴勝爲一物，始於方言，而廣雅因之。然爾雅「鳲鳩，鴶鵴」，與五鳩自爲一列；而「鵖鴔，戴鵀」，自列七鳸之下。今本爾雅有八鳸，以前已別出「鳸鴳」及「桑鳸竊脂」，而此處復重出「桑鳸竊脂」一句，明是後人妄增。邵氏正義本去之，是也。詩召南鵲巢傳云「鳲鳩，秸鞠也」。曹風「鳲鳩」傳同。禮月令「鳴鳩拂其羽，戴勝降於桑」。段氏玉裁說文注云：月令「鳴鳩拂其羽」，鄭注「鳴鳩飛翼相擊，趨農急也」，鄭意鳴鳩即搏穀。鳴鳩者，鶻鳩也，與鳲鳩皆五鳩之一，文以鳴鳩、戴勝別言之，則戴勝非鳩類可知。故郭注爾雅「鳲鳩」云「今之布穀」；注「戴鵀」云「鵀即頭上勝，今亦呼爲戴勝」。其注方言云「鳲鳩，按爾雅即布穀，非戴勝也」。詩召南正義云：「鳲鳩，釋鳥云秸鞠，郭氏云今布穀也。埤倉云鴶鵴，方言云戴勝，謝氏云布穀類也。布穀者近得之。」月令正義云：「孫炎云鳲鳩自關而東謂之戴鵀，非也。」左傳昭十七年正義引陸璣毛詩義疏云：「今梁宋之間謂布穀爲鴶鵴。」則布穀是鳲鳩明矣。而揚雄云鳲鳩是戴勝，今戴勝自生穴中，不巢生，雄言非也。呂氏春秋高注云：「戴勝，鵖也，部生於桑。三月，其子强，飛從桑空中來下，故曰『戴(任)〔勝〕』呂氏文作

「戴任」。降於桑』也。」

合考諸説，則布穀與戴勝，二物甚明。近儒郝氏懿行爾雅義疏、王氏念孫廣雅疏證、陳氏奂毛詩傳疏皆辯正之。布穀者，以鳲鳩之鳴聲言之也，亦作搏穀，月令鄭注。亦作穫穀，爾雅郭注。亦作擊穀，方言。亦作結誥，同上。亦作秸鞠，説文。又轉爲郭公，陳藏器本草拾遺。亦作撥穀，同上。亦作勃姑，戴侗六書故。亦作步姑，同上。皆方音之通轉，而象其鳥聲則一也。由是遞演其語，則曰「郭嫂打婆」，又曰「割麥插禾」，又曰「脱卻布絝」，遂爲農俗野言。而詞賦家謂之鴶鵴，亦曰鴶鳩，吾越方言謂之渴殺姑，亦象其自呼也。至戴勝則未能目諭爲何鳥。月令鄭注云「織紝之鳥」，郭氏以爲頭上勝。廣韻云「頭上毛似勝」，爾雅翼云「毛冠俱有文」，王氏念孫謂其名又曰戴鵀，又作戴紝，則其義安可諦知。郝氏懿行謂「小於鴶鳩，黄白斑文，頭上毛冠如戴華勝」，「鳴聲亦曰搏穀，又曰摟摟穀」。案，月令正義引李巡云「戴勝一名鵖鴔」；高誘亦云「戴勝鵖也」，鵖萑頭有蔟毛如角。蓋以戴勝頭上有毛冠，故冒以鵖名，則勝自爲華勝之勝。郝氏得之目見，良不誣也。

至方言、廣雅之合鳲鳩、戴勝爲一，則又有辨。考方言先云：「布穀，自關東西梁、楚之間謂之結誥，周魏之間謂之擊穀，自關而西或謂之布穀。」此一條言布穀也。戴氏震方言疏證云「布穀二字當作尸鳩」，今以廣雅證之，戴説未確，然亦可證下條之不當作鳲鳩矣。後云「鳩自關而東、周鄭之郊、韓魏之都謂之鵖鶝」，以至「梁宋之間謂之鷦」，凡九名，此一條則統言鳩也。中有云其鴓鳩「秦漢之間謂之鵴鳩」，即爾雅所云鳲鳩、鴶鵴也，是已包鳲鳩在内。而布穀又先已別出一條，則鳩之名已悉著矣。乃下復云「鳲鳩，燕之東北、朝鮮洌水之間謂之鶝鵖，自關而東謂之戴鵀」，以下凡十名，絶不牽入布穀、秸鞠等名。廣雅亦先出一條云：「擊穀，鴶鵴布穀也」，此單言布穀者也。後云「鵖鶝，鳩也，鶻鵃鷁鳩也，鵅鳩、鵶鳩、鷵鵯、鶸鳩、鷥鳩也」，此統言鳩也。後云，「戴鵀、戴鳻、鶝鵖、澤虞、鵡鶝、尸鳩、戴勝也」。稚讓所載，全本子雲，兩家精通名物，豈有不辨鳲鳩即布穀者？特以布穀自有數名，故別出之，而鳩之諸名則自爲一類。若方言於鳩下復別出鳲鳩一類，則何不併布穀一條入之乎？尸鳩自是主名，廣雅何不以尸鳩領戴鵀諸名，而以戴勝領之？皆與二書體例不合。細覈之，則方言「鳲鳩」乃「鳸鳩」之誤，廣雅「尸鳩」亦「户鳩」之誤也。爾雅於春鳸、鳻鶞等七鳸之下，繼以鵖鴔、戴鵀及鶭澤虞，郭注：「鶭澤虞常在澤中，見人輒鳴喚不去，有象主守之官，因名云。俗呼爲護田鳥。」御覽引孫炎注亦同。説文「鴋，澤虞也」，廣雅止稱澤虞，蓋即以周禮官名名之，是「鶭澤虞」固鳸屬也。左傳「九扈爲九農正，扈民無淫者也」，注：「扈，止也。」説文：「雇，九雇，農桑候鳥，扈民不婬者也。」或從鳥作鳸。左傳「屈蕩户今俗本作「尸」。之」，注：「户，止也。」鳸者皆主農桑之候，戴勝主織紝，故與鶭澤虞皆附九扈之列。方言、廣雅皆先言鳩，後言鳸，猶爾雅之例。其曰鳸鳩者，鳸雖雀類，亦可假鳩名，猶戴勝之稱鶝鳩也。鳸取户義，故廣雅作户鳩，鳸與鳲，户與尸，字尤易混，故訛作鳲鳩及尸鳩。據孫叔然、陸元恪、郭景純所説，則方言在魏晉時已誤，或稚讓亦據誤本，故遂以尸鳩入之戴勝。特以廣雅全書之例言之，不當有是耳。古書雖多竄亂，推其體例，自可見矣。惟鶭澤虞與戴勝自爲各鳥，而方言牽入鶭鸅，廣雅牽入澤虞，則並爲誤。

王旬、薩都剌宫詞

初二日 明人王子宣宫詞云：「南風吹斷采蓮歌，夜雨新添太液波。水殿雲房三十六，不知何處月明多。」元人薩天錫宫詞云：「清夜宫車出上央，一作未央，一作建章。紫衣小隊兩三行。石闌干外一作「畔」。銀燈過，照見芙蓉葉上霜。」王詩源於唐人之「今夜月明人共望，不知秋思在誰家」，而較爲渾化。薩詩源於唐人之「玉顔不及寒鴉色，猶帶昭陽日影來」，而特爲幽折。二詩一以超妙勝，一以婉麗勝，各極其工，本非一致，不可以優劣論。乃嚴蓀友謂薩詩較王作爲入妙，姚薑塢謂薩作詩意雖佳，然興象風調去王作遠矣。皆非深知詩者也。至元人楊瑀山居新語譏薩詩未諳當時體制，謂宫車無夜出之例，「擎執宫人紫衣，大朝賀則於侍儀、司法、物庫關用，平日則無有」。「宫中無石闌、北地無芙蓉」，論雖少苛，詩人之言，不得字字繩以典制，四庫提要亦援杜牧驪山詩用荔支事爲之解。然作詩者亦不可不知此等典要，觀王建宫詞，多足以補正國史。詞章之學，談何容易耶？

葦萑

二十一日 大者葦，小者萑，葦亦曰蘆，初生曰葭，已秀則曰葦，或曰長大而未秀曰蘆，此葦之異名也。萑俗曰荻，初生曰亂，亦曰菼，亦曰騅，已秀則曰萑，亦曰蒹，又曰薕，或曰長大而未秀曰亂，此萑之異名也。詩衛風言葭菼，秦風言蒹葭，豳風言萑葦，皆二物並舉。王風大車毛傳云「菼，騅也，蘆之初生者也」，「蘆」是「萑」字之誤。戴氏震、段氏玉裁、李氏惇、郝氏懿行、陳氏奂皆主是説。説文艸部云「薍，䓕也」，「八月薍爲葦」，「葦」亦「萑」字之誤。段氏謂本當作八月薍爲萑，葭爲葦，今本脱萑葭爲三字耳。二者大小迥別，夏小正、詩毛傳、許氏説文、陸元恪毛詩疏、孫叔然、郭景純爾雅注皆辨之甚晳，孔沖遠詩正義亦不誤。惟舍人李巡、樊光爾雅注見詩碩人正義及爾雅釋草正義引。邢叔明爾雅正義誤以蘆薍爲一草。郭景純又誤以蒹與萑爲二草。近儒陳長發、戴東原、段若膺、邵二雲、郝蘭皋、李成裕諸先生皆詳辯之，是也。萑葦之萌可食者曰虇蕍，唐宋詩所云蘆芽、荻芽，今俗所云蘆笋也。虇蕍猶權輿，説文作灌渝，郭注爾雅以其萌虇讀句，而以蕍字屬下「芛葟華榮」爲句，非也。其秀曰芀，芀亦作苕，又作蔿，亦曰䓕，亦曰華，亦曰荼，今所謂蘆花荻花也。其根可食者曰葯，亦曰茭，亦曰茇，今京師所謂茭兒菜，秋時食之者也。「萑」字今隸省作「萑」，「䓕」字今隸省作「菼」，經典相承用之。「荻」字不載説文，始見於陸元恪疏，即郭注爾雅之所謂蘮也。

重論文齋筆録　清　王端履

二十六日　閲蕭山王小穀端履重論文齋筆録，共十二卷。小穀字子臨，嘉慶甲戌庶吉士，告歸，遂不出。其父穀人先生宗炎，乾隆庚子進士，未授官而歸，藏書甚富，號十萬卷樓，校勘極精，年八十餘，猶孜孜不訖，著有晚聞居士集者也。小穀濡染家學，又受業於其族父南陔中丞，早歲歸田，見聞頗廣。是書刻於道光丙午，亦多有所考證。又一時交遊，如儀徵鍾保岐懷、仁和蔣蔣村炯、仁和陸爾雅堯春、同邑汪蘇潭繼培、傅子經學灝、徐北溟鯤，皆湛深經術，載其論著數首，尤足以傳。惟多存其自作之詩，詩又不甚工，且至載其場屋試律及鄉曲酬應瑣事，爲可厭耳。

其所載陶安生定山、金登園廷棟諸作，則已刻於阮文達詁經精舍文集；徐北溟文亦有見集中者。趙寬夫坦、沈補堂豫之作，已見兩家文集中。南陔先生文及詩詞所載特多，言其思惟居士存稿以卷帙繁重，未能付刻，故録存之。然往年平景蓀言，曾見其許鄭學廬文集已有刻本，未知諸文收入否也。是録載有擬江式求撰集古來文字表一首，乃其爲諸生時應學使朱文正公試所作，文至二千五百餘言，爲考小學者之資糧，云已刻入廣雅樓試卷，予亦未見其書也。中丞著書至二十餘種，皆考訂經義兼及子史，家貧未刻，今亂後聞已盡亡，其幼子養壽以舉人爲直隸知縣，今號能吏，而絶不知學，未嘗以此措意，可歎也。

二十七日 左傳「亥有二首六身」，注疏皆以字形爲解，而不能明晳，後人遂滋異説。近儒孔氏廣森言之最詳，云：「宣城梅氏以此證古籌算縱横記數之法。按宋元人算草，六七八九或爲𝍥𝍦𝍧𝍨，或爲𝍮𝍯𝍰𝍱，蓋權輿自古射禮釋獲，横縮相變，即其遺象。留侯發八難云「請借前箸以籌之」，言以箸當籌，時方食有兩箸，復借高帝前箸，得四箸，每發一難，輒下一籌，至五横之，案謂㐅也。六𝍥之，七𝍦之，八𝍧之，故用四箸而足。篆文亥爲[illegible]，其乚與⊥相似，入與丅相似，是有三六形。若移首上二畫，下置身傍，則成[illegible]，正如布算横列四位，起二萬，次六千，次六百，次六十也。」

今閲重論文齋筆録，載南陔先生説云：「商鐘銘吉日丁亥之亥作亓，正合二首六身。古之造文者，本有移置之法，右旁之丨，横之爲一，置於中丨之下，即爲丄矣。左旁之二豎，其上畫作丨，置於一上，亦爲丄矣。左旁之ナ，伸其丿作丨，置於一上，亦爲丄矣。總其六身，則爲山；合其二首則亚；豎其二首則爲‖，下而置於山之左旁，則爲仙，於是士文伯見而數之，曰然則二萬六千六百有六旬也。」其説正可與孔氏相發明，而所據尤爲精確。若孫氏星衍謂「亥有二首者，十干配十二支，從甲寅數至亥則餘甲子、乙丑，子與丑實支之首，故云二首；六甲爲身，故云六身。下甲子、乙丑與甲寅、甲辰、甲午、甲申、甲戌同計之，方成六甲，故云下二如身，是其日數言不外二與六也。二萬大數在先，故曰首六千六百六旬；餘數在下，故曰身支有十二而干十。史趙舉亥，士文伯即知以旬計；史趙舉二六之數，大數在前，餘數在後，士文伯即知是二萬六千六百有六旬矣。」案，其説支離之甚。數起甲寅者乃曆法，與此無涉。絳縣人言臣生之歲正月甲子朔，何不從甲子布算，而必以甲寅布算？從甲寅數至癸亥餘甲子、乙丑，則在下餘而非在首，何得云二首？且子可稱十二支之首，何得連丑數之？甲子、乙丑，既在所餘，又安得並數之爲六甲？況以六十干支一周計之，則自甲寅至癸丑六十年中已得六甲，若數至癸亥，則七十年且成七甲矣。史趙但舉二六之數，又安知非二萬六千或二萬六百或二萬有六旬，何以必知爲二萬六千六百有六旬乎？十干自十干，干者榦也；十二支自十二支，支者枝也。豈有干而假支爲首之理？既以甲子並數之爲六甲，是方得成六身而已失二首，何以得云二首六身？且「身」字何解？「下二如身」又何解乎？孫氏之言，按之文義算法，無一而合。又謂「亥」字如不以干支求之，所云二首六身，安知非二萬六千六百有六日，而必云旬？案，二萬六千六百日又六十日，正合七十三年之數。杜氏長曆、孔氏正義所説甚明，是以旬計者止六旬奇零之數，其二萬六千六百，皆以日計，何嘗以旬計乎？是益爲曲説矣。

筆録又載乾隆辛亥八月南陔先生寓杭州吴山火德廟，録道藏寄晚聞居士，劄云：「潛研堂金石文跋尾三續，已得一册。竹汀先生學甚精博，惟燉煌長史武斑碑跋云春秋時周有武氏子來求賻，此武氏見於經傳者，而姓氏書惟舉趙武臣爲始，亦弗深考也。案，襄四年左氏傳言羿臣有武羅，是夏時人，較武氏子爲先矣。淮南子校本家懷祖先生校出誤處二百十一條，陳觀樓先生校出十五條，皆精當不可易，此外尚未能盡刊踳駁也。盧校釋文，已見其書，不甚精審，考證亦多疏舛。如爾雅釋詁剳考證云，説文艸部『菿，草大也』；竹部『箌』，訓『草木到』。案説文竹部無『箌』字，艸部有『菿』字，訓『草木倒』，慈銘案，當作「到」，古無「倒」字。盧誤記耳。慈銘案，盧氏考證云，據陸氏知今本説文誤，然訓爲艸大，則字當從草。今爾雅亦從竹，疑皆誤。是盧氏固以從竹爲誤矣。後段若膺氏説文注改「菿艸大也」之「菿」爲「箌」，而删去部末菿篆及「草木倒」之解，謂是後人所綴。鈕氏樹玉説亦同。詢之王、謂懷祖氏。邵謂二雲氏。二公，均不滿其書，謂盧郎老矣，而刻書甚易，能無誤乎？邵公謂盧公喜與時賢作難，是其一蔽。鍾山札記駁及許緑紂紅，駢四儷六，各有體裁，豈可以經義繩之？爾雅考證厈山條下之「近人」，指洪稚存也，稚存謂厈山即沂山，原屬臆説，然作釋文考證，則不直與此等無稽之談辨也。慈銘案，以厈山爲即沂山，固洪氏之説，見卷葹閣文甲集與邵二雲編修書，然盧氏考證，謂近人本遂改作「斤」，謂即周禮沂山省，則洪氏未嘗有校刻爾雅之本，疑别有所指。且洪氏列有八證，雖未必盡確，亦自粲然成理，不得竟斥爲無稽之談。王氏所駁考證二條，誠爲有見，然盧氏此書，用力甚深，其中刊定疑誤，卓然發千載之蒙者不少。釋文宋本及葉石君景鈔本不可得見，盧本終遠勝通志堂本。近來耳食之徒，多訾盧之臆改，實不然也，學者毋爲所誤。至卷首校勘姓氏，有云東吴朱文游兄、海鹽吴槎客兄、東吴嚴豹人兄等云云，經典釋文是何等古書，乃有此九兄之稱，竟同屠沽家酒肉簿，都人傳爲笑枋，不意抱經先生鄙俚至此，豈所謂老將至而耄及之者耶？言之可發一噱。慈銘案，此誠不典，然亦足見先輩真樸處。予所見同輩中有年弱於予幾半者，予未嘗直呼其字，而公然先施之，其名士刻集者，往往直斥人名，亦世風之日下也。復古編自葛君罷官，竟不刷印，坊間絶響。聞鮑氏謂以文。有刻本，似可無容遠購，希與蔡君言之。爾雅正義、貸園叢書都已買得。陔餘叢考閲過，僅勝席上談天，只可場中對策，無補經術，不必急於購求也。新刻抱朴子，此間已有，無所校補，不及藏本遠甚，俟歸後重坐吴山，懷餅就鈔矣。小穀謂先生此時將謁朱文正公於皖，故有歸後重鈔之言也。其書關係一時學術，先生時尚爲諸生，而所得已如此，足徵學力之深。

筆録所載考證經義，多有可采，其訓詁具有心得，蓋承南陔先生之指授也。今最其三則云：

論語「子張學干禄」，鄭云「干，求也。禄，禄位也」。案，廣雅釋詁「禄，善也」，子張欲求善，猶今俗語要討好。故夫子告以寡過，寡過則善自在其中。由此推之，詩旱麓「干禄豈弟」，言求善而得樂易也；假樂「干禄百福」，言求善而得百福也。孟子曰「經德不回，非以干禄也」，言行德自不回邪，非有意求善，所謂性者也。「干禄」與下「正行」對文，益知非爵禄之禄，廣雅所釋，自爲古訓。自鄭趙諸注俱以禄爲禄位，而禄善之詁遂昧。王懷祖、錢晦之作廣雅疏證，俱引周禮天府注禄之言穀也，穀訓善，禄亦當訓善爲釋，由不得其本義故也。

論語「大哉堯之爲君也」節，孟子滕文公篇「大哉堯之爲君也，惟天爲大，惟堯則之，蕩蕩乎民無能名焉」，「惟天」上無「巍巍乎」三字，似論語涉上下節而衍耳。白虎通「唐猶蕩蕩也，蕩蕩者道德至大之貌也」，是蕩蕩正釋堯之所以大，若增「巍巍」字，似兼高言，而非專言大矣。故趙岐彼注云：「天道蕩蕩乎大，無私生萬物，而不知其所由來，堯法天，故民無能名堯德者也。」漢書儒林傳「唯天爲大」，上亦無「巍巍乎」三字。

孟子「吾何脩而可以比於先王觀也」，趙注以「治」釋「脩」。案，「脩」與「循」古字通。循，從也，由也。易繫辭「德之脩也」，釋文「脩，馬本作循」。莊子大宗師篇「以德爲循」，釋文「循，本作脩，是也」。慈銘案，隸脩、循字相似，古書互訛者多矣，未必相通。「吾何脩而可以比於先王觀」，猶言「吾何由而可以比於先王觀」也，比讀如樂記「比於慢矣」之「比」，鄭彼注云「比猶同也」。

其餘可取者尚有一二，不及備載。

又答嘉興沈西雝濤書，言陳氏湖海樓所刻周易鄭注，尚有數條未及補正云。如小畜九三「輿説輻」，釋文：「本亦作『輹』，馬云『車下縛也』，鄭云『伏菟』。」案，説文「輹，車下縛也」，「轐，車伏兔也」，似馬易作「輹」而鄭易當作「轐」，疑釋文「鄭」字下傳寫脱「作轐」二字，不得蒙釋文「本亦作輹」之文，遂改經「輻」字爲「輹」，而注云「伏兔」也。又井九二注「坎爲水上直巽」，義不可通，胡刻文選注引作「上直魚」。案，晉書天文志「魚一星在尾後河中，主陰事，知雲雨之期」，與坎義相合，知「巽」字乃「魚」字之訛，此必須改者。慈銘案，今湖海樓本尚未改正，又錢晦之廣雅疏義二十卷，僅知其名，今據筆録，則已刊行矣。又言所藏有青浦湯運泰南唐書注十八卷，徵引極詳贍。

筆録言爾雅所載多古藥名，嘗欲據周禮疾醫「五藥」鄭注「草木蟲石穀也」，取爾雅區分五類，著釋藥一篇，以老不能成書，將所得諸條散附筆録中。今按其説，往往直録邵氏正義、郝氏義疏之文，尟所發明，然亦間有訂正兩家之誤者。如釋草「離南活莌」注「零陵人祖日貫之爲樹」，據中山經注「零陵人植而日灌之以爲樹」，邵氏既引此文，而又云「祖日貫之」疑有脱誤。慈銘案，此乃邵氏之慎，郝疏則明云「祖貫」即「植灌」，形聲之訛矣。

又「蘠蘼虋冬」注「門冬一名滿冬」，邵氏謂上文顛棘爲今之天門冬，此則今之麥門冬。本草陶注謂根似穬麥，故謂之麥門冬，虋、門音同也。郝氏謂即今之薔薇，恐非。慈銘案，郝氏謂今薔薇華白，子若棠梨，多生水側，春初葉芽可啖。然吾越所見薔薇皆花具紅黄而大，間有白者，亦無子，葉亦無人啖之。京師花亦有紅、黄、白三色，郝氏蓋徒以蘠蘼、薔薇音同而附合之，未可信。

又「菟奚顆凍」注「款冬也」，又「中馗菌小者菌」注「地蕈也」，似蓋郝氏據釋文「中馗，舍人本作『中鳩』，云菟奚名顆東，顆東名中鳩」，是讀「中鳩」上屬。又説文「菌地蕈」，蓋許亦讀中馗，屬上，與舍人同。案，中馗即終葵，考工記「玉人抒上終葵首」，鄭注「終葵，椎也」。凡物之豐上而鋭下者，皆謂之終葵，菌之形正似之。則中馗自屬菌言，其小者則謂之菌耳，菌亦以其形言之，郝説非也。慈銘案，説文菌下止云「地蕈」，不及中馗，許君解字，不必備舉異文，此例多有。郝氏遽謂其於爾雅亦讀「中馗」屬上，自出臆斷，王氏之説是也。

九月

楷篆兩體石經周禮拓本

朔　廉生齋中久坐，見其所藏有楷篆兩體石經周禮五紙，廉生言即宋嘉祐中楊南仲所書，石經久不見於世，道光中祥符人掘地忽得五石，摹拓未幾，已亡其石，今又不知何在矣。予按宋史言其時作隸者有趙克繼、謝龢，宣和書譜言作篆者有楊南仲、章友直。所謂隸者即楷也，則嘉祐石經有兩體甚明，而自來無一字流傳，此亦可謂希代之觀矣。又漢建安十年鏡一枚，銘以四字爲句，凡十餘句，鏤刻甚工，言是劉燕庭物。又祺祥通寶銅錢一枚，咸豐十一年八月所鑄，亦世所未見者也。其餘古鏡、古泉及造像甚多，則非我思存矣。

毛詩傳箋通釋　清　馬瑞辰

十一日　閱馬氏瑞辰毛詩傳箋通釋，凡三十二卷，首有自序及例言七則。其書第一卷爲通考毛詩源流、篇次、傳、箋、正義異同得失，共爲説考辨十九篇。第二卷以下，乃依詩詮釋，先列傳箋，下申己意，亦往往與毛鄭相違，惟必本之古訓古言，且多駁正宋以後儒臆決之説，故爲治詩者所不可少耳。

素問校義　清　胡澍

十二日　是日以連夕疾動，頗形困憊，不能讀書。雜取架上短書小説閲之。得潘侍郎所刻胡荄甫素問校義，此君績谿寒士，以舉人能篆書游食四方，自稱爲竹邨先生族孫，其後以稱貸入貲爲户部郎中，更以醫術游公卿間。與吾鄉天水妄子爲密友，互相標榜，凡貴要奘駔無不識也，曹事熱差無不與也，予向以狎客遇之。今閲此書，雖僅二十紙，蓋已盡一生之力，所校大率取材經籍纂詁，依傍字義、音聲通假之法，稍加坿益，然訂正王注之誤，亦未始無一知半解者矣。

説文校議　清　嚴可均

十三日　自昨晚至今日因小極憚於讀經，以題籤揭跗爲消遣，凡禮記正義、儀禮正義、翁注困學紀聞、張刻周禮、爾雅諸書，寫之皆徧，其勞蓋亦不減耳。觀鏡江近日所作篆，筆力大進，鏡江贈嚴鐵橋説文校議一部，前歲揚州李祖望所刻小學類編本也，近日姚彦侍觀光復刻之重慶，依嚴氏原刻景翻，較李刻爲工。

琉璃廠購書

十四日　午後，偕梅卿同車詣琉璃廠看鄉試紅録，晤牧莊，偕之閲市。購包慎伯安吴四種，不成。

又見上海徐渭仁所刻春暉堂叢書，首爲林侗來齋金石文字略，又將顧千里思適齋集編入，餘不過王曇烟霞萬古樓詩集等數種耳。於寶森堂得經學零種數册，段茂堂氏周禮漢讀考六卷、太倉畢季瑜憲曾論語廣注上下卷、孫頤谷氏家語疏證六卷，則予購之已累年者也。

讀書脞録續編 清 孫志祖

十五日 閲孫頤谷讀書脞録續編。共四卷，頤谷殁後一年，其嗣子同元雨人所編者。予兩購脞録單行本，皆無續編。

爾雅新義 宋 陸佃

十六日 閲陸左丞爾雅新義，嘉慶戊辰蕭山陸芝榮號香圃。據仁和宋助教大樽字左彝，號茗香，乾隆丁酉舉人。手校本付梓者，前有蕭山王氏宗炎序，後有仁和孫氏志祖跋，及宋氏所輯叙録。據孫跋稱，是丁小山於京師購得景宋鈔本，宋氏叙録但言據直齋書録解題農師原本十八卷，其曾孫子遹所刻，分爲二十卷，今依直齋重編定爲十八卷。陸芝榮跋則謂原本既不可得見，此編猶宋本之舊，不必改易，因仍編爲二十卷。又謂宋君於經文援據衆本，疏證精審，而注文尚多可議。聞鮑氏廷博嘗見景宋寫本，後有太原閻徵君跋，他日庶幾見之，得以校定云云。則助教此本，未知是否即丁小山所購本也。張金吾愛日精廬藏書志載是書鈔本并嚴元照跋，近時廣東所刻粤雅堂叢書本，皆即丁氏本。予丁卯杭州書肆所見者，即此刻也。其書以吾越先達所著，又爾雅經文尚宋時舊本，故爲可貴。若其注則小言破道，不可爲訓，間有佳處，亦披沙揀金，無甚益於經術。直齋之言、嚴氏之跋、王氏之序，皆爲定論，若宋氏、陸氏、張氏諸君，皆曲爲回護，雖云好古，亦由嗜奇。即全謝山經史問答所稱恨未得鈔者，不過以古籍可傳，插架當備，且謝山於荆公之學，本有偏嗜，亦未足爲定論也。

四書釋地　清　閻若璩

十九日　閱四書釋地，其「武城」條下云，春秋四書穀，而一書小穀者，明其爲管仲之邑也。此尚未知春秋左氏經本作「城穀」，惟公穀經文誤作「小穀」耳。

群書疑義　清　萬斯同

二十日　閱萬季野羣書疑義。自丙寅苫凷中讀此後不復寓目。今日偶檢出之，塗注潦草，皆居廬時率筆所及也。予幼喜抹書，先君子嘗痛撻之，然卒未能改。入都以後，庚申、癸亥兩年，一以遭横逆，一以多病，憤鬱尤甚，皆隨事感觸，筆之於書。今時爲滅去故痕，重加補綴，要亦不能盡掩矣。萬氏此書痛詆康成及書序、詩序，又以護古文尚書爲真，而至詆甘誓、盤庚、酒誥、吕刑、費誓爲害理，多士、多方爲無用，故予深不滿之。書中濃抹横勒者甚多，其糾正所駁鄭注及所辯史籍數條，亦頗足爲萬氏功臣。然讀書貴平心靜氣，即加駁正，亦須和婉其辭，書之簡端，宜以精楷細字，此經生家法也。

授堂遺書 清 武億

二十二日 夜閲授堂遺書，偃師武億虚谷所著，其子穆淳所編，道光癸卯其孫耒重刻者也。凡經讀考異十二卷、群經義證八卷、三禮義證十二卷、金石三跋十卷、金石續跋十四卷、授堂文鈔十卷、授堂詩鈔八卷；又讀書山房文鈔二卷，乃其子穆淳所作、耒所輯入者，附録題詞、傳志、事實、行述等，共爲一册。虚谷經術風節，世所共知，其經讀考異，已刻入學海堂經解中，群書義證、金石跋亦久已版行，予皆有其書。此重刻本，頗多誤字，據錢氏儀吉序及耒跋言，惟三禮義證、授堂詩鈔初皆未刻，聊城楊至堂河帥爲開歸巡道時助金付梓；楊跋則言文集亦其所刻也。虚谷一字小石，號授堂，晚號半石老人，乾隆庚子進士，出吾鄉王方川先生增之房。文集中有上王西霞先生兩書，又與王貽伯書，乃西霞之子也。詩集中有聞西霞先生出宰遂平詩。虚谷成進士後歸班候選，丁未以後，館西霞清化署中，授西霞族弟裕栻及次子思錫經，因成經讀考異，西霞爲之作序。其書刻於乾隆己酉，爲最早，故阮文達得收入經解也。方川先生，乾隆辛卯進士第二人，相傳以習國書散館改知縣。今考乾隆庚子、辛丑，先生兩爲會試同考官，則非散館可知。授堂聞先生出宰詩注云「己亥秋，上患文體庸爛，十月覆考試官，先生始自浙入試，明年分校禮闈」云云。其何以改官，亦不明言也。遂平爲河南汝寧府屬縣，至清化鎮則屬懷慶府河内縣，惟糧捕水利通判駐清化鎮，或由遂平知縣升通判耳。授堂文集卷二巳亭記言乾隆辛亥時，先生備員清化通判。先生事無可考，附記於此。穆淳字小谷，嘉慶丁卯舉人，出陳恭甫之門，歷任江西知縣，有惠政，殁祀江西名宦。耒字稼堂。

晉書　唐　房玄齡

二十三日　校晉書列傳羅憲至趙誘一卷，是正八九條，以去年校此未完，擬於今冬力疾成之。

二十四日　夜校晉書列傳周處、周訪兩家共一卷，是正十餘條。其周訪傳有云「賊率即「帥」字。杜曾、摯瞻、胡混等迎第五猗奉之」。考世説言語篇「摯瞻曾作四郡太守、大將軍户曹參軍，復出爲内史，别王敦」云云，注引摯氏世本稱瞻爲太常虞兄子，高亮有志節，以言辭忤王敦，左遷隨郡内史。後知敦有異志，建興四年，與第五猗據荆州以拒敦，爲敦所害。是瞻固晉之忠臣矣。第五猗受愍帝之命，由侍中出爲荆州刺史，時元帝已有江表之地，而長安旋没於劉聰，愍帝被虜，猗特不順於元帝，與華軼、周馥同科；元帝之討滅猗等，正與漢光武之殺謝躬無異。而晉書元帝紀遽書猗與杜曾同反，已爲乖誤；至王敦此時方爲元帝所倚信，未有反跡。要之，摯瞻自以忤敦而死，而名爲賊帥，何其謬耶？予校此書，不特正定疑誤，多錢、王二君所未及，其間發潛誅隱，别白是非，每足袪千載之蒙，惜當世能讀之者少耳。

二十六日　終日雨窗無事，復校晉書列傳山濤至樂廣一卷，鄭袤至温羡一卷，共是正十七條。

二十七日 校晉書列傳劉毅至何攀一卷，劉頌、李重傳一卷，毅傳有云：「漢魏相承，爵非列侯，則雖没而高行不加之謚，至使三事之賢臣不如野戰之將。」此漢晉禮志皆所未載。王厚齋輯漢制考及近人孫頤谷讀書脞録中補輯數條，皆亦未采及也。

二十八日 校晉書列傳傅玄、傅咸、傅祗傳一卷，皇甫謐、摯虞、束皙、王接傳一卷。摯虞傳云：「時太廟初建，詔普增位一等，後以主者承詔失旨改除之。虞上表曰：臣聞昔之聖明，不愛千乘之國，而惜桐葉之信，所以重至尊之命也。前乙巳赦書，遠稱先帝遺惠餘澤，普增位一等，騂書班下，被於遠近，莫不鳥騰魚躍，喜蒙德澤。今一旦收既往之詔，奪已澍之施，臣之愚心，竊以爲不可。」案，仲洽此奏深明國體，此予於去年十一月穆宗以天花將愈加恩王公大小臣工，十二月穆宗宴駕，惇王等請追收前命，兩宮從之，竊議以爲雖見諸王大臣之忠悃，而於國體非宜。儻以爾時或驟晉宮銜，或優遷爵秩，至賞雙眼花翎者十餘人，施恩太過，則何不讓之於先，而乃辭之於後？且其中有特予遷官者，使奉詔後已得升除，亦將更貶之乎？謂當臣下懇請撤銷，而朝廷下詔，以大行有命，不復追奪，方爲兩得也。

二十九日 校晉書列傳解系至賈疋一卷，愍懷太子傳一卷，陸機、陸雲、陸喜傳一卷。解系、解結、繆播、索靖皆晉之忠臣，而與孫旂、孟觀、牽秀、張方等逆亂之人同卷，善惡溷淆，莫此爲甚。即皇甫重、閻鼎、賈疋，亦恥與爲列焉。李含夙有清名，爲郭奕、傅咸等所稱重，而反覆樂禍，首唱亂端，西晉之亡，實含成之，與漢末賈詡情罪無異，跡其悖逆，較張方凶竪尚加一等也。

山濤傳云:「濤志必欲退,因發從婦弟喪,輒還外舍。」傅咸傳云:「時司隸荀愷從兄喪,自表赴哀,詔聽之而未下,愷乃造楊駿,咸奏愷『同堂亡隕,方在信宿,聖恩矜憫,聽使臨喪,詔未下而便以行造,急諂媚之敬,無友于之情,宜加顯貶,以隆風教』。」張輔傳:「梁州刺史楊欣,有姊喪未經旬,車騎長史韓預强聘其女爲妻,輔爲中正,貶預以清風俗。」夫從兄及姊之喪,以今日論,雖賢士大夫未聞變服,人亦無從知之。至古人嫂叔無服,況從弟婦喪,何關倫紀?而當時重之如是。蓋晉雖承魏之敝,尚風流而忘名節,君臣大義,多不復知,而私家禮法猶嚴,清議猶峻,非後來之所及也。傅咸、張輔兩條,日知録亦引之。

三十日 校晉書列傳郤詵、阮种、華譚、袁甫傳一卷,是正四條。郤詵傳詵自言賢良對策第一,而阮种傳先云种與郤、詵及東平王康俱居上第,後更廷試,又擢爲第一,則詵非第一矣。然細覈之,蓋初試詵爲第一,更試种爲第一也。詵拜議郎,种初除尚書郎。漢晉凡舉賢良方正、直言對策第一者多拜議郎,則詵爲第一信矣。种傳「又擢爲第一」,「又」字蓋「乃」字之誤。汲本作「及」,官本作「又」。詵、种、康三人居上第,猶世所稱三鼎甲也。其更試,猶今之覆試也。當日晉武慕法兩漢,特舉賢良,而种傳言「毁譽之徒或言對者因緣假託,帝乃更延群士,廷以問之」。蓋庸瑣之徒,護持資格,惡聞儁異,樂守故常,固自古而然也。國朝康熙之初,聖祖仁皇帝特開博學宏詞科,優禮備至,而吏議猶力抑之,其授官皆出特旨。然由布衣進者五人,西河、子德、幸即告歸;竹垞、稼堂,終以獲譴,一時閧然,有野翰林之目。古今一轍,可歎也夫。

光緒乙亥浙江鄉試題名録

是日閲浙江題名録，中式百三十四人，山陰七人，會稽四人，又府學一人，山陰馬星聯，年十七歲，會稽言實書，年十八歲，皆不知何人也。錢唐高富年、慈谿葛國楨，年皆十四歲，近所罕見者。定海黄以恭中五十二名，元同之從父弟，辛酉拔貢，通經學，蓋一榜之光矣。八十二名水嘉穎，八十四名水鴻飛，皆鄞人，亦可稱希姓。山陰杜鍾祥，年五十九歲，又陸壽民居榜末。

十月

授堂文鈔 清 武億

朔 閲授堂文鈔，其文多裨考據，筆近澀滯而簡質，或如注疏家，或如金石文，其曲折層累處，亦頗有昌黎法，辭意嚴正，而出以平實，多可玩味。其漢制六馬考、周禮名所由始考、惟謂周官之稱周禮，始於王莽居攝以後，由劉歆之附會，近於武斷。諫官考、原字、論人之以字相呼。廣廣韻注義、補注中所載人姓名。毁五嶽寢廟議、一切經音義跋、巳亭記跋、巳亭記，王霞西所作，言上巳義。題士壕鎮壁、與李東川論安陵書、與朱少白論韓文考異書、答黄小松論隸釋隸續書、與桂未谷論説文序所言禮記指儀禮書、與李書源論竹書紀年書、程侍御三禮鄭注考序，尤精確不磨也。

四書釋地續　清　閻若璩

初二日　閻氏四書釋地續以微仲爲微子之子，列有三證；又引包爾庚時文「微仲者微子之次子，厥後襲封宋公，終身止稱微仲」，以爲如得一真珠船。孫氏志祖家語疏證駁之云：「閻氏所引爲確證者，以漢書人表宋微仲注云啟子爾，不知人表有兩微仲，一在中上膠鬲、商容之間，此即微子之弟名衍者也。一宋微中，在中中楚熊艾、繹子。魯考公之間，注云啟子。一弟一子，表本分明。蓋兩微仲，猶之兩虞仲也，閻氏誤合爲一。然其説實始於古史。古史曰『微子卒，世子蚤死，乃立世子之弟微仲衍』，注云『世以爲微子之弟，失之』。是又不必援包爾庚時文以爲珍珠船矣。」

慈銘案，孫氏此駁甚確，但亦有小誤。既據人表别有宋微中在楚熊艾、魯考公之間，則明是傳國於微子者矣。又以在膠鬲、商容之間者爲名衍，然檀弓、史記皆云微子傳國於衍，豈微子先傳其弟，其弟復傳微子之子，而兩人又皆號微仲乎？蓋孫氏徒以史記微子世家稱「微子開卒，立其弟衍，是爲微仲」；而檀弓鄭注又云「微子適子死，立其弟衍，殷禮也」，欲回護兩家之説，不得不以衍屬之微子之弟耳。然玩鄭注之文，云「立其弟衍」者，明謂適子之弟，非微子之弟。微子受封於武王，爲宋開國之君，不得私傳於弟。以其適子死，乃立其次子，爲殷禮耳。始封者爲太祖，天子諸侯所同，成、湯不聞傳位於弟，惟太子太丁早卒，故太丁之弟外丙、仲壬相繼而立，此微子立衍所以爲殷禮也。史記之誤，蓋無可疑。人表於中上但云微仲，與殷諸臣並列，即孟子所稱之微仲，趙注所謂微仲、膠鬲皆良臣也，此微仲不知何名。其名衍者，乃微子之次子，人表中中所謂宋微中也。特加二「宋」字，以明其爲繼國於宋之君，極爲明晝。吕氏春秋當務篇謂紂「同母三人，長曰微子啟，次曰仲衍」，尤不足據。馬氏繹史疑史表爲重出，梁氏人表考以史表爲誤，皆考之未審。毛西河經問逞臆鑿空，更爲謬悠。

安吳四種 清 包世臣

初七日 閱安吳四種，涇包世臣慎伯著，咸豐元年所刻。慎伯以舉人官江西知縣，罷歸，晚自號倦翁。稱安吳者，以涇在季漢時分置安吳縣，慎伯所居近安吳故治，因以名書，此即其手定付梓者也。凡中衢一勺三卷，言河漕鹽及水利之事，共文二十首，附録四卷，皆雜文及日記之屬。藝舟雙楫，論文四卷、論書二卷、附録三卷，皆志銘、傳記、雜文之屬。管情三義，賦三卷、詩三卷、詞一卷。濁泉編一卷，乃道光乙未赴官江西時之日記及詩也。齊民四術，農三卷、禮三卷、刑二卷、兵四卷，皆取其書序傳志等文之涉於四事者及所作説儲之雜篇類而編之也。都計三十六卷。

慎伯常謂周秦人下筆輒成一子，以其洞徹物情，語皆獨造。至漢劉子政，乃有意琢字句，鍊篇幅，子變爲集，由此而始。故是書晝分四類，以事爲經，意謂還集爲子，不屑同於文人學士，陳義甚高。然中衢一勺、藝舟雙楫等名，乃涉於辭賦佻巧，爲南宋、晚明江湖習氣，不特非漢人所有，即六朝、唐人，亦恐不爲。又自序謂所作有説儲上下篇，共十餘萬言。此外大小雜文，於四種無可附麗者，尚十數萬言。然藝舟雙楫所附録者，凡應酬無謂傳志之文皆在，不知所謂無可附麗者，更是何等文也。

慎伯以經濟自負，縱横博辯，足稱霸才。其書論治河、海運、救荒、保甲、治兵、治夷之策甚備。又述農政上下二篇，言農桑種植之事，多有得諸實用。又自乾隆以至咸豐，經歷四朝，熟於世變，其言皆足以警發。然厚自炫禢，以爲古今絶出，一簡之中，無不貶人而揚己，則其中無蘊蓄，已可概見。其論河務，極詆黎襄勤、百文敏，又謂襄勤官淮海道時，購得其籌河芻言、策河四略二書，珍爲祕録；文敏用其接築長堤、接長蓋壩之策清淮，得以安枕，而其後一以争論，一以讒構，俱成釁隙，此已未可深信。至於經學，實未有所得，而亦盛自誇詡。如謂亭林日知録摘章句以説經，及畸零證據，猶未免經生射策之習；錢曉徵片詞碎義，其細已甚；汪容甫鶩逐時譽，耗心餖飣；凌曉樓公羊禮疏等書未能精善。又謂其居揚州時，使曉樓治鄭氏禮，劉孟瞻治毛、鄭氏詩，薛子韻治許氏説文，皆其所指授。然四種之中，惟論禮服時有所發明，餘則絶無一語及之，則其大言欺人，可歎已甚。

又自謂古文得力於孟、荀、吕、韓，下參馬、班，略取昌黎，其餘不足比數。自命其傳志之文，下筆千秋，義法甚嚴。今觀其文，蕪冗俚雜，全以公牘方言入文，同於市肆帳簿。略舉一二言之。其開首總叙起句云：「乾隆己亥，先君子抱世臣於膝上，授以句讀。」其下歷述某年授某書。夫不先言其幾歲，而曰抱於膝上，其自幼至長日日抱之耶？不言何書之句讀，而但言句讀，是何物耶？它如言吉凶曰紅白事，言妾曰别室，言生員曰邑庠生，言考索某書曰查核某書，言陵寢曰地宫，言號曰别字，此類俗稱，不知凡幾。又如戴公均元墓碑，言國朝父子爲大學士者有漳浦蔡氏、陽湖劉氏。夫漳浦有蔡文恭一人，其叔父文勤，官止郎侍；武進有劉文定一人，其子躍雲，官亦止侍郎，且亦非陽湖也。又云

「常熟兩相在未設軍機處以前」，夫軍機處設於雍正七年，首以桐城張文和及常熟蔣文肅充漢軍機大臣，至乾隆十年，文肅子文恪復以吏部侍郎爲軍機大臣，未知所謂「常熟兩相在未設軍機以前」者，更是何人？曾自號爲古今大手筆者，於此等大節目猶茫昧如是乎？其它文有所謂大學士莊文恭公者，有所謂松江大學士楊瑄者，莊蓋即番禺莊滋圃，僅協辦數月，未嘗爲大學士，其名有恭，非謚文恭，楊則不知何人矣。至稱太僕寺少卿爲少僕，並非俗稱所有。稱其友朋有曰歐鏡湖四兄、陳子鶴三弟者，恐爲村秀才所不爲。予嘗見是書初出活字版本吳公熊光墓碑中有述仁廟、宣廟傳受時事文字一大段，謂仁廟嘗賜四阿哥箭，不去金皮。次日二阿哥具摺請位次。二阿哥，即宣廟也，四阿哥者，瑞懷親王也。不知何人粘籤一紙，有楷書數行，言此段文宜即削去，其事必是妄人僞撰，於稱謂尤極不合，且亦非草野所宜言，何苦述之以自取禍云云。今此本已全刊去。則其文字多不足憑，即此可見。而自謂當時名人無不推服者，亦大略可知。

其書每類皆有自序，俱以第一人自命。於賦則比班、揚，於詩則比曹、阮，詞亦自附大雅，睥睨南宋。今平心讀之，其賦樵句剿字，不知倫類，忽漢忽唐，舛音漫節，不足與朱、竹君、石君。劉、圃三、金門。張、皋文。彭甘亭。作奴僕；詩亦枯率槎牙，絕無醞釀；詞亦不足言。而二十數闋之中，優伶之名如陳郎桂衾、楊郎紫炘、劉郎蓮似、徐郎依雲，連篇接簡，其爲依雲題所藏進鳥圖，繫以小敘，乃有表妹、義妹之稱，恐亦元明人所罕見也。其文中用「係」字、「渠」字甚多，而自云同人得書者多苦句讀之難，因爲離句，重付梓人，真不知是何等人矣。

其於乾隆至道光三朝耆儒魁士，無不力加排抵，而所極稱重者，董晉卿之文賦及村陋不堪之上饒李祖陶，一物不識之桐城姚柬之，李、姚二人之詳，見予受禮廬日記中。蓋其取友亦不過如是。惟紀載詳盡，多有裨於文獻，籌河、議刑、殲夷諸論，尤足爲用世者所取資。其學不足言，其書則不可少耳。慎伯爲嘉慶十三年戊辰恩科江南舉人，出新城陳侍郎希曾、湘潭周侍郎系英之門。道光乙未，始以大挑一等爲江西知縣，攝新喻令，甫一年，爲學政及巡撫劾其贓私，辨質歲餘始放歸。姚柬之書後言丁丑大挑，吴平湖、松蒙古阻之於成邸；丙戌大挑，汪山陽阻之於惇邸；其會試卷雖發謄，從不送入内簾。蓋振奇負氣，所至鉏鋙，固可歎也。

初九日　閱安吴四種。慎伯論刑諸篇，皆酌理準情，極爲平允，深得明刑弼教之意。其書三案始末一篇，記嘉慶二十一年銅山段繼幹之獄、泰安徐文誥之獄，二十五年歸安陸名揚之獄，皆首尾詳盡，曲折如見。三獄以段爲最冤，徐爲最幸，陸爲最慘，而段、徐兩案，慎伯皆嘗與其事。其述徐案巡撫程國仁之鍛煉、按察温承惠之平反，俱大聲疾呼，言之甚痛。而今桐城方濬師著蕉窗隨筆乃力反其説，以文誥爲詐盜，程爲公而温爲私。此小人之言，變亂黑白，不足據也。慎伯自言佐諸公幕時，以但能辨七分不公道事，過此不敢聞命爲約，而尚多逾限，未免疚心。仁人之言哉。

山陰西郭李氏族譜

初十日　族人新刻族譜既訛錯之甚，又附刻天山府君年譜及家訓，年譜不知出何人之手，予所未見，其鄙俚謬誤，笑柄甚多。且府君卒於雍正庚戌，時居永平衛，壽七十五，而以爲雍正戊申，卒於饒州，壽七十三。予家自興宗公以唐亡時官金華令，遂居上虞，而以爲宋南渡時莊簡公兄弟扈蹕至臨安，始徙上虞。又德賢公以明初由上虞遷山陰之郭婆漊，而以爲先遷趙墅。此三事尤爲大謬。今日爲之逐句改正，將寄舍弟重刻之。

十一日　改定年譜訖。别取一本，擿其舛謬，一一批注之。以族人多不可以口舌争也。莊簡上虞人，宋史及府縣志俱甚明，其曾祖贈太子少保，諱晏如，撰上虞五夫市遺德廟記，今其碑尚存，兩浙金石志、越中金石志、上虞金石志錢玫撰。皆收之。至由上虞遷郭婆漊，與趙墅各爲一支，舊譜世系及序中所載甚晳。天山府君之卒年，舊譜年表及詩文手稿、栗室後題，亦皆可顯證，子孫愚而不讀書，可慨如是。

安吴四種　清　包世臣

十二日　閲安吴四種中兩淵十六篇，皆言兵法也，淵取靜照之義。將本至勝全十篇爲雌淵，猶言内篇也。衡陳至五地六篇爲雄淵，猶言外篇也。

山陰西郭李氏族譜

十九日　改撰家譜條例，定其名曰山陰西郭李氏譜，以越中李氏多不同族也。

二十日　撰定家譜條例訖，凡十五目，首氏族一卷。歷辯北史敘傳、唐書世系表之誤。次世系二卷，自老子敘至唐汝陽王爲上卷，自遷上虞始祖興宗公敘至遷山陰始祖懋齋公爲下卷。次世表四卷，自山陰一世至今十九世，皆書其名字、妻妾、子女及葬地。次行次四卷，亦自一世至十九世，先冠以字行，後乃按行列其人之生卒年月及官位科名，有一善可録者亦附書之，皆以長幼爲次。其妻之受封誥、被旌節者亦書之，妾之以子貴及以節旌者亦書之。凡十九歲以下之長殤、中殤、下殤皆載世表，不編入行次，其既娶妻或有名銜學行可稱及死難者便不爲殤，概編行次。八歲以下無服之殤並不載世表。次傳二卷，自史記老子傳及宋史李謙孟傳傳爲上卷，此史傳也。自莊簡公所撰晏如公傳至予所撰李氏辛酉殉義列傳爲下卷，此家傳也。次内傳一卷，婦女之賢者也。次家廟一卷，首爲廟圖，附以碑記及祭儀祠田。次墓圖一卷。次像贊一卷，次家訓一卷，莊簡公家訓，實謨公「安身莫若無競」四語，語本王弼易注，實謨引以訓子孫，南池公「耕讀勤儉」四訓，天山公遺訓及手書楹帖云：「多積德多讀書多吃虧，以多爲貴；寡意氣寡言語寡嗜好，欲寡未能。」次藝文一卷，先爲晏如公所撰遺德廟記，次采莊簡公集中關係文字，次采舊府縣志所載實謨公詩，次天山公詩文。次事蹟一卷，偏采南宋人文集、説部及國朝人詩文集，凡涉先世銘志題贈皆録之。次叙録一卷，歷載自宋嘉泰譜序以至國朝乾隆譜序，而殿以新譜序及述例。共二十一卷，並辨舊譜體例之誤。先寫致季弟，謀重集訾爲之。

中衢一勺　清　包世臣

二十六日　閲中衢一勺。慎伯於河事畢生盡力，自齊徐端以至楊以增，凡爲河帥者皆咨其方略，故通籌利害，熟悉源流，隨地隨時，深權形變，而終守潘季馴之説，以靳輔、陳潢爲善因，蓋皆目驗心稽，不爲高論。近儒錢竹汀力攻潘氏之河防一覽，經生之言，恐不足據也。慎伯於賈讓徙地之議、徐有貞釃渠之策，以及近世滚江龍、鐵版帚搜沙之法，皆痛闢之。其閘河日記載吾鄉裘古愚總兵治跡數事，修府縣志者所不可不采也。嘉慶以後，吾越一二品大員武臣卓卓可傳者，祇裘公安邦及葛壯節公雲飛二人，文臣則惟湯文端公一人耳。

漢書地理志補注　清　吴卓信

二十七日　閲吴卓信漢書地理志補注。卓信字立峰，一字頊儒，常熟生員，卒年六十餘，所著尚有三國志補注及廣説親，皆已佚。又有古文集，同縣陳揆爲刻之，亦不傳。此書共一百三卷，李申耆鈔得其副，後歸潘芸閣侍郎錫恩，道光二十八年，涇人包孟開慎言，慎伯族子。始爲刻之江寧。其書取班志原文，每句之下引證諸書，搜采頗備，間亦附以按語，其於顧氏祖禹讀史方輿紀要、全氏祖望地理志稽疑、錢氏坫新斠注地理志采取尤多。然其各郡下所云今某地者，亦時有舛漏，又校勘粗疏，誤文甚衆，爲可惜也。

十駕齋養新録　清　錢大昕

二十八日　閲養新録，坿注其「祇祇」一條，「思曰容」一條，皆足補正錢氏之説，有功於小學。因文稍繁，不及備載，它日輯筆記時當録出之。

漢書　漢　班固

三十日　夜鈔補漢書蕭望之傳一葉、蕭育傳一葉，汲版後印者俱缺此兩葉，予向據南監本及官本，以密行小字寫一紙補之，今依初印汲本如式更寫，然此兩葉中汲本誤者兩處、脱者兩處，「詞」字誤「詩」、「務」字誤「於」，蕭育傳「其務爲民除害」。蕭咸字仲君，脱「君」字，「傳贊哀哉」下脱「不然」二字。

十一月

潛邱劄記　清　閻若璩

初三日　連日閲潛邱劄記。七發「廣陵觀濤」之爲今揚州江都地，汪容甫之説甚確，無以易之。閻氏亦以曲江爲錢唐江，同竹垞之説，已爲非是。至云漢景帝時會稽郡省併入江都國，則大誤矣。漢志「會稽郡」下云「景帝四年屬江都屬揚州」，屬之云者，謂以會稽郡屬於江都國，非省郡而併入江都國也。故下云屬揚州，謂武帝時江都國已除，始分天下爲十三州，置部刺史，以會稽郡屬揚州，可得謂省併入揚州乎？且班氏於「廣陵國」下云「江都易王非、廣陵厲王胥皆都此，並得鄣郡而不得吴」，所謂吴者，即楚漢之際項氏分會稽所立吴郡後至武帝時始省者。此用全氏祖望主王厚齋説，以漢功臣表、灌嬰傳考之，當時有吴郡無疑也。劉原父及顧亭林、何義門、陳碩甫所説皆非。然則江都國祇兼二郡，吴郡尚不得，何論會稽？故劉貢父刊誤謂會稽未嘗屬江都；金輔之漢志分置郡國考直以志「景帝四年屬江都」七字爲衍文。全謝山地理志稽疑改定此條，云原本「會稽郡，秦置，高帝六年爲荆國，十二年更名吴，景帝四年，屬江都屬揚州，當云會稽郡故秦郡，楚漢之際屬楚國，分置吴郡，高帝五年屬漢，仍屬楚國，六年屬荆國，十二年屬吴國，景帝四年復故，武帝時省吴郡屬揚州。」慈銘案，全氏此條亦有可商，「故秦郡」三字當仍舊作「秦置」，楚漢之際屬楚，謂屬項氏也，當去「國」字。「仍屬楚國」四字，當作「以屬楚國」，謂屬韓信也。「景帝四年復故」六字無著，當省去。全氏蓋據虞翻傳注引會稽典録朱育之言，以景帝四年「吴王濞誅，乃復爲郡」也。然上既概云屬，則其爲郡自如，故漢書外戚傳文帝尊母薄姬父爲靈文侯，會稽郡置園邑三百家，是當吴濞時未嘗省郡矣。

漢書　漢　班固

初四日　終日閲漢書地理志。會稽郡鄞下云有鎮亭，即今之天台山也。又云有越天門山，即今之南田島也，明時爲昌國衛。天台大山，不容自晉以前名不見於史志。蓋鎮亭、天台皆音之相轉。大清一統志云：「鎮亭山在奉化縣西南一百里，山極高大，南自天台，西連四明。」蓋已明知爲即天台山，而不敢質言之。觀文選注引支遁天台山銘及名山略記，知天台之名起於道佛之書。東晉風流，崇尚釋老，鋪叙山水，精藍名刹，點飾爲工，於是天台既名，而沃洲、天姥之號，日以紛衍，無復知有鎮亭者矣。

初五日　漢志「餘暨蕭山，潘水所出，東入海」；又「上虞，柯水東入海」，水經注謂潘水即浦陽江之别名，柯水疑即上虞江。蓋道元未到東南，亦必確稽其地，知爾時永興、上虞，實已無此兩水，故指兩江以爲疑辭。浦陽江，宋以後謂之錢清江，今俗謂之西小江也。上虞江，宋以後謂之曹娥江，今俗謂之東小江也。然二江皆原出烏傷今義烏。山中，由諸暨至蕭山之義橋，並匯錢唐江水，而其流始大。曹娥江亦即所分之東流，漢末以後，皆謂之浦陽江，非兩水也。蕭山即在今蕭山縣治城内，安得謂浦陽江出此乎？使班氏果以潘水當浦陽江，則何不系之於烏傷、諸暨下乎？蓋古水多湮，不可考矣。

漢魏六朝墓銘纂例　清　李富孫

初八日　閲李香子富孫漢魏六朝墓銘纂例，共四卷，前有自序，因朱竹垞氏之言，取隸釋、隸續所載漢碑及六朝人碑製，以補王止仲之所未逮，條列衆體，考證爲詳。然近時爲此學者，吴江郭頻伽有金石例補，荆谿吴荆石有漢魏六朝金石志墓例，寶應劉楚楨有漢石例，皆本朱氏之言，以爲搜輯，各不相謀，而李書爲最詳；劉書專取漢代，爲最有體要。竊謂文章本無一定之例，自南宋以後，濫爲酬應，文人益多，而文日益卑。故潘氏舉韓文爲例以救之，取法乎近，以曉流俗也。降及晚明，江湖小人，惡札充塞，至爲猥賤。故梨洲黄氏復爲要例，自唐宋諸家以及元明，著其文之流變，以見例之不可盡無，皆非爲考據計也。竹垞好博，意在復古，而漢人不盡是通儒，其碑亦非盡出能文之人，龐雜牴牾，任意而出，諸君區區摭拾，錯雜紛繁，欲求例而轉無例可稽，蓋祇可備漢碑碣之考據，不足爲文章之義法。故嘉興馮柳東金石綜例，學海堂遂收入經解，而潘、王、黄氏之本意盡以失矣。至錢唐梁諫庵之誌銘廣例，則標舉破碎，尤是羌博士技兩耳。

香子亦號薌沚，嘉興貢生，武曾先生之五世孫也。其書已刻者有李氏周易集解賸義三卷、三傳異文釋十二卷、禮記異文釋八卷、説文辨字正俗八卷及此書，皆湛精漢學者。其兄超孫，字奉墀，一字引樹，乾隆乙卯舉人，道光時官會稽學教諭者十餘年，以老病歸。著有詩氏族考六卷、拙守齋詩文稿十卷，皆已刻。

七頌堂詞繹 清 劉體仁　古文緒論 清 吴仲倫

夜閲劉公㦷體仁七頌堂詞繹一卷、彭駿孫孫遹金粟詞話一卷、吴仲倫德旋古文緒論一卷。公㦷於詞本非名家，其書標舉甚高，强作解事，山谷所謂「隔簾聽琵琶」也。羨門詞品格亦卑，而稍有悟入處，故言雖淺近，轉爲得理。仲倫著有初月樓文稿、初月樓聞見録及論書隨筆諸書，其古文墨守桐城，此書雖於方、劉尚有不足之辭，而傾倒姚氏甚至，其言文法，全自茅、沈所選八家中討生活，不過措大時文識見。所論周秦以至唐人，浮辭贅説，無一得其要領。至謂劉海峰最講音節，有絶好之篇；朱梅厓學韓，其集中書一體最佳可傳；張鱸江取道甚正，魯賓之清而能瘦，其氣亦疏；皆何異癡人説夢也。

漢書　漢　班固

初九日　夜讀漢志，至敦煌郡效穀縣下注「師古曰：本漁澤障也，桑欽説孝武元封六年」云云，竊疑此非小顔所能言，文義亦不類其它注，當是班氏自注語而誤爲顔注也。因檢錢氏考異、王氏商榷，則皆如予説，而胡氏禹貢錐指已先言之，深歎諸先生學識絶人，而予此境亦不易到也，讀書甘苦自得之言，索解人亦甚少耳。

字典考證　清　王引之

初十日　寶森書賈送新印經義述聞、字典考證來。字典考證乃王文簡爲字典館總裁時所奏進者，皆記道光重修本校正原注誤文之語。

漢書地理志補注　清　吴卓信

十一日　終日校注地理志，三夕以來，以禿筆作蠅頭朱字，細注行間，目力既昏，欬欶復作，又當暫輟矣。比日兼閲吴頊儒補注，其書采掇甚勤，間亦正定謬疑，多有心得。然有三大病：引古人已佚之書，不著所本，一也；以意添改舊文，二也；襲它人之説，以爲己有，三也。

又不通小學，如豫章之贑，以爲章貢合流，字當爲「贛」，不知「贑」本古「貢」字，讀贑爲感，乃豫章方音，亦聲之相轉。此縣自以贑江得名，其同郡之新淦，亦即此水此音，惟字異耳。其地雖有章水合流，並無「贛」字，後人妄造，所謂俗謬不合六書者也。

巴郡之朐忍，以爲字當作「朐䏰」，音蠢閏，即曲蟺蟲，不知此本以朐忍山得名，本志、續志、晉志皆作「朐忍」；說文亦作「朐忍」。自闞駰十三州志誤音「朐」爲「春」，又云「其地下濕，多朐忍蟲，因以名縣」。見後漢書吳漢傳注引。於是後人遂有蠢潤、閏蠢等音，改其字爲「朐䏰」，而說文新附及廣韻、集韻等書，皆有此兩字矣，然即謂是曲蟺，則正「朐忍」兩字之音轉。古所云丘蚓，說文本作「螾」。丘音如區，而朐音劬，與區叠韻兼雙聲也。

武威之揟次，謂晉以後作揖次，其改名之故未詳，不知「揖」是「揟」字之誤。隸書胥作咠，遂誤爲揖也。其徵引雖博，而如傅氏之行水金鑑、戴氏之水經注校正本、王氏之讀書雜志，最名一時，尤爲注此志者所必不可少，而皆未之見，亦其疏也。其文之誤脫，一葉中多至十餘字。乃至本志及續志之文，亦全不勘對。包孟開序言屬楊汀蘆及其族弟興言校正，而其疏至此，乃知包氏之學，於此等事固絕不留意也。

詩氏族考　清　李超孫

十二日　閱李引樹詩氏族考，蓋以王伯厚有詩地理考，故作此以補之也。前有香子序，其書依詩之篇次，取所稱之人名氏族，自后妃以至殷武，條舉諸書，而下系以考證。凡經史諸子箋注義疏，以及近儒著述，搜羅頗備，有倫有要，亦治詩者所不可少也。

三傳異文釋 清 李富孫

二十日 閱李香子三傳異文釋，凡左傳十卷，公羊、穀梁各一卷。其書取經典注疏及子史諸書所引文字異同，附以石經舊槧，皆折衷是非，證明其義，大要以說文爲主，以雅訓爲俌，專於形聲通假，求其指歸，采掇近儒，頗爲賅密。書成於趙氏春秋異文箋之後，故於君氏、尹氏等大端之異，皆置而不論，蓋可爲讀左氏者小學之助矣。蔣氏别下齋所刻諸書，惟李氏兄弟所著三種有功經學，其餘皆短書小集，無甚重輕。如石門碑醳，乃嘉慶中諸城王春林森文署陝西略陽縣知縣時，於褒城縣石門道中模拓摩崖石刻，自漢楊孟文石門頌以迄宋人題名，凡二十五種。或别寫釋文，或縮臨真跡，而附以游石門記及略陽白崖之郙閣頌碑考，寫刻精工，足爲清玩。其曰醳者，漢碑以當「釋」字也。又箕田考，乃朝鮮人西原韓久庵百謙所著，以朝鮮平壤城外田分四區，區皆七十畝，爲田字形，謂是箕子遺法，合乎殷人井田七十而助之制。峽石山水志，乃雍正中海寧蔣擔斯宏任記其峽石鎮兩山之勝，前有於越陳梓序，謂由吴門及海昌，中間數百里，原野平敞，而巍然隆起，乃有峽川兩山，獨高於横殳，騷人墨客，遂借以遊憩。又謂嘗於秋霽登智標浮圖，望吾越中諸山，澹煙一抹，白鳥雙去，其語題目佳境，頗有小品勝致，蓋亦能文之士，惜其字里顛末不可考矣。兩山者，審山、亦名沈山。紫微山也。

養自然齋詩話　清　鍾駿聲

二十一日　肯夫送來鍾雨人修撰所刻養自然齋詩話，共十卷，卷一爲元明人詩，皆元詩選、明詩綜所未收者。卷二、卷三、卷四爲杭州人詩，卷五、卷六爲全浙人詩，卷七、卷八、卷九爲各省人詩，卷十爲閨秀詩。其人之見在及顯人之有專集者，皆不録，意在表微拾墜，以人存詩。其例甚善。惜所采稍雜，不免入於庸近。其稱謂有太夫子及姻伯之類，亦囿於時俗。又間附已作數首，亦爲非體，當告修撰刊去之，以成完書也。

十駕齋養新録　清　錢大昕

二十二日　是日偶閲養新録，中有「珠算所起」一條，言之未詳，因思近儒有詳考之者，予僅憶周髀甄鸞注已言之，而其餘盡忘。乃取架上諸考證書，檢之幾徧，至夜乃記在凌次仲氏校禮堂集中算法統宗跋，而其書近爲牧莊借去，不得即取以一證也。

炳燭編　清　李賡芸

二十九日　閲李鄦齋氏炳燭編，爲校正十餘條。鄦齋之學史爲長，而伯寅刻此書時，其任校讎者皆目未見一史也。

經怋　清　陳祖范

三十日　夜閲陳見復經怋及文集，見復有道之言，雖考據經恉不甚精深，而語語和平，出於體驗，讀之如飲醇酎。予於壬戌、辛未及今三度，皆以隆冬永夜閲此書，言近而味無窮，春風盎然，忘其寒洌矣。

十二月

經史傳注姓氏

朔　夜雜考群書，國朝考據之學，搜遺索隱，可謂無間不入。即以古書傳注姓氏一條言之，如易子夏傳，王儉引七略以爲子夏、韓嬰同作，宋人以爲唐張弧作。中經簿以爲或云漢丁寬作，七録並列韓嬰、丁寬。近儒或以爲子夏當是韓嬰字，遂定爲嬰作。至崔氏應榴據漢書儒林傳五鹿充宗傳易於沛人鄧彭祖子夏，官至真定太傅，繇是梁丘易有鄧氏之學，則子夏者鄧子夏也。

爾雅樓爲文學舍人注，或以爲舍姓人名。洪氏頤煊、孫氏志祖皆據文選羽獵賦注引郭舍人爾雅注；洪氏更引西京雜記郭威字文偉，茂陵人，有言爾雅張仲孝友云云；孫氏更引漢書東方朔傳有郭舍人；則舍人者官名而郭姓也。

漢書臣瓚注，博物志以爲晉將軍于瓚，史記索隱以爲晉祕書郎傅瓚。至近儒姚氏範、桂氏馥、李氏賡芸皆據水經注屢引薛瓚漢書注，薛嘗爲姚襄參軍，後仕苻堅，則臣瓚者，薛姓也。錢竹汀、王西莊、孫頤谷、臧拜經諸君皆有此說。

它如尚書僞孔傳出於枚賾，實本於王肅，而家語、孔叢子亦皆肅一人所撰。竹書紀年魏晉間人所僞託，以讖禪代之事。唐氏仲冕說。焦氏易林，「焦」乃「崔」字之誤，後漢書崔篆著周易林六十四篇，用決吉凶，多占驗。篆卒於建武時，故有「昭君是福」之語。牟氏相說。案此說極確。漢書京房傳及儒林傳俱不言焦延壽著易林，而舊本易林首有費直之語，稱王莽時建信天水焦延壽。焦延壽官小黄令，當卒於宣、元之間，安得及莽世？惟崔駰傳言篆爲王莽建新大尹，則建信即建新，本漢千乘郡，「天水」乃「大尹」或「太守」字之訛，「焦」即「崔」字之誤，延壽蓋篆之字也。是則鄭氏曉古言謂明夷之咸林，似言成帝時事；節之解林，似言定陶傅太后事者，皆不必疑也。

論語孔傳文字不類漢人，而「鄹人之子」下，孔傳曰：「鄹，孔子父叔梁紇所治邑也。」安國爲孔子十一世孫，而直稱聖父之名，則孔傳顯爲僞託。陳氏鱣說。孟子正義爲邵武士人僞撰，非孫宣公作，朱子已言之。近儒更考得正義序即用孫氏音義序略竄數語，則贗跡更明。戴東原、孔誧孟、盧抱經、焦里堂諸君皆有此說。至於注孝經者有兩鄭氏，一康成，或云小同，或云康成後人，要以太平御覽所引孝經序「念昔先人餘暇述夫子之志而注孝經」云云證之，則爲康成所注無疑也。一鄭偁，見公羊疏孫氏志祖、梁氏玉繩說。偁亦爲魏侍中，見續漢輿服志注，又爲魏世篤學大儒，嘗傳明帝，見三國志魏文帝紀注。注爾雅者有孫炎，疏爾雅者亦有孫炎見宋史，見宋史藝文志。洪氏頤煊說。邢昺爾雅正義序云「爲義疏者，俗間有孫炎、高槤」，又陸佃埤雅亦屢引孫炎爾雅正義。此皆前人所未及者也。

漢書　漢　班固

初五日　是日寒甚，復校漢書地理志，以朱墨竘注之，得魏郡、鉅鹿、常山、清河、涿五郡。

初六日　校地理志，得勃海、平原、千乘三郡。篇窄字緐，以秃筆作蠅頭，目昏於辨。計此志所校已得十分之六，當留待明年完之矣。

歷代名人年譜　清　吴榮光

初九日　吴荷屋歷代名人年譜體例疏舛，國朝所記諸老生卒年月尤略，比日偶取所見文集、年譜略補綴之，以便檢閱。

重論文齋筆録　清　王端履

初十日　復閲重論文齋筆記，再劄記其經學三則云。

孟子「惟兹臣庶女其于予治」，趙注「兹，此也，惟念此臣衆汝，故助我治事」。案，舜雖愛象，豈不知其不仁，他日封之有庳，尚使吏治其國，今甫謨蓋之後，反令治其臣庶，恐無此理。史記五帝本紀作「爾其庶矣」，索隱言「汝當庶幾於友悌之情義也」，是並不以爲臣庶之庶。先大人曰此王氏稱其父轂人先生之説。「臣」當作「㠯」，古臣、㠯字形相近而誤。㠯，由也，見漢書劉向傳注。大戴禮「子張問入官」篇曰：「忿數者獄之所由生也，距諫者慮之所以塞也。」所以即所由也。「于」讀如檀弓「于則于」之「于」，彼疏以「廣大」釋之，「廣大」即「寬博」之義，「治」有「安」意，蓋象言思舜而憂之甚，欲自掩揜井之謀，舜誠信之，故曰思，惟，思也。釋詁文。此由徼幸，詩檜風傳「庶，幸也」，釋詁「庶幾，幸也」。汝其寬應厥心，予甚安也。猶今俗語云，汝放心，我好也。

「與鑽穴隙之類也」，王伯申尚書釋「與」爲語助，無意義。案，與猶及也。之，是也。詩小雅蓼莪箋「之猶是也」，爾雅「之子者，是子也」。謂不由其道，與鑽穴隙是類，即同類。故趙注云「是與鑽穴隙何異」，「何異」正釋「之類」二字。孔檢討讀「與」爲「歟」，屬上讀。焦里堂疑「之」字爲衍文，皆未審「之」訓爲「是」故耳。

左傳「衛懿公好鶴」，史記正義引括地志「故鶴城在滑州匡城縣西南十五里」，是鶴乃地名，蓋鶴邑之人，爲懿公左右嬖倖。故史記衛世家於「好鶴」下繼以「淫樂奢侈」四字，新序「狄人攻衛，其民曰君之所與禄位者鶴也，所富者宮人也」，「宮人」與「鶴」對文，正是外嬖之屬。吕覽忠廉篇同。懿公好鶴邑之人，而與之禄位，乘大夫之車，故國人曰鶴實有禄位，余焉能戰？以國人與鶴鶴是外邑。相對言，無事則以禄位與鶴，有事則以甲授國人也。杜於鶴無注，正義以鳥釋之，恐非。

以上三條，雖近於新雋，然詁訓名通，皆有依據。「好鶴」一條，似無堅證，惟乘軒非鶴所樂，汪容甫已疑之。且國君好鶴，即有糜費，亦何至國人皆怒，臨難不戰？況以吕覽、新序所言證之，似亦指人。春秋時如晉厲公、齊莊公皆以嬖倖致死，非無稽也。録存於此，亦足以示人讀書之法。筆録又言，漢書鄒陽傳：「魯哀姜薨於夷，孔子曰『齊桓公法而不譎』，以爲過也。」白虎通：「春秋傳曰『叔姬歸於紀』，叔姬者伯姬之娣，伯姬卒，叔姬升於嫡，經不譏也。」疑皆嚴氏春秋義。又載海寧俞潛山思謙朱子刊去孝經解云：「朱子疑孝經引詩非經本文，因刊去大雅曰『無念爾祖』以下數處，共二百餘字。考漢書匡衡疏云：『大雅「無念爾祖，聿修厥德」，孔子著之孝經首章，蓋至德之本也。』是朱子所疑後人增入者，正漢儒所謂『孔子著之首章』者也。」又載仁和范介兹景福云：「周頌烈文篇末多一韻，天作篇末少一韻，若移『嗚呼前王不忘』六字於『子孫保之』之下，則兩篇皆叶韻矣。二詩相連，蓋誤簡也。」此書行本甚稀，世所罕見，故節録之。

齊民四術　清　包世臣

十一日　夜閲齊民四術，其農政兩卷，大率以農桑輯要爲藍本。保甲事宜，徒滋煩擾，亦不可行。至因銀貴而欲行鈔票，因捐納而欲開礦銀，尤爲窒礙。蓋書生逞臆之談，非真經濟也。惟書亭林答王山史與王仲復兩書後，駁其庶母諸母之分、妾葬域外之制，及有免而衰、有免而袒、袒爲無衰之説；書陸祁孫母林太孺人貞珉録後，駁惲子居媵未及事女君者得升爲夫人及事女君者不得爲夫人之説；其辨生母之名，謂古人於所後者，但持三年之服，不爲父母之稱，引漢書張賀傳爲證，則大謬。服由名制，既不名父母，安得有三年之服乎？張子畏陳情得請編序，亦載其説。答張南昌寅，即子畏問歸宗議，申明不貳斬之義；答陳庶常立書，駁近例一子兩祧之説。謂其事始於乾隆中葉，和珅以户部侍郎直軍機，驟用事，有浙人爲户部員外郎，其伯父死無子，前已分析祖産各八十萬，員外以其半賄和珅，因倡同父周親准其一子兩祧之議，遂纂入刑部事例。皆援據禮經，言爲典要。它如代裕靖節裕謙請旗員照漢員一律終喪服官疏，時靖節以江蘇按察使丁憂。爲胡墨莊珙條陳積案弊源疏及清釐積案章程疏，時墨莊爲工科給事中。刑部尚書金公光悌議刑對、刑部尚書韓公議刑條答，皆極有關係之文。慎伯於禮服刑名，致力最深也。

又如上海新建黄婆祠碑文，以先棉之祀比之於先蠶、先農。黄婆以元至正間自崖州附海船至上海烏泥涇，始教人紡織木棉爲布，創爲絞車以去核，爲椎弓以彈茸，爲紡車以成絲，由是徧傳海内，而松江、太倉棉布之利尤甲天下，上海又爲松、太之最。黄婆殁後，鄉里醵葬而祀之。道光六年以河道梗，創舉海運，用上海沙船集事，於是，士民謂沙船之多由於布市，議建黄婆專祠，以報其功，上官格不入奏，而祠已成，慎伯爲之碑文。

吴伶張琴舫傳附論近時倡優有節義者數人，以爲孟子之所謂良貴，蓋與近世良賤之説殊。乾隆四十八年，山東巡撫國泰以贓被逮，惟伶人太平追隨至都，破裝爲治後事。嘉慶十四年，侍郎廣興以贓被逮，惟吴伶陸雙全周旋詔獄，治棺斂。二子外遣，衆妾家食，皆爲部署，所費累萬。嘉慶十八年滑縣之變，有湖北流妓名玉珍姊妹三人爲賊所掠，欲以爲僞妃，俱極口駡賊，備楚毒而死。吴人徐如意父死，年十一，賣身葬父，遂入都爲伶人。

邵和州事略附論近世守吏數人賢否之效，以明民之不可欺。邵君忘其名，浙江進士，乾隆四十八年由禮部主事出知和州，攝二僕之官，自詣城隍廟審理積案，十日而城内及關廂二百餘案皆結。乃分詣各鄉，擇有祠廟處，擿出四面十餘里之案就決之，三月而各鄉千七百餘案皆結。州境既無事，乃乘馬至所屬之含山縣，督令審理如其州。兩江總督署所用牛油燭，例征之和州，君買桕油燭一千斤送之，具牘言宰牛干例禁，而具印領領桕燭價並運足費。在州十七月，而禮部有錯擬之案，群諉之君，遂降一級調用。民傾家祖送，自出城至江步僅四十里，五日乃得達，既登舟，而江頭數十萬男婦號哭之聲，震動東岸，東岸居民，亦爲之流涕。附論所見賢吏，則陽湖吕榮字幼心，知桐城；河内白守廉字省之，知合肥；雖治行皆非邵君比，而亦能得民。若婺源縣知縣沈恕罷官，其眷屬出署，民争揭輿簾視之；太平縣知縣曹夢鶴、當塗縣知縣顧之焱、南陵縣知縣徐心田，每下鄉，輒爲居民碎其轎云。案，邵君名自悦，餘姚人，戊戌進士，大興籍；吕君，定子之曾祖也。

答魏默深書，論其所著聖武記體例未善。謂兵制者，武功之本，當先列於卷首，次列軍法軍賞。至於序述事蹟，不必因地分類，宜順其前後，逐案編纂，使事因時出，義隨事見。其叙川楚教匪，皆據官書，無日不戰，無戰不捷，旋剿旋撫，而匪勢轉盛，實皆各路軍營鄉壁虚造，爲必無之事。其匪股宜各爲小傳，記其始卒及竄擾之地。其守城以下諸篇，宜自名其書，不當冒「聖武」大名。敖罕滅於鄰國，近之塗説，未便遽以入書。寄戴金谿大司寇書、答吴門錢學士書，力言科舉之敝，其文亦皆可傳。讀律説上下篇，警君子以切晚俗，尤宜人寫一通，置之坐右也。其書三案始末文太拉雜，其後附論兩首，甚暢摯，惟當删去「人怕出名豬怕壯」等俗語耳。藝舟雙楫中如薛子韻墓志銘、族兄紀三鄭本大學中庸説序，亦爲傑作。

周禮

十二日　周官「冢人及葬言鸞車象人」，注「鸞車，巾車所設遣車也，亦設鸞旗。鄭司農云，象人謂以芻爲人言，言問其不如法度者。玄謂言猶語也，語之者，告當行若於生存者，於是巾車行之。」案，鄭君之意，以「若於生存者」五字釋「象人」二字，謂以巾車設鸞旗，將行，告於柩前如生人時，故不用先鄭芻人之説。以爲芻人當言芻靈，若以象人爲明器之物，則是木人之俑，非周初所有。故下又引「孔子謂爲芻靈者善，謂爲俑者不仁，非作象人者不殆於用生乎」，以破先鄭芻人之説。疏乃謂「後鄭以上古有芻人，至周不用，而用象人，故不從先鄭説」。又謂鄭君引檀弓文以明古時有塗車芻靈，至周仍存塗車，改芻靈爲象人。考淮南子繆稱訓云「魯以偶人而孔子歎」，是用俑始於春秋之末。檀弓兩載孔子論明器之言，並不分別夏殷周，惟「仲憲言於曾子」章有「夏后氏用明器，殷人用祭器，周人兼用之」之文，然曰祭器，並不涉象人。鄭君注「孔子謂爲芻靈者善」三句，有云「孔子善古而非周」，此「周」字亦指春秋時之衰周而言。孔沖遠正義乃謂自虞至殷，皆用芻靈，周初即用偶人，即引「冢人」此文爲證。皆由於誤會鄭注文義，致成附會，而賈疏尤爲迂曲矣。乾隆三禮義疏亦斥賈疏以始作俑坐周公爲悖理，孔疏以夏殷用芻靈、周用象人爲無據。武虚谷三禮義證亦以檀弓注「孔子善古而非周」爲周之季世；又於春官冢人亦引淮南及家語子游之言、論衡薄葬篇，以證用偶人始於周季魯人，惟議周禮鄭注爲失檢，則非。

尚書未定稿　清　茹敦和

十五日　閲茹三樵先生尚書未定稿，其力主古文孔傳爲非僞，猶是西河毛氏之説。吾鄉之言學者，如萬氏季野、邵氏瑤圃皆信古文，蓋越之宗派如是也。茹氏更謂鄭君二十四篇之目即出於張霸百兩篇中，非鄭君本有，乃後人從張書摘出竄入鄭書者，則益爲無稽矣。餘多觝排閻氏。又一引王氏後案而系以微辭。三樵與西莊甲戌同年，而持論不同如此。其歷引鄭君它注，以證與二十四篇之目抵牾之處，亦足以備一説。

玉函山房輯佚書　清　馬國翰輯

二十五日　寫玉函山房輯佚書書跗訖。其小學類依目録尚缺義雲章及李氏字略，緯書類無易緯，子部惟儒家、農家有目，而儒家有目無書者十餘種。其餘奇零數十種，有經類、子類皆無目録，輯釘糅雜，略無倫次，當更爲整比之。

字貫獄案

二十八日　乾隆四十二年江西新昌舉人王錫侯字貫之獄，諸書無紀載之者，予幼聞戚黨間，言王錫侯者博學，負重名，江西官吏皆重之，其作字貫卷帙甚富，引證極繁，以天字爲始，小注至十餘葉。有王瀧南者，首告其書詆斥康熙字典，爲大逆不道，江西巡撫海成疏請革錫侯舉人，嚴訊，而言其書尚無悖逆語。高宗閱其書凡例中排寫廟諱御名，因嚴諭海成，謂：「此即大逆，開卷即見，豈得諉爲不知？海成係滿洲世僕，乃於此等大逆之書恬不爲怪，昧盡天良，負恩蔑理，莫此爲甚。」下吏部議革職，交刑部治罪。海成旋覆奏親往王錫侯家，搜得所輯書共十種，俱有悖謬不法語，悉以進呈。其王氏家譜有故大學士史貽直序，其經史鏡及唐人試帖詳解有故尚書衔侍郎錢陳羣序，詔二人已物故，免深究。王錫侯伏極法，海成擬斬監候，秋後處決。

其時布政爲長沙周克開，字乾三，由舉人入官，後卒於浙江糧儲道。以贛南道兼署，按察爲代州馮廷丞，字均弼，由廕生入官，後卒於湖北按察使。皆革職遣戍軍臺。臨川李侍郎友棠字郘伯，穆堂先生之孫，時爲工部侍郎。以曾題一詩亦革職。武虛谷集中李敬堂名堅，祥符人，乾隆壬辰進士，官刑部員外。行狀，言李官刑曹時王錫侯已伏誅，其親屬牽連逮至都者數十人，得末減赦歸，迫歲盡，有司尚欲寄獄，李争之得免。蓋當日固以逆書之法治之矣。昨日朱蓉生言昔年館朱修伯家，修伯之子子清有其書，嘗出以相示，且謂段懋堂説文注多襲其説，恐是無稽之言也。蓉生言以天字始，與予所聞相符，其體例若何，則未及詳耳。

光緒二年

正月

購周易虞氏義、阮文達年譜、月令輯要、唐會要

初九日　是日購得阮刻張皋文周易虞氏義及虞氏消息，直十千。顧南原隸辨一部，直亦十千。隸辨近阮文達年譜直四千。易虞氏義近來皆翻刻本及學海堂經解本，此琅嬛仙館原刻，爲難得矣。隸辨近年直至三四金，此本稍有模糊處，以十千得之，爲可喜。寶森廟攤有漢隸字原四册印本亦不甚清，而索直至十二金，不可減，是近日癖嗜金石諸君階之厲也，二十年前不過銅錢二百耳。予於壬申之夏在隆福寺書肆購太平寰宇記一部，僅直三十千，閱兩月退還之，去年正月至廠市，寶森攤中亦有此書，紙槧皆同，索直十六金。詢其由，則以先一月有鄞人陳康祺驟以十五金購之，蓋陳君絕不知書者也。比年京師士大夫以買書爲雅事，不務實得，虛長浮聲。上者求精鈔、覓舊槧，或元或宋，影撰有無，不考其是非，不計其謬誤，依傍避諱之缺畫，揣摩字法之瘦肥。下者貌坿通人，妄偁博覽，見少以爲貴，獲舊以爲奇，矜插架之堆積，作書賈之傀儡。於是懸價日增，而寒士絕跡矣。此亦世變之一端、書籍之一厄也。

文達年譜即雷塘盦主弟子記，予甲戌正月已購歸，旋以書賈必須四千，數日後持去。今閱兩歲，其書尚在，仍如其數得之，以文達所刻經解諸書衣被天下，讀其書者當知其世，故此譜紀載雖無法，自爲不可少耳。

又於寶森賒得月令輯要一部，直四金，此爲先中書公修書時所分纂，卷首列銜名於分修諸臣中，舊時予家有十餘部，今亂後盡亡矣。公在武英殿分修兩書，一爲御選唐詩，今會試及殿廷諸考試詩題多出於此，故其價驟貴至十八金，不復能過問矣。

初十日　午至廠市西山堂，購得唐會要一部，武英殿聚珍本也。直銀五兩五錢，予亦於此鋪購之三年矣。昨見寶森書攤亦有一部，紙槧不及此本，而索價十二金，故亟買之。又得宫定山夢仁讀書紀數略一部，直二金，巾箱本也。俱暫賒。

四書拾義　清　胡紹勳

牧莊昨購得四書拾義，今日借閱之。卷一上論，卷二下論，卷三學庸，卷四上孟，卷五下孟，共五卷，績谿胡紹勳著。紹勳字文甫，竹村先生培翬之族弟也。道光丁酉拔貢，後舉孝廉方正。是書刻於甲午，前有江晉三有誥序、竹村先生序、汪手存澤序。其書全主詁訓音聲，正漢宋舊説之誤，依據明通，多有心得。其最精者，「論與之粟九百」一條云，孔注以九百爲九百斗，考周之九百斗，合今所行用元時之斗，僅得一百八十九斗。古者百畝，當今二十三畝四分三釐有奇，合得米二百八十二斗，爲古農夫之食，若此所得，反遠遜農夫，何又嫌多而辭之？古制計粟以五量，量莫大於斛，十斗爲一斛，粟至九百，必以量之最大者計之。孔子爲魯司寇，是下大夫，其家宰可用上士。孟子曰「上士倍中士」，當得四百畝之粟。又曰「卿以下必有圭田，圭田五十畝」，明士亦有五十畝圭田，合之爲四百五十畝，以漢書食貨志言畝收粟一石半計之，當得六百七十五石。若以石合斛，一石爲百二十斤，古斛不足百斤，二斛約重一石有半，是百畝收百五十石，合得二百斛。四百畝爲八百斛，加圭田五十畝，爲一百斛，共得九百斛矣。

此説前儒皆所未及，近寶應劉楚楨論語正義中已采之。其餘可取者尚多。其據廣雅「如，均也」解「如其仁」之「如」，與予舊説合。予説在祥琴室日記中。至謂「聚歛」之「聚」爲「驟」借字，「從容」之「從」爲「動」借字，則知一而不知二。謂「屋漏」當作「幄陋」，又「從而招」之「招」當作「翹」，尤近穿鑿矣。

讀書紀數略　清　宮夢仁

十四日　閲宮夢仁讀書紀數略。夢仁字定山，泰州人，康熙庚戌進士，由翰林、御史官至福建巡撫。是書共五十四卷，分天、地、人、物四部，自理氣至草木凡五十四類。康熙四十六年丁亥，聖祖南巡至揚州，夢仁方罷官里居，以是書進呈，奉旨刊行，次年刻成，令其孫讎賫書及板片進御。此本前有陳相國廷敬、王尚書鴻緒兩序，夢仁進書、進書式、進書版三表及凡例。其成書時，夢仁年已七十七矣，雖較王氏小學紺珠增輯爲多，而王氏學有根氐，即緒餘所記，亦自條理秩然。夢仁全以王氏爲先河，而龐雜牴牾，錯繆疊出。今日偶取其人部族望類訂之。

如「六人一品」一條下「崔邠，鄲爲禮部、吏部，酆司農卿，郇大理卿，鄯右金吾將軍，郾相宣宗」。考舊唐書崔邠傳云，昆弟六人，仕官皆至三品，邠、郾、鄲三人知貢舉，掌銓衡，冠族聞望，爲時名德。邠終於太常卿，正三品。贈吏部尚書。亦正三品。鄯官太子詹事，正三品。轉左金吾衛大將軍，亦正三品。贈禮部尚書。亦正三品。郾終於浙西觀察使，唐代諸道節度觀察使，猶明及國朝乾隆以前之總督、巡撫，無專品，而唐制節度、觀察皆兼上州刺史，爲從三品。贈吏部尚書。正三品。鄲由太常卿，正三品。同中書門下平章事加中書侍郎，正三品，門下中書侍郎本正四品上階，代宗大曆二年升。相文宗、武宗，卒於西川節度使。郇大理卿，從三品。酆司農卿。從三品。皆見新唐書宰相世系表。小學紺珠作「六人三品」本不誤，而下又系之曰邠、郾、鄲，凡爲禮部五、吏部再，此語本於新唐書崔邠傳，謂邠、郾、鄲三人，凡五爲禮部侍郎，再爲吏部侍郎也。夢仁誤去「郾」字及「五」字，又誤以爲「再」字指邠、鄲兩人皆爲禮部、吏部，不知唐制六部侍郎止正四品上階也。鄲相文宗、武宗，紺珠誤以爲相宣宗，夢仁又誤以鄲爲郾，是全不知檢對本書者矣。

「中山五王」一條下注云：「水經注：王莽子興生五子，並隱居涿郡，光武封爲五侯。」考此出水經易水篇注，云「昔北平侯王譚不從王莽之政，子興，生五子，並避時亂隱居」云云。小學紺珠引之，作「王譚北平侯，不同王莽，子興，生五子」云云，夢仁乃截去「不同」以上字，竟作「王莽子興」。漢書王莽傳言莽四子宇、獲、安、臨，俱早死；所幸侍者生男興及匡。更始到長安，下詔，非王莽子，它皆除其罪。則莽之子孫已盡滅，安得復封？是於漢書並不寓目矣。

「三世司隸」一條，列鮑宣子永、孫昱，而後漢書郭躬傳載下邳趙興子峻、孫安世，三葉皆爲司隸，乃不見收。「父子宰相二家」一條，列韋仁約子承慶、嗣立，鄭珣瑜子覃、朗，而總注曰唐武后朝。考兩唐書及唐會要，韋思謙即仁約。相武后，承慶相武后、中宗，嗣立相武后、中宗、睿宗；鄭珣瑜相德宗、順宗，覃相文宗，朗相宣宗。鄭之與韋，時代懸絶，乃俱系之武后。此二條爲紺珠所無。

四庫提要言夢仁以紺珠及張九韶群書拾唾爲藍本。案，九韶明人，群書拾唾亦名群書備數，予未之見。夢仁凡例中以紺珠與備數並言，疑二條本於九韶之書，而夢仁亦未嘗考之後漢、兩唐等書也。

又如輔佐類「三元」一條，於宋止列孫何、王曾、楊寘、馮京四人，此紺珠原本如此，自爲可據。後人謂唐代三元有崔元翰、張又新、武翊黄三人，然舊唐書崔元翰傳止稱進士擢第，登弘詞賢良科，三舉皆升甲第；張又新傳亦止稱其登進士第。又宋代三元有陳堯叟、宋庠、王巖叟，然堯叟史僅稱其舉進士第一；庠舉開封、禮部試，皆第一，而時當仁宗諒陰，不殿試，遂以禮部試爲正奏名；此宋制如是。巖叟爲明經第一。厚齋宋人，所考自確，止舉四人，是也。至金之孟宗獻，元之王宗哲，皆是三元，明見正史，而夢仁亦不數之，但續列明之商輅一人，則又疏矣。

唐會要 宋 王溥

十五日 閱唐會要。其第七十九、第八十兩卷中所載謚法，錢氏廿二史考異嘗取以補唐書之闕，間有互異者，皆當以會要爲準。其例以謚爲次，先單謚，後複謚，或有一人兩見者。如長平王叔良既見於「靖」字下，又見於「肅」字下，齊國公敬暉既見於「肅」字下，又見於「肅愍」下；徐國公劉幽求既見於「敬」字下，又見於「文獻」下，太常卿褚亮既見於「康」字下，又見於「文康」下。錢氏以爲傳聞異詞，非也。王文康溥，本謚文獻，後以同僖祖謚，改文康。四庫提要作謚康定，非。於大中以前事全據蘇冕會要、楊紹復續會要爲本，冕等皆當代奉敕所撰，事具國史，安有異聞？其兩出者，唐代賜謚，或因駁奏改易，或因崇贈增加，故史官兩存之。考叔良等所書官爵，先後不同，明以崇贈而改。惟此書向止鈔本，錯誤滋多，聚珍内本亦有漏舛耳。其錢氏之未及引者，如上官儀謚文，姚合謚懿，漢中王瑀謚宣，宋申錫謚穆，李德裕謚忠，皆兩唐書所不載。而宋申錫下注曰「會昌三年五月追賜謚」；李德裕上冠以贈司空，蓋咸通中追復德裕太子少保衛國公贈左僕射後，又加贈司空及謚耳。此二事尤足以裨史闕。

至閻立本謚，史作文貞，而此作貞一字。苗晉卿謚，史作文貞，而此作文懿。李吉甫謚，史作忠懿，而此作恭懿，皆當以此爲定。文貞上謚，非立本資望所能得也。又姚崇謚亦作文獻，與兩唐書合，而張説撰神道碑作文貞，以文獻爲其父善懿之謚。案，善懿官止巂州都督，以下州之都督，不應得文獻之上謚，碑文蓋有誤，會要不見善懿謚，是也。

其雜録内載元和三年追賜張柬之等五王謚，敬暉謚作貞烈，與以上所載謚法及兩唐書本傳皆不合。考舊書五王傳，惟敬暉載睿宗謚曰肅愍，餘皆無之，亦不紀元和追賜之文。而會要卷十八配享功臣門中載中宗廟八人，於敬暉稱平陽愍王。此當脱一「肅」字。崔元暐稱博陵今本「陵」誤作「陸」。文獻王，其桓彥範、張柬之、袁恕己皆稱王而無謚，下云並開元六年六月二十二日敕，可知睿宗時追復五王官爵，惟敬、崔兩王加謚。至元和三年，因柬之孫曛之請，始普謚五王。曛請謚事，見會要，與襄陽新出崔歸美所撰唐穀城縣令張曛志銘合。於是，暉改謚貞烈，元暐改謚文忠，而配享之制定於開元，故敬、崔皆表初謚，桓、張、袁皆不載謚，會要、謚法亦止系暉於肅愍、元暐於文獻，而文貞下不列柬之，忠烈下不列彥範，文忠下不列元暐，貞烈下不列暉與恕己，故於雜録補載之。新唐書誤合睿宗賜謚、元和追謚爲一，又於暉傳止書肅愍，失書貞烈，元暐傳止書文獻，失書文忠。舊書並失紀元暐、文獻之謚。錢氏考異又疑新書所載者皆睿宗所賜之謚，亦考之未審也。予嘗謂謚者史之大事，自十歲讀左傳，即喜考古人謚，輯自周至明爲一小册，出入褱裹之。今老矣，猶惓惓不置。而歷史紀載，率多疏略。國朝諸儒，惟全氏祖望、錢氏大昕皆究極此事，與予有同心耳。

古今釋疑 清 方中履

二十日 閲古今釋疑，桐城方中履著。中履字素北，密之先生第三子，自號龍眠小愚，又號合山逸民，其書康熙中太平知府楊竹庵霖爲之刊行，共十八卷，自經籍至算法衡度，凡分一百七十五目，目爲一篇，辯論縱横，取裁頗博。惟好詆訾先儒，深不滿於鄭注及許氏說文，至極詈周禮，以爲不經。又貶禮記爲非先聖之書，辯左傳爲非丘明作，則悍而肆矣。首有朱記云「曾經御覽」，而四庫書列之存目，提要謂中履傳其家學，自非弇陋，而引書不載出處，近於策略，不及其父通雅之淹博，所論亦中其失。然本原通貫，自爲可取，其臆決逞辯，亦密之家法也。所論人身脈理、骨節、方藥及音均反切皆甚詳，大恉本於通雅之説。其論姓氏一篇，獨爲明晳。論日月交食及彗孛、奔星、雷電、霜雪、風雨之理，多取西人熊三拔所言，猶西説之近理者。其謂彗孛奔星，皆地上暖氣上薄、陽光激射而成，則近日西人言彗孛皆可推者又不符矣。前年辛未，西人謂次年壬申夏當有彗見，然至甲戌夏始見，已差兩年，而世之愚儒，猶篤信之，哀哉。

曾文正公奏議　清　曾國藩

二十一日　閱曾文正公奏議，凡十卷，一百四十二首，無錫薛福成、常熟張瑛所編，以年月爲次。文正一代偉人，奏議剴切詳明，規畫周至，皆足千古。然最佳者，咸豐初官禮部侍郎時遵議大禮疏、應詔陳言疏、敬陳聖德疏三首，危言至計，深有古大臣風，其後募勇出師，鋭意討賊，所上籌辦諸疏，類皆聚精會神，言無虚發。咸豐七年六月瀝陳辦事艱難一疏，字字血誠，尤想見轉側孤危，堅忍不撓之概。至克復金陵以後，其奏捷一疏，已覺跡涉鋪張，此後條陳皆不免敷衍時局，無關碩畫。故剿賊山東、移督直隸，皆絶無以異人。暨天津民教之變，而素論頓盡矣。數年中惟覆陳楚省引地一疏，差爲切摯，但亦止爲淮鹽淮商計，而於楚税之盈虚、川鹽之出内，亦未及通籌利害，故楚督、川督皆力沮之，終不得行也。予嘗見咸豐九年春初所上其從弟國華死事情形一疏，忼壯可傳，決是文正自爲之文，而此編無之，蓋所遺者尚多耳。

歷代帝王年表 清　齊召南

二十二日　以錢十千買齊次風帝王年表三册，其明洪武以後阮賜卿福所續，又附桐鄉陸（費）丹叔（費）墀帝王廟謚年諱譜一册，道光四年揚州阮氏原刻本也。齊氏所紀頗詳略失當，予於丙辰歲曾校訂一過，稍有增注，今亂後久失之矣。阮刻亦有誤字，以置案頭，當隨時爲之刊正也。

二十四日　於寶森取江寧新刻史記來，直銀六兩，前日所購志疑直銀四兩五錢，此費又不知何出矣。予舊有汲本史記兩部，一寄回南中，一缺末卷尾葉，今日補完之，不用行格，以三錢水筆信意而書，凡大小八百餘字，無一苟且，無一攲斜，老眼未花，頗覺自憙。

子嬰、欒懷子謚

二十五日　秦亡於子嬰，漢亦以孺子嬰爲莽所篡，困學紀聞謂莽蓋有意爲之。考廣弘明集引陶公年紀云「秦殤帝子嬰四十六日」，水經注卷十八引「漢沖帝詔曰：翟義作亂於東，霍鴻負倚盩厔芒竹」，沖帝指孺子嬰也，是兩子嬰皆有謚，不知誰加之。或謂秦子嬰爲項羽所殺，其謚蓋漢高所加；孺子嬰爲更始丞相李松所殺，其謚蓋光武所加。然漢高帝不聞爲義帝作謚，光武不聞爲更始作謚，何反厚於兩子嬰？此蓋出於當日遺臣所爲也。金哀宗自焚之後，體骨被分，而昭宗、義宗名號迭出，蓋遼天祚、宋帝昺所不如者。顧氏棟高、全氏祖望謂春秋時如欒懷子、郈昭伯、中行文子、范昭子皆身死族滅，誰爲謚以美名？予謂范中行特出奔耳，本未覆宗，當時周與齊、鄭皆爲之助，其獲謚宜也。郈昭伯忠於魯君而死，其謚當出昭公所賜。若欒懷子素得士心，曲沃之人皆願爲之效死，雖事近叛亂，實非得罪晉君，故死而謚懷，與郤克之謚昭子，皆遺臣感義，足見人心之公。

史記　漢　司馬遷

史記酷吏傳「置伯格長以牧司姦盜賊」，梁氏志疑云「牧」乃「收」之訛，「司」即「伺」字。予昨所購本爲高郵王氏藏書，於「牧乃收之訛」五字，以墨筆勒之。考讀書雜志云：「史記商君列傳『令民爲什伍而相收司連坐』，引之曰：『收』當爲『牧』字之誤。方言『監、牧，察也』。周官『禁殺戮』注：『司猶察也。』凡相監察謂之牧司。周官『禁暴氏，凡奚隸聚而出入者則司牧之，戮其犯禁者』，亦引酷吏傳此語爲證。梁氏因漢書酷吏傳作『收司』，顏注謂『收捕司察姦人』，故據以正史記。王氏謂『必先司察而後舉發，舉發而後收捕，不得先言收而後言司』，其說是也。王氏雜志序中頗稱志疑之細密，而書内抹勒處甚多，前輩論學虚心而不相假借如此。

「三十六郡」之説

二十六日　秦三十六郡，裴駰謂河南上中地，案汲本有此五字，蓋誤衍，監本、王本皆無。三川、河東、南陽、南郡、九江、鄣郡、會稽、潁川、碭郡、泗水、薛郡、東郡、琅邪、齊郡、上谷、漁陽、右北平、遼西、遼東、代郡、鉅鹿、邯鄲、上黨、太原、雲中、九原、雁門、上郡、隴西、北地、漢中、巴郡、蜀郡、黔中、長沙，凡三十五，與內史爲三十六郡。晉書地理志因之，遂謂其後置閩中、南海、桂林、象郡爲四十郡。王伯厚等皆從其説。近儒錢氏大昕據漢書地理志，謂三十六郡是河東、太原、上黨、東郡、潁川、南陽、南郡、九江、鉅鹿、齊郡、琅邪、會稽、漢中、蜀郡、巴郡、隴西、北地、上郡、雲中、雁門、代郡、上谷、漁陽、右北平、遼西、遼東、南海、長沙、三川、泗水、九原、桂林、象郡、邯鄲、碭郡、薛郡，以內史爲京師，別於三十六郡。鄣非秦郡，劉原父漢書刊誤已辨之。黔中郡置於昭襄王三十年，而漢志不之數，故取南海、桂林、象郡以易裴説。段氏玉裁説文注力主錢氏之言。全氏祖望則去內史，而列東海、黔中、楚郡；又謂九原在三十六郡之外，而當取水經注之廣陽郡。王氏鳴盛則數內史，而云其二當闕疑，以黔中、鄣郡爲不在三十六郡之內。金氏榜、洪氏亮吉則去內史而數鄣郡、黔中、郯郡。金氏榜説見禮箋。姚氏鼐則云南海、桂林、象郡不當數。梁氏玉繩則數內史、黔中及廣陽。亦據水經漯水篇注。折衷諸説，則錢氏是也。

蓋自裴氏泥於史文，分天下爲三十六郡在始皇二十六年，而略取陸梁地爲桂林、象郡、南海在三十三年，故謂此三郡不在三十六之數。抑知漢志明云「秦京師爲內史，分天下作三十六郡」，足見秦一代定制，止三十六郡，無所謂四十郡也。無論史家敍事，往往總括前後，不必拘定年次。若以二十六年爲斷，則是年僅因滅齊置齊郡、琅邪兩郡，其餘多置於二十六年以前及惠文、昭襄、莊襄之世，並有爲六國舊所置者。且史文於三十三年，但云「發諸嘗逋亡人贅壻賈人，略取陸梁地，爲桂林、象郡、南海，以適遣戍」，不云始置桂林郡、象郡、南海郡也。故徐廣注云「五十萬人守五嶺」，明爲發罪適之人以戍守三郡，非至此始置郡。其曰「陸梁地」者，謂三郡時有陸梁不靖之徒耳。索隱、正義説皆同，蓋若今苗疆之類。況裴氏所數之九原，全氏謂其置郡當在三十三年蒙恬闢河南地之後，則裴説亦不能以二十六年爲限斷也。若内史則必不得儕於列郡，漢志甚明，郡各置守，而内史不名守也。鄣郡，班氏於丹陽下不稱秦置，明是楚漢之間分會稽置，猶吴郡之比也。楚郡則秦以莊襄王名子楚，故諱「楚」字。始皇紀於「楚」皆改曰「荆」，而楚世家云「滅楚名爲楚郡」者，謂滅去「楚」名，下「楚」字乃「三」字之誤，集解引孫檢注可證。王本注作「三郡」，各本皆誤作「秦郡」，此由校者不解「三郡」之義，疑爲「秦」字爛脱之故，而後人又以向無秦郡，遂徑改正文爲楚郡矣。東海，班志明言高帝置，陳勝、周勃傳所稱東海守及東海郡，皆不足據爲秦制，故高帝紀又稱爲郯郡，明是秦末及楚漢之間隨時分易，猶東陽郡之比也。黔中雖見楚世家及秦本紀「昭襄王三十年伐楚，取江南爲黔中郡」，而次年即云「楚人反我江南」，正義謂「黔中郡反歸楚」，蓋自後秦不復置，故班志武陵郡下不載，是亦如新城、巫郡之比，爲楚舊郡而秦旋廢也。廣陽，漢志言昭帝改燕國所置，酈注云秦滅燕以爲廣陽郡，不知所本，亦恐不可信也。夫可證史記者，莫如漢書，班去司馬時代不遠，圖籍具存，班志兩引秦地圖。不此之信，而横求單文孤證，出此入彼，强以足數，皆臆説也。故錢氏謂以志解志，自持其説甚堅；兩與談階平書及與姚姬傳書，皆反復詳辯。段氏謂其説確然不易，而姚氏範援鶉堂筆記載集解三十六郡之説，亦以漢志爲據也。

史記 漢 司馬遷

二十九日 校六國表，至餔時始訖，此表錯誤頗多，梁氏志疑用力甚密，今日逐條補注，間坿鄙見，不勝其勞。

二月

禮箋 清 金榜

朔 閱金輔之禮箋，古義湛深，研究不盡。國朝狀元通經學者以輔之爲巨擘，次則姚文僖文田、畢總督沅、胡尚書長齡、吴侍郎鍾駿、龍布政啟瑞及洪氏瑩而已。畢累於官，洪累於富，皆未能自竟其學。胡尚書僅名見而已，不知有無著述。吴侍郎著書，身後遭亂，亦無一字流傳，可惜也。輔之本字蘂中，蓋如洪初堂之字蘂登，皆不免世俗之見。其後乃改輔之而號檠齋，始以故訓爲義。

御選唐詩 清 陳廷敬等編

初二日 向寶森取御選唐詩來。康熙五十二年三月親書御製序文後鈐二印，曰「體元主人」，曰「萬幾餘暇」。此書於全唐詩集采取其尤，爲幾餘之覽，凡三十二卷，古風近體，分類爲編，後命儒臣爲之輯注，皆先呈御覽，親加考訂。時先中書公爲校録官，考先一年壬辰科進士分甲後，聖祖特命取數十人入武英殿修書，先中書公與焉。凡修御選唐詩、月令輯要兩書而畢。此國朝曠典，世尠知之，即子孫亦多不能識。今録兩書之首所載職名，以志其略。

康熙五十二年六月二十二日，奉旨開載御選唐詩閲纂校寫監造官員職名，總閲原任經筵講官文淵閣大學生兼吏部尚書陳廷敬，校勘官翰林院侍講學士勵廷儀、翰林院侍講蔣廷錫，司經局洗馬兼翰林院修撰張廷玉、翰林院修撰趙熊詔，校勘兼繕寫官左春坊左中允兼翰林院編修陳邦彦、庶吉士王國炳，纂注官左春坊左諭德兼翰林院修撰教習進士吴廷楨、編修周彝、廖賡謨、吴士玉、楊開沅、宫鴻曆、汪灝、檢討盧軒、庶吉士楊士徽、待詔高不騫、議叙候選知縣郭元釪、繕寫官議叙候選知縣顧祖雍、王曾期、校録官進士候補内閣中書舍人吴玉端、汪椺、李諱登瀛、徐啟統、遲之金、覺羅吴拜、孫宗緒、議叙選授湖廣荆州府監利縣知縣叢潤、議叙選授順天府通州武清縣知縣裘嚴生、議叙選授貴州平越府餘慶縣知縣蔣深、議叙候選知縣潘秉鈞等十二人，貢生官學教習孫天霖、監生候選州同知吴廷元、儒童鄒家龍、嚴文照，監造官武英殿總監造管翻書房原内閣侍讀學士今佐領和素等四人。

康熙五十五年三月二十九日奉旨開載月令輯要閲纂校對監造官員職名，總閲文淵閣大學士兼吏部尚書李光地、經筵講官文淵閣大學士兼禮部尚書王掞，校勘官詹事府少詹事兼翰林院侍講學士蔣廷錫、侍講學士勵廷儀、張廷玉、陳邦彦、侍讀趙熊詔、候補侍講楊名時、右春坊右中允兼翰林院編修王圖炳、檢討張照、編修薄海、纂修官原任左春坊左諭德兼翰林院修撰吴廷楨、國子監司業盧軒、翰林院侍講吴士玉、編修周彝、廖賡謨、楊開沅、宫鴻曆、楊士徽、汪灝、待詔高不騫、原任蘇州府知府陳鵬年、分纂官内閣中書舍人覺羅吴拜、吴玉端、廣西桂林府靈川縣知縣樓儼、進士候選知縣徐啟統、遲之金、李諱登瀛、甄之璜、李祖望、郁瑞、崔琳、劉正遠、沈曾發、倪見龍、孫宗緒、陳德榮、張坦、汪樇、王鈞、王箴輿、張秉亮、候選知縣戴天瑞、孫天霖、舉人于枋、候選州同知鄒家龍等三人、原候選州同知吴廷元、監生文永豐、生員嚴文照、校對官原任翰林院編修何焯、留京食俸知縣鄒元斗、福建建寧府浦城縣知縣徐球、候選知縣沈元滄、舉人張廷璐、程鵬、候選州同知查廣、監造官武英殿總監造兼佐領張常住等五人。

國朝先正事略　清　李元度輯

初五日　李次青先正事略何文安公凌漢傳云：「州牧汪某，爲加賦事，以抗糧拘諸生數十人，解永州府，太守王公宸見公名，特釋之。後獄雖解，而諸生已瘐斃七人。汪牧由刑幕起家，能著書，廣聲氣，公恒歎酷吏之可畏，而欺世盜名如汪者，世尤多不察也。」其言蓋本何氏家傳或志銘等類，所謂汪某者，即吾鄉龍莊先生輝祖也。考先生病榻夢痕録云：「乾隆五十五年庚戌九月，以寧遠縣知縣署道州知州，州多抗賦，自佾生以至職員，皆名曰衿户，有營陽上中下三鄉尤甚，毆差拒官，習爲常事，糧役不敢往催。余先諭示禁革衿户，闔州大詫。十一月，以抽查社倉爲名，抵營陽，衿户無一到者。次日，有原任長沙訓導何延壽來謁，年七十餘，言民力不及，請寬限。余曰：『欠十餘年矣，尚有限可寬耶？』叱去之。乃提欠户之白丁，量責數人，縶抗欠最多之衿户、監生、生員、佾生各一人而返，不二旬，營陽完欠八百餘兩。次年，州士聞余告病，欣欣然欲復衿户舊名。有訟師陳禹錫知余忤臬司，糾州生營陽何竹筠及生、監、佾生二十餘人，訐余加徵浮收。巡撫批司確查，余將營陽積欠抗糧底册稟呈委員提鞫，浮加無據，抗欠有憑，欲擬竹筠等杖枷。余謂道州衿民，刁頑成習，告官不究，後益難治。巡撫姜公晟韙予言，乃擬何竹筠等流徒有差。」五十七年壬子七月，閲邸鈔，時龍莊以先一年桂陽檢案事，臬司恩長劾其遲緩規避，革職回籍。知四月十六日道州士民欲復衿户舊名，知州劉國永不許。刁民聚衆抗官，道府督捕，盡獲之，首犯李長春梟示，餘斬絞及發新疆者數十人。龍莊又有後春陵行詩并序，紀道州衿户逋賦之害，其時正王蓬心守永州，即文安傳中事也。道州地僻民頑，何氏聚居營陽鄉，恃横積逋，蓋其實事。所云何延壽、何竹筠者，蓋皆文安族人；龍莊所縶之生員一人，蓋即文安。龍莊言止縶三人，而文安傳云數十人，故甚其辭也。文安卒於道光庚子，年六十九，計生於乾隆壬辰，傳稱其年十六，州府試皆第一，補諸生，是當庚戌已補諸生數年矣。

龍莊孤童勵志，以至服官，堅苦自持，學有本末，居家禮法，足爲典型。惟精於刑名，事必綜覈，故近於法家者言。其爲牧令，務安良善，除奸惡，亦頗以嚴爲政，道州此役，尤不免急迫趨事，如武健吏之所爲。然文安以私恨之深，遂詆爲酷吏，欺世盜名，則誣甚矣。龍莊雖嘗佐郡縣幕，然以進士得官，不得謂由此起家，「刑幕」二字，尤里俗不通之甚。「起家」二字之誤用，前人已辨之。次青此書，於循良中亦載龍莊，全取阮文達集中循吏汪君傳爲之，蓋不知即文安所指者也。可見其書盡出鈔撮，絶無考證之功。

李石渠中丞年譜 清 錢景星

初七日 閲李石渠中丞年譜。中丞名殿圖，字九符，高陽人，今工部尚書鴻藻之祖父也。乾隆丙戌進士，由翰林官至福建巡撫，當時號能吏。其在閩最久，嚴懲械鬥，糾搶洋盜、花會、蠹役、訟師。其言有曰：「鰥寡孤獨，天下之窮民，然奸徒或假手以濟其私，或慫恿以肆其毒。里長耆老，浸潤之資也。寡婦孤兒，膚受之據也。大率老弱殘疾，其奸棍設計混冒者十之七，而真是顛連無告者僅十之三。今之情狀，古人之所不忍爲，而古士師之所不及知，要在耐煩强記，平情鑒物，不昧其是非之本心。」又曰：「要濟事，勿喜事；要近情，勿徇情；要惜名，勿沽名；要任怨，勿斂怨。」皆可味也。中丞任閩臬時頗著酷名，蓋恃察太過，必流於刻。

姚炳勳履歷

初九日 閲姚君履歷，爲憂庵少保之五世孫、霸昌道陶之元孫、乾隆庚辰舉人階州知州繼祖之曾孫、乾隆己酉進士温縣知縣杰之孫、道光乙酉舉人湖州教授汝諧之子，自霸昌君以下進士三人、乾隆丙辰姚述祖，嘉慶甲戌姚汝晉。舉人八人、副榜四人，少保之澤長矣。志之於此，以見全謝山、袁簡齋兩家所撰碑文歸平臺灣之功於少保不爲誣也。施氏後人有辨誣録，專駁袁碑之誤。

更生齋集　清　洪亮吉

初十日　閱更生居士甲乙集，其以後漢耿恭所守之疏勒城，爲在今安西州西九十里之白墩子，所謂疏勒泉者，是其遺址，非西域之疏勒國。海寧俞氏思謙痛闢其安。兩家之説皆甚繁，然近儒之言地理者，皆以洪説爲非。

禮記

十七日　禮記中庸「上祀先公」注：「先公組紺以上至后稷也。」正義云：「組紺，太王之父，一名諸盩。周本紀云：『亞圉卒，子太公叔穎立；太公卒，子古公亶父立。』又世本云：『亞圉雲生太公組紺諸盩。』則叔穎、組紺、諸盩是一人。此云『追王太王、王季，上祀先公』，則先公之中包后稷也。司服云：『享先王則衮冕，先公則鷩冕。』后稷爲周之始祖，祫祭於廟，當同先王用衮，則先公無后稷，故鄭注司服云『先公不窋至諸盩』，若四時常祀，惟后稷及太王、王季之等，不得廣及先公。天保云：『禴祠烝嘗於公先王。』鄭注：『先公謂后稷諸盩。』是四時常祀，但有后稷及諸盩以下。今本「是四時常祀」二句誤在「鄭注」上；又「后稷」下無「及」字，今皆依文義更正。又案「四時」上當有「文王」二字，以天保爲歌文王之事也。此皆望經上下釋義故不同，或有『至』字誤也。」此指天保箋，或本有作「謂后稷至諸盩」者，故云有『至』字爲誤，其文甚明。今本「后稷」下仍有「至」字，則此語不可解。今仿臧氏琳注疏削繁之例，稍爲删正之。案，據此則沖遠所見詩天保箋作

「先公謂后稷諸盩」,無「至」字。今詩經注疏本仍有「至」字,而正義申之云:「先公謂后稷至諸盩,俗本皆然。定本云『諸盩至不窋』,疑定本誤。中庸注云『先公,組紺以上至后稷』,司服注云『先公,不窋至諸盩』,天作箋云『諸盩至不窋』,同是先公而注異者,以太王之前皆爲先公,而后稷周之始祖,其爲先公,書傳分明,故或通數之,或不數之,皆取便通,無義例也。此歌文王之事,又別時祭之名。文王時祭所及先公,不過組紺、亞圉、后稷而已。箋言后稷至諸盩者,廣舉先公之數,不謂時祭盡及先公也。」又天作序箋云「先公諸盩至不窋」,正義申之云:「諸盩至不窋,於時並爲毁廟,惟祫乃及之。此言祀者,據序云祀先王先公。乃是時祭,其祭不及此等先公,而箋言之者,因先公之言,廣解先公之義,不謂時祭皆及也。時祭先公惟后稷,若直言先公爲后稷,嫌此等不爲先公,故除去后稷而指此也。」

案,沖遠兩疏,皆近曲説。天保明云「禴祠烝嘗」,是四時之常祀,安得徧及先公?鄭箋「后稷」下本無「至」字者,是也。蓋文王時后稷爲太祖,亞圉、諸盩、古公、季曆爲四親廟,正與王制諸侯五廟、二昭二穆與太祖合。鄭箋不及亞圉者,省言之耳。後人誤加「至」字,定本作「諸盩至不窋」,則尤誤矣。天作本爲祫祭之詩,據疏引或説。故序云祀先王先公,祫亦可稱祀也。祫者,群主合食於太祖之廟,后稷爲太祖,則自在先王之列,故箋於先公不言后稷。若如疏説,則天保、天作,皆本於不窋等無涉,鄭箋何必專爲「先公」二字,兩處皆横相牽引,以乖經義乎?至中庸先公,則自當包后稷言之。后稷雖爲太祖配天,未嘗追加王號,故仍稱先公,而廟正南面之位,配天於南郊,所謂祀以天子之禮也。不窋以降，禘祫皆升合食。國語有「我先王世后稷」、「我先王不窋」及「十五王」、「十八王」之稱，所謂皆祀以天子之禮也。言各有當，不必强爲之説。至沖遠之疏中庸，明知天保箋有「至」字者爲誤，而詩疏復據誤本，曲爲附會，尤失於檢照矣。

通雅堂詩鈔　清　施山

雲門攜交會稽施山壽伯通雅堂詩鈔兩册，共十卷，其人以布衣佐郡縣幕於湖北，今在荆州知府倪豹岑所，年四十餘，爲王孟調婦翁施秀才璧煇之族子。言家居時曾見予於孟調所也。其詩頗有氣格，不落凡近，以近時新出詩集而論，在元和陳梁叔之下、施均甫之上，詩境亦相伯仲。

義陽三關

二十一日　前日樊雲門言湖北安陸至河南信陽州境有平靖關最爲險隘。又數日前閲邸鈔，御史安陸人劉國光奏咸豐四年三月，署安陸縣知縣萬成滿洲鑲白旗人，道光甲辰舉人。殉難事，言時湖廣總督台湧駐兵德安府城，賊由武昌北竄，陷雲夢，台湧欲退守三關，萬成争之不得，及賊至，台湧啟北門遁去。今日考之元和郡縣志，申州義陽縣本漢平氏縣義陽鄉地，故平靖關城在縣南七十六里，舊有此關，不知何代創立。按，義陽有三關之塞，此其一也，武陽、黄峴二關在安州應山縣界。長老云此關因山爲障，不營濠隍，故名平靖關，乾隆府廳州縣志湖北德安府即安州。應山縣平靖關、百雁關、禮山關，並在縣東北，隋禮山故城在縣東，西魏平靖故城在縣北，禮山在縣東八十里，唐置應州於此。又河南汝寧府信陽州即申州。平靖關在州東南九十里，南至湖北應山縣，亦九十里，有大小石門，鑿山通道，極爲險隘，即春秋時冥阨也。左傳定公四年吳伐楚，自淮涉漢，楚左司馬戌請還塞大隧、直轅、冥阨，自後擊之。圖經左傳之大隧即黄峴，今名九里關，在州南九十里；直轅即武陽關，今名大寨嶺，在州東南一百五十里；冥阨即平靖，今名行者陂。又石城山，在州東南七十里，即古之冥山也。吕氏春秋「天下九塞，其一冥阨」，然則平靖固古今險要著稱之地，楚豫所恃以固境，台湧總督兩湖，寇自南來，而北保豫境，真可笑矣。

經問 清 毛奇齡

二十二日 閱毛西河經問，其駁日知録晉用夏正諸條，極爲精碻。

恥白集遺詩 清 周祖光

二十八日 子獻來，以周雪甌恥白集遺詩兩册見視。又言雪甌之子德鴻已補諸生。其一册，子獻從余輝庭得稿本録副，其一册則德鴻得之親黨者，皆雪甌未識予時所作，多江湖酬應之什也。雪甌之詩，蓋已盡此。子獻以嘗問業，懃懃理董，將謀付梓。德鴻爲雪甌自都歸里納姬所生。雪甌卒時年甫數歲，能不墜遺書，皆可喜也。將爲序以傳之。

三月

朱博殘碑拓本

二十一日　前日廉生贈朱博殘碑拓本一通，共三十九字，去年乙亥春出於青州諸城縣某村，今藏縣人尹彭壽家。其文可辨者曰：「惟漢河下缺，蓋河平也，成帝元號。尉朱博遷下缺曹史諸佐下缺布治□史下缺賞過必誅下缺姑莫縣捕下缺卿奉檄□下缺漸除豪强伏下缺周郎邪民下缺□頌萬世下缺。」考朱博本傳，先以太常掾察廉補安陵丞，後歷京兆府曹史列掾。成帝即位，除大將軍莫府屬，舉爲櫟陽令，遷長安令、冀州并州刺史、護漕都尉、琅邪太守，入守左馮翊。百官公卿表博爲馮翊，在成帝永始二年，去河平紀元已十三年。據此碑則博之遷琅邪，尚在河平中，是守郡頗久。其所曰尉者，蓋謂博以護漕都尉遷琅邪也。曰曹史者，追敘博先所歷之官也。曰姑莫縣者，琅邪屬縣也。曰「卿奉檄」者，謂博檄姑幕遊徼王卿捕賊事也。詳見本傳。「幕」作「莫」，「琅」作「郎」，皆古字通借。「檄」作「檄」，隸之别體。諸城在漢爲東武縣，琅邪郡治焉，姑幕故城在縣西北五十里。此蓋琅邪吏民頌博德政之碑。字徑二寸，筆法渾樸，爲得先秦八分遺意。

詩經廣詁　清　徐璈

二十二日　閲詩經廣詁，桐城徐璈撰。璈字〔六驤〕，號樗亭，由進士户部主事改浙江壽昌縣知縣，調臨海縣知縣。前有道光十年洪氏頤煊序。其書共八册，不分卷，先以序例綱領及詩家源流，其後自國風至商頌，依次爲説，皆搜輯古義以爲證左，而不加論斷。凡春秋内外傳、周秦諸子以至宋明、國朝人之説，無不甄録，間亦附注己見。曰「廣詁」者，取詩無達詁之義也。

鄂宰四稿　清　王筠

二十三日　閱王菉友筠鄂宰四稿。爲夏小正正義一卷、弟子職正音一卷、毛詩雙聲疊韻説一卷、毛詩重言一卷，皆其知山西鄉寧縣時所作。前有咸豐二年三月自序，言自甲辰宰縣至此八年，俗樸訟簡，温習故書，成此四種。其書意在訓迪初學，故不繁爲稱引，而包括故訓，宷正古音，自非經儒之魁不能爲也。

四月

二初齋讀書記　清　倪思寬

初二日　閱華亭倪思寬二初齋讀書記。思寬原名世球，字存未，乾隆時恩貢生，見知於學政雷翠峰，嘗與戴東原交。所著尚有經籍録要十二卷、文選音義訂正、二初齋詩文集。此書共十卷，前有沈既堂業富序。其書多考據經義，間及古人詩賦，雖未爲博奥，而實事求是，亦漢學之有根氐者。

洪筠軒文鈔　清　洪頤煊

初七日　夜閲洪筠軒文鈔，其文共四十首，已刻入詁經精舍文集者三之一，又論説文與叔子百里書一首，有目無文，其漢淮陽置郡考、虖沱河考、與宋德輝書條録夏小正十七事，德輝名咸熙，仁和人，助教大樽之子，官教諭。與季子潤功書論漢之亭制，補日知録所未備，考據皆極精覈。

五月

平定粤寇紀略　清　杜文瀾

初八日　再得伯寅書，贈秀水杜文瀾平定粤寇紀略一部，吴中所新刻也，共十八卷。起道光三十年六月，洪秀全倡亂廣西桂平縣之金田村，終同治三年九月，洪福瑱就擒於江西石城縣之荒谷，皆編年紀事，而詳略失當，稱謂俚俗，叙次全無文法。末附賊名記、邪説記、逆跡記、瑣聞記四卷，亦拙陋不足觀。

嚴嵩、馬士英、阮大鋮尺牘

二十三日　手憮明三相尺牘各一通，分宜止一紙，署曰「侍生嵩頓首。子應契兄先生足下」。

於嵩字鈐「惟中印」三陽文。貴陽兩紙共二十餘行，首曰「士英罪廢十餘年來，絶意灰然，不料當事諸公捉生替死，以此重擔忽委之於英，事事從頭做起」。蓋初起爲鳳陽總督時也。下署曰「弟英頓首」，而不署所與之人，其起處鈐「士英」二字陽文。懷寧兩紙，起處鈐「集書」二字陽文，下署曰「弟鋮頓首」，亦不署所與之人。書中有云「過張秋，不及晉謁，蒙撥淺夫，俾賤眷得速行」。又云「管河簿邵時祥，弟吏垣舊效勞吏也，幸在仁人君子雲芘下」，則其人當是總河或河道監司。三奸行草俱有筆意，文筆亦不俗，貴陽尤明快，其書自任能制獻、革諸賊，而深慮闖賊之南下，蓋其時始起戍籍，亦思有以自見。小人得志，恣其披猖，遂無所不爲，家國盡喪，身亦屠僇，可以示戒矣。

閏五月

舒藝室隨筆　清　張文虎

初七日　閲張嘯山舒藝室隨筆。卷一經説，自易至爾雅；卷二、卷三説文，附玉篇數則；卷四史記；卷五漢書，多據明刻廣東本及汪文盛本校日食、晦朔、月日之誤；卷六後漢書本紀、續漢書律曆志、逸周書、戰國策、管子、韓非子、墨子、吕氏春秋、淮南子、莊子、文選、樂府詩集，而管子所校最多，餘皆不過數條，或一二條。其書實事求是，鉤貫邃密，而説文爲尤精，於近儒段、桂、錢、嚴之説，多有所補正，卓然不刊者也。

六月

山居詩册　清　陶淯

十一日　子鎮以近年所得陶遺民農師山居詩册見眎。遺民名淯，字去病，號秋原，明末諸生，入國朝隱居雲門山中。此册其手書也。前有自叙一首，所著尚有文漪堂詩。今其節録手稿本尚存子鎮族人家。此册古近體數十首，與祁氏五公子、六公子唱和甚多。詩皆真率，不墜山林風味。其子式玉，字尚白，康熙間以進士官御史。

皇明詩統　明　李時遠　坳堂詩文集　清　戈濤

二十六日　張颬民來，以明人南皮李時遠騰鵬皇明詩統殘本及獻縣戈芥舟學士濤坳堂詩文集鈔本見示。詩統分代繫人，卷帙頗夥。坳堂詩文俱不足觀，其新建街道公署記言乾隆三十一年始命御史二人、工部及步軍統領、衙門司員各二人督理街道溝洫，時學士以御史膺其選，創建公署於三里河西，更定條規，皆見於所記也。

七月

韞山堂詩集　清　管世銘

初六日　管韞山集中追紀舊事詩注云：「丁未春，大宗伯某掎摭王漁洋、朱竹垞、查他山三家詩及吳園次長短句語疵，奏請毁禁，事下機庭。時余甫内值，惟請將曝書亭集壽李清七言古詩一首，事在禁前，照例抽燬，其漁洋秋柳七律及他山宫中草絶句，園次詞語意均無違礙。當路頗韙其議，奏上，報可。」考竹垞此詩，止發揮映碧在南渡時請卹謚建文諸臣一節，於國朝絶無妨礙，所謂「事在禁前」者，以有旨禁李清著述也。乾隆四十七年五月，四庫全書館所刻銷燬抽燬書目，尚不及映碧諸書，故是年七月所進簡明目録史部别史類猶收其南北史合注一百五卷，載記類猶收其南唐書合訂二十五卷。至提要告成，則削去兩書矣。丁未爲乾隆五十二年，禁令早頒，故並其名氏見於它家集者亦抽燬之耳。

槐西雜志　清　紀昀

紀文勤槐西雜志云：「世傳推命始於李虚中，其法用年月日而不用時，蓋據昌黎所作虚中墓志也。其書宋史藝文志著録，今已久佚，惟永樂大典載虚中命書三卷，尚爲完帙，所説實兼論八字，非不用時，或疑爲宋人所僞託，莫能明也。然考虚中墓志，稱其『最深於五行書，以人始生之年月日所直日辰，支干相生，勝衰死生，王相斟酌，推人壽夭貴賤利不利』云云。按天有十二辰，故一日分爲十二時，日至某辰，即某時也。故時亦謂之日辰。國語星與日辰之位皆在北維是也；詩「跂彼織女，終日七襄」，孔穎達疏『從旦至暮七辰一移，因謂之七襄』，是日辰即時之明證。楚辭「吉日兮辰良」，王逸注『日謂甲乙，辰謂寅卯』，以辰與日分言，尤爲明白。據此以推，似『所直日辰』四字，當連上年月日爲句，後人誤屬下文爲句，故有不用時之説耳。余撰四庫全書總目，尚沿舊説，今附著於此，以志余過。」案，文勤五種，雖事涉語怪，實其考古説理之書。其中每下一語，必溯本原，間及考證，無不確覈，又每事必具勸懲，尤爲有功名教。録此一條，幸後人勿以小説視之也。

雜志又言永樂大典載李芳樹刺血詩云：「去去復去去，悽惻門前路。行行重行行，輾轉猶含情。含情一回首，見我窗前柳。柳北是高樓，珠簾半上鉤。昨爲樓上女，簾下調鸚鵡。今爲牆外人，紅淚沾羅巾。牆外與樓上，相去無十丈。云何咫尺間，如隔千重山。悲哉兩決絶，從此終天別。別鶴空徘徊，誰念鳴聲哀？徘徊日欲晚，決意投身返。手裂湘裙裾，泣寄稿砧書。可憐帛一尺，字字血痕赤。一字一酸吟，舊愛牽人心。君如收覆水，妾罪甘鞭箠。不然死君前，終勝生棄捐。死亦無別語，願葬君家土。儻化斷腸花，猶得生君家。」芳樹不著朝代，亦不詳始末，其次在韓蘄王孫女詩前，必是宋人。其詩世無傳本，纏綿悱惻，可泣鬼神。予謂此詩一句一轉意，兩句一轉韻，其音調氣韻，置之六朝三唐，亦爲傑作。楊升庵丹鉛録舉「門外猧兒吠，知是蕭郎至」一詩，以爲一句一轉，古人所少。然彼止八句，且不過男女相悦之詞，以視此詩，相去何止數等耶？

同光間科考詩題出處

二十四日 自同治初元以來，殿、廷及鄉、會考試，命大臣擬題，内出書一卷，折角數葉爲記，擬者即數葉中擇之，其詩題多出於唐宋詩醇，後改用乾隆中尹文端所進斯文精粹，於是其書價驟貴，或翻刻以行。近年改用御選唐詩，廠肆購是書者遂爲之空，去年春時價至十七八金，至冬則二十五六金，今年春至三十餘金矣。坊賈更摘句分韻，刻爲小板，會試士子多攜以入場，則詩題果出是書也。及朝考，聞樞庭有言之者，乃改用佩文韻府，其題爲清詩美政逐年新，朱子詩也，通場無知之者。嗣外間知其故，有翰林數十人相約分鈔韻府詩句，於考差時攜之入，其詩題果得之，然韻府例止載某人詩，不載其題目，故擬題者不知元遺山此詩爲傷亂諷宋而作，又不知「吴兒洲渚」爲何所指，遂强截「洲」字爲韻，得題者遂或押「渚洲」，或押「吴洲」，且有不知元好問爲何人，而明點出處曰「詩吟元好問」者，一時傳以爲笑。詩之佳惡，本不在此流連風景之句，亦何必知作者之人。唐宋試場不知題目者得請之主司，乃閱文之冬烘以此爲去取，可笑已甚。而士夫作奸犯令，至争爲之而不顧，積風陋習即此可知。

定盦文集補 清 龔自珍

二十八日 閲定盦文集補，亦杭人吴煦所刊，凡續録文八首、古今體詩破戒草二卷、己亥雜詩絶句三百十五首、詞一卷。無著詞（本名紅禪詞。）四十五闋，懷人館詞三十二闋、影事詞六闋、小奢摩詞十二闋、庚子雅詞三十五闋。其詩不主格律家數，筆力矯健，而未免疵累，其情至者往往有獨到語。己亥雜詩則其以禮部主事乞假出都，又自杭入都攜家歸，述其身世、交遊、著述及道途遊覽贈答作也。詞勝於詩，而自出名雋，亦復不主故常。

八月

交翠軒筆記　清　沈濤

初七日　傍晚，坐庭下閱交翠軒筆記。其第三卷考據經史，最爲精密。所駁鍾山札記「公羊宣六年傳無人門焉者、無人閨焉者」一條，「顧憲成言子路、子貢論管仲兩章當出齊論」一條，皆與予舊説合。蕭山王小穀庶常筆記中言南陔中丞頗輕視抱經，載其説甚備，予嘗以爲太過。然其深信顧氏及袁子才齊論、魯論之説，則誠不可解也。第四卷雜考説部瑣文，中如據岳珂桯史言韓蘄王克敵弓本於徽宗時知雄州和詵所上制勝强遠弓，亦稱鳳皇弓，非本於熙寧元年李宏所獻之神臂弓，以駁容齋三筆、揮麈三録之誤。據玉壺清話盧多遜幼時抽得雲陽道觀廢壇上古籤筒一詞，知今神廟籤詩五代時已有，以駁養新録據祠山事要謂起於南宋之誤，皆鑿然不苟。

庸閑齋筆記

清　陳其元

九月朔　偶閲近人陳其元庸閑齋筆記八卷，前有俞蔭甫序。其元字子莊，海寧州人，由諸生官至江蘇候補知州。其書多載家世舊聞，間及近事，頗亦少資掌故。惟太不讀書，叙次又拙，不足稱底下書耳。即如言其先本杭州高氏，明初有名諒者，至海寧爲趙家橋賣豆腐者陳姓婿，遂爲其子，因承其姓，三世之後，遂有登科者，至今科第已十三世，登進士者三十一人，榜眼二人，舉人一百有三人，恩、拔、副、歲、優貢生七十四人，官宰相者三人，尚書、侍郎、巡撫、布政使十一人，按察使二人，京官卿寺、外官道府以下名登仕版者逾三百人，其寄籍它省者尚不能考。其出嗣他姓者，如仁和之張雲璈，累世科第；河南之司馬氏，嘉慶年間爲南河道總督，今忘其名。案，嘉慶初有東河河道總督司馬騊，由簿尉起家，孫氏星衍五松園文稿中有墓志，言其字雲皋，江寧人，先世本寧波人，其祖始遷江寧。俞氏正燮癸巳類稿中總河考載嘉慶二年十二月司馬騊，江寧人，監生，任東河總督，四年三月卒。此外，東南兩河總督無有姓司馬者。孫志不言其先爲陳姓，亦非河南人，其元於此尚不能考，無論其它矣。又所載多見在顯人，諂譽歸美，尤爲可厭。

惟言道光時與歸安凌厚堂堃同爲金華教官，厚堂辛卯舉人，爲教諭。好罵朱子，於天下人無不鄙薄，工古文，善奇門，醫卜、星相，無所不能。著有德輿子外集數十萬言，儷於古文作家，其診脈相人多奇中，預知庚申、辛酉南北之亂，謂浙江無一片乾淨土，數俱前定。己未歲遂棄官歸，居晟舍鎮。湖州破後，自卜賊於某日某時到鎮，届日開門延客，飲酒以待，至時賊果至，擁之去。僞王某素聞其名，請以爲軍師，大駡不屈，有賊帥勸其一揖即可釋歸，亦不肯，遂被殺，延頸受刃，顔色不變，此可爲儒林生色矣。厚堂著述，詳見予壬申日記中。

又言蕭山蔡二風召南爲金華府教授，其夫人素事佛，庚申將亂前，夢觀世音告之曰：「大劫將至，汝家有善行，當令一人不死。」夫人醒，以告蔡，蔡戚然，嘗語人曰：「世果亂，而我家獨免，則生靈之罹禍者衆矣，何痛如之？」及賊陷金華，蔡投井死，二子亦被害，惟一孫得逸出，乃悟神言一人不死之恉。蔡爲道光戊戌進士，無所著聞，即此一言，可質聖賢而不愧，後日修吾郡志者所當表微也。

其載乾隆原書誤作嘉慶。癸丑科一甲一名潘文恭公，二名陳遠雯雲，二甲一名張春山，三甲一名馬秋水，時人爲之語曰：「必正妙常雙及第，春山秋水兩傳臚。」蓋世謂二甲第一爲金殿傳臚，三甲第一爲玉殿傳臚也。案，是年探花爲陳鍾谿侍郎希曾，二甲第一爲吾鄉陳冶鋒秋水，故當日有「必正妙常三鼎甲，春山秋水兩傳臚」之語，春山不知何人，當是三甲第一者之號或字。嘗以問星丈、紱丈，亦不知。冶鋒先生登第時年已四十餘，榜後以不肯謁和珅，遂用中書，乾隆以來二甲一名不入翰林者，惟任氏大椿及先生耳。旋告歸不出。並無所謂張春山、馬秋水者。至傳臚日，殿上傳鼎甲三人後，止唱二甲第一、三甲第一之名，蓋舉此以概其餘。洪氏亮吉北江詩話中言之甚詳。實録亦書賜一甲某某等進士及第，賜二甲某等若干人進士出身，三甲某等若干人同進士出身，皆例舉其首。而自來世俗相沿，稱二甲一名爲傳臚，以亞之於鼎甲，其家或懸扁樹坊，則稱之曰「金殿傳臚」。若三甲一名則無人以此稱之。家居時，惟見康熙間三甲一名山陰人諸來晟之門懸傳臚扁額，餘無聞者。蓋榜眼、探花，已屬不典之辭，然尚肇於唐宋，傳臚則國初以前，未有此稱；若金殿、玉殿之分，更可怪笑矣。

其間及考據，無不舛謬。如論官制，謂唐之尚書以處藩鎮，侍郎則居宰相之位。唐惟門下中書侍郎爲宰相之職，非侍郎皆居相位也。此語亦微誤。案，唐於尚書省設六部，尚書領吏、兵、户、刑、禮、工之事，而侍郎爲之貳，始終未嘗改易。惟唐制長官多虚位，中葉以後尤甚。尚書省之尚書令，以太宗嘗爲之，後遂不置，而升左右僕射爲長官，此無論矣。門下省之侍中，中書省之中書令，惟以待元勳重臣，餘不輕授。御史臺之御史大夫，肅宗以後不常置，多以中丞攝之。六尚書官亦不必備，或亦除拜，而不必莅職，往往以侍郎掌部事，而節鎮留守及分司致仕者，多以尚書繫銜，猶今之虚銜耳。節鎮所帶，自御史中丞、左右丞、散騎常侍以至太保、太尉、司徒、司空、侍中、中書令，凡自五品御史中丞，武宗時始升四品。以至正一品，或爲檢校官，或爲兼官，皆視其勳格，以示加崇，並無一定，未嘗以尚書處藩鎮也。至謂官名官制，歷代不同，惟宰相及大將軍始終貴重。古之官名，今有以呼執藝者，薙髮曰待詔，工匠曰司務。豈知自古及今，無宰相之官名；待詔、司務，亦非古官乎？此書本不足駁正，因其中屢自詡博奥，而書肆刻於去年，今年已有翻板，蓋短書小説，最易惑人，故略辨之。

詩毛氏傳疏 清 陳奂

十五日 得吴碩卿是月四日上海書，並寄來陳碩甫詩毛氏傳疏一部，後坿毛詩音、毛詩説、毛詩傳義類、鄭氏箋考徵四種。前有碩甫六十二歲小像。

姚覲元、章貞刻叢書

十九日　江陰繆庶常荃孫久客蜀中，讀書頗富，今日言姚彥侍爲川東道，購書及金石甚多，所刻咫晉齋叢書及翻刻曹楝亭本集韻、類篇皆已竣。咫晉齋所刻多小學書，都中已有購得者。又有會稽人章貞，其父爲富順縣丞，不求仕進，獨憙讀書。收藏精槧祕本頗夥，刻有徐星伯校注漢書地理志、嚴鐵橋輯馬氏意林，皆世所未見也。其翻刻絶妙好詞箋後坿皋文詞選，則都門已早見之矣。

十月

思玄賦　漢　張衡

二十四日　終日讀張平子思玄賦，以後漢書、文選互校，其字有互異者，皆以後漢書爲長。夜讀荀慈明陳便宜策，經義紛綸，字字簡質，後漢文字中僅見者也。

語助詞考

三十日　古「則」字，或借「咫」爲之，或借「枳」爲之。賈子新書淮難篇：「天子之法，咫蹂促而弗用」；「皇帝之令，毘批傾而不行」；「立毘泣沾襟，卧毘泣交頸」。連語篇：「牆薄毘亟壞，繒薄毘亟裂，器薄毘亟毁，酒薄毘亟酸。」此借「毘」爲「則」也。

逸周書小開解：「德枳維大人，大人枳維公，公枳維卿，卿枳維大夫，大夫枳維士，君枳維國，國枳維都，都枳維邑，邑枳維家，家枳維欲無疆。」此借「枳」爲「則」也。逸周書文多脱爛，此篇孔晁無注，其上文又云「維有共枳枳亡重」，尤脱誤不可解，然大要是上下相維之意，「枳」之爲助辭無疑。後人不解，誤以爲「枳棘」之「枳」。如後漢書馮衍傳「捷六枳而爲籬兮」，章懷注：「六枳，東觀記作『八枳』。」因引「德枳維大人」云云。案，衍作顯志賦，自此句以下徧及蕙若、蘭芷、杜衡、射干、蘼蕪、木蘭、新夷，皆言草木之香者，徧滿庭室，此自屈騷以後，每有斯比，則「六枳」自爲「橘枳」無疑。章懷亦先云「枳，芬木也」，六、八字筆畫小異，何足致辯，而引逸周書以解之，謬亦甚矣。

蓋語助本無定義，古人從便書之，亦猶今之譯各國語者，止取對音，不求本字，故自來承用助辭，多出假借。如「也」本女陰，借爲乁字；也從乁爲聲，以乁不便書，故借也。秦篆又借「殹」。「於」本「烏」之古文，借爲「于」字；「焉」本鳥名，借爲「于」字、「曷」字、「也」字、「矣」字，用在句首者，如禮記「焉使倍之」，即「於使倍之」也，於即于字。論語「焉可誣也」，即「曷可誣也」。用在句末者，重讀則「也」字之借，輕讀則「矣」字之借。經籍皆如是。又借爲「於是」字；此二字合音，即反切之始也。周禮「焉使則介之」，左傳「晉鄭焉依」，晉語「焉作爰田」，「焉作州兵」。「而」本頰毛，借爲「能」字、「如」字、「若」字、「乃」字、「然」字、「汝」字、「爾」字。凡用在句中作轉勢者，皆「能」字之借。「學而時習之」，學能時習之也。「人不知而不愠」，人不知能不愠也。「直而温者」，直能温也。「寬而栗者」，寬能栗也。舉此可以類推。用在句中作「如」字者，左傳「且先君而有知也」，先君如有知也。詩「垂帶而厲」，垂帶如厲也。「胡然而天，胡然而帝」，胡然如天，胡然如帝也。用在句末作「如」字者，「翩其反而」、「室是遠而」是也。作「爾」字者，「已而已而」、「今之從政者殆而」是也。用在句中作「乃」字者，「雍也仁而不佞」、「匿怨而友其人」、「夫子莞爾而笑」、「舍瑟而作」是也。餘俱詳王氏經傳釋詞中。

「能」本獸名，借爲「耐」字。「猶」本犬類，借爲「由」字。古猶、由字多通，由者從也。經傳用「猶」字，作取譬義，取譬即以類相從也。「雖」本蟲名，借爲唯字。雖從唯爲聲，因以爲「唯」字。論語「唯求則非邦也與」、「唯赤則非邦也與」，兩「唯」字皆「雖」之未借者也。凡文用「雖」字，皆有開宕義，故段氏玉裁又以「雖」爲「睢」之借字，似未確。

「耳」本人耳，借爲「爾」字。論語「女得人焉爾乎」？古本「爾」皆作「耳」，蓋古一字讀有輕重，於「爾」字之輕讀者多借「耳」字，如「前言戲之耳」之類。傳至漢末，曹操遂云「耳非佳語」矣。

「爾」本靡麗義，借爲「尒」字。爾從尒爲聲，因以爲「尒」字。凡文用語助，皆當作「尒」。其對己稱人者，或「爾」或「汝」或「若」，皆「女」字之借。稱人以「女」者，女有偶義，唯「相人偶」，始有爾汝之稱，故以「女」字爲之。「汝」則水名，「若」則以手擇菜也。

「盇」本蓋覆義，借爲「曷」字。「何」本負荷義，亦借爲「曷」字。「它」本蟲名，即今之蛇也，隸轉爲佗，又變爲他。借爲「誰」字。「爲」本母猴，借爲「僞」字，凡作「爲」字皆當用「僞」字，長言之則爲「詐僞」。推之「舊」本雖舊，借爲「久」字；「常」本衣常，即「裳」字。借爲「長」字；「帥」本佩巾，即「帨」字。借爲「𢖍」字；「率」本捕鳥之畢，借爲「逹」字。音隨義變，沿流忘原，日用之而不知，此類不可枚舉也。

十一月

後漢書　南朝宋　范曄

朔　夜讀後漢書馬援、桓譚、馮衍、郅惲、郅壽、蘇竟、楊厚、光武十王諸傳。援傳醇實似班書，蓋全出東觀記。惲、壽傳簡儁，有太史公筆意。東平憲王傳叙述恩禮，情味醲厚，令人油然生孝友之思。魏孝文嘗寫此傳以賜彭城王勰，朱子詩集傳亦引之，有以也。

洗冤録詳義　清　許槤

初八日　夜閱許珊林槤洗冤録詳義，共四卷，伯寅侍郎所翻刻也。其書以宋宋惠父洗冤録爲本，而采取平冤録、無冤録以及近時例案，爲之補訂。其舊義未明者爲申釋之，間加駁正，於檢骨尤詳，事事分晰，輔以圖繪，皆得之於閱歷。末附急救方，亦較原書爲備，蓋仁者之用心，作吏者不可不讀也。

十二月

乾嘉諸儒著述稿本

初四日　繆小山來，以章石卿貞新刻錢獻之斠注地理志坿徐星伯集釋一部爲贈。且言星伯所輯九國志及西域傳補注等書，石卿亦陸續付刻。又言章逢之宗源隋書經籍志考證有史部稿本四册，見存海寧管子湘庭芬家。烏程張秋水鑑有晉書十八家輯本，今不知存否。杭堇浦三國志補注已有刻本，向所稱杭氏七種者，首爲鴻詞所業四卷，次史記考證四卷、次三國志補注六卷、次諸史然疑、次石經考異、次續方言，次榕城詩話，今滿洲文氏尚有其書，惟缺三國志補注三卷。今世所行本以前三種板片已失，姑以兩漢蒙拾、文選課虚、晉書補傳贊坿入之。邵二雲南渡事略，戊辰以前已在江寧書局，曾文正將刻之，以移督直隸而止。是書本藏友人沈寄凡家，寄凡以卑官需次江蘇，故其書得至金陵。錢衎石三國會要稿本已失，惟皇朝大臣碑傳録尚藏其從子子密京卿應溥所，曾文正亦欲刻之未果也。余又聞沈匏廬兩漢書疏證稿本在上海郁氏，全謝山七校水經注稿本在餘姚抱經樓盧氏，杭堇浦續禮記集釋稿本在杭州吴氏，徐星伯唐科名記稿本在朱修伯家，此祁夷度先生所謂當因地因人以求之者也。

「棖闑」解

初七日 夜偶考棖、闑二字，謂門止中間樹一短木謂之闑者，孔氏禮記正義之説也。江氏永、王氏念孫廣雅疏證、王氏引之經義述聞、邵氏晉涵爾雅正義、桂氏馥説文義證、郝氏懿行爾雅義疏、王氏筠説文句讀、劉氏寶楠論語正義皆從之。謂門樹兩柱爲闑，以其中爲中門者，賈氏儀禮疏之説也。段氏玉裁説文注、焦氏循群經宮室圖等書皆從之。宋人李氏如圭從孔説，而朱子不能決。案，説文

「闑，門梱也」，「梱，門橜也」，「橜，弋也，一曰門梱也」。爾雅釋宮「橜謂之闑」。其説皆同。然曲禮鄭注云「梱，門限也」，則梱之誼，已許鄭迥異。郝氏爾雅義疏以鄭説爲然。又詩鄭風箋云：「棖，門梱上木近邊者。」論語皇疏云：「門中央有闑，闑以硋門兩扇之交處也。門左右兩榩邊各豎一木，名之爲棖，棖以禦車過，恐觸門也。」鄭君曲禮、士冠禮兩注俱以闑爲門橜，曲禮正義云「中央有闑」，故江氏鄉黨圖於門中畫一短木植地，名之曰闑，而以闑之東爲君所出入之門，以「立不中門」爲不敢立闑東之中。夫闑之東是門之左偏，安得謂之中門？郝氏則謂豎木設於門中，其旁曰棖，其中曰闑，所以門必設棖與闑者，以爲尊卑出入中間及兩旁之節制。則又似於門中特立三短木，行禮出入，毋乃有株拘觸礙之憂。賈氏故創爲門中樹兩柱爲闑之説，以求其通。焦氏更爲之説云：「兩闑中間有閾，兩闑外無閾，以通車行，至掩門則徹去兩闑與閾，而別設門限。」劉氏駁之云：「若有兩闑，則君行兩闑之中，臣行棖闑之中，判然異路，何至貿然而與君同中門，且履其閾，蓋門皆有閾，然門啟時或去其閾，以通車行，惟廟門不行車，故閾不去，而其閾或寬以庳，故行者多至踐履其上。」案，兩闑之説，經傳無徵，自爲難信，劉氏之駁，亦出臆決，惟廟門不行車不去閾之説，差爲得之。

竊謂爾雅以來，解闑者多牽於以闑爲橜，其實闑與臬殊，臬本射準的也，因而凡植地者皆謂之臬，是橜屬也。闑字從門，與橜無涉。故爾雅又云「樴謂之杙，在地者謂之臬」。杙當作弋，弋即橜。此在地之臬，其字明作「臬」，非「闑」也。若闑與棖之製，皇氏所言當得其實。蓋闑惟閉門時設之，門啟則徹，因以爲門中之名，棖則惟啟門時設之。爾雅「棖謂之楔」，又云「樴長者謂之閣」，又云「橜所以止扉謂之閣」。說文「閣，所以止扉也」。蓋根、閣一物。說文「梱，杙也，一曰法也」。無門旁樹木之誼，以閣誼可以包梱也。若閫、梱二字，閫則門限也，其字從門；梱則橜也，字亦作朱。曲禮假梱爲閫，而說文偶脱「閫」字，故至糾轕耳。梱亦在門，蓋以短木之方者止門，即用以上車，故史記楚俗患庳車，乃高其梱，於是無不高車者，其製蓋猶今之上馬凳，唐謂之上馬石。梱在門，故門橜也。

說文義證 清 桂馥

初九日 夜偶閱桂氏說文義證。是書以引據浩博見長，若其正誤發疑，則遠不及段氏。王菉友謂分肌析理，桂氏尤精者，蓋鄉曲之見也。今即以「孿」字下言之，其注引西京雜記「霍將軍妻一産二子」云云，又譙周法訓「一産二子者當以後生者爲兄，言其先胎也」云云。然如何休隱元年公羊解詁云：「其雙生也，質家據見立先生，文家據本意立後生。」此則眼前經注而反不引，此閣百詩所云考據不漏之難也。譙周以先胎爲「野人之鑿語，君子不測暗，安知胎之先後也」。不知此是周制，何氏非無本。

又「孟」字下引禮緯「庶長稱孟」，案，出禮含文嘉。白虎通「適長稱伯，庶長稱孟」，以及容齋三筆「孟字衹是最長最先之稱」云云。案，孟之與伯，對文或别，散文則通。月令正義曰：「尚書康誥云孟侯，書傳天子之子十八稱孟侯，並皆稱孟，豈亦庶長乎？」又案白虎通謂庶長稱孟，魯大夫孟氏是也。然公羊、史記皆以慶父爲莊公母弟，惟左傳杜注以爲莊公庶兄。故其後爲仲孫氏，是孟氏庶長之説先未確也。又晉趙氏如宣子、文子、簡子、襄子，皆稱趙孟，而文子爲晉景公姊莊姬之子，非庶長也，是孟非必庶之證也。禮之伯某甫，春秋之伯父、伯舅、伯氏，曲禮稱同姓諸侯曰伯父，異姓諸侯曰伯舅。又婦人稱夫曰伯，詩之「伯也執殳」，「自伯之東」，豈皆適長乎？是伯非必適之證也。桂氏亦未分晳言之。左傳之稱人謚如昭伯、惠伯、懿伯、戴伯、景伯、文伯之類，指不勝屈。而獨無稱「孟」者。此尤可爲散文不别之證。

經義述聞　清　王引之

十三日　是夕晤牧莊，言林惠常三禮通釋中論棖闑甚詳，亦主賈疏「一闑」之説而駁王文簡門止一闑有六證之非。夜閲經義述聞，王氏所列六證皆碻不可易，其論闑、閾、梱同爲一物，是門槷而非門限，以今京師城門中之方石是其遺制，則似未晰。

三禮通釋　清　林昌彝

十五日　夜閲林惠常三禮通釋論闑閾一條，力主賈疏及焦里堂之説，而痛駁江氏永、江氏聲、王氏引之三家，然王氏六證，義據精深，林氏逐條强駁，多枝游之辭，實非王氏敵也。

麓澞薈録　清　蔣超伯

十六日　閲江都蔣叔起超伯麓澞薈録，共十四卷，末附爽鳩要録二卷，兩書皆刻於同治五年叔起任廣州知府時。曰「麓澞」者，謂郡齋廢圃數畝，有阜隆起，下停霖潦，爾雅所謂「陵夾水，澞」乎，畜鹿二，絶有力，呦鳴相聞，遂命之曰「麓漉」。其書刺取子、史、集部語之新奇、事之隱僻者，或爲之綴集，或直寫其文，每卷皆首條其目，以後連綴書之，不分門類。意在多識，罕所考證，間有一二偶涉經典，亦皆瑣文碎義。雖駁雜疏漏均所不免，而鉅細雜陳，頗資摭拾，蓋兼説部家雜纂小説之流，其原始於高似孫之緯略，可與明之玉芝堂談薈、留青日札、國朝之寄園寄所寄、柳亭詩話諸書並佐談諧，無傷大雅者也。爽鳩要録乃其官刑部時所最録辟罪之實緩條款，是爲有用之書。

光緒三年

正月

購經籍籑詁、方望谿集、華陽國志

十二日　午後偕仲彝、弢夫至火神廟閲市。於寶森書攤購原刻經籍籑詁一部，直銀九兩。又方望谿集一部，咸豐辛亥桐城戴鈞衡所編刻，有集外文十卷、年譜二卷，直銀三兩。又華陽國志一部，直銀一兩。此書不知何人所刻，其本與何鏜漢魏叢書本、吴琯古今逸史本皆同闕蜀郡、廣漢、犍爲、犍，俗皆作「揵」。士女二卷。又惟後賢志有總贊，疑亦明刻也。紙槧尚佳。

參差讀音

二十二日　陳碩甫毛詩音云：「參差雙聲，參音如縿，又音人參之參；差音如瑳，又音等差之差。」案經典釋文「參初金反，差初宜反，又初佳反」，是讀參如讖，平聲；讀差如蠢，又如釵也。廣韻二十一侵「嵾，嵾差不齊也。亦作參，楚簪切」。集韻二十一侵「嵾，初簪切。嵾差，山不齊皃」。又出「參」字云：「參差不齊。」考嵾嵳是後出字，廣韻猶以嵾、參爲一字，集韻竟分二字，誤矣，然其音則皆與陸氏合也。縿音所銜切，説文糸部、廣韻二十七銜、集韻二十七銜皆同，其讀如衫。人參之參，音所今切。説文木部有槮差，竹部有篸差，皆音所今切。「槮」下且引詩曰「槮差荇菜」，此殆陳氏音人參之參所本。差音如瑳者，蓋因左傳「鄭有子齹」，説文引作「子䶒」，而䶒音昨何切，故音差如瑳耳。説文本有齹字，曰齒參差也，楚宜切。䶒字當是後人竄入，非許書本有。其引春秋傳曰「鄭有子䶒」，當本作「子齹」，引在「齹」下，今本皆後人亂之。廣韻言䶒字出字統，不云出説文。又䶒從佐聲，而説文無「佐」字，此其顯然者。段氏玉裁注本乃反删齹存䶒，其誤甚矣。段氏偏信釋文「齹，説文作䶒」之言，不知元朗所引説文多不足據也。

總之，初金之音，自是六朝以來相承舊讀，與初宜、初佳、昨何三音皆爲雙聲。即讀倉含切，亦與雙聲不隔。今俗語曰舛錯，吾越方言曰侵瑳，皆自然音轉。若讀如衫如森，則與初宜等三音，皆非雙聲，不特音和不合，即以類隔取之，亦相遠矣。至其本字，則「參」當作「槮」，或作「篸」，「差」當作「縒」。見説文糸部，楚宜切。或作「齹」，而參、差皆借字也。

檀弓其叔父也与己叔父也

檀弓「滕伯文爲孟虎齊衰，其叔父也，爲孟皮齊衰，其叔父也」，正義云：「孟虎是滕伯文叔父，滕伯是孟皮叔父，言滕伯上爲叔父，下爲兄弟之子，皆著齊衰。」案，正義以此經上文云「古者不降」、「上下各以其親」，故知「其叔父也」兩句，一指上言，一指下言。然兩句同文，古無此例，且鄭氏不應無注，疑下「其叔父也」本作「己叔父也」。古書「其」「己」多通，詩鄭風「彼其之子」，左傳襄二十七年引作「彼己之子」。此上句「其叔父也」，言孟虎是滕伯之叔父也，「其」字指滕伯；下句「己叔父也」，言己是孟皮之叔父也，「己」字指滕伯；文義本自分明。故鄭君止注「滕伯文殷時滕君也，爵爲伯，名文」，此蓋據世本言之，非止以周制諸侯降旁親，故遂疑爲殷人也。其餘不待更注。正義雖別白言之，而未言「其」字當兩解。蓋唐初本尚不誤，今注疏中亦出爲「孟皮齊衰，其叔父也」句，疑亦後人所轉改，由兩「其」字誤同，而宋元人若馬彥醇晞孟、吴幼清等異説遂紛紛矣。

方望谿先生集 清 方苞

二十三日 閲望谿文集。望谿粹然儒者，其文多關世教，又語必有本，事能見道，自責之言，尤近聖賢刻己之指，宋儒以後，誠不多見。惟務以至高之行繩切常人，其家訓及示道希兄弟諸書，謂春秋二祭及考妣忌日皆三日齋，生日及祖考妣忌日皆二日齋，祖考妣生日及高曾祖妣伯叔兄弟忌日皆一日齋，期喪雖伯叔兄弟皆終喪不御於内，緦麻喪雖舅甥亦終月不御於内，大功以上同財共居，小功以下同財異居，婦人歸寧，非遠道不得信宿，父母殁不得歸寧，其親伯叔父同父兄弟兄弟之子來視者相見於堂，食飲於外，嫂叔惟吉凶大節以禮見，此皆今日所必不能行者。

古人於祭，散齋七日，致齋三日，皆止時祭耳。忌日惟父母有終身之喪，亦止一日不樂不飲酒食肉而已，期喪惟祖父母及妻終喪不御於内，餘皆止三月。大功同財異居，小功異財，望谿謂聖人制法以民，非賢者所宜自處，是以禮爲未盡，而責其後世及天下之人皆務加崇於古哲，而不肯俛就禮文，恐無此理也。凡教人者，必使中材可及，家訓尤宜淺近簡易，俾子孫可守。望谿所言，亦大而近迂矣。又古有世封世禄，故有宗法，後世無之，則無所謂宗子。惟嫡庶之分、長幼之别，則無論貴賤，萬世不易，此即宗法所寓也。望谿拘守禮文，未明禮意，謂必立宗子，祭必於宗子之家。不知古之宗子，禄足以收族，爵足以馭貴，故皆宗而尊之。今之宗子，何所取也？自唐及今，定制士大夫皆祭及高祖，其或立祠堂，通祭始祖以下者，皆民間私爲之，朝廷特不禁不問耳。望谿乃定其先世曰某始遷，某死節，某有重德，某始爲大夫，當百世不祧，餘親盡則祧。不思百世不祧，是天子諸侯之制，私家何可擬也？

望谿立朝，議論亦多如此，泥古而不切，强人以難行，當時皆厭苦之。雖曰堯舜君民之心，不知堯舜之世，民亦未必皆法堯舜，所謂比屋可封者，不過嬉遊化日，安分自守而已。儒者陳義過高，適足壞事，此温公所以不滿於伊川也。然其大體嚴正，足以箴砭人心，使我輩不肖者讀之，凛然如對師保父母，其益非淺。

麗滬薈録　清　蔣超伯

二十六日　終日閲麗滬薈録。其中異聞頗多，間論詩文亦有識。所載題嚴子陵圖五古一首，議論筆力俱老到，蓋亦工於此事者。惜其書太紛糅無條理，又於經學不甚得門徑，小學尤疏，然博覽之功，不可没也。

二十七日 閲望谿集。其讀經、讀子史諸文，多不可訓；時文序、壽序亦嫌太多。若其書後之文，語無苟作；墓銘志傳，亦多謹嚴；敍述交遊，尤爲真摯；與人諸書，無不婉切有味。此實可傳者也。余二十年前讀之，多爲浮氣所中，又過信錢竹汀、汪容甫諸公之言，頗輕視之，故自後從不寓目，此以知讀書貴晚年也。

二月

碑帖跋尾

初四日 耆録近日所作碑帖跋尾。

漢敦煌太守裴岑紀功碑跋永和二年

光緒游桃之歲涂月，同年孫叔茀吏部持此本過余，屬爲審定。余未得所謂翻本及西安翻刻本參證之，無由臆決。惟據此本而言，則「除西域」之下明是「疢」字，非「灰」字。「立海祠」，明是「海」字，非「德」字。其碑本在巴爾庫爾淖爾即巴里坤。之旁，「淖爾」譯言海，即漢書所謂蒲類海也。立海祠者，如漢志所載益州滇池有黑水祠，上郡膚施有原水祠，此類甚著，若作德祠，則無義矣。叔茀頗疑覃谿言作「㾌」、作「海」者爲翻本。余嘗謂古物惟其適情，收藏惟其自憙耳。此本字體雄渾，古色蒼然，亦非翻刻所能，不必刻舟求劍。

漢析里郙閣頌跋建寧三年

此亦申如墳補刻本。洪文惠隸釋所闕字，如「溢」下爲「滔」、「川」上爲「陬」，皆尚隱隱可辨。「育」下爲「孑」，則不可識矣。如墳所補者，雖描摹字畫，意在逼真，而散弱無結構，視原本之渾逸，相判天淵，其造語亦淺拙，明是以意爲之。或疑其別得舊搨，不知以文惠之好古，在南宋時尚不得見，況如墳乎？惟此實是補刻，非重刻，陳子文辨之，是也。析里西狹摩崖至今完好，而此遭竄亂，甚可惋恨，明人之妄，往往如是。

劉宋寧州刺史爨龍顔碑跋大明二年

碑在雲南曲靖府陸涼州之東南二十里貞元堡，道光初阮文達總督雲貴，始於荒阜上得之，因覆以亭，爲之題識，今聞其亭已毁，碑亦仆矣。爨即㸑字，六朝俗體之一。碑云：君諱龍顔，字仕德，建寧同樂人。子文銘德於春秋，斑朗紹縱於季葉，斑彪删定漢記，斑固述修遺訓。爰暨漢末，菜邑於爨，因氏焉。乃祖肅，魏尚書僕射，河南尹，遷運庸蜀，流薄南入，樹安九世，百葉雲興，瑛豪繼體，於兹而美。祖晉寧建寧二郡太守、龍驤將軍、寧州刺史，考龍驤輔國將軍疑郡監軍、晉寧建寧二郡太守，追謚寧州刺史、邛都縣侯。君承尚書之玄孫，監軍之令子也。本州禮命三辟別駕從事史，舉義熙十年秀才，除郎中，相國西鎮，遷南蠻府行參軍，除試守建寧太守、本州司馬長史，除散騎侍郎。進無休容，退無愠色，忠誠簡於帝心，芳風宣於天邑。除龍驤將軍，試守晉寧太守，襲封邛都縣侯，遷護鎮蠻校尉、寧州刺史。享年六十一歲，在丙戌十二月上旬薨，追贈中軍。故吏建寧趙疑之巴郡，杜萇子等刊石樹碑，褒尚烋烈。長子驎弘，早終；次弟驎紹；次弟驎暄；次弟驎崇。嗣孫碩子、碩思、碩疑、碩羅、碩疑、碩疑、碩萬、碩疑、碩俗。大明二年，歲在戊戌九月上旬壬子，府主簿益州杜萇子文、建寧爨道慶作。

文共八百四字，此其大略也，漫滅者數十字。書體方勁，在楷隸之間。碑額二十四字，曰「宋故龍驤將軍護鎮蠻校尉寧州刺史邛都縣侯爨使君之碑」。據阮賜卿文選樓詩注，言碑額爲篆文，此仍是楷書，蓋阮誤耳。又有碑陰，此本失之。寧州即今雲南，晉寧即今雲南府，建寧即今曲靖府，同樂即曲靖之南寧縣及陸涼州。爨氏不知所自始，氏姓諸書，皆不詳其族望。戰國策二十二有「魏將爨襄」，則得姓甚早。此云其先出於斑氏，蓋不可信，然亦足備一説。謂斑出於鬬斑，與漢書叙傳同，「班」本俗字，此從古作「斑」者，是也。其曰「祖肅，魏尚書僕射河南尹」，考林寶元和姓纂云「後漢河南尹爨肅，見謝承後漢書」，是肅由漢入魏者，即此人也。

玩碑此文，似肅之後人，流轉庸蜀，始籍南土。龍顏三世皆官建寧、晉寧二郡太守、寧州刺史，雖出於朝命，已同蕃酋世襲之例。當時羈縻荒遠，若武都楊氏等類皆如此。蜀志稱建寧大姓交阯刺史爨深，華陽國志稱昌寧大姓領軍爨習，蓋爨氏自漢蜀迄宋齊，枝葉徧於南州，世爲州長，梁以後遂據其地，名之曰爨蠻。至唐，又有東爨、西爨之分。新唐書言西爨至隋開皇時，爨瓚之子翫襲位入朝，文帝誅之，諸子没爲奴。唐高祖復以其子宏達爲刺史，奉父喪歸，爨氏遂微。然考鄭回所撰南詔德化碑，載天寶末有南寧州都督爨歸王、昆州刺史爨日進、梨州刺史爨祺、求州爨守懿、螺山大鬼主爨彥昌、南寧州大鬼主爨崇道等陷殺越巂都督竹靈倩，攻破安寧，是西爨雖微，而東爨尚甚盛也。自天寶以後，地入蒙氏，遂不可考，爨氏亦無有表見者矣。碑文贍暢，其後系以頌曰「巍巍靈山」至「千載垂功」，凡四言二十八句，文亦馴雅。以後文句錯出，頗不可讀。有祖已薨背，考「志存銘記，良頤不遂，奄然早終，嗣孫碩子等及故記之」等語，似其長子卒後，嗣孫碩子等始立此碑，故於頌後附記其事。考龍顏以宋文帝元嘉二十三年丙戌卒，而碑於孝武大明二年戊戌立，相去十二年，自爲後立無疑也。劉宋石刻，惟此一事，不獨爲滇南第二古物也。

後魏咸陽太守劉玉墓志銘跋 孝昌三年

劉玉史無可考，志稱其爲弘農胡城人。顯祖諱弘，高祖諱宏，父子兩世名皆同音，故余此跋，於「弘」字皆不易作「宏」，恐相溷也。考魏避顯祖諱，改弘農郡爲恒農郡，屬雍州，後屬秦州，此即漢之弘農郡也。又分置西恒農郡，領恒農一縣，即漢之弘農縣也。明帝孝昌中，置西恒農、陳留二郡，此並二郡名爲一郡，當時僑置，以居流人，故有此名，實止一郡也。領恒農、胡城、南頓三縣，屬潁州，其地在今安徽潁州府竟，胡城在今阜陽縣竟，古之胡子國也。魏時荆州亦有恒農郡及東恒農郡，恒農當在今河南南陽府竟，東恒農當在今陝西興安府、湖北鄖陽府之竟。又潁州亦有東恒農郡，其地亦當在今安徽竟內。東魏孝靜帝興和中，又於汲郡立義州，置恒農郡，在今衛輝府汲縣地。凡七恒農郡，皆不作「弘」。

此志直作「弘農」，不避魏諱。孝昌三年，歲在丁未，而云丙午，皆似可疑。其志文先曰遠祖司徒寬之苗，而後叙其從李陵出討匈奴，同没於邊。考劉寬爲漢靈帝時司徒，計去陵降匈奴已二百六十餘年，此文自是當時不識古今者所爲。觀其首云「厥初基胄與日月同開」，其語甚誕，不足責也。玉之曾祖名初萬頭，祖名可洛侯，皆夷狄之名。魏人有車路頭、叱列頭、費也頭等名，北狄種類有烏洛侯部，是玉之姓劉，亦衛辰庫仁之比。故初萬頭授爲阿渾地汗，蓋亦匈奴之别一小部落。其父名獨略之，又不載玉之行事官閥，但云假咸陽太守，蓋不過以部類羈縻之。其中頗有不可解語，而字有八分遺意。「匈奴」作「凶奴」，「勳迹」作「薰迹」，雖諧聲不異，而古未見有通用者。「亞」作「亞」，獨爲近古。「茅土」作「矛土」，是省文。暵讀平聲，叶入庚部，寘叶入真部，皆古音之廑存。「官」作「官」，則俗字矣。

後魏比丘法生爲文帝及北海王母子造像銘跋景明四年

此亦龍門造像之一，在宣武帝景明四年。北海王詳，獻文帝子，其母則高太妃也。時詳方以太傅、司徒録尚書事，至明年正始元年五月即被廢死，然則奉佛之報安在哉？銘文甚清雅，爲造像中所廑見，字尤渾厚古逸，得鍾太傅遺法。其首云「夫抗音投澗，美惡必朗；振服依河，長短交目。斯乃德音道俗，水鏡古今」。其「抗音」之「音」乃「景」字之借；「德音」之「音」乃「蔭」字之借，兩字皆借用也。下云「儌逢孝文皇帝專心於寶，又遇北海母子，崇信於二京」，「寶」上當脱一「三」字，方與下「二京」相對。又云「思樹芥子，庶幾須彌」，亦佳語也。

魏驃騎大將軍定州刺史尚書令李憲墓志銘跋元象元年

憲，魏書、北史皆附其祖順傳。史稱順，趙郡平棘人，而志作趙國柏仁人。考漢志，平棘屬常山郡，柏人屬趙國；晉志平棘、柏人俱屬趙國。魏地形志則平棘屬趙郡，柏人屬南趙郡。柏人，今順德府之唐山縣，平棘，今趙州之南竟，與唐山接壤，故可通稱。其作柏仁者，據元和郡縣志，謂後魏改「人」爲「仁」，蓋人、仁字本通，今地形志仍作「人」，此當從碑者也。其曰大父太尉宣公，即順也。史稱順追贈太尉公、高平王，謚曰宣王，此作宣公者，當時以三公爲重，不以王爵爲貴。其曰考安南使君，史稱憲父式，官平東將軍、西兖州刺史、濮陽侯。考魏、晉及南、北朝，將軍有四征、四鎮、四安、四平之差。魏官氏志四安第二品下，四平從第二品上。式以非罪被誅，史不言其後有褒贈，據此則當是追贈安南將軍，可補史闕。其曰初在庚寅遭家多難云云，即指式兄弟被誅事，惟事在顯祖皇興四年，歲在庚戌，此作庚寅，偶然筆誤。其曰有客汲□□，勇義忘身云云，指當時藏匿憲事，汲是此客之姓。考魏書節義傳云：「汲固東郡梁城人，爲兖州從事刺史。李式坐事被收，吏民皆送至河上，時式子憲生始滿月，式大言於衆曰：『程嬰杵臼，何如人也？』固曰：『今古豈殊？』遂潛還不顧，徑來入城，於式婦閨抱憲歸藏。事尋泄，固乃擕憲逃遁，遇赦始歸。憲長育至十餘歲，恒呼固夫婦爲郎婆。」憲傳止言式兄敷之子伯和，走竄被執，伯和之子孝祖年小藏免，而憲事略之。其曰祕書内小者，即祕書中散，蓋當時之俗稱。餘叙内外歷官，皆與史同。惟出爲趙郡内史，本傳作趙郡太守。考獻文帝子趙郡靈王幹，纍世襲封。漢晉以後，凡郡爲王國者，太守皆稱内史。魏收地形志序云：「内史及相，仍代相沿，魏自明莊，寇難紛糾，攻伐既廣，啟土逾衆，王公錫社，一地纍封，不可備舉，故總以爲郡。」是魏書之概作「太守」者，乃從便文，此作「内史」爲是。又出爲趙郡時，加建威將軍，及由趙郡徵爲大將軍長史、吏部郎中，以憂去，又徵爲太子中庶子、尚書左丞，固辭不起，皆爲史所不載。憲以明帝孝昌二年鎮壽陽，爲梁兵所敗，以城降，旋求還國。既至，下廷尉。三年秋，憲女婿安樂王鑒據相州反，靈太后以鑒心懷劫脅，遂賜憲死。此志亦叙淪陷之事，而云吴人雅挹風概，義而還之，乃盤水氂纓，自拘司敗，雖蘖異人生，而禍從地起，知與不知，莫不銜涕，不言鑒反之事，以爲之諱。所載贈官，悉與史同，惟不言出於孝武永熙中耳。

長子希遠爲州主簿，史亦略之。又子長鈞，字孝友，開府參軍，史不載長鈞之字；又稱其興和中爲梁州驃騎府長史，興和在元象之後，蓋其後所歷官也。志先出長子希遠，次出子長鈞，其下曰第二子希宗，第三子希仁，第四子騫，第五子希禮。蓋長鈞是庶長子，故不列行次。史稱憲壽陽之戰，遣長鈞將兵，又稱其爲希遠兄，斷可識矣。史又於希禮下别出一行，云希遠庶長兄劍，興和中梁州驃騎府長史。此志既無劍名，而時地與官又皆與長鈞同，蓋史之誤文，實即一人也。

志稱其夫人河間邢氏，州主簿肅之女；希遠妻廣平宋氏，吏部尚書弁之女；長鈞妻河南元氏，司空公孟和之女；希宗妻博陵崔氏，儀同三司楷之子；希仁妻博陵崔氏，儀同三司孝芬之女；騫妻及希禮妻，皆范陽盧氏。又憲五女，長長輝，適博陵司徒静穆公崔秉之子龍驤將軍營州刺史安平男仲哲。次仲儀，適勃海侍御史高□之子冀州司馬□。次叔婉，適博陵廷尉卿逸之子兖州刺史漁陽縣開國男巨。次季嬪，適尚書左僕射安樂武康王元銓史作「詮」。之子司空公安樂王鑒。次稚媛，適滎陽青州刺史鄭瓊之子驃騎將軍左光禄大夫道邕，皆史所例不能詳。古人若北齊盧懷仁著中表實録二十卷，見北齊書盧潛傳。南齊有永元中表簿六卷，梁有大同四年中表簿三卷。俱見舊唐書經籍志。近儒全謝山嘗輯歷朝人物親表録，蓋衣冠門地，世爲婚姻，亦别流品者所不可不知，故詳著之，以資采摭。又以見婿婦之父牽連入志，古有斯例，非元明人所創，不得動以韓歐法繩之。志文極華贍，銘亦典雅，近年出土之石最有關係者。通體完善，其漫滅者僅十三字，可貴也。憲葬於靜帝元象元年，故此碑或以東魏目之。

東魏比丘洪寶造像銘跋 天平二年

此銘字亦頗似鍾太傅，旁爲方格，無一漫患。其文有曰「務聖寺檀主張法壽於熙平二年捨宅造寺，息榮遷、修和、行慈、行孝刊石建像」。檀主即檀越，熙平爲孝明帝年號，榮遷等蓋其四子之名。其起語云「霝真玄郭」，「霝」即「靈」字，「郭」即「廓」字。「廓」本俗字，依説文當作「霩」。

東魏輔國將軍齊州刺史高湛墓志銘跋 元象二年

湛與齊神武同族同時，又與神武之子武成同名，而史籍泯然；采同姓名者，亦未之及。志叙湛終於家，而靜帝詔有「臨難殉軀，奄從非命」之文。「殉軀」與「捐軀」異，此謂其守南荆州時忘身徇國，遂以勞死也。錢竹汀惜碑不箸其死於何人之手，王述庵辨正之，王説是也。「清人」作「清公」，以指高克，不知何據。其云慕申穆之遺風者，謂申公、穆生；云追牧馬之逸藻者，「牧」是「枚」字之誤，謂枚皋、司馬相如也。

又跋

阮文達謂孝靜詔中字而不名尊之，是制詔異例。案，自後漢迄南、北朝人，往往以字行，當時公私稱謂，率多不別。故北齊書斛律金傳，顯祖詔金第二子豐樂爲武衛大將軍，豐樂名羨，自有傳，而詔亦稱其字，非尊之也。范書、陳志中往往稱人字，後人譏爲非史法，不知當日紀載固如此也。觀唐時若房玄齡、高季輔、温彦博、程知節、秦叔寶、尉遲敬德多以字行，是唐初風俗尚如此。

東魏太保太尉公劉懿墓志銘跋興和二年

此即劉貴也。死於東魏時，而爲高齊功臣，配享神武廟。惟魏書、齊書、北史皆作劉貴，不書其字，而此稱名懿，字貴珍。蓋貴本傾亂武夫，目不知書，或嫌「懿」字繁重，而以字之首一字行耳。史稱貴爲秀容陽曲人，而此作弘農華陰人，系籍迥别。考秀容爲今山西之忻州，陽曲即今太原府陽曲縣。此縣治已屢易，今縣非復昔縣，惟縣竟總不相越耳。魏書地形志秀容郡所領無陽曲，而陽曲隸永安郡；其隸秀容，不知何時，史亦無可考。又弘農亦不避魏諱，或疑此志當作於齊時，志明書貴以興和二年正月葬，斷無後始埋銘之理。且其銘末書子婦爲大丞相高王之女，則非齊時明甚。此皆可疑者也。

其曰祖給事、父肆州，皆不書其名。史稱貴父乾，贈肆州刺史，其祖名則不可考。文云「德潤於身」，則給事亦是贈官耳。其載貴歷官，皆與本傳同，云大將軍騎兵參軍者，大將軍即爾朱榮，傳作爾朱榮府騎兵參軍，志不出榮名，蓋有所諱。傳言貴爲榮所任遇，又爲爾朱世隆抗莊帝行臺元顯恭，及神武起義，始叛從神武，故志文一概略之。第一酋長爲史所失書，當時有領兵酋長、治民酋長，分第

一、第二、第三之差，魏齊功臣，多兼此官，見於魏書高湖、爾朱榮等傳及北齊書神武紀、斛律金等傳。又趙郡王琛傳言領六州九酋長大都督，蓋酋長領降附諸部落，故多以雄豪武人爲之。隋志流内比視官第一領人酋長從第三品，貴所兼者，即此也。其除直閣將軍、左中郎將、散騎常侍、鎮西將軍、驃騎將軍、驃騎大將軍，皆爲史所略。卒之年月及所載贈官，悉與史合。史言其謚忠武，志獨闕之。志稱其葬於肆盧鄉孝義里，考肆州本治秀容，肆盧舊爲郡，太平真君中入於秀容爲屬縣，其地即在今忻州西，而地形志於秀容下注曰「有肆盧城」，蓋即貴所葬之肆盧鄉。凡大中正、中正，皆取本州之人，貴爲肆州大中正，卒又葬肆盧，則史稱爲秀容陽曲人者固確。而此碑題額稱貴兼郟肆二州大中正，「郟」即「陜」之俗，非河南郟縣之「郟」。此「郟」自古未立州名。地形志陜州領恒農郡，此漢之弘農郡。而華陰縣自東漢以來皆屬弘農，元魏雖屬華山郡，而地望不隔，故可通稱。或貴占籍兩州，因以傳志互異也。志稱貴妻常山王之孫尚書左僕射元生之女，考魏昭成帝孫遵封常山王，至遵孫陪斤坐事國除。陪斤弟忠，官右僕射，忠子暉官左僕射。陪斤子昭，贈左僕射。又遵五世孫文遥晞之子。北齊左僕射。此外無爲僕射，亦無名生者，蓋亦是贈官，史偶佚其名耳。其稱長子元孫、嗣子洪徽，皆與史同。元孫官至撫軍將軍、將軍、銀青光禄大夫、都督肆州刺史，而史止云員外郎、肆州中正，洪徽官散騎常侍、千牛備身，而史云齊武平末假儀同三司奏門下事。又洪徽外尚有次子肆州主簿徽彦、少子徽祖二人。元孫娶司徒公元恭之女，洪徽娶神武第三女，皆足以裨史闕。

其文整齊完美，蓋出其時能手，若温邢之徒。貴寵位甚盛，而文止列叙官爵，絶無事實，惟「入後君自解巾入仕，「撫劍從戎」，至「降年不永，奄從晨露」，以虛辭美其行能，亦不過十數語。又其贈官位極公師，而止稱之曰君，此非後世所及者也。北碑多俗繆字，此獨無有，惟「莊」「壯」皆作「疰」耳。

又跋

此碑道光時出，完好，無一闕泐，惟名字郡縣與史不同，故好古之士，争寶是碑，而無人知爲即劉貴者。余按其官階而得之，爲之大快。錢王不作，讀史益稀，片石韓陵，與誰共語。其郡縣之異，前跋已詳之，其名之異，前跋謂是武夫所爲，此語非無稽也。高齊時如斛律金不識「金」字，指屋角爲之；庫狄干署名作干字，逆上畫之，時人謂之穿錐。又有武將王周者，署名先爲「吉」，而後成其外。足證貴不稱懿而稱貴者，蓋亦嫌署名「懿」字不便故也。後人不可因史而疑碑，亦不可據碑而疑史，自非善讀書人，不必講此事也。

東魏勃海太守王偃墓志銘跋 武定元年

此志光緒元年三月始出於山東陵縣東門外之劉家莊，有碑額篆書陽文曰：「魏故[illegible]此字左泐，當是「勃」字。海□王君墓銘」；文曰：「君諱偃，字槃虎，太原晉陽人。祖芬，安復侯駙馬都尉相國府參軍給事中太子虎賁中郎將江夏王司馬帶盱眙太守。父五龍，右衞將軍兗冀二州刺史新淦縣開國侯。偃由奉朝請遷給事中右衞將軍光禄勳廬陵勃海二郡太守，武定元年閏月卒，案，是年閏正月。年七十五，葬於臨齊城東六里。」偃三世通顯，而魏齊諸史皆無可考。此志文辭份雅，北碑中所廑見，字尤古秀，極有篆隸法，首尾無一剥蝕，近日出土之石，以此爲最。志中如「狄」作「狘」，「盱眙」作「眄眙」，「淦」作

「塗」，皆訛變字。「蓋」作「𥁕」，「老」作「𠂢」，是魏世行用俗字。其云「化潭禽箄」，「潭」即「覃」，「箄」即「葦」，用詩行葦爲「公劉恩及草木」，三家舊説也。銘辭有曰「如彼瓏琭，聲價遠聞」，「隨侯」作「瓏琭」，因其爲珠，而偏旁皆加玉，此古人隨事制字之遺意。如齊有丁公，而説文引作「玎」，以謚爲作主之用，而天子諸侯用玉石作主也。近歲山西新出之盂鼎銘，文王、武王作「玟」、「珷」，皆其例矣。

北齊定國寺碑銘跋天保八年

定州定國寺碑文，駢體，凡一千九百五十四字，銘辭四言，凡八十八句。碑文言定州朱山有禪師僧㯳，於此創寺，廿有餘年，趙郡王高叡更造塔鑄像。考叡爲神武弟、趙郡王琛之子。北齊書本傳言叡以天保二年出爲定州刺史，加撫軍將軍、六州大都督，三年加儀同三司，碑稱使持節都督定幽安平東燕滄瀛諸軍事撫軍將軍儀同三司定州刺史六州大都督，皆與史合。又曰□此字漫滅，蓋是「下」字。車迄今，初歷七祀。考本傳言七年改滄州刺史，八年除北朔州刺史，此碑作於八年，而稱其尚在定州，似當以碑爲正也。碑文極頌叡之善政。案，高齊文襄、文宣、武成兄弟，窮凶極暴，犬彘不爲，而諸王則多賢者。叡與神武子彭城王浟、任城王湝、文襄子廣寧王孝珩、蘭陵王長恭，皆一時之雋。叡、浟咸稱良牧，而叡尤賢。此碑悉力鋪張，當非溢美，碑末自云無愧之辭，蓋不虛也。文極博麗高縟，運事警切，徵用内典甚夥，銘亦佳語絡繹。北史祖珽傳云：「并州定國寺新成，神武謂陳元康、温子昇曰：『昔作芒山寺碑文，時稱妙絶，今定國寺碑，當使誰作詞也？』元康因薦珽才學，乃給筆劄，一日内成，其文甚麗。」可知當時隆重佛事，琳宮紺宇，侈燿鴻文，此碑亦必邢、魏、陽、祖諸人所爲，惜寓齋無書，各家文集又佚無可考耳。書法嚴重，亦歐虞之先聲。

碑於道光時出土，吴荷屋中丞筠清館已著録，惟玩碑文前述朱山之勝，後曰「定州定國寺禪師僧㯋身重戒珠」云云，其後乃述叡之行事德政，以及崇信佛法，而曰「因以其寺名粤□□宣尼論至道之時，乃有斯稱，軒轅念天師之教，且符今旨」。「粤」即「曰」字，下二字漫滅，當是寺名。下又曰「寺去州城餘二百里」，疑朱山不在定州，而僧㯋本爲定州定國寺僧，愛此山閑曠，因結禪室，叡始爲之置田立寺名，其字雖不可辨，決非「定國」二字。且以宣尼四語文意推之，亦非定國之義，故荷屋題爲高叡修佛寺碑，不云定國寺碑也。碑在今靈壽縣，翁覃谿復初齋集有跋，題作北齊祈林山寺碑，云黄小松始拓得之，地僻多虎，不可再拓。

北齊雲門寺法懃禪師銘跋大寧二年

文稱禪師俗姓張氏，河東伊氏縣人，年六十九，臈大寧二年，歲在壬午，正月五日薨於雲門寺，奉殯龍巖。考武成以大寧二年四月改元河清，此在正月，故猶稱大寧。臈不知何字，疑即「臘」也。僧死稱薨，亦爲創見。魏齊隋唐，崇奉緇流，往往有此僭妄，形於文字，宋以後則無之矣。其文甚雅鍊，亦續弘明集者所當亟采。八分書勢兼篆籀，尤飛動可觀。北齊石刻分書，此爲僅有。石新出土，首尾完好，行字間方格井然。其字「鉅鹿」作「鉅鏕」，「移」作「袳」，「邪」作「耶」，「朽」作「杇」，皆當時俗字。「測」作「惻」，是通假字。「泗」作「四」。文有曰「悽雲雨四，悲木啼吟」，「悽雲雨四」者，謂雲興而雨如涕泗也。考「四」字古祇積畫作「亖」，今説文以「亖」爲籀文，「𠃢」爲古文，「四」爲篆文。或有以「[illegible]」爲即「鼻泗」

字象形者，此作「四」，亦可證古有是説也。「代」作「伐」，則誤筆矣。

隋鳳泉寺舍利塔銘仁壽元年

文云「仁壽元年，歲次辛酉十月十五日乙丑，皇帝謹於岐州岐山縣鳳泉寺奉安舍利，敬造靈塔，願太祖武元皇帝武明皇太后」云云，是隋文所自爲者也。末有「舍利塔下銘」五字，文字精絶，無一筆率爾跳行空格，規制謹嚴，自是當日廷臣奉詔所爲，非同草野緇徒隨意刻石，故超出於諸塔銘數等，極可愛翫。

歷代地理韻編今釋　清　李兆洛

初五日　李申耆歷代地理韻編今釋，用力甚勤，頗稱完密。今日偶取閲之，蓋不無漏舛。如西城下失注「北魏縣，荆州東恒農郡」，以魏書地形志於此「城」字誤作「域」，李氏遂於入聲十三職中别出西域一縣，不知魏收於此縣下明注「二漢屬漢中，晉屬魏興」，則其爲西城無疑，且亦萬無以「西域」名縣之理。惟不知此即西城，遂並東恒農亦迷其處，以爲今河南南陽府内鄉縣地，不知在今陝西興安府、湖北鄖陽府接壤之竟也。地理之學，紛如亂絲，誠理董爲難矣。又今直隸之定州，始於北魏道武帝天興三年，由安州改，歷齊、周，隋初皆因之，而李氏以爲始於唐，亦誤。

大凡著述不能無誤，以閻百詩之博學强識，自誇爲不漏不誤，錢竹汀猶笑之，況它人乎？然著書以地理及金石爲尤難。如宋人王象之輿地碑目，余嘗隨手翻得一葉，其江陰軍下云：「崇聖院銅鐘銘，唐太子宏冀所置。」案，此乃南唐元宗之太子、後主之兄謚爲文獻者，王氏蓋誤認爲高宗之太子宏，故列於開元天寶之上，不知高宗太子是單名宏，此在江陰，必南唐所置者也。又近人劉寶楠漢石例一書，亦爲精覈，余亦嘗偶一翻之，其二千石稱碑例中，列竹邑侯相張壽碑，不知竹邑是縣名，漢晉之制，縣爲侯國者，其令長亦稱相，張壽乃縣長，非郡國守相秩二千石也。此皆史學之最淺者，失之眉睫，愈見其難。

三國志補注　清　杭世駿

初六日　閱杭大宗三國志補注，所采大半自世説注、水經注、太平御覽及漢、晉諸書，其中如三少帝紀「諫議大夫孔晏乂上疏」云云，據第十六卷注，稱孔乂字元儁，證此處「晏」字爲衍文，以與何晏疏連綴，下又統言晏乂而誤。此類頗有糾正，其它曼衍爲多。四庫提要歷摘其疏處，然尚有未盡者，如明帝紀行五銖錢一條，補注引杜氏通典載司馬芝議云云，不知此明載晉書食貨志，乃舍之而引通典，是不尋其源也。賈詡傳以詡爲太尉一條，補注引太平御覽稱齊職儀曰黄初二年詔災害「勿貶三公，遂爲永制」，不知此明載文帝紀中，是複出本書也。其書通題道古堂外集，總編卷數，校刻粗疏，誤字甚多。

北齊書　唐　李百藥

初十日　北齊書邢卲傳「除衛將軍國子祭酒，以親老還鄉」，「丁母憂，哀毁過禮」。其下曰「後楊愔與魏收及劭請置學及修立明堂，奏曰」云云，至「靈太后令曰，配饗大禮，爲國之本，比以戎馬在郊，未遑修繕，今四表晏寧，當敕有司別議經始」。此一段文字，近儒錢竹汀氏考正以爲李崇傳中事，誤入於此。李百藥此傳已亡，後人以北史補入，而北史劭傳與崇傳連，不知何時錯雜耳。案，錢説甚精。崇此奏明載魏書本傳，「靈太后令曰」云云文亦悉同。北史劭傳魏收作魏元乂，又載靈太后令，以後復有「除中書監」至「遷尚書令加侍中」一段，則北齊書所無，此皆崇之官，劭傳此奏在孝武太昌之後，安得尚有靈太后？蓋取北史補北齊書者覺其時不應有元乂，乃將「元乂」二字改作「收」，而忘「靈太后」三字，又覺其官與後文叙劭之官不合，故又去此數行。惟北史載其奏自「二黌兩學盛自虞殷」起，故其上止稱請置學奏，此書則自世室明堂顯於周夏起，與崇傳所奏悉同，又似反據魏書增入。且崇傳此奏是崇一人所上，並不連元乂等名，此皆不可解者。總之，以此書劭傳言之，自「哀毁過禮」以下，當云後累遷太常卿中書監攝國子祭酒云云，以至授特進卒，則劭之本末也。而自「楊愔與魏收」句起，直至「別議經始」句，悉當削去。至劭之嘗被疏出及卒於何時，皆未詳載。據魏收傳稱「收於温子昇、邢劭稍爲後進，劭既被疏出，子昇以罪幽死，收遂大被任用」。許惇傳稱「同郡邢劭爲中書監，德望甚高，惇與劭競中正，遂馮附宋欽道，出劭爲刺史」，此傳所不可闕者也。

北齊書儒林傳序甚佳，其敍述學術源流、時俗興廢，言詳指簡，不可不讀。其文苑傳序亦甚詳。高齊累世淫凶酷暴，所不忍言，而其待民頗寬，又知重儒愛士，縻以好爵，一時横經揮翰之流，類能引置講帷，擢居文館，其隱退者，亦得雍容弦誦，優養林泉，故兩傳中人物亦頗可觀，所當憎而知其善也。

魏書 北齊 魏收

十六日 閲北魏書。東漢以後，舉士者大率孝廉、秀才兩途，孝廉猶唐之明經，秀才猶唐之進士，故孝策經學，秀策文藝，世尚漸偏，以文爲重，至南、北朝，遂積重秀才。魏書邢巒傳：「有司奏策秀孝，詔曰：秀孝殊問，經權異策，邢巒才清，可令策秀。」北齊書李廣傳：「廣求舉秀才，州郡以廣經儒，慮其不嫻文辭，難之。」劉晝傳：「晝舉秀才，對策不中，自恨無文藻，乃專意爲文。」文選所載南齊王融永明九年、永明十一年策秀才文，梁任昉天監三年策秀才文，皆務尚華藻。北齊文苑傳所載樊遜秀才對策，文極贍麗。沿至隋時，杜正倫一家三秀才，甚爲當時稱美。至於唐世，遂無人應舉而進士始爲極選矣。

今人稱善鑽營者曰尖頭子，其來甚久。魏書郭祚傳祚子景尚，「善事權寵，世號之曰郭尖」。又李崇傳崇子世哲「性傾巧，善事人，世號爲李錐」。足見俗語皆有所本。

周易述傳 清 丁晏

二十七日 閲丁儉卿周易述傳，共二卷，述程傳而多以史事證之，如楊誠齋、先莊簡之比，間亦采鄭義及諸家説附之。又周易訟卦淺説一卷，其意爲淮人好訟者戒，故詞務淺顯易解而已。

尚書餘論　清　丁晏

二十八日　閲丁儉卿尚書餘論一卷，凡二十三條，皆證明僞古文孔傳爲王肅所作，與家語、孔叢子、論語孔注、孝經孔傳皆一手僞書，其詞甚辨。其謂馬融忠經乃别一馬融，是唐時居士撰絳囊經者，故其序有云「臣融巖野之臣」，又於「民」字皆避作「人」，「治」字皆避作「理」，兆人章云「此兆人之忠也」，家臣章云「正國安人」；武備章云「王者立武以威四方，安萬人也」，皆避太宗諱。天地神明章「昔在至理」。又「國一則，萬人理」；政理章「夫化之以德，理之上也；施之以政，理之中也；懲之以刑，理之下也。德者爲理之本也」，皆避高宗諱。「國一則萬人理」句，又兼避太宗、高宗諱。爲唐人無疑。所以宋藝文志始著録，而絳囊經亦始著録於崇文總目，非託名於漢之馬季長也。論甚精覈，足發千古之疑。

交翠軒筆記　清　沈濤

沈匏廬交翠軒筆記云：「夢谿筆談謬誤一條：『嘗有人負才名，後爲進士狀首，謫官知海州，畫水便廳掩障，自爲之記，曰設於聽事，以代反坫，人莫不怪之。竊意其心以爲「邦君屏塞門，管氏亦屏塞門；邦君有兩君之好，有反坫，管氏亦有反坫」，其文相屬，故謬以屏爲反坫耳。』以上皆存中説。案，説文土部『坫，屏也』，坫自有屏訓，不得譏此君之謬。惟反坫則非屏耳。今論語作『樹塞門』，而此作『屏塞門』。按爾雅釋宫『屏謂之樹』，二字義皆可通。集解引鄭注：『人君有别外内，於門樹屏以蔽之。』則經文本作『屏』字，北宋本尚不誤。」以上皆匏廬説。慈銘案，夢谿所指之人，謂胡旦也，其誤用反坫不必言。至夢谿改「樹」爲「屏」，以宋英宗諱曙，避「樹」字嫌名，故用「屏」字。自唐石經及皇、邢兩疏，皆無異文。雅訓屏謂之樹，正釋論語此經。匏廬乃謂經文本作「屏」，不免好異之見。鄭君以魯論兼采齊古，其本或與今異。若謂宋本尚不誤，則大謬矣。

禹貢集釋　清　丁晏

二十九日　閲丁儉卿禹貢集釋，共三卷，其書采取衆説，而附以己意者又低一格書之。大恉主馬、班、桑、酈、許、鄭，而正胡氏錐指之失，務明古學，簡覈可傳。

三月

毛鄭詩釋　清　丁晏

初四日　閲丁儉卿毛鄭詩釋，共四卷，前有道光壬午自序，稱是少時所爲。本名毛詩古學，其後删存十五，改題今名，然實卓然漢學也。末附書段氏校定毛詩故訓傳後一篇，補正金壇意必之失，足爲功臣。又附詩序證文一篇、毛傳格言録一篇。

群臣上壽刻石拓本

十八日　孫鏡江來，以趙廿二年群臣上壽石拓本一幅見贈。此石咸豐初出正定之某山，篆文十二字，曰「趙廿二年八月丙寅群臣上醻」，此石北别有真書一行曰「監軍判官濟陰郁久閭明達」，大興劉太守位坦嘗考之，以篆爲西漢刻，真書爲北魏題名。案，西漢惟高帝子趙幽王友之子遂立二十六年，其廿二年爲文帝後六年癸未，又景帝子趙敬肅王彭祖立六十三年，其廿二年爲武帝元光元年丁未。考漢書武帝紀是年七月癸未日有蝕之，如日食在月朔，則八月望前有丙寅矣。漢制諸侯王在國得自紀年，臣其官屬，東都以後，官屬不稱臣矣，則此或是敬肅王彭祖所爲也。文帝後六年月日無可考。郁久閭爲代北三字姓，而魏書官氏志無之，明達是其名，惟監軍判官元魏所未有，疑是唐人題名耳。

鮚埼亭集外編　清　全祖望

二十三日　閱全氏鮚埼亭集外編。比日外牽應酬，内擾疾疢，酒食錮於臧府，方藥亂其視聽，久荒鉛槧，幾斷簡編。昨以𧗾枕餘閒牀頭讀易，未畢一卦，已覺昏怠。今夕出飲微醉，神氣稍舒，因平生最愛鮚埼、潛研、北江三家之書，故翦燈先閱是集，冀以起滯祛煩，漸理故業。我有先正，嚮往彌深。

瘍科心得集 清 高秉鈞

二十六日 曾君表同年送來瘍科心得集一册，嘉慶時無錫高秉鈞所著，共三卷，每證爲一論，燈下閲之，頗有名理。六淫七情之感豈不險哉。

四月

琅嬛文集 明 張岱

十八日 得鄞人郭傳璞孝廉書，以素紙乞書，並以鈔本張陶庵岱琅嬛文集兩册見視，前有王白岳雨謙、祁雪瓢豸佳兩序。陶庵全集向藏李柯谿小李山房，後歸一賈人子孫姓，詳見余丙辰日記。此集皆序記小文，詼諧鄙里，爲明季山林中下品惡派。惟所載越山五佚記，雖文甚俗劣，而小有裨於志乘。五佚者：一曹山，二吼山，三怪山，四黄琢山，五蛾眉山也。又有快園記，言園爲御史大夫五雲韓公别業，有蒴韭亭，載郡志，後歸韓氏婿諸公旦，改名快園，明末以歸陶庵。觀記中所稱，蓋即錦鱗橋之韓徧池也。又興復大能仁寺記，言嘉靖丙辰胡總制豪敚爲吕相國花園，寺及佛像，一日盡毁，住僧無漏憤而自經死。吕氏後造無量庵於城西牆下，以奉寺之伽藍，又塑吕文安、葵陽、姜山三先生像於寺，最後祁德公以三千金復之。胡總制即胡宗憲，吕相國花園，即樛木園也。此二事亦可采附郡志。

咫晉齋叢書　清　姚覲元

二十七日　得繆小山書，送來姚彦侍所刻咫晉齋叢書八册。姚舜牧孝經疑問一卷、惲敬十二章圖説二卷、吴玉搢説文引經考二卷、薛傳均説文答問疏證六卷、姚晏中州金石目四卷、蘇齋唐碑選一卷、汪士鋐鶴銘圖考一卷、宋千佛寺僧咽喉脈證通論一卷、惲敬大雲山房雜記一卷、姚舜牧藥言一卷，共十種。

五月

説文引經考　清　吴玉搢

初二日　閲吴山夫説文引經考，其取證雖較吴氏雲蒸書爲博，而於許君義例未能深知，誤文竄語無所別白。又以原書爲次，不如吴氏分經爲類，便於檢尋。

春秋穀梁經傳補注　清　鍾文烝

初十日　張公束明經以將爲江西縣令入都來訪，出所著説文佚字考一卷、詞一卷屬閲，又爲趙桐孫寄來鍾子勤春秋穀梁經傳補注一部。鍾名文蒸，字朝美，又字伯孅，嘉善人，道光丙午舉人，桐孫之師也。書凡廿四卷，全載范注，而詳補其闕，訂正其誤，博采衆説，深研義例，用數十年始成，近出諸書中爲卓然足傳矣。前有自序二首，論經、論傳及略例各數十則，後有自題詩二首，其門人沈善登庶常書後二首。

六月

陶淵明集　晉　陶潛

初五日　張公束來，以近日安徽新刻陶淵明集兩册見贈，此即北齊陽休之所編十卷本也。卷七爲五孝傳，卷九、卷十爲聖賢群輔録。咸豐辛酉，獨山莫氏得旌德縮刻宋本，其中宋諱缺筆至寧宗嫌名「廓」字，知爲慶元以後刻矣。桃花源記「欣然規往」不作「親往」。群輔録比時本多八十餘字。莫子偲題識謂與毛斧季祕本書目所稱宋板淵明集皆合，桐城徐氏醵金重刊之，頗精緻可觀。

趙銘詩

十二日　閲趙桐孫詩。桐孫博學有文，其詩長於隸事，凡感時詠史之作，頗有佳篇，而於狀景述情，乃匙工者，遠不逮其駢文。

訂訛雜録　清　胡鳴玉

十三日　閱訂訛雜録。考據之學，愈後愈難，如「高唐神女夢」一條，辨文選刻本於神女賦中「王」「玉」二字顛倒互訛，遂以宋玉之夢爲襄王之夢。四庫提要謂姚寬西谿叢語已言之，譏鳴玉未見其書。不知沈括夢谿筆談補先辨之甚詳，存中北宋人，又較令威爲早矣。以夢神女屬襄王，唐人詩已屢用之，蓋其沿誤甚久。

禮記正義　漢　鄭玄注　唐　孔穎達疏

十七日　閱禮記正義，王制、祭法皆言「天子七廟」，與穀梁合，此自爲王者之通制，不主文武世室而言。蓋王制既云「三昭三穆」，自當連高祖之父祖數之，此周之尚文，以多爲貴也。文武世室爲特立，當如王肅言，權禮所施，非常廟之數也。世室制與廟别，故經典無九廟之文。惟常制，已祧之主皆入太祖之廟，周以有文武世室，故先公之主藏后稷之廟，成康以下之主依昭穆分藏文武世室，自當如鄭君説以文武爲二祧也。周禮春官「守祧，奄八人」，疏以「天子七廟，通姜嫄爲八廟」者是也。周公成王時止有后稷文武三廟，而七廟之制早定，故守祧之奄，先設是數，若世室則其時不得豫定也。「祧」字不見説文，祭法及春官鄭注皆曰「遠廟爲祧」，蓋别乎近廟而言之。祧與廟對文則别，散文則通。故在周禮春官曰「守祧」，曰「廟祧」；在儀禮及左傳曰「先君之祧」，左傳又曰「豐氏之祧」，此散文不別之證。凡主之已祧者曰祧，廟之將祧者亦曰祧，故鄭君曰「祧之爲言超也，超上者美名也」。或據說文「垗，畔也，爲四時界祭其中」，謂垗即祧。不知「垗」是「兆域」字，非「祧」字，廟安得爲四時界以祭？此妄說也。大戴禮、荀子皆曰「有天下者事七世」，可知七廟者後王之通制。周以文武功德之盛，又別立兩世室，故後世遂有九廟之說，明世室不在七廟中也。祧有四時之享嘗，又上而爲壇爲墠，則有禱，又上而爲鬼，則有薦。鄭君祭法注云：「凡鬼者薦而不祭。」禘祫則皆合食，是雖遠而百世未嘗不致孝饗也。東漢以後，稱宗始濫，至唐而無帝不宗。然親廟以三昭三穆爲限，廟以九爲定法，周之文百世而不易者也。晉至康帝時廟已十一室，而世仍限以七。唐玄宗始準周制爲九室，至宣宗時廟已十一室，而昭穆仍各限以三。蓋以景帝當后稷爲太祖，高祖、太宗當文武世室，廟準乎九而世仍限以七也。

十八日　殷以前親廟皆四，後世自晉迄明，開國之君皆立四親廟，國朝亦止追尊肇、興、景、顯四祖，是固謂百王之成憲不可易也。太祖創業，世祖定鼎，聖祖混壹華夏，故皆稱祖。誠以稱祖者百世不祧，稱宗者親盡則祧，又萬世之成法也。世祖時創定廟制，分中殿爲九間九室，聖意淵深，明示世數有定限也。宣宗時以郊壇配位有數，詔以三祖五宗爲定，是郊配尚以地限，況廟制一定不可變也。禮時爲大，順次之，宜次之，今九室已滿而祧太宗，所謂時也順也宜也。太宗既祧，而禘祫則從四祖以配食於前殿，又有陵殿以昭嚴事，有奉先殿以展孝養，盡禮盡文，何嫌何疑？而朝無知禮，士不通經，妄爲揣摹，附會遷就，或請建世室，或請創別廟，務爲不根之談，輕壞大原之禮。而禮官萬青藜者，至請分中殿爲十一室，百僚群而和之，貽笑千古，可太息矣。國朝以太祖高皇帝準周后稷爲太祖，以世祖章皇帝、聖祖仁皇帝準周文武世室，其後則以三昭三穆爲斷，率由成憲，無容儗議者也。

使西紀程　清　郭嵩燾

閲郭嵩燾侍郎使西紀程，自丙子十月十七日於上海拜疏出洋，至十二月八日抵英吉利倫敦止。其倫敦者，英夷都城也，記道里所見，極意誇飾，大率謂其法度嚴明，仁義兼至，富强未艾，寰海歸心。其尤悖者，一云「以夷狄爲大忌，以和爲大辱，實自南宋始。西洋立國二千年，政教修明，具有本末，與遼金崛起一時，倏盛倏衰，情形絶異。其至中國，惟務通商而已，而窟穴已深，逼處憑陵，智力兼勝，所以應付之方，並不得以和論。無故懸一和字，以爲劫持朝廷之資，哆口張目，以自快其議論。至有謂寧可覆國亡家不可言和者，京師已屢聞此言，誠不意宋明諸儒議論流傳爲害之烈，一至斯也」。一云「西洋以智力相勝垂二千年，麥西、即摩西。羅馬、麥加迭爲盛衰，而建國如故。近年英、法、俄、美、德諸大國，角立稱雄，創爲萬國公法，以信義相先，尤重邦交之誼，致情盡禮，質有其文，視春秋列國，殆遠勝之。而俄羅斯盡北漠之地，由興安嶺出黑龍江，悉括其東北地以達松花江，與日本相接。英吉利起極西，通地中海，以收印度諸部，盡有南洋之利，而建藩部香港，設重兵駐之。比地度力，足稱二霸，而環中國逼處以相窺伺，高掌遠蹠，鷹揚虎視，以日廓其富强之基，而絶不一逞兵縱暴，以掠奪爲心。其構兵中國，猶展轉據理爭辨，持重而後發，此豈中國高談闊論虚憍以自張大時哉。輕重緩急，無足深論，而西洋立國自有本末。誠得其道，則相輔以致富强，由此而保國千年可也；不得其道，其禍亦反是」

云云。

嵩燾自前年在福建被召時，即上疏痛劾滇撫岑毓英，以此大爲清議所賤。入都以後，衆詬益叢，下流所歸，幾不忍聞。去年夷人至長沙，將建天主堂，其鄉人以嵩燾主之也，群欲焚其家，值湖南鄉試，幾至罷考。迨此書出，而通商衙門爲之刊行，凡有血氣者無不切齒。於是，湖北人何金壽以編修爲日講官，出疏嚴劾之，有詔燬板，而流布已廣矣。嵩燾之爲此言，誠不知是何肺肝，而爲之刻者又何心也？嵩燾力詆議論虚憍之害，然士夫之肯爲此議論者有幾人哉？烏虖！余特録存其言，所以深著其罪，而時勢之岌岌，亦可因之以見。其尚緩步低聲、背公營私、以冀苟安於旦夕也，哀哉！

乾道臨安志　宋　周淙

二十三日　得彭芍庭府尹書，並送來畿輔通志等九函。又鈔本乾道臨安志一册，共三卷，本愛日精廬張氏藏書，前有杭堇浦、厲樊榭兩跋，後歸桐城姚左都元之。左都任浙江學政時，屬海寧訓導錢警石泰吉以蔣光煦所藏陸香圃三間草堂鈔本、吴兔牀拜經樓鈔本手校一過。書尾有警石題識，今爲翁叔平侍郎所藏。

二十六日　夜閲周彦廣淙臨安志。卷一爲行在所，分宫闕、皇子府、宗廟、郊社、三省、臺閣、學校、經筵、宫觀、廟宇、苑囿、院、所、三衙、寺監、司、倉、場、庫、局、府第、館驛、軍營二十三門。卷二紀州郡分沿革、星野、風俗、州境、縣、鎮、城廂、城社、戶口、廨舍、學校、科舉、軍營、坊市、界分、橋梁、物産、土貢、税務、倉庫、館驛、亭、堂、樓、觀、閣、軒二十七門。卷三爲牧守，自吴全琮至宋周淙共百九十人。其宗廟門附欑宫云，安穆安恭皇后欑宫在錢湖門外三里修吉寺，莊文太子欑所在錢湖門外二里寶林院，安穆、安恭皆孝宗潛邸時妃，一氏郭，一氏夏，後改謚成穆、成恭者。吾越寶山無二后欑宫，觀此知其先時權厝之地，其後葬何所，則不可考矣。莊文太子，即高宗太子旉也。

其沿革門，首曰「大都督臨安府餘杭郡寧海軍節度，治錢唐、仁和二縣」。其曰「大都督臨安府」者，南宋新加之名，時已升杭州爲臨安府，故不更標杭州之名。然餘杭郡爲隋唐之制，當時已無此名，而此仍稱之者，以唐開元之制，州必兼繫郡名，迄宋相沿。南宋雖升爲府，但去州名而不去郡名，是升州爲府，非升郡爲府也。自晉宋州鎮加將軍者稱府，隋始於雄要之郡置總管府，至唐有都督府，分上、中、下三等，而蜀郡號成都府，梁州號興元府，乃始有府名。唐時若以西京爲京兆府，洛州爲河南府，并州爲太原府，荆州爲江陵府，皆即郡名爲府，不别立府名。宋時京兆、河南、太原、江陵、成都等府皆仍唐制。宋時若開封、歸德、大名、襄陽，以及臨安、紹興、平江、建康、建寧、嘉興、鎮江、隆興等，府名日多，皆都督府之府，非三公兩府之府，故此曰「大都督臨安府」也。元有總管府、散府之分，於是府名偏天下，而非以爲尊貴矣。嘗謂州之稱至隋始小而地亦陜，府之名至元始濫而位亦卑，今人皆不知稱府之爲何義，故附論之。終卷皆紀州治之事，故止著錢唐、仁和兩縣境而不及屬縣。據直齋書録解題稱此志本十五卷，其卷四以下門類若何，不可考矣。牧守吴東安郡太守全琮下，即繼以唐貞觀中杭州刺史柳冲，至宋太平興國三年，以錢氏納土，除水部郎中范旻爲考功郎中知杭州，後始稍可考，皆稱引史傳，詳載字籍、官階及除授歲月，間亦附紀政績，體例最善。

七月

經韻樓集 清 段玉裁

朔 閲段茂堂氏經韻樓集。自丙辰十月間閲此一過，以後惟看學海堂經解中摘録本，今日向牧莊借得此集，相距二十二年，學無寸進，貧病益不可支，而桑榆已迫矣，曷勝慨歎。

初三日 閲經韻樓集。其考據之精者，大恉已具説文解字注中，而微言緒論，尚覺探索不盡。惟與顧千里争「西學」「四學」一字是非，窮篇累牘，至於毒詈醜訐，且於顧所著禮記考異、文選考異，亦牽連攻詆，殊失儒者氣象。在顧雖非段匹，而亦爲段累不少。經學千秋之公言，不必如是忿争也。

毛詩傳箋通釋 清 馬瑞辰

十四日 閲馬元伯氏毛詩傳箋通釋。於國朝近儒之説多所折衷，其引太平戚氏學標毛詩證讀一書，余未之見也。書中誤字頗多，今日略加校勘，精神劣甚，便覺困慑。

復古編　宋　張有

二十一日　偶閲張謙中復古編。此書辨析精嚴，爲治小學者之津轄，然亦有太拘者。如聯綿字中謂「伏犧」必作「虙虧」，作「羲」通，作「伏犧」非；「琵琶」必作「枇杷」，作「琵琶」非；「袈裟」必作「加沙」，作「袈裟」非。案，「伏犧」本無定字，管子作「虙戲」，亦作「虙羲」，莊子作「伏戲」，鄭君周禮太卜注作「虙戲」，禮月令注作「宓戲」，易釋文引孟京易俱作「伏戲」，此皆古字也。作「虙」作「戲」爲最古，「宓」即「虙」之省，「羲」即「戲」之通，作「伏」作「犧」爲最後。若作「虧」，則惟太卜及月令釋文兩引「又作虧」，張氏謂必作「虙虧」，不知何據矣。琵琶胡樂，起於漢世，其字本篆文所無，要不得以木之枇杷當之，作隸書者自當從俗作琵琶，若作篆，則用榌靶可也。袈裟僧衣，起於東晉以後，梵言本無定字，亦當從俗書之，作篆則或用「加沙」耳。

瓶隱山房詞　清　黄曾

二十八日　閲錢唐黄菊人曾瓶隱山房詞。菊人道光時舉人，官直隸知縣。詞共八卷，律細音諧，致嚴去上平入之辨，而吐屬名雋，用字極新，遠出同時黄韻珊、姚梅伯、張海門之上，可與沈閏生、周稚圭相驂驔也。今略撮其數首云。

瑶花繡毬花：「瓊蕤琢就，玉屑裝成，襯綃窗清絶。朝天素面，相望處、虢國纔離宫闕。晶簾隔破，化多少、玲瓏明月。盼幾番、約到團圓，費得芳心千疊。　盈盈移上闌干，看粉翅飛停，誰辨胡蝶。攢空細瓣，依樣有、一綫春風穿結。橫枝小繫，誤白打、人來偷掣。祇摘下、蹴向鞵尖，又散滿身香雪。」一枝春素心蘭：「媚雪娟春，寫芬芳、祇合玉平壺冰裏。紅塵未滓，尚想故山風味。無言契賞，算惟此、素心知己。誰印取、琴意詩情，受得瓣香烏几。　相思佩環天際。對依依小影，佳人差擬。盟留寸許，斷了寄書雙鯉。瀟湘路杳，任搖淡夢痕簾底。空賸有、娥月籠花，夜來喚起。」高陽臺書碧桃譜舊事：「玉洞情悰，石坪消息，流鶯不報王昌。迢遞屏山，斷雲空鎖巫陽。花前忽墮春風笑，剖合歡、桃核仍雙。惜年光，裙帶而今，薦了羅囊。　回頭重憶紅泥閣，有香盟茘錦，小影蘭釭。萬縷情絲，那堪兜到兜孃。人間多少無題事，儘填詞黄九描將。待商量，鈿笛樓中，重譜餘腔。」花心動秋海棠：「涼暈圓姿，倚娟娟、燕支一叢勻淺。煙晚露初，點點星星，薄命畫來妝面。玉屏燒燭春成夢，賸蛩砌、半篝燈顫。儘零落、牆陰細雨，冷魂誰喚。　寂寂筠簾乍卷。怎平一樣看花，別成淒眷。道是淚痕，道是愁根，都作可憐紅泫。小檀心已和風碎，那更有、離腸催斷。幾多恨，朱絲暗中替綰。」齊天樂萬花筒：「略同翦綵成奇幻，春先箇中窺取。鑿空深深，旋機小小，儘把東風關住。紅搖翠舞。甚錦樣繁華，撤來如黍。目笑相看，蜨蜂知否者般趣。　團欒輪向素手，象生偏爛漫，珠蕊紛吐。混沌香天，迷離色界，賺煞癡兒騃女。芳心寄與。任暗裏句留，一睛偷注。細響玲瓏，錯疑花遞語。」無悶小周后提鞵圖：「花艷昭陽，鴛夢未諧，金縷同心私結。正剗韈來時，露苔愁溼，自聽房中奏好，便天上、人間無分別。宮絃換了，燒槽舊譜，可憐聲闋。　閒立，鳳鉤窄，記帳護鵝梨，暗籠香屑。

又幾度銀屏點殘，歌節清絶。梅邊夢影，衹合伴、紅羅亭前雪。怕唱到、入破家山，賸照一弓涼月。」沁園春淚：「玉滴冰凝，一箇蓮儂，銀釭背彈。認芳痕舊漬，鴛綃帶皺，啼妝新掩，蝶袖生寒。閣住星眸，界來雪靨，兩點屏山雨後看。何時化，化紅棠秋色，青竹香斑。　臨歧話到闌干，當盈匊、珍珠贈别難。更輕車遠道，唾壺暈溼，長門永夜，夢簟催殘。恨血憐鵑，同心抱蠟，一鏡潮生曉不乾。雙抛處，向愛河流出，都作情瀾。」前調魂：「曲院虛欞，悄悄冥冥，東風寫將。豈從冰鏤出。十分耐冷，借花團就，一樣生香。縹緲甘癡，瞢騰苦醉，短夢憑騎蝀過牆。驚還定，是犀株小膽，獨怯空房。　仙乎一任悠揚，攢裊向、情絲作縷長。恰登山便化，神娥暮雨，離家偶伴，倩女斜陽。擫笛防飛，寄書欲斷，殘魄窺人月半廊。雙棲好，有紅衾真箇，銷得檀郎。」百宜嬌鳳皇山弔宋芙蓉閣故址：「鼇火飄暉，鴿鈴收響，留得一抔芳土。闌竟沈香，池空洗粉，不見内人憑處。霜飛鏡面，儘冷落、芙蓉宫譜。有深宵鬼語青蘿，月痕來畫淒楚。　銅輦夢、秋衾幾度，驀地叫鵂鶹，滿山吹霧。鳳鈿抛晨，鸞笙歇夕，忍説從征嬌女。楊絲亂捲，更莫問、玉牌詩句。賸當年，紅草多情，泣燕支雨。」霓裳中序第一緑珠墮樓：「重樓錦宴撤。百尺春風化秋雪。忼慨報郎時節。碎一顆神珠，酬他斛平十。燕支盡溼。看麝泥、吹緑芳血，人何在，豔魂中夜，縹渺墮明月。　飄瞥。雲屏夢結。想笛裏、涼聲未闋。無端雌鳳訴别。嘆步障分飛，珊瑚敲折。萬花金谷泣。總一樣、紅摧紫裂。梧陰路，石闌淒雨，點點井波咽。」摸魚兒潘妃蓮花：「正丁東、曉開鈴殿，依稀人在仙境。屠沽天子、鍾情地，蓮瓣一雙紅迎，羅韤稱。悄不許，秃平鶯啼斷凌波影。宮妝自靚。望日暮簾櫳，珊珊來未，知道玉兒肯。　憑消受，可惜西風易警。黄金空鑄恩幸。長廊響屧埋荒緑，又躡沼吴行徑。花共命，怕閲武堂前、楊柳同淒冷。繁華夢醒。嘆麝壁香消，虎釵聲斷，鸞步杳然静。」桂枝香中宗點籌：「春風破隙，被黥面雛兒，翠帷銜入。剛是瑶宫弛禁，采骰争色。垂簾虚借君王箸，嘆靈犀、密輸鸞帟，夢驚雙陸，依然留印，老鸚餘迹。李天下、誰家管得？總付卻蛾眉，掌中輕擲。有箇微觀局外，指頭彈血。一梟未殺天戈動，怕金盤、紅雨吹溼。至今還賸，桑韋殘唱，可堪重拍。」高陽臺樓梯：「花黯深藏，雲斜暗度，步虚唱出聲聲。月到偏難，周圍密牖疏櫺。玉腰一搦承趺怯，攢扶人、殘醉伶仃。最魂銷、響屧高低，隔著銀屏。良宵記得攜鐙别，款吹蘭小語，欲下還停。曲曲闌干，陽臺舊路曾經。紅樓天樣迷離處，甚唐胡、唤也無靈。把相思、摺疊看來，都在瑶扃。」夏日燕釁堂弔舊曲：「别離人，聽蟬琴暗咽，流水淒魂。櫻桃徑裏，記曾破歌脣。流雲散雪都零落，衹銀紅、舊譜猶存。問墜歡留得，檀牀金縷，幾箇朝昏。綺夢尚生温。有緗匳賸稿，網户殘尊。蘭屏怕倚，認一抹啼痕。小鶯還戀牆西柳，甚匆匆、换了芳春。枉醉遊重到，涼煙飄閣，細草當門。」望海潮登六和塔：「兀撑吴嶺，平分越界，浮圖永鎮山椒。孤柱駕鼇，神鈴怖鴿，長雲絶頂相招，梯旋一螺凹。借佛輪上轉，直犯星杓。大好秋來，萬枝燈火亂中宵。西風兩度看潮，有塔平龍唤起，雪樣驚濤。人語半空，江流亘古，胸懷壯得憑高。斜日送歸橈。聽笛聲吹出，九姓漁舠。蹋月重遊，寺門容我挂詩瓢。」皆足爲玉田、碧山嗣響。其長調完美之作，已略盡此矣。

至小令之佳者，浣谿紗云：「道韞樓西緑柳長，不關情也想衣裳。天風沉戛佩聲涼。明月到窗聞放筆，篆烟過樹聽燒香。惱人無奈是紅牆。」「仙館玲瓏鬬水西，碧雲紅袖兩依依。幾生修得到雙棲。咳月闌邊驚睡鶴，問花簾外誤麞鸝。遲眠起早總相宜。」「一翦風摇末麗枝，紗屏秋夢織絲絲。晚妝宜早卸妝遲。酒醒微聞抽鏡屜，夜涼還見下簾衣。銷魂最是未眠時。」自注：鏡屜，見庾信鏡賦。「一陣風移菡萏香，小紅樓在水雲鄉。今宵秋暑散銀塘。笙舌巧吹花影暖，鏡臍圓浸月波涼。卷簾人試蔫絲裳。」自注：鏡臍，見佩楚軒客談。生查子云：「香消畫被紅，燈掩秋屏黑。不敢向人啼，淚點心頭濕。菱寒一鏡盟，苔鎖重門迹。簾外雨瀟瀟，又近黄昏戌。」卜算子云：「單舸載儂來，一笛吹郎去。幾簇榴花鏡閣紅，都是烘愁處。悶掩枇杷門，懶炙芙蓉炷。雙淚何曾一日晴，恰似黄梅雨。」減蘭云：「良期耽誤，轉眼紅牆非舊路。瘦減凝脂，衹有彄環照骨知。蒼苔夜空，卻借梅花尋好夢。黄月窺廊，認不分明病後妝。」虞美人云：「一屏烟影飄金藕，人與花俱瘦。分牀好畫戲嬰圖，遮莫蕭郎今後怨生疎。桐闌幾日西風峭，緊護茸窗小。阿侯啼減帳綃多，昨夜神符一紙厭藍婆。」自注：藍婆，見法苑珠林。南鄉子月夜遊惠山：「水閣響琵琶，幾點疎燈隔絳紗。今夜平量湖鏡面，寬些。柔艣枝枝帶月划。小岸落林花，玉磬聲中妙想家。真箇情天無界限，門撾。許乞雲房一盞茶。」浪淘沙鏡宜山莊重遊志感：「玉洞恁荒涼，何況劉郎？不堪輪指話星霜。舊日闌干同倚處，草似人長。流水暗迴腸，竹佩空鏘。模糊記得去時妝。幾點猩紅階下淚，還發秋棠。」又：「折嶺鎖煙霾，門爲誰開？一重坡徑一重懷。黄蝶也知人意苦，飛傍吟鞵。約略認妝臺，瓦繡莓苔。山花紅過缺牆來。猶有當時簪鬢色，不忍徘徊。」亦小山、淮海之亞也。

卷首有自述凡例十二則，論聲律頗詳。其謂填詞須試難調，故所作頗多，然終爲調所窘，尠有佳構。又謂懷古宜雄渾，然集中以金粉之作爲工，若登臨憑弔，則非其所長。蓋根柢太淺，藴蓄不厚，故於比興之指，寄托之思，亦均不逮焉。菊人名不甚著，其集世罕知之，故録之特多。

八月

元遺山詩集箋注　金　元好問撰　清　施國祁箋注

初二日　閲施北研國祁箋注元遺山詩集，頗參校衆本，較汲古毛刻多七律一首。其注則專詳本事，所采不出金、元史、中州集、歸潛志、契丹、大金國志、遺山文集及同時滏水、滹南諸集，多曼衍旁及之辭，而於詩之事義甚略，非善本也。首有例言數十則，乃合其文集校之。又爲年譜，每年下分繫所作詩文，而冠以舊序志傳，末爲附録一卷，則當時投贈詩文及後人評目語也。

訂訛雜録　清　胡鳴玉

初四日　每月一日至十日以「初」字領之，沈匏廬交翠軒筆記引王荆公高陽郡君齊氏墓志，有曰五月初三日、十月初八日，以爲北宋時已然。胡亭培訂訛雜録引白樂天詩「可憐九月初三夜，露似珍珠月似弓」，則唐時已然。又引漢末焦仲卿妻詩「初七及下九，嬉戲莫相忘」，則其來更古。按此詩初七未必如今日所言，要以七字單辭而加之，是亦即今言之所本。胡氏此書訂正俗誤，雖多在耳目之前，而往往爲人所易犯。如云書言「皋陶邁種德」，本訓廣布其德，而今人以「邁種」爲「出類」之稱。公羊傳「許夷狄者不壹而足」，本謂不以壹事便許之，而今人以「不壹而足」爲「至多」之辭。禮記「朱弦而疏越，壹唱而三歎」，本謂聲希和寡，而今人以「壹唱三歎」爲「長言」之意。陸士衡文賦「或操觚以率爾，或含豪而邈然」，上句謂草率速成，下句謂蹇澀不屬，而今人以「含豪邈然」爲深遠之致。世説「索音色解人亦不得」，本謂人之意求解此者亦不可得，而今人以「索解不得」爲作者自求解人。此等皆極易曉，而世多忽之，通人名家，時亦誤用。至如「分野」之「分」音「問」，與「野」字對；劬勸皆去聲，作「急遽」解；「冗長」之「長」、「逕庭」之「庭」皆去聲；俗儒亦多不察也。

拾雅 清 夏味堂

初五日 子宜來，下午同詣啜夫，偕之琉黎廠閲市，購得高郵夏澹人味堂拾雅兩帙。拾雅者，一補爾雅所釋之未備，一補廣雅所釋詁訓之未詳，爾雅徧補十九篇，廣雅止補釋詁、釋言、釋訓三篇。一補爾雅、廣雅及方言、小爾雅之所未釋。前有澹人自序，頗譏稚讓既補爾雅而不無遺漏；又爾雅以釋六經之言，而稚讓間收倉頡、説文僻字，於載籍無徵。其書本爲六卷，仿宋刻行。後其弟紀堂及其子齊林、雲林爲之注，分爲二十卷，刻於嘉慶庚辰，世所罕見也。

初七日 閲拾雅，其書自爲詳雅，然有不必載者。如爾雅已載「多草木岵、無草木峐」，而詩毛傳作「山無草木曰岵，有草木曰屺」，「有」「無」互誤，前人多辨之，而此復收「山無草木曰岵」二語，此貪多也。有誤引者，如詩「被之僮僮」，毛傳「僮僮，竦敬也」。竦敬者，形容其被飾之高聳；僮僮，猶言隆隆也。「竦敬」與下「被之祁祁」傳「舒遲也」相對，其訓義全在「竦」字。而此云「僮僮，敬也」，非本誼矣。其注止引所出之書，不特略無辯證，且並不載所出書之注，尤爲疏略。

官品階封

初九日　文字所常用，制度所常著，有習見而人猝不能辨者。如官品階封一事，官分九品，始於曹魏，官品有從，始於元魏，此人所知也。而元魏自正四品以下，又有上下階，至唐因之。宋以後雖無上下階之名，而自二品至九品，每品皆有兩階，計格而轉，則至明猶然，今人皆不知矣。元代正一品自開府儀同三司至銀青榮禄大夫凡六階，從一品光禄大夫、榮禄大夫兩階，正二品至從四品皆三階，正五品以下皆兩階。明代損之，一品光禄、從一品榮禄、正二品以下皆兩階。今之階名，大率因元，光禄、榮禄大夫，元之從一品；資政大夫，元之正二品中階；通奉大夫，元之從二品中階；通議大夫，元之正三品中階；中議大夫，元之正四品上階；中憲大夫，元之正四品中階；惟朝議大夫本唐宋之正五品下階，元代無此名。奉政大夫，元之正五品上階；奉直大夫，元之從五品上階；承德郎，正六品上階；儒林郎，從六品下階；宣德郎爲唐宋正七品下階，元代無此名，明以爲從六正七兩品吏員出身者之階，國朝因之。文林郎，正七品上階；唐爲從九品上階。徵仕郎從七品上階；登仕郎，正八品上階；登仕佐郎，從八品上階。惟修職郎及佐郎古無此名，明代始以爲八品階，而降登仕爲九品，今因之。此階封之大略也。

階封者，唐宋謂之散官，元謂之文資，自唐宋以迄元，散官以外，又有爵有勳。自一品至五品，有公侯伯子男，爵也。自二品至從七品，有上柱國至武騎尉十二等，勳也。明始去爵，非有大功者不封。而尚有勳。文勳十：正一品左右柱國，從一品柱國；正二品正治上卿，從二品正治卿；正三品資治尹，從三品資治少尹；正四品贊治尹，從四品贊治少尹；正五品修正庶尹，從五品協正庶尹。武勳十二：正一品左右柱國至從六品武騎尉。國初武臣尚有加柱國者。至武階，自唐至元，五品以上稱將軍，唐自從一品驃騎大將軍，至從五品下階游擊將軍，凡十五階。元自正二品龍虎衛上將軍至從五品武略將軍，凡二十二階。猶文階五品以上稱大夫也。六品以下稱校尉，唐每品下階皆稱副尉，元惟從八品稱保義副尉、進義副尉。猶文階六品以下稱郎也。國朝惟一二品稱將軍，三四品稱都尉，五品至七品稱騎尉，從加「佐」字。八九品稱校尉。從亦加「佐」。此古今之不同也。

至婦人之封，六朝以前見於史傳者，間有國夫人、太夫人之封，其詳不可考。唐則一品封國夫人，二品三品郡夫人，四品郡君，五品若勳官，三品有封者縣君。此謂職事官及散官並至五品，或勳官至三品，又本身已有封爵者，妻方得封縣君。蓋唐宋職事官往往不與散官相應，有職高而階卑者，有階高而職卑者，階不及品者不得封也。爵亦有與官不相應者，如裴休等爲宰相，而爵止子男，則其妻止得封郡縣君，不得封夫人也。勳亦有與官不相應者，如中唐以後，縣令往往加柱國，見於制誥中甚多。散官並同職事，此謂散官合品者與職事官同，皆得封也，今舊唐書職官志同字誤爲司。勳官四品有封者鄉君，此通謂勳官，凡至四品且已得子男等封爵者，妻皆封鄉君，不專指五品言。母皆加太字。宋史職官志言司封郎中掌外，今本誤衍一內字。命婦之號十有四，曰大長公主，曰長公主，曰公主，曰郡主，曰縣主，曰國夫人，曰郡夫人，曰淑人，曰碩人，曰令人，曰恭人，曰宜人，曰安人，曰孺人。自大長公主至縣主，皆列之外命婦者，以別於貴妃至貴人爲內命婦之品五也。故宋初趙普諸女封郡主，高懷德二女封縣主，王闢之譏其失典，不知其本列於外命婦，猶人臣亦得封王，與皇子等班爵不異，則婦人亦得與皇同也。宋制，諸王嫡室亦止封國夫人，理宗、度宗之母皆止封國夫人，而內命婦亦有封縣君、郡君、郡夫人者。親王母皆封國夫人。

又云建隆三年詔「定文武群臣母妻封號」，宰相、使相、三師、三公、王侍中、中書令、尚書令之曾祖母、祖母、母封國太夫人，妻封國夫人，樞密使、副使、知院同知、案謂同知樞密院。參知政事、宣徽節度使封郡太夫人、郡夫人，簽書樞密院事、三司使封郡太君、郡君。以上皆封至曾祖母，惟三司使止封祖母。

東宮三太、文武二品、御史大夫、六尚書、兩省侍郎、太常卿、留守節度使、諸衛上將軍、嗣王、郡王、國公、郡縣公皆母郡太夫人，妻郡夫人。常侍、賓客、中丞、左、右丞、侍郎、學士、給事中、諫議大夫、中書舍人、卿監、祭酒、詹事、諸王傅、大將軍、都督、中都護、觀察、防禦、團練使皆母郡太君，妻郡君。庶子、少卿監、司業、郎中、京府少尹、赤縣令、少詹事、諭德、將軍、刺史、下都督、下都護、家令、率更令、僕皆母縣太君，妻縣君。文臣通直郎、武臣修武郎以上，母妻並孺人。

考本紀載徽宗政和二年十二月乙巳定命婦名爲九等，續通考云政和三年詔郡縣稱君，蓋非婦道，且等級無別，於是定爲八等。執政以上夫人，尚書以上淑人，侍郎以上碩人，太中大夫以上令人，中散大夫以上恭人，朝奉大夫以上宜人，朝奉郎以上安人，通直郎以上孺人。蔡絛鐵圍山叢談云：「政和中改郡縣君號爲七等，郡君爲淑人、碩人、令人、恭人，縣君爲室人、安人、孺人，後又避太室人之目，改曰宜人。」而志文皆不載。其繁釀無法，皆此類也。元命婦止國夫人、郡夫人、郡君、縣君、恭人、宜人六階，國朝皆依明制。案八等當從本紀作九等，以夫人有國夫人、郡夫人爲兩等也。蔡絛所云七等，當作六等，以孺人本通直郎以上之封，非縣君所改也。縣君止改宜人、安人耳。

詩經

初十日 詩「如月之恒」，傳「恒，弦也」，箋「月上弦而就盈」。案正義本經文本作「縆」，故孔沖遠云「集本、定本『縆』字作『恒』」。釋文本則作「恒」，故陸元朗云「恒，本亦作『縆』」，兩本不同。今注疏本作「恒」者，後人以合刻釋文而改孔從陸也。然陸氏言恒、縆之音，則同爲古鄧反，今人用日升月恒及升恒字，皆作平聲，所謂重悂貤繆矣。

擬前谿歌

沈約宋書樂志「前谿歌，晉車騎將軍沈玩所製」，郭茂倩樂府詩集載其辭七首，其四首四句、三首五句，中二首絶無意義。惟一首云：「黄葛結蒙蘢，生在洛谿邊。花落逐水去，何當順流還，還亦不復鮮。」末句極爲庸峭，明人多喜擬之。王西莊蛾術編極賞李滄溟、吴明卿二首，李云：「葵藿自有心，蘭蕙自有香。黄瓜一小草，春風獨不忘，枝葉頓芬芳。」吴云：「迎歡東武亭，送歡獨桑路。安得大海水，盡向前谿注，使歡不得渡。」李之第三、四句用原辭第五首「黄瓜是小草，春風何足歎」，吴之首二句用原辭第四首「逍遥獨桑頭，北望東武亭」，吴詩頗爲斬截，李詩茶弱已甚。西莊擬之云：「迎歡東武亭，送歡獨桑頭。今日别歡苦，後日憶歡愁，歡定懷儂不。」又云：「别歡時已久，感歡意不遷。今日送歡去，何日迎歡還？還亦非少年。」自以爲風致，不讓前哲。迮鶴壽譏之云：前一首第五句可截斷，又落小様，後一首直鈔原詩，索然無味。因自擬云：「燕燕復燕燕，花落時相見。今春谿上花，未識春風面，落紅已片片。」又云：「歡去平康里，歡來長安道。窮途令人愁，久客令人老，不如前谿好。」自謂風致雖遜古人，而截不斷。然西莊於詩本非當家，所擬誠爲不工，青厓二詩尤爲無味。前一首「落紅」句幾不成語，雖截不斷，而實結不住，是尤拙也。樂府之作，意趣聲調，色色非易，非深於詩恉兼有妙悟者不能率爾爲之。余之所擬，聊以人名托興，讀者不以辭害意可也。

元遺山詩集　金　元好問

十七日　校遺山詩。毛氏所刻據至元曹氏刻本，施氏所箋據康熙華氏本及明弘治李氏本，猶是中統嚴氏本之遺。

合歡鈴

二十七日　閑寂無一客，雜閲經書。通典引鄭衆婚禮謁文有合歡鈴。案，周官司几筵後，鄭注「繅席，削蒲蒻展之，編以五采，若今合歡矣」。是婚禮又有合歡席也。

初學記　唐　徐堅

初學記引盧諶雜祭法：「春祠用曼頭、餳餅、髓餅、牢丸。夏、秋、冬亦如之。夏祠别用乳餅，冬祠用環餅。」太平御覽引作白環餅，北堂書鈔引范汪祭典亦作「冬薦白環餅」。此「曼頭」二字，始見祀典；唐以後作「饅」，則俗字矣。

九月

蛾術編　清　王鳴盛

初六日　閲蛾術編，此本書九十五卷，分説録、説字、説地、説人、説物、説制、説刻、説集、説系、説通十門。説録者，經籍目録也；説刻者，金石諸刻也；説系者，王氏譜系也；説通者，雜説也。迮青厓以説刻十卷已采入王蘭泉金石萃編，説系三卷宜入王氏家乘，因去此二門，止存八門，爲八十二卷。然萃編所取無幾，譜系之學非一家之私言，其删之皆謬。説人十卷，然於漢惟詳鄭康成，餘不一及，魏晉六朝，竟無一人，唐人亦止六人，北宋止四人，元無一人，明止徐有貞一人。説物、説通則皆止二卷。説人、説物、説通尤爲簡略，惟説録、説地皆至十四卷，説字至二十二卷，爲最詳。然王氏小學非專門，在並時遠非段、桂、二錢匹也。其最善者説地而已。

十五日　閱蛾術編，王氏氣矜，好詆訐，心又不細。青厓隨事駁之，言亦甚峻。然王氏雖潛心考據，而所學實未完密，青厓泛覽探索之功，亦云勤矣，而措大之氣，兩君俱不能免，失之眉睫者，亦復多有。即舉一條論之。王氏謂：「杭州盧召弓來札云，通志采南史有沈田子、林子傳，今南史無之，竊疑無此事，殆必約傳所附耳。予深惡鄭樵之妄，於通志屏而不觀，未知果若何？」青厓附注云：「鄭樵之學甚妄，不知何以通志一書，居然與通典、通考並行？沈田子、林子傳出其僞造無疑，先生屏而不觀，可謂卓識。」案沈約宋書以田子、林子爲其先世，故入叙傳而不别立傳，此史遷至李延壽相沿成例。南史不立沈田子、林子傳，而依宋書自叙附入約傳，自是李之疏失。通志雖直鈔列史，其於南北朝用南、北史而不用八書，亦漁仲之因陋就簡。然獨出沈田子、林子傳，能兼采宋書以補其闕，是其一長。乃抱經、西莊俱未一考宋書，青厓直以爲僞造，豈知漁仲何嘗自言采南史耶？西莊此條本不成語，書之得失，自當平心覈之，既不屑觀，則不必論，空存此條，何裨於事？通志與通典、通考相去固遠，然亦何至屏而不觀，便爲卓識？若如章實齋者，本無真見，逞其偏譎，妄尊鄭樵，極口通志，以爲千古獨絶之學，又僅足以欺耳食不學者耳。

十六日　蛾術編前有丹徒趙彦修序，亦條舉王氏之失，頗有考證。其論東漢桓譚、張衡亦信讖緯一條，蓋不知緯與讖之分。桓、張皆力闢圖讖之妄，而於緯則亦信之，以緯者所以輔經，三代之典制、孔氏之微言，往往而在。讖則假托符命，推説休咎，瀆亂不經之書。讖必有圖，如今世俗所妄傳推背圖之類，故曰圖讖，曰圖書。亦曰圖緯，謂有圖之緯也。桓、張皆信緯而不信讖，本傳所言甚明。後世緯與讖亂，隋並焚之，今之殘簡僅存，尤錯雜不可辨耳。

第一樓叢書　清　俞樾

二十七日　得牧莊復，並示俞蔭甫第一樓叢書九種：易貫五卷，玩易篇一卷，論語小言一卷，春秋名字解詁補義一卷，古書疑義舉例七卷，兒笘録四卷，讀書餘録二卷，詁經精舍自課文二卷，湖樓筆談七卷。「第一樓」者，詁經精舍樓名也。易貫者，條舉易辭之同者分疏之。玩易篇者，取卦位卦變分十六圖，以明動則觀變之義。論語小言者，雜論名理似子家，而每條之末引論語一句以證之。以上三種，雖或名論解頤，而於經學不甚有裨。春秋名字解詁補義皆正王氏之失，頗多新義，而詁訓名通，足爲高郵補闕。古書疑義舉例凡分八十八例，析疑正誤，貫穿洞達，往往足發千載之矇，此於經籍深爲有功，不可不讀。兒笘録皆論説文，意匡許氏，而言多中理，不似李陽冰、鄭樵輩之鑿空。讀書餘録皆校正群籍之文，補其諸子平義所未及。內經素問四十八條，鬼谷子五十五條，新語二十二條，説苑四十二條，漢碑四十一條。曰餘録者，猶王氏念孫之讀書志餘也。自課文皆其擬作經解。湖樓筆談第一、第二卷談經，第三卷談史記，第四卷談漢書，第五卷談小學，第六卷談詩文，第七卷談雜事。以上三種考辨確鑿，心得爲多。筆談小學中有説文所載字似隱僻而實爲經典正文者一條，補錢氏曉徵、陳氏恭甫之所未及，其餘亦多前人所未發。惟老蘇辨姦論實爲僞作，而極贊其學識，見微知著，能窺荆公於未進用時。唐薛仁貴之子訥，武后玄宗時爲將相有功，訥弟楚玉爲幽州大都督府長史，此據舊唐書訥傳，至薛嵩傳作范陽平盧節度使，蓋誤。楚王子嵩及崿相代爲相衛節度使，嵩子平又歷帥數鎮，爲名臣。宋楊業之子延昭，本名延朗，歷官英州防禦使，爲契丹所畏，呼爲六郎。是薛、楊後人，雖與委巷所傳迥異，而事蹟昭著，史册可稽。六郎之名，且與史合。俞氏乃謂兩家後裔無聞，此則失之眉睫矣。

二十九日　閲俞蔭甫兒笘録及湖樓筆談，其可取者固多，而好逞私臆，輕違古義，聰明之過，亦往往落於小慧。又深詆左傳，囿於近日浙西江湖經學之習，至喜駁鄭注，亦其一短。如禮内則「夫婦之禮，唯及七十，同藏無間」。鄭注：「衰老無嫌。」下文「故妾雖老，年未滿五十，必與五日之御」，鄭注：「五十始衰，不能孕也，妾閉房不復出御矣。」此謂夫婦之道，妻年雖至七十，不以衰老爲嫌，故仍同居無間；妾至五十則已衰，不復御。經文及注，本極分明。正義誤會經注，乃云：「夫婦唯至七十，同處居藏，無所間别，以其衰老無所嫌疑故也。夫七十則婦六十以上。各本「上」皆作「下」，蓋誤，今以意改。若夫雖七十，婦惟六十以下，則猶間居也。詩傳云『男女不六十，不間居』，據婦人言之。」蓋孔氏誤以「唯」字作「獨」字解，又誤以「及七十」爲指夫年，又誤以鄭注「衰老無嫌」爲不招外人之嫌疑，皆正義之過，而非注之過。俞氏謂「唯」即「雖」字，是也。而詆鄭注謂：「夫婦之間，何嫌之有，必至七十然後同藏，則七十之前後皆不可。伉儷之恩薄，室家之道苦矣。且使人薄於妻而厚於妾，有關世道者甚鉅。」是可以正沖遠，而不得以正鄭君也。要之正義所以誤者，泥於男子「六十閉房、七十開房」之説，故以「唯及七十」爲專指七十；又泥於「三十而娶、二十而嫁」之文，故爲婦六十以上、六十以下調停之言耳。

它若以春秋之初獻六羽爲六禽，以論語之長沮、桀溺爲非人名，「長桀」者美之之辭，「沮溺」者惜其沈溺不返之辭，皆不可以訓。

十月

元遺山集　金　元好問

初二日　夜閱遺山集，後附樂府四卷，續夷堅志四卷，及凌次仲氏、翁覃谿、施北研所撰年譜三種。凌譜得之漢陽葉氏傳鈔，最有條理，辯論亦最詳盡。然崔立功德碑一事，遺山終不能辭咎。歸潛志所叙情事曲折甚明，凌氏必欲歸獄京叔，力詆其誣，則可不必耳。翁譜亦分晳勝於施譜。

初三日　閱續夷堅志，此書無甚足觀。惟一條云：古人稱祝，多云千萬歲。國初種人淳質，相祝惟云百二十歲。自太祖收國元年乙未，至哀宗天興二年甲午國亡，適得甲子兩周，是其讖也。遺山甲午除夜詩云：「甲子兩周今日盡，空將衰淚灑吴天。」

初四日　閱遺山文集。遺山與元之姚牧庵、明之宋潛谿，皆唐、宋以後古文巨手。然余閱三家文皆三徧矣，元文冗散，姚文沓拖，宋文平弱，實不解其佳處。

儆居集　清　黄式三

初八日　閱儆居集，本十八卷，今先刻内編經説四卷、史説一卷、讀通考二卷、讀子集三卷、雜著四卷，共十四卷。前有劉星若燦、傅肖巖夢占兩序。劉君，鎮海諸生，著有詩輯補義，余舊有之。今是集雜著第四卷内有劉君傳，言所著尚有續廣雅，戚鶴泉爲之序，已兩次刻之矣。其未刻者尚有詩古音考、論語集注補、孟子答問、小學校誤、日知録記疑及支雅十篇，釋人、釋禮、釋舟、釋車、釋歲，集名士所撰；釋詞、釋官、釋學、釋兵、釋物案此字可疑，不知所指何物，恐有誤。則自撰之，蓋薇香先生論學之執友也。是集皆考辨硜硜、實事求是之言，於古人無所專主，而申釋近儒漢學諸家者爲多。

初十日 閲儆居集。其讀通考二卷，議論通達，文亦渾樸。讀子集三卷，摘抉恉要，多爲精確，文尤謹嚴可味。讀史一卷，文僅九首，多平情之言。雜著四卷，其論經者多可取，它文議論，不盡愜心。如對帝蜀帝魏問、對程伯子爲條例司問、對復仇問、對爲人後問，論皆偏駁。對唐氏振軍氣問、平海盜議、備外寇議，皆空言無裨於用。敍事之文，尤非所長也。其與嚴鐵橋、許印林、夏弢甫諸書，皆持論嶽嶽，不肯苟同。

隋書經籍志史部考證　南宋事略稿本

十一日 作書致孫仲容江寧，屬章碩卿自湖北寄之，以仲容藏有吾鄉章逢之氏隋書經籍志史部考證四册，此天下無第二本也，因力勸其刻之，且從臾碩卿共成斯事。又邵南江先生南宋事略稿本向藏倉橋沈氏，前十年沈寄凡以呈曾文正，將刻於江寧書局，而文正遂督直隸，事遂輟。今寄凡已殁數年，而聞其書尚在江寧，屬仲容物色之，此書關係尤鉅，儻能成文正之志，尤厚幸也。

太上感應篇箋注　清　惠棟

十二日　閲惠定宇氏太上感應篇箋注，引證簡覈，時雜以韻駢語，甚爾雅可誦。近有刻者，諸翰林分寫之，惡札可恨，又每條妄加羅尚書惇衍引經數語，尤爲佛頭著糞。

易確　清　許桂林

十七日　牧莊來，以海州許氏桂林所著易確見眎。許字月南，嘉慶丙子舉人，著有庚辰讀易記二十卷、毛詩後箋八卷、春秋三傳地名考證六卷、穀梁傳時月日釋例六卷、漢世别本禮記長義四卷、大學中庸講義二卷、四書因論二卷、許氏説音十二卷、説文後解十卷、太玄後知六卷、參同契金堤大義二卷、宣西通三卷、算牖四卷、步緯簡明法一卷、立天元一導窾四卷、擢對八卷、半古叢鈔八卷、味無味齋文集八卷、外集四卷、詩集二十六卷、外集八卷、駢體文四卷、壹籟詞二卷。余所有者，穀梁傳時月日釋例而已。

此書共二十卷，前有唐確慎鑑、陶文毅澍兩序。卷首爲自序。卷一爲總論，卷二爲易圖，卷三爲易理，卷四爲易數，卷五爲易用，卷六爲易表，分爻辰、納甲、卦氣、八宮世應四表。卷七至十八爲易説，自乾坤至雜卦傳，依次説之。其書言易，以乾爲主，乾即太極，凡易之理象數氣，皆乾之理象數氣。孔子曰「乾確然示人易矣」，故名易確。以九宫爲即圖書之數，必先明九宫之法，然後知算數，知算數然後可以言易。而兼取反對爻變互卦，參取爻辰納甲六日七分世應遊歸，謂卦氣六日七分之説，出前漢孟氏，其來甚古，而以陽爲主，深合經意。虞氏知乾陽爲主，而消乾滅乾，大義既失，旁通之變，曲解多端。虞、荀以降，變卦之説，無一可通。陳、邵以來，卦位之改，尤極無理。於漢、魏、唐、宋諸家，無所專主，而駁宋儒爲尤力。又極詆消息之説，謂經之所無。易傳言「君子尚消息盈虚者」，「消息」二字皆爲滅退之義，「盈虚」二字皆爲不美之辭，非漢儒之所謂消息。其持論甚堅，蓋一家學也。

後附北堂永慕記一卷，叙其生母吴孺人行事。許氏言其父官南河通判，稱其嫡母劉爲安人，則吴當稱太孺人。此不諳定制之故，今從其原文。末言自己卯居憂，至庚辰編次所得學易之説，定爲易確，凡十九卷，並自序一卷爲二十卷，以此記綴於卷末。則此書自當連自序二篇約六千言。爲二十卷，而永慕記不入卷數。今目録乃以自序爲卷首，而列永慕記爲第二十卷，不合體例。其書刻於許氏殁後，是門人編次之失也。又言辨論諸家得失，别爲庚辰學易記二十卷，據其門人陶應榮等跋，稱分記論古義、記辨新解、記申臆見、記存餘説四目，是於易學，可謂盡心矣。

宋學士集 明 宋濂

翰文齋書賈送來宋學士集，康熙中浙江學政諭德彭始摶所刻，合嘉靖中韓叔陽彙刻三十六卷本、有豐城雷尚書禮序。康熙初蔣超所補未刻遺集本，其文較黄溥所刻者幾多兩倍餘。黄刻止三百三十四首，韓刻至九百六十七首。又順治中吴應台增三首，未刻集增二十七首。本作三十八首，中十一首複出。而分卷止三十二。先賦頌詔誥表箋，次記序傳等，以至雜文，而終以詩，又附録一卷。始摶自言先取明文各選本中對勘，又得朱竹垞所藏分年本詳校一過，然誤字甚多，又有妄改者。甚矣，刻書之難也。黄溥本刻於蜀中，是本前載舊刻諸序，有天順元年丁丑三月四川按察使黄溥序，言景泰甲戌官蜀憲，於先生曾孫賢得其遺稿，請秋官侍郎羅公三復汰其重複，正其差訛，若所述無補於人倫世教者，雖工亦刊去之，得三百三十四首。又有天順二年四川按察使金谿王裕序，言其遺稿本五百餘篇。

説文釋例　清　王筠

十八日　閲王貫山筠説文釋例凡二十卷。卷一，首爲六書總説，次爲指事，分正例一、變例八。卷二爲象形，分正例一而其類五、變例十。卷三，首爲形聲，次爲亦聲，注曰：此形聲會意二者之變例。次爲省聲，注曰：此形聲之變例兼有會意之變例。次爲一全一省，注曰：此亦形聲之類，而蕪雜不足爲變例。次爲兩借，注曰：此省聲之變例。次爲以雙聲字爲聲，次爲一字數音。卷四，首爲形聲之失，注曰：亦蕪雜不足爲變例。次爲會意，分正例三、變例十二；次爲轉注。卷五，首爲假借，次爲文飾，次爲籒文好重疊，次爲或體，次爲俗體。卷六爲同部重文。卷七爲異部重文。卷八，首爲分别文累增字，注曰：此亦形聲變例。次爲疊文同異，注曰：亦會意正例。次爲體同音義異，次爲互從。卷九，首爲展轉相從，次爲母從子，次爲説文與經典互易字，次爲列文次第，次爲列文變例。卷十，首爲説文正解，注曰：以下皆論説解。次爲説解變例，次爲一曰。卷十一，首爲非字者不出於説解，王氏謂半意半形者，象形之變格，半意半事者，指事之變格。許君例於字之有半形或半事者，説解中直云象某，或直解其文，不復云從某，以恐人之疑爲字也。今本多有仍云從某者，乃傳寫之誤。其無是字者，人猶易曉，其有是字而非從是字，如谷字非從仌之類，若云從仌，則人疑即仌字矣。次爲同意，次爲闕，次爲讀若直指，次爲讀若本義，次爲讀同，次爲讀若引經。卷十二，首爲讀若引諺，次爲聲讀同字，次爲雙聲疊韻，次爲捝文，次爲衍文。卷十三爲誤字，爲補篆。卷十四，首爲删篆，次爲移篆，次爲改篆，次爲觀文，次爲糾徐，次爲鈔存。此録存其癸未冬所作説文鈔十五卷中之説。卷十五至卷二十爲存疑，皆辨説解中之可疑者，而駁段注者附焉。

其前有道光丁酉自序，謂許書屢經竄易，不知原文尚存幾何，大徐校定時，猶有集書正副本、群臣家藏本，苟能審慎而别白之，或猶存什一於千百，乃復亂以私意，如今本所謂足從口，木從中，鳥鹿足相似從匕，苟非後人所竄亂，則許君之志荒矣。故其書勇於疑許，駁擊甚多。其六書總説有曰「許君之精神，與倉頡、籀、斯相貫通，故能作説文，所引經典，聊爲印證而已。今人之精神，必出許君之前，乃能與許君相貫通，而可以讀説文，所讀經典，亦聊爲印證而已。」其自待亦過高，近於宋人六經注我之説。且自謂精神出許君之前，故能讀説文，則許君能作説文者，其精神必出倉頡之前，是王氏又遠高於倉頡矣。此其措大自尊之習，尤不可訓。然其書貫穿通達，深明體例，講六書者不可不觀也。余於甲子歲購此，索銀一兩，以十千京錢得之，今則索銀五兩矣。

南史 唐 李延壽

二十五日 書仲長公理樂志論及隋内史侍郎蕭大圜傳中語各一幅，釘之牀側。南史言簡文子汝南王大封，魏克江陵被害，而北史蕭大圜傳言大封於江陵未破時，偕大圜先充使軍前，周保定二年封晉陵縣公，錢氏大昕已指其舛誤。梁書無大封等傳，以情事覈之，北史是也。大封、大圜並使，大圜至長安受官爵，則大封可知。今本南史或是因上文諸王連言魏克江陵遇害，故傳鈔致誤。然如南郡王大連傳云，大連爲東揚州刺史，侯景入寇建鄴，大連率衆四萬來赴。及臺城没，還東揚州，宋子仙攻之，大連棄城走，追及於信安縣，大連猶醉，弗之覺，於是三吴悉爲賊有。大寶元年，封南郡王，賊遣將趙伯超、劉神茂來攻，大連專委部將留異以城應賊，大連棄走，爲賊所獲。夫大連先既棄城走，爲賊追及，何以不即被獲，復須賊之來攻？其所守者又是何城？考梁書大連傳云，太清元年，出爲東揚州刺史。侯景入寇京師，率衆四萬來赴。及臺城没，復還揚州。「揚」上脱「東」字，東揚州者會稽也。三年，會稽山賊田領群聚黨數千來攻，大連命中兵參軍張彪擊斬之。大寶元年，封爲南郡王。景仍遣其將趙伯超、劉神茂來討，大連設備以待之。會將留異以城應賊，大連棄城走，至信安，爲賊所獲。是大寶以前，大連仍鎮會稽，無宋子仙來攻之事。至留異以城降賊，始走至信安，南史誤分一事爲二。又南史於簡文諸子爲元帝改封者，皆以後之封號爲目。大圜傳言元帝改封晉熙郡王，而南史仍書樂良王，大圜獨標其始封，亦不畫一。

汀鷺文鈔　清　楊傳第

二十六日　閲楊汀鷺文鈔。其文余前已論之，固爲未工，其人則不可及也。片光吉羽，皆當寶貴，況亦清雅可誦。其第二卷爲正祭次序備忘之記，所考亦頗詳核。

十一月

宋書 南朝梁 沈約

朔 鈔補宋書夷蠻傳一葉，略校夷蠻傳及州郡志一過。宋書夷蠻傳中因西南夷諸國皆事佛，遂及晉以後佛教之盛衰，朝制之崇抑，並傳宋世名僧道生、慧琳、慧嚴、慧議、摩訶衍等，此史家因事附見，其法最善。六朝以來，釋教盛行，多有關於時事，没之不見，既爲非實，而魏書特立釋老志，亦爲非體，惟類叙之法最宜。後人不用此法，於是唐修晉書，以鳩摩羅什、單道開、佛圖澄入藝術傳；舊唐書以一行、玄奘等入方技傳，已爲不妥，而東晉之道安、支遁、篤法深等遂致無類可歸；新唐書並不載玄奘，而梁之寶志亦並無傳。儻如宋書之法，即禪教之始，南北之宗，亦可因文叙述，史家所不宜略也。

舊唐書於神秀傳附叙達摩至惠能、神秀南北宗之分，未爲不善。惟以神秀等入方技傳，終未安。趙雲松謂「方者，方外也」，是忘漢志以方技指經方矣。

易確 清 許桂林

初五日 閱易確。其書通貫諸家，縱横辯論，雖勇於任臆，亦或近於穿鑿，然鏗鏗不窮，實一時之傑也。其論困上(九)〔六〕爻辭云：「『困於葛藟於臲卼』，當以『葛』字爲句。臲卼者，藤蔓繳繞也，與『困於石，據於蒺藜』一例。三乘剛爲困石，五乘柔爲困葛。其曰藟者纍也，係纍於葛而臲卼也。困之六爻，用韻甚明。初之『木』、『谷』、『覿』，慈銘按，古無「覿」字，祇作「儥」。「儥」正與「木」、「谷」爲韻。二之『食』、『來』、『祀』，三之『石』、『藜』、『妻』，四之『徐』、『車』，五之『(卼)〔刖〕』、『紱』、『説』，上之『葛』、『卼』，皆韻也。『石』與『藜』、『妻』韻，如「江南可采蓮」詩，以『北』與『西』爲韻。古者四聲互相爲韻，又有間錯遥隔之韻。三爻之『凶』，四爻之『終』，五爻之『祀』，上爻之『悔』、『吉』，亦韻也。北方讀『石』如『詩』，三代至今如一，而論韻者猶謂支、脂無入聲，以『石』爲『生』之入聲，疏矣。上爻今讀『藟』字爲句，經生以詩有『葛藟』，誤讀相連，因於象傳增『藟』字耳。」此條論韻甚精。近世古韻之學既明，觸類相發，甚有裨於經義。

乾九三之「夕愓若」下自當有「夤」字，與上「田」、「人」爲韻。其下作「厲無咎」，故象傳曰「雖危無咎」。惠氏棟之説不可易，而王氏引之謂必無「夤」字。許氏謂「一本作『夤』，出於孟氏，諸本作『厲』，皆非也」。閩人何治運謂「説文『夤，敬愓也』，文言愓而夤在其中矣，夕愓若夤，猶言終窶且貧，窶即貧也，古人自有此語例。」其説是也。何之論詩雞鳴「知子之來之，雜佩以贈之」云：「説文繒，籀文作綷，從宰省。知繒有宰音。古贈、賄二字聲近而義同，故『贈』可與『來』韻，而段氏六書音均表讀『來』如『凌』，以與『贈』合韻，蓋失之。」此説古韻可與許氏説易一條並傳，所謂日出不窮，令人解頤者也，故類列之。

許氏之論十翼曰：「漢書儒林傳費直長於卦筮，無章句，徒以彖、象、繫辭十篇文言解説上下經。

『彖』謂卦辭傳也，『象』謂大象爻象也。『繫辭』兼今繫辭、説卦、序卦、雜卦而言，『文言』，『文』字爲『之』字傳寫之誤，以文言亦即在十篇中也。藝文志云孔子爲之彖、象、繫辭、文言、序卦之屬十篇，但云孔氏爲彖、象，不云爲傳。若如諸儒以卦辭爲彖，則儒林傳所謂『上下經』者，非卦辭耶？將謂以彖釋彖耶？王弼注即費氏本，故於彖加『彖曰』，於象加『象曰』，於文言加『文言曰』，若卦辭爲彖，則當稱『彖傳曰』矣。弼不注繫辭，韓康伯注繫辭説卦、序卦、雜卦，而隋書經籍志謂之『周易繫辭三卷，韓康伯注』，此必因韓自題之名而著録，益見説卦、序卦、雜卦古皆謂之繫辭也。隋志又云：周文王作卦辭，謂之周易；周公作爻辭，孔子爲彖、象、繫辭、文言、序卦、説卦、雜卦，而子夏爲之傳。亦以『彖』『象』爲孔子易名也。」此亦昔人所未發。

蘿庵雜鈔

夜鈔許氏易確自序第二首一篇入蘿庵雜鈔中，又鈔邵青門書金谿兩烈婦紀略後一首、彭二林秋士先生墓志銘一首、汪容甫李孝臣志銘一首、弔馬守貞文一首，諸文皆余所深愛，夙所諷誦，故連而録之，以便三餘之讀。夜半後欬嗽復劇，以日間鈔書過多也。

初六日

姓氏之别

古人文字，有一經指出昭若發矇者。俞蔭甫湖樓筆談中有一條云：「秦之先伯翳，賜姓嬴，其子大廉，實鳥俗氏。其後周穆王以趙城封造父，又爲趙氏。太史公於始皇本紀大書之曰姓趙氏，不著其爲嬴姓者，以見三代以下之即以氏爲姓也。高祖本紀曰姓劉氏，孔子世家曰姓孔氏，同一書法。世乃謂太史公混氏姓爲一，果爾則直曰姓某足矣，何必曰姓某氏哉？」此可謂善讀書者矣。

王莽自以元城王氏與濟南王氏得姓不同，故娶宜春侯王咸女，號宜春氏，此莽之妄也。張晏曰：「莽諱娶同姓，故氏侯邑。」此言頗燭莽之奸，而顔師古駁之，非也。唐律疏義云：「同宗共姓，皆不得爲婚，違者各徒二年。其有聲同字别，音響不殊，男女辨姓，豈宜仇匹，若楊與陽之類。又如近代以來，或蒙賜姓，譜牒仍在，昭穆可知，今姓之與本枝，並不合共爲婚媾。」此言深爲得之。蓋男女之事，貴乎有别，姓同氏别，不在禁限者，以名稱殊也；派異字同，不得越例者，以聲稱混也。言之不順，名即不正矣。唐之李光弼，母亦氏李，封涼國太夫人，然史言夫人之父爲李楷洛，據臨淮王碑則爲武楷洛，非姓李也。今合肥相國先本姓許，故其太夫人亦姓李，不以爲嫌，蓋其封翁起自寒微，未知此義耳。又今之非本姓者，巨家世族，往往而然。即以吾浙言之，海寧陳氏本高姓，由於乞匄攜養；嘉興錢氏本何姓，亦由於乞養；錢塘許氏本沈姓，爲其表姑後；仁和龔氏本賈姓，爲其外祖後。陳氏、錢氏其後人紀載中皆自言之，許氏見許氏宗彦鑑止水齋集中刑部員外郎許學范墓誌，龔氏見段氏玉裁經韻樓集中仁和龔氏南高峰四世墓碑。桐鄉陸氏本費姓，故今以陸費爲氏；吾鄉宗氏本朱姓，爲明淮王之後，故滌樓先生自稱淮宗；此亦奠繫世者所當知也。

于謙諫易儲疏

十六日　明代名臣有負奇冤者兩事，而皆至昭代始白者。其一袁襄愍崇煥之被誅，以太宗縱所獲明内閣二人爲反間，至修太宗實録始見之檔册者也。其一于忠肅，當景泰時有諫易儲一疏、請復儲二疏，明人仁和阮泰元讀于公旌功德録志感詩序，已述其事，序云：斯録在壬午夏嘉靖元年，先祖檜屏公永訣時手授泰元，云：「予供事實録，獲睹諫易儲一疏，憲宗簡及，爲之流涕，又有請復疏二疏，英宗未曾簡發，爾其志之。」云云。海寧張次仲又爲之跋云云。然時人竟無知者，至乾隆後大興朱文正相國始題詩爲之表彰。明王世貞名卿績記及李之藻于肅愍集序，皆言于公嘗再疏請復儲，倪岳于公神道碑稱景帝不豫，公同廷臣上章，乞復皇儲。文□□漫鈔謂憲宗於忠肅褒卹之典有加，憲宗曾見公手疏之故。阮文達太傅于忠肅公廟題壁記言「在京師聞餘姚邵學士晉涵云，嘗見明景泰間通政司舊册，内署某月日于某一本爲太子事，惜其年月未能記憶。」錢衎石記事續稿言張介侯澍述陳左海壽祺云，嘗在皇史宬見公請易儲疏，皇史宬在東華門外南池子。

續資治通鑑　清　畢沅

二十三日　畢氏續通鑑合竹汀、南江、淵如、北江、冬友諸公之力，數十年始成。其所爲考異，亦頗詳慎，然以較温公之書，相去不知凡幾。其中敘事，往往詳略失當，姑取近日所見言之。如西遼德宗之殂，感天后之立及殂、仁宗之立及殂、承天后之立，皆失載，而突於孝宗乾道四年書承天后被殺。

珠勒呼舊作直魯古。立夏國年號皆不記，而間亦一二書之。金哀宗自歸德走蔡州，命王璧留守，而歸德之陷不復書。此皆疏失之大者。臣下書薨書卒，皆無一定。遼金蒙古人名爲乾隆時奉旨譯正者，其舊名或注或不注，有始見不注而注於後者，有先一二注而後忽不注者，有始終注者，全無定例。嘗謂此宜始終一一注之，以諸人舊名傳習已久，新譯所改，人所罕知，有猝迷其爲何人者，不必省此數字也。

遼太祖阿保機，今作安巴堅；義宗突欲，今作托雲，又更名倍，今作貝；即東丹王，號人皇王，世宗之父，立後追尊。世宗兀欲，今作烏雲；穆宗述律，今作舒嚕。西遼德宗大石，今作達實；感天后塔不煙，今作塔布布延；仁宗夷列，今作〔伊立〕；承天后普速完，今作布沙堪；末帝直魯古，今作珠勒呼。金太祖阿骨打，今作阿古達；太宗吴乞買，今作烏奇邁。元太祖鐵木真，今作特穆津；太宗窩闊台，今作諤格德依；定宗貴由，今作庫裕克；睿宗拖雷，今作圖壘；太祖少子，太宗未立時監國，即憲宗、世祖之父，後追尊。憲宗蒙哥，今作莽賚扣；世祖忽必烈，今作呼必賚；裕宗真金，今作珍戩，即明孝太子，爲成宗之父，後追尊。成宗鐵木耳，今作特穆爾；武宗海山，今作哈尚；仁宗愛育黎拔力八達，今作阿裕爾巴里巴特喇；英宗碩德八刺，今作碩迪巴拉；顯宗甘麻剌，今作噶瑪拉；裕宗長子，初封梁王，改晉王，爲泰定帝之父，立後追尊。泰定帝也孫鐵木兒，今作伊蘇特穆爾；幼主阿速吉八，今作喇實晉巴；泰定帝太子。明宗和世㻋㻋讀若刺。今作和實拉；文宗圖帖睦爾，今作圖卜特穆爾；寧宗懿璘質班，今作伊勒哲伯；惠宗妥懽帖睦爾，今作托歡特穆爾；即順帝。昭宗愛猷識理達臘，今作阿裕實哩達喇。以上皆乾隆時繙書房諸臣奉詔依當日國語翻譯更正，殿本宋、遼、金、元各史皆改書今名。而相沿各書，如萬斯同紀元彙考、齊召南歷代帝王年譜、陳景雲紀元要略、鍾映淵建元考、葉九苞歷代建元考、梁玉繩元號略等皆止載舊名，故特記之。

譯音本無定字，其中如金太祖、太宗、元憲宗之名，頗近鄙惡，或當日南人有意爲之，而金源蒙古君臣，時尚純樸無忌諱，亦習而不覺，誠有如高宗聖諭所云者，餘則音字重輕，亦不甚相遠。其諸臣名如兀朮之作烏珠，婁室之作洛索，伯顔之作巴延，似轉不若舊名爲雅。蓋塞外風氣質實，不務虛文，其名多取物色或人事，猶有古意，即氏族亦然。今雖譯正舊名，而遼之氏耶律、金之氏完顔、元之號蒙古，至今未嘗改字，固不可以一概論也。元之氏孛兒只吉歹，元祕史可證，故今譯爲博爾濟吉特，而元史作奇渥温，則實出傳訛，不知其所據也。

鶴徵録　鶴徵後録　清　李集　李富孫輯

二十四日　偶閲前後鶴徵録。後鴻博之人才，自菫浦、息園、草廬三君外，不得不屈菽園一指，蓋其餘實無人，較之前鴻博相去不啻霄壤。幸有杭、齊，足爲朱、毛後勁，而草廬亦足追配託園。六人皆浙産也。其舉而不用者，震滄、果堂、位山之經學，東甫、東莊、梅史沈清玉別號。之史學，樊榭、石笥、唐堂之詞章，是九君者，足以特立。其次則不得不數綿莊之經學、廌青之史學，亭培、浦山之雜學，隨園之詞章，此五君者，雖俱學無師法，而或以功力勝，或以才情勝，不特遠過劉文定、于鶴泉諸人，即較之彭羨門、倪闇公、汪東川，亦超數等也。其薦而未與試者，則謝山一人，遥與梨洲輝映，學術相承，系東南文獻之大宗，比之朱霞天半矣。其不用之最有名者，若沈歸愚、劉海峰，僅勝於餘子而已。取人至於考試，論文至於應制，雖極天子延攬之力，終不足以得人。後鴻博十九人中，若潘安禮、楊度汪、劉玉麐、汪士鍠、陳士璠、萬松齡等，固與近日之翰林無以大異，即前鴻博五十人中，若王文恭、秦留仙、周浣初清原、陸雅坪棻、馮方寅勖、袁杜少佑、沈昭子珩、沈開平筠、周慶曾、范必英、崔如岳、吴元龍、陳鴻績、曹宜溥、毛升芳、黎騫初等，文采一無表見，姓名久在泯没間，即偶有詩文，亦不過塗抹翰林，江湖名士，視彼袞袞臺閣，豈真大有徑庭哉？而余所舉之九君、五君者，惟震滄先成進士，後累賜司業、祭酒，終未嘗一日立朝，唐堂先入翰林而被黜，子才後與館選，而官亦不達，餘皆以布衣老，以視兩漢儒林傳中人無不致大官者，古今縣絶，不深可喟乎！蓋漢之經學爲禄利之路，其從師傳業者無異今之舉業，而國朝諸儒之學，則實與時背馳，宜其愈上而愈困也。然周清原、潘安禮諸人，至今絶無稱道，而謝山、震滄諸君，稍有識者，無不奉爲山斗，著述流傳，將與天地不朽，此則尋常科第，固等毫毛，即大科亦安足重哉。

謝山言己未之徵，魏柏鄉相國罷政家居，謂人曰：「吾不羨東閣輔臣，而羨公車徵士。」柏鄉令遂告監司欲薦之，監司笑曰：「焉有元老而赴詞科者？」乃止。其事或由傳聞之過，即文毅有此語，亦是一時戲言。而堇浦詞科餘話載江西人梁機與其從子書，有云：「阿叔忝竊侍從，在詞館，屢經御試，曾邀殊恩，受敕命，官雖降調而故階尚在，乃與老不得科第輩及後生小子低首下心，摇筆伊吾，其顔之厚，豈獨羞士論，抑且辱朝廷。」抑何其言之醜歟？考機由庶吉士散知縣，改教授，安得自稱侍從？侍從者，惟翰林侍讀、侍講以上及南書房、上書房、日講官方得稱之，庶常乃讀書學習之選，且不得稱史官，遑論侍從？散館改官，亦不得謂之降調，且亦安得屢經御試？前後兩鴻博由達官巍科入試者多矣，區區一改教之庶常而自矜如此，其胸襟之陋，與誚竹垞、西河爲野翰林者，何以異耶？後機仍赴試而被斥，益可笑矣。

制藝叢話 清 梁章鉅

二十五日 得牧莊書，以梁茝林制藝叢話借閱。即復。是書於咸豐癸丑余爲廪生時，茝林之子敬叔署紹興府，適試童生，梁以越童數鬨場屋，懼甚，請余等四人約束之，因以爲贈。爾時深厭制藝，略一翻閱，即屏去，今二十五年矣。牧莊言其中頗有掌故，夜飯後無事，因取閱之，亦足遣閑寂也。

述學 清 汪中

二十六日 汪容甫先生述學，余所最愛，其書包藴宏深，雋傑廉悍，足以成一家言。然有兩事可議。上朱侍郎即文正公。書言欲爲母墓立石，云「汪氏母勞苦之碑」，凱風之詩，既非佳事，即云斷章，將置其父於何地？若謂古不合葬，則婦人無外事，獨爲志銘則有之，爲碑則不可。東漢邯鄲淳有曹娥碑，唐李翱有高愍女碑，皆以奇節特表之耳。且古時上下通得立碑，自唐至國朝，碑碣已有定制；況碑上加以題目，宋世天子以寵元老大臣者，如云「元勳之碑」、「舊學之碑」。「勞苦」既非美稱，又以庶人而僭重臣國老之制矣。

與畢侍郎即弇山尚書。書，有「年伯」之稱。二字從無入文字者，唐人稱同年丈人，必不得已，當依之稱「年丈」。然考弇山子孫無登科者，容甫父爲諸生，又無伯叔兄弟，蓋弇山族子有與容甫同年者，則即以俗例言之，同年無叔伯，謂同年之伯叔父，但以「世誼」稱之，無「年伯」之稱也。容甫此語，尤爲不典矣，蓋其子孟慈刻集時不檢之過也。

十二月

宋書　南朝梁　沈約

朔　宋書魯爽傳「義宣初舉兵召秀，爽之弟。加節進號征虜將軍，當繼謀之俱下」。官本考證云：「謀，南監本作『湛』，謂徐湛之也。」慈銘案，徐湛之非義宣黨，且早爲元凶所殺，「湛」字亦不得誤作「謀」，蓋當作「諶」，謂義宣參軍劉諶之也。義宣傳言遣諶之等率軍下就臧質。臧質傳言義宣腹心劉諶之，南監本正作「諶」。此傳未出劉諶之姓名，因臧質傳屢見劉諶之，而此傳係質傳後，遂略其姓，亦是休文疏處，或傳寫所脱，北監本、汲古本遂皆誤「諶」作「謀」。官本悉據北監，作考證者，因見此傳上文有元凶謂秀曰「我爲卿誅徐湛之」之語，遂不辨其前後文理，而以徐湛之當之，可笑甚矣。

又此傳云「益州刺史劉秀之遣軍襲江陵，秀擊破之，義宣還江陵，秀與共北走，衆叛且盡，秀向城，上射之，中箭赴水死」。官本作「秀之向城上射之」，多一「之」字，蓋以爲劉秀之也。案，劉秀之爲益州刺史，此時何由入荆州？而魯秀亦不能至益州。且北走者尚有義宣，則射死者果何人？自城上射下，亦不得云向，蓋傳文本當作「秀向城，城上射之」，脱一「城」字耳。義宣傳言「義宣走未出郭，衆散盡，夜還向城」，則秀當亦走回荆州。時竺超民已志在歸順，爲荆州城守，故從城上射之。觀義宣之還，超民即送入獄，則秀可知矣。北監本多妄改，大略如此，而官本誤因之。

落颿樓文稿　清　沈垚

初三日　夜閲落颿樓文稿。其爲人後者爲所生服議、殤不當立後議、晉書賀循傳書後，皆有關世道，不止足裨經學。西遊記金山以東釋、葱嶺南北河考、新疆私議、後魏六鎮釋，以地理兼經制，亦絶學也。

南史　唐　李延壽

初七日　南史臧質傳：「質走至尋陽，焚府舍，載妓妾入南湖，摘蓮噉之。」案宋書質傳質自尋陽「載妓妾西奔，使所寵何文敬領兵居前，至西陽」，太守魯方平誑文敬棄衆而走。質往投妹夫武昌太守羊冲，既至，「冲已爲郡丞胡庇之所殺，無所歸，乃入南湖，逃竄無食，摘蓮噉之」。南史「載妓妾」下當有脱文，延壽不至疏略如此也。「入南湖」下「逃竄無食」四字亦不可省。

宋書沈慶之傳慶之既爲前廢帝所殺，贈侍中、太尉如故，謚曰忠武公。太宗即位，追贈侍中、司空，謚曰襄公。南史同。案明帝之贈反較廢帝爲下者，以泰始初於景和之政一切反之，故其時諸臣存者，官爵一例削退，見沈攸之等傳。攸之，廢帝時封東興縣侯，太宗即位，以例削封。慶之先於孝武時授司空，固辭，至廢帝時拜太尉，故明帝轉以司空爲贈而去其太尉也。惟慶之本封始興郡公，嘗以始興優近，求改南海郡，孝武不許，而明帝泰始七年改封蒼梧郡公，則似有意貶下之，猶「襄」之謚亦遠遜「忠武」也。

沈攸之人不足數，然其起兵，實忠於宋。南齊書張敬兒傳載攸之與齊高帝絶交書，其辭甚直。宋書攸之傳不載，然猶載其與武陵王贊一書，猶足見其本心。南史皆削之。惟宋書載齊高帝討攸之時，尚書符征西府一檄，南史亦削之，是也。攸之起兵，與魏之毌丘儉、諸葛誕情事正同，而檄文起處，適引儉、誕爲比，可發一噱。南齊書柳世隆傳亦載此檄，而去其首數行，豈蕭子顯悟而删之歟？然子顯爲齊高之孫，而敬兒傳備載沈書及高帝答書，此直道之在人心也。高帝答書，周彦倫所爲，見南齊書彦倫傳，南史亦略之。嘗謂絶交書及答書宜全入攸之傳中。

宋書謝靈運傳靈運山居賦有「兩⿱利日通沼」語，錢竹汀謂「⿱利日」字字書所無，訪之通人，亦無知者。案此賦自注中屢言「前⿱利日」「後⿱利日」，則必非誤字。又南齊書周彦倫傳彦倫爲山陰令，縣舊訂滂民以供雜使，彦倫力言滂民之困，又有「上虞以百户一滂大爲優足」之語，「滂民」亦不知何解，蓋皆當時吾越方言也。

南齊書陸澄傳「澄領國子博士，時國學置鄭、王易，杜、服春秋，何氏公羊，麋氏穀梁，鄭玄孝經」。案下澄與王儉書，謂晉太興四年，太常荀崧請置周易鄭注博士，太元立王肅易。元嘉建學之始，玄、弼兩立，逮顏延之爲祭酒，黜鄭置王，是其時國學已不立鄭易，「鄭、王易」當作「王弼易」。王西莊謂「置」上當有一「議」字者，非也。澄明言太元取服虔左氏，兼取賈逵經，今留服而去賈；太元有穀梁麋信注，顏益以范寧，麋猶如故，是諸家已早置矣。

「豘」乃「豚」之俗字，始於六朝，玉篇尚無此字，廣韻始收之「豚」下。南齊書江祏傳江夏王寶元妃索煮豘，劉暄曰：「旦已煮鵝，不煩復此。」今南齊書、南史各本皆誤作「肫」，晉宋諸書、南北史、世説屢見「豘」字。

陸澄與王儉書，極言王弼易注之非。其下云：「左氏太元取服虔而兼取賈逵經，服傳無經，雖在注中而傳又有無經者故也。今留服而去賈，則經有所闕。案杜預注傳、王弼注易，俱是晚出，並貴後生，杜之異古，未如王之奪實，祖述前儒，特舉其違。又釋例之作，所〔引〕〔弘〕惟深。」王西莊謂此下有脱文，是也。是澄意本欲兼立賈氏，又以杜之注左傳特較勝王之注易，雖意謂可立，非以爲勝賈也。又云「穀梁太元舊有麋信注，顏益以范寧，麋猶如故」，「嘗謂穀梁劣公羊，爲注者又不盡善，恐不足兩立。必謂范善，便當除麋」。是澄雖不云范勝於麋，而意在去麋也。儉答書謂「元凱注傳，超邁前儒，若不列學官，案此下當有「春秋」二字。其可廢矣。賈氏注經，世所罕習，穀梁小書，無俟兩注，存麋略范，率由舊式。」是儉意並不與澄同。而下云「凡此諸義，並同雅論」，蓋以左傳立杜氏，穀梁止立一家，大略如澄議耳。

宋書臧燾傳「隨府轉鎮南將軍」，傅隆傳「年四十始爲孟昶建威將軍」。案，兩「將軍」俱當作「參軍」，各本皆誤。

宋書謝瞻傳「弟皭，幼有殊行，所生母郭氏久嬰錮疾，恐僕役營疾懈倦，躬自執勞。爲母病畏驚，微踐過甚，一家尊卑，感皭至性，咸納屨而行」。案，「微踐過甚」者，謂踐履甚微，恐以行步聲驚其母也。六朝每有此等句法。故下云家人咸納屨而行，其情事始見。汲本、南北監本皆同，而南史誤作「母爲病畏驚而微賤過甚」，官本遂據以改宋書。試思上已云所生母，則自非正嫡，不必又言微賤，且妾婢皆爲微賤，亦不必云過甚，而於下家人咸納屨行語意亦不貫矣。

宋書孔季恭傳季恭子靈符，「入爲丹陽尹，山陰縣土境褊陜，俗作「狹」。民多田少，靈符表徙無貲之家於餘姚、鄞、鄮三縣界，墾起湖田」。此可見吾邑人丁之盛，六朝已然也。其傳論云：「會土帶海傍湖，良疇亦數十萬頃，膏腴上地，畝直一金，鄠、杜之間，不能比也。」此可見吾邑田價之高，古今如一也。

宋書孔琳之傳言「今世惟尉一職，獨用一印，至於内外群官，每遷悉改」。終年刻鑄，喪功消費，是六朝以前易官即易印。近儒紛紛考覈，或據漢書朱買臣傳以爲一人一印，或據後漢馬援傳注，以爲官不易印，蓋未檢此傳也。

宋書魯爽傳爽版南郡王義宣云：「丞相劉今補天子，名義宣。」爽本武夫，樂亂自不必言，而孔琳之於晉安帝時論鑄印事，亦云官莫大於皇帝，此萬非後世所敢言也。黄梨洲明夷待訪録謂「古者天子位高冢宰一等，故天子崩，冢宰攝政」，固非駭人之論耳。

宋書蔡興宗傳言右衛將軍王道隆詣興宗，「不敢就席，良久方去，竟不呼坐」。因及元嘉初中書舍人狄當當作「秋當」。詣王曇首、中書舍人王弘詣王球二事。王弘乃曇首之兄、球之從祖兄，爲元嘉功臣之首，位司徒、太保，勳貴莫二，必無人敢與之同名。而南史作「弘興宗」，其下又云「弘還」，若「弘」既是姓，則下之「還」應稱名，蓋皆誤也。南史王球傳作「徐爰」，差爲得之。爰後在孝武時兼著作，修宋書，而在元嘉時則權寵未盛。蓋「爰」誤作「宏」，又轉爲「弘」，宋書復因上言王曇首，遂訛「王弘」。南史因在蔡興宗傳遂訛作「弘興宗」。要皆傳刻之訛，非沈、李之誤。

南史江祏傳「弟祀字景昌，位鎮北長史、南東海太守、行府州事」。案上言祀在明帝時已由衛尉爲侍中，鬱林時與始安王遥光、尚書令徐孝嗣等稱六貴，與祏同見殺，安得謂終於長史、太守？考南齊書云「祀初爲南郡王國常侍，歷高祖當作「高宗」。驃騎、東閣祭酒、祕書丞、晉安王鎮北長史、南東海太守、行府州事」，是皆謂其歷官耳。南史省去數語，遂於官制不明。

南史之改並宋、齊諸書，誠多未善。於宋書所載朝章國故，刊落尤多。南齊書中關係之文，亦多刪削。惟其與氏族連合爲傳，則別有深意，殊未可非。蓋當時既重氏族，而累經喪亂，譜牒散亡。北朝魏收魏書猶多子姓合傳，南朝則沈約、蕭子顯、姚思廉等專以類敘，於兄弟子姓分析太甚，李氏故力矯之。其書本爲通史之體，與八書各自行世，故先以四代帝紀，次以四代后妃，而各代列傳又皆先以諸王，其諸臣則有世系者皆聯綴之，以存譜學。若欲考時代先後，則區分類別，自有本書，固並行不悖者也。大凡古人著述，須細推其恉，不可率爾譏之。

十二日　宋書世祖紀「雍州刺史海陵王休茂殺司馬庾深之，舉兵反，義成太守薛繼考討斬之」。官本考證：「萬承蒼曰：按休茂傳，薛繼考乃爲休茂盡力之人，而此紀忽以爲討斬休茂，何悖謬若此。南史作參軍尹玄慶起義討之，殆是其實。」慈銘案，本書休茂傳言「繼考初爲休茂盡力攻城」，及玄慶起義，斬休茂，「繼考以兵脅行府州事劉恭之作啟事，言繼考立義，今本宋書「立義」上脱「繼考」二字。自乘驛還都」，因得封賞，尋事泄伏誅。是當日本以爲繼考起義誅休茂，記注因而書之，後雖事泄而國史竟不追改，休文亦遂仍之，此亦可證沈書多本徐爰之舊。南史於休茂傳甚略，但載玄慶之禽斬休茂，不言繼考事，而本紀亦改爲玄慶，此是李氏之細密處。宋書言繼考先以冒功封侯，後雖被誅，而亦不言封賞玄慶，蓋尚有脱文也。萬氏不一考宋書休茂傳，南史亦僅觀本紀，故尚爲疑辭，而又誤以「斬之」爲「討之」，反詆休文爲悖謬，亦可笑矣。

宋書前廢帝紀「永光元年八月庚午，以尚書左僕射顔師伯爲尚書僕射」，官本考證萬承蒼曰：「一本上『尚書』下無『左』字，下『尚書』下有『左』字，兩本皆誤也。當作『以尚書右僕射顔師伯爲尚書左僕射』，下云『以吏部尚書王景文爲尚書右僕射』，即代師伯之任。」慈銘案，前一年十二月乙酉，已書「以尚書右僕射顔師伯爲尚書左僕射」，何此復重出乎？考南史十二月乙酉下作「以尚書右僕射顔師伯爲尚書僕射」，無「左」字，次年八月庚午下作「以尚書僕射顏師伯爲尚書左僕射」，與萬氏所指一本同。師伯傳云大明七年補尚書右僕射，廢帝即位，又遷尚書僕射，領丹陽尹，廢帝欲親朝政，發詔轉師伯爲左僕射，以吏部尚書王景文爲右僕射，奪其京尹，又分臺任，師伯始懼。據晉書職官志，尚書左右僕射經魏至晉，迄於江左，省置無恒，置二則爲左、右僕射，或不兩置，但曰尚書僕射，是僕射不必左、右相代也。師伯於孝武世爲右僕射，其時尚有劉遵考爲左僕射，及遵考遷後，師伯遂專任省事，故師伯傳云師伯輔幼主，尚書中事悉以委之也。及以右僕射遷僕射，是時無左、右也。至是以師伯爲左僕射，而以王景文爲右僕射，所謂分其臺任也。尚書本爲省，而六朝以來臺閣事皆綜之，故僕射遂爲宰相之職。此下誅尚書僕射顏師伯，「僕射」上當加一「左」字。南史此紀上下文及師伯傳皆不誤。宋書汲本、監本傳刻並誤，萬氏見一不誤之本，不能考正，而反妄辨其是非，所謂書愈校而愈亡矣。

宋書順帝紀昇明元年「征西大將軍荆州刺史沈攸之進號車騎大將軍開府儀同三司句，尚書左僕射中領軍鎮軍將軍南兗州刺史齊王即蕭道成，休文諱其名，皆追稱齊王。爲司空，録尚書事驃騎大將軍刺史如故句，中書令衛將軍開府儀同三司撫軍將軍劉秉爲尚書令，加中軍將軍」。慈銘案，其時王僧虔爲中書令，見齊書僧虔傳。而宋紀例不書中書令之除代，蓋不重其官。袁粲以衛將軍開府儀同三司爲尚書令，蒼梧王時四貴輔政，以粲爲首，褚淵次之，劉秉又次之，蕭道成又次之。至是以道成獨與其下謀弑蒼梧，迎立順帝，遂擅大權，録尚書事，南朝所謂録公而尚虚尊粲等，以粲爲司徒而己爲司空處其下。此紀「中書令」當作「尚書令」，而「開府儀同三司」下有脱文，當曰「尚書令衛將軍開府儀同三司袁粲爲司徒中書監句，中書監護軍將軍褚淵爲衛將軍開府儀同三司」，傳寫者以上下兩「衛將軍開府儀同三司」文相涉，遂致中脱耳。粲官司徒在司空上，而尚書令在録尚書下，故去尚書令代褚淵爲中書監，而淵代粲爲衛〔將〕軍，劉秉代粲爲尚書令也。南史順帝紀叙沈攸之、蕭道成進官後云「以袁粲爲中書監司徒，以褚彦回爲衛將軍，劉彦節秉之字，李氏避唐世祖昞嫌諱。爲尚書令」，而褚淵以衛將軍開府儀同三司，見南齊書褚淵傳。

十三日　校宋書，讀顧覬之定命論、其弟子願所作。周朗報羊希書、上世祖言事書、鄧琬爲晉安王子勛討太宗檄、太宗命臺臣與袁顗書，皆六朝文之佳者。王微與江湛、與從弟僧綽、與何偃三書，皆歷落有古致，於六朝别一蹊徑，惜訛奪已甚，多不可讀。沈約謂「微爲文古甚，頗抑揚」，微亦自言文詞不怨思抑揚則流澹無味，今雖甚脱誤，而兀傲自喜之意，猶可想其宗旨。其告弟僧謙靈文，沈折曲至，無意於文而文尤佳，令人不忍卒讀也。謝晦上太祖兩表，激烈簡至，其詞甚直，足以推見當日情事，實由王華兄弟構陷，晦與徐傅本心可原。南史概從刊落，皆爲非是。

宋書百官志「尚書令任總機衡，僕射尚書分領諸曹，左僕射領殿中主客二曹」，以下言吏部等六尚書領某某曹而獨不及右僕射。據晉書職官志云：「祠部尚書常與右僕射通職，不恒置，以右僕射攝之。若右僕射闕，則以祠部尚書攝知右事。」是宋志「左僕射領殿中主客二曹」句下有脱文，當取晉志補之。因右僕射領祠部尚書之職，故下列吏部、祠部、度支、左民、都官五兵，實有六尚書，而總之曰五尚書二僕射一令，謂之八坐；以祠部尚書即右僕射，故止曰五尚書也。若僕射止有一人，則置祠部，尚書有六而仍爲八坐也。

宋百官志「中書令一人，中書舍人一人，中書侍郎四人，中書通事舍人四人。」慈銘案，「中書舍人一人」，當據晉志改作「中書監一人」，今各本皆誤。六朝止有中書通事舍人，無單稱中書舍人者。晉、宋兩志所敘皆甚明。史有徑曰中書舍人者，省文耳。至中書有令有監，自魏文帝始置，並筦機密，至晉彌重，權在尚書令上。故荀勖自中書監遷尚書令，以爲奪我鳳凰池也。東渡以後，任專尚書，於是中書監令或止設一人。至宋世而中書監或特以爲重臣之加官，中書令之授益輕，如傅亮、何尚之皆由中書監令轉尚書令，孝武以尚書令，袁粲爲中書監開府儀同三司領司徒，而加護軍將軍褚淵尚書令，淵固辭，粲亦辭領司徒，乃復以粲爲尚書令，而淵爲中書監，此其輕重較然已明，而中書令則孝武以後尤輕其選。如何戢在順帝時已爲中書令，見南齊書何戢傳，蓋代王僧虔。至齊高帝時爲吏部尚書，帝欲加以散騎常侍，而褚淵不可；張緒於高帝初已爲中書令，帝後欲以爲僕射，而王儉不可；蓋幾與黄散相出入矣。宋志此下云「漢成帝改中書謁者令曰中謁者令，罷僕射」，今各本俱誤作「罷謁者」，亦當據晉志改。

宋稱荆州爲陝西，宋書蔡興宗傳云，興宗出爲南郡太守行荆州事，外甥袁顗曰：「舅今出居陝西。」鄧琬傳云：「荆州刺史臨海王子頊練甲陝西」。王弘傳、謝晦傳亦皆稱荆州刺史爲分陝。蓋江左以揚、荆二州爲極重，比周之二伯分陝，以揚州爲東陝，故以荆州爲西陝也。

宋書張劭傳「子敷、演、敬」，南史「敬」作「鏡」，蓋趙宋避太祖之祖諱敬，故改爲「鏡」，宋書則改之未盡也。官本乃俱改爲「鏡」，又載之於考證，以示其校改之精，豈知爾時人無有以「鏡」爲名者乎。宋書張劭傳本亡，後人雜取南史等書補之，故劭子敷、兄子暢皆别有傳，而此卷劭傳後復重出敷傳，言敷因父亡毁瘠成疾，「伯父茂度譬之，敷益感慟，絶而復蘇。茂度曰，我比止汝，而乃益甚，自是不復往，未期年而卒」。此傳「未」字誤作「來」字，卷六十二張敷傳自作「未期而卒」，南史亦同。官本考證萬承蒼乃力辨「往來」二字連文之誤，謂「來」當作「未」，而不一引本書及南史，何煩辭費耶？又但言暢傳重出，而不知敷亦自有傳，可謂粗疏矣。乾隆初武英殿刻諸史，惟史記、漢書出齊氏召南手，故校勘較精，考證亦最可觀，舊、新唐書全以沈東甫之唐書合訂爲據，亦頗有校正。後漢、三國志已爲可笑，然有何義門校本，尚能是正數條。至晉書以下，則自鄶無譏矣。宋書全出學士南昌萬承蒼手，南齊書全出知州華亭王祖庚手，彼二人者，無論其學與識，視沈、蕭霄壤，即文章亦不中作奴僕，而所作後跋，皆痛詆二書，無恥甚矣。

國朝文録　清　姚椿輯

十五日　姚春木國朝文録中有康熙時會稽孟遠上龔合肥等書六首，文各萬餘言，此君鄉里無知者，姚氏不知何處得之。壬申歲欲録存其上張侍讀書一首，甫寫十之一，因其文太長，又其言時事雖暢達而根柢太淺，無書卷以副其議論，其指陳利弊，亦時有村學究識見，遂輟不復寫，近始補完之。褚少孫續史記言東方朔上封事萬餘言，武帝讀之數日不能竟，輒乙識其處，此類是矣。

方望谿先生集　清　方苞

十六日　方望谿與翁止園書云：「往在京師，有公爲媟嬻者，青陽徐詒孫曰『若無害，彼不知其不善而爲之也，吾儕有此，則天厭之矣。昔叔孫豹以庚宗之宿致餒死，叔向娶於巫臣氏而滅其宗，蓋修飭之君子不獨人責之，天亦責之。』詒孫之言，可謂究知天人之故者也。」望谿此文讀之令人汗浹重衣，吾輩宜人書一通置之坐右。

斁經筆記　清　陳倬

二十一日　陳户部倬新刻其斁經筆記一卷，户部爲陳碩甫弟子，故説經具有家法，亦頗有心得。此卷中如言易革卦彖傳「順乎天而應乎人」，古本作「應乎天而順乎民」，引禮緯含文嘉、漢書敘傳述高紀、述哀紀、後漢書黄瓊傳、魏志袁術傳、辛毗傳、蜀志先主傳、後主傳、郤正傳、宋書禮志、北齊書方伎傳等爲證，今本因唐諱「民」爲「人」而又互譌其文耳。又詩（巧言）（何人斯）篇「爲鬼爲蜮」，「鬼」即「魄」之省，案王菉友説文釋例已言之。「魄」乃莊子所云「魄二首」。顔氏家訓引古今字詁云古之「虺」字，三家詩當作「爲魄爲蜮」。文選鮑照蕪城賦云「壇羅虺蜮」，蓋本三家。楚辭大招亦以「虺」與「蜮」並言。禮記射義篇「蓋觀者如堵牆」，經文本作「蓋觀者如堵」，注當有「堵牆」二字，釋文出「如堵」二字，知所見經文猶未誤。史記田叔列傳正義引禮記云「孔子射於矍相之圃，觀者如堵。堵，牆也」，蓋引經復引注，此其明證。不知何時以注中「牆」字連寫入經文「堵」字下，遂挩去此注耳。此三條極爲精確。

經韻樓集　清　段玉裁

二十二日　録段氏玉裁答江晉三論韻書，言古韻者自宋鄭庠分今韻二百六部爲六類，國朝顧亭林氏析爲十部，其始以今韻繁瑣，務求其通，以駁叶韻之説。江慎修氏又析爲十三部，至段氏析爲十七部，其後遞求其密。嘉慶時張皋文氏分至二十一部，推闡益精，然初意在簡易者後轉而紛拏，初意惟求雙聲轉韻存古之元音，又輔以説文偏旁證字之本音，欲掃除後世翻切字母之學者，後轉而辨喉舌，取呼等，稱切韻之精，推字母之密，以至利鈍互形，出入相隱，識者藉爲掎摭，學者無所遵循，與本意實相背矣。由疏而密，實又由合而分，段氏爲之輨轄。戴東原氏年輩在段氏先，科名在段氏後，段氏雖師之，然其分古音十六部，實在段書之後。其別之、脂、支爲三，爲其獨絶之學。然龍氏啟瑞據毛詩以證其不合，又謂其分幽、侯二部之非；同時錢竹汀氏及晉三皆謂其不必言合韻。戴氏又將其脂部去入之祭、泰、夬、廢、月、末、曷、黠、鎋、薛，別出以配元、寒、桓、删、山、仙，晉三亦欲別爲一部。段氏雖皆不從，而孔顨軒氏謂東、冬當分兩部，孔氏及晉三謂屋、沃、燭、覺當分配尤、侯，則段氏亦以爲精，而其書不及追改。要其大體精慎，足爲一家之學，又詳略升降以此表爲關鍵，學者不可不知。而此書備言己之得失及諸家之是非，縷縷數千言，綱領畢舉，讀六書音韻表者尤不可不讀此書也。

詞章不可無考據

二十三日　詞章不可無考據，取近儒所論兩則録之，以見此事之不易爲。閻百詩氏譏阮亭唐賢三昧集云，祖詠夕次圃田店云：「西還不遑宿，中夜渡涇水」，「涇水」當作「京水」。京水出滎陽，經鄭州，圃田在今開封府中牟縣，與關中之涇水遠不相涉。王維宿鄭州詩「明當渡京水」可證。孟浩然夜渡湘水云「行侶時相問，潯陽何處邊」，「潯陽」當作「涔陽」。涔陽在岳州府澧州北七十里，湘水入洞庭，與漢時尋陽縣在黄州府蘄州、東晉時尋陽在九江府德化縣西者皆無涉。河岳英靈集正作「涔陽何處邊」可證。

王維詩「東南御亭上，莫使有風塵」，「御」當作「御」，御亭在晉陵吴大帝駐輦處，後人建亭。晉顧颺監晉陵軍事，於御亭築壘，以禦蘇峻。庾肩吾亂後經吴御亭詩「御亭一回望，風塵千里昏」可證。又王詩「借問襄陽老，江山空蔡州」，「千里送行人，蔡州如眼見」，兩「蔡州」皆當作「蔡洲」。漢末蔡瑁居漢水之洲上，故名蔡洲，魏武帝嘗造其家，在襄陽峴山東南一里。此地理之當考也。

段茂堂氏與阮芸臺書云，許丁卯「谿雲初起日沈閣，山雨欲來風滿樓」，「閣」是「谷」之訛，谿雲起而日輪不見，疑下沈谷中，「谷」與「樓」以實對，由谿雲大起而日輪韜晦，而狂風滿樓，而山雨暴至，詩「有渰淒淒，興雲祁祁，雨我公田」三句神理皆於此二句見之。淒淒者風滿樓也。題是咸陽城東樓，首句「一上高樓萬里愁」，中聯此二句皆是實景，時在樓中，故「樓」字不嫌複。日沈谷爲遠景，風滿樓爲近景，若作「閣」字，則語意晦甚，題外生枝，而又與「樓」複矣。白樂天「間關鶯語花底滑，幽咽泉流水下灘」，「泉流水下灘」不成語，且何以與上句屬對？當作「泉流冰下難」，故下文接以「冰泉冷澀」。「難」與「滑」對，鶯語花底，泉流冰下，形容澀滑二境，可謂工絶。杜牧之「秋盡江南草木彫」，本作「草未彫」，坊本尚有不誤者，作「草木彫」便無意味矣。此誤字之當校者也。

方望谿先生集　清　方苞

二十四日　閱方望谿文。望谿能知周禮經體之精，儀禮品節之妙，及荀子之醇處，其識自在並世諸家之上。惟任其私臆，謂周禮有劉歆竄入處，因推及於儀禮喪服之尊同不降，禮記之文王世子、明堂位及雜記之「大夫爲其父母兄弟之未爲大夫者之喪服如士服」一條，「士之子爲大夫則其父母弗能主使其子主之」一條，尚書之康誥序、君奭序、召公不説語。毛詩之序及「普天之下莫非王土」之傳，史記之周本紀、魯世家、燕世家，荀子之儒效篇，謂皆歆所竄入，以媚王莽，而傅會莽事，信口周内，絶無依據，不知子駿何仇，而於千餘年忽遭此羅織。其言之斷斷甚無理，而悍然不疑，往往讀之失笑。又拾朱子之唾而痛詆詩小序，尤爲無識。故嘗謂望谿集中讀經二十七首，當删去太半，則於望谿之學，不爲無益，所以深愛望谿也。然如讀大誥、讀王風、讀周官、讀儀禮、讀經解五首，簡括宏深，必傳之文，非望谿不能作也。

戴東原集　清　戴震

經韻樓集　清　段玉裁

二十七日　戴東原集卷十一有山陰義莊序代山西冀寧道徐浩作，浩字飛山。當是別號。序言「義莊之設，起自先大夫禮部公，先大夫由進士歷官外内，浩又中乾隆壬戌進士，吾族世居山陰之夏履橋，去郡治八十里」云云。今府縣志選舉表中並不載其名，蓋系籍於外地故也，當補入，並采此序入藝文。

又段茂堂經韻樓集卷八四川嘉定府知府王公墓志銘云：「公諱裕疆，字胥來，號玉亭，世居浙江餘姚，明新建伯文成公於公爲八世祖，至曾祖某皆襲伯爵。祖貽傑，父謀庶。公少讀書鑑湖之秋水長天閣，案當即今之水天一色閣，在南門外。後省父於易州。雍正七年特詔内外大小臣工各舉所知，易州知州彭人瑛舉公，授四川知縣，洊擢知府，權上南道，遂卜居巫山。」段氏言其政績甚備，今府志選舉表中列雍正七年特舉者二十三人，而無裕疆名，亦當補入，並采段志入人物傳也。戴氏述夏履橋山水甚古雅。

漢書　漢　班固

漢書平帝紀四年詔云「眊悼之人，刑罰所不加」，下云「男子年八十以上、七歲以下，家非坐不道，詔所名捕它皆無得繫」，可知曲禮「八十九十曰耄，七年曰悼」，自西漢以來本無異文。姜湛園札記言當作「八十曰耄，九十曰悼」，或據白虎通考黜篇誤文以證之者，皆謬説也。耄字，説文作「薹」而此作

「眊」，顔注曰「眊者，言其昏眊也」。班書多古文，蓋禮記本作「眊」。又此言年八十以上，則所據禮記亦「八十」「九十」連文。錢竹汀氏據毛傳、説文、釋名、爾雅注、釋文諸書謂當作「八十曰耋，九十曰耄」，王石渠氏列五證，以明其不然，見經義述聞。尚未引及此也。

三國志　晉　陳壽

二十八日　三國志諸葛恪傳注引志林曰，權召恪輔政，「呂岱戒之曰：世方多難，子每事必十思。恪答曰：昔季文子三思而後行，夫子曰再思可矣，今君令恪十思，明恪之劣也。岱無以答。」案論語「再斯可矣」，唐石經作「再思可矣」，皇侃義疏本及高麗本俱作「再思斯可矣」。傳注所據，蓋古本相傳如是。故鄭君注云「文子忠而有賢行，其舉事寡過，不必及三思也」，全是美辭，而無譏意。恪之言亦用鄭義，故岱無以答。皇本「思」下加「斯」字，語意便含不足，故皇疏云「非美之之辭」，已與鄭義相反。今本去「思」存「斯」，則語氣不完，而朱注更以三思爲非，尤誤中之誤矣。惟文子實不得爲賢，鄭注亦失之忠厚。近儒謂夫子言文子何嘗能三思，但肯再思已可矣，此解得之。